DIE ELEFANTENMACHER

Rudolf Lambrecht | Michael Mueller

DIE ELEFANTEN-MACHER

Wie Spitzenpolitiker in Stellung gebracht
und Entscheidungen gekauft werden

1. Auflage 2010

© Eichborn AG, Frankfurt am Main, September 2010
Umschlaggestaltung: Christina Hucke
Lektorat: Beate Koglin, Carmen Kölz
Ausstattung, Typografie: Susanne Reeh
Satz: Greiner & Reichel, Köln
Druck und Bindung: CPI – Clausen & Bosse, Leck
ISBN 978-3-8218-6523-2

Mix
Produktgruppe aus vorbildlich bewirtschafteten
Wäldern und anderen kontrollierten Herkünften
www.fsc.org Zert.-Nr. GFA-COC-001223
© 1996 Forest Stewardship Council

Eichborn Verlag, Kaiserstraße 66, 60329 Frankfurt am Main
Mehr Informationen zu Büchern und Hörbüchern aus dem Eichborn Verlag finden Sie unter www.eichborn.de

INHALT

VORWORT

»Keiner gibt Geld aus Nächstenliebe.« Dieser Spruch stammt von Karlheinz Schreiber. In dem kurzen Satz steckt die Geschäftsbilanz eines großen Spenders und Zahlmeisters von CDU und CSU. Schreiber hat in einem Ausmaß, wie es nur wenige vermögen, Politik und Politiker gekauft. Mit Millionen, die er von Weltkonzernen bekommen hatte, hielt er sich seine Elefanten, pflegte ihre Landschaften. Alle lebten gut, auch ohne Nächstenliebe.

Im Frühjahr 2010 wurde Schreiber vom Landgericht Augsburg zu acht Jahren Haft wegen Steuerhinterziehung verurteilt. Eine harte Strafe, aber nur der vordergründige Abschluss einer Affäre, die mehr als zehn Jahre einen großen Teil der politischen Klasse dieses Landes in Atem hielt, zuweilen sogar für Nervosität sorgte. Steuerhinterziehung ist das eine. Und das andere? Tatsächlich ist das Augsburger Urteil beunruhigend, weil mehr Fragen offen blieben als beantwortet wurden. Die Rolle des Elefantenmachers Schreiber kam kaum vor. Was auch daran lag, dass Schreiber schwieg.

Schweigen gehört in diesen Kreisen zum Geschäftskapital. Helmut Kohl verdunkelt bis heute die Geschichte seiner Partei mit seinem Schweigen über die Herkunft einiger schwarz kassierter Millionen. Um seine heimlichen Elefantenmacher zu schützen, nimmt er schwerste Beschädigungen seiner eigenen Persönlichkeit und des politischen Systems in Kauf. Was geht in den Köpfen von Leuten vor, die Gesetze machen, die sie dann selbst brechen?

Angela Merkel gab Kohl zwar taktisch geschickt einen Tritt, aber aus seinem System trat sie nicht aus. Sie erklärte vielmehr als neue Parteivorsitzende die Aufklärungsarbeit in der CDU für beendet. Das

System Kohl ist noch lange nicht bankrott. Gibt es bei Politikern noch ein Schamgefühl? Sie sind dazu da, im Auftrag der Wähler Macht auszuüben. Aber sie sind nicht dazu berufen, mit allen Tricks nach gierigem Griff in verbotene Kassen oder mit Unterstützung diverser Vorteilsverschaffer die Macht zu verschachern.

Der Prozess gegen Karlheinz Schreiber war ein Anstoß, dieses Buch zu schreiben. Bei unseren Recherchen sind wir auf bislang unentdeckte skandalöse Vorgänge gestoßen, deren Verantwortliche wir nennen. Wir haben untersucht, ob es im politischen System einen Webfehler gibt, der periodisch Skandale der Parteienfinanzierung produziert. Es gibt ihn. Und daraus erklärt sich auch, weshalb vor allem die Unionsparteien und die FDP ganz vorn stehen, wenn es ums verbotene Geld und Anfälligkeit für mächtige verdeckte Einflussnahme geht.

1. ANGELA MERKEL, DIE GRATULANTIN DER MÄCHTIGEN

Elefantenparty I: Kohls 80. Geburtstag

Da sitzt er mit seinen 80 Jahren im Rollstuhl und schaut mit starrem Blick auf die Gratulanten. 800 Gäste, die meisten Weggefährten aus Politik und Wirtschaft, hat er Anfang Mai 2010 in den Ludwigshafener Pfalzbau einladen lassen. Sie feiern den gesundheitlich schwer angeschlagenen Helmut Kohl in seiner ganzen staatsmännischen Größe. Auch wenn er sich nicht mehr erheben kann, lassen die Lobreden der Bundeskanzlerin Angela Merkel und seines Freundes, des ehemaligen Präsidenten des Bundesverfassungsgerichts und Bundespräsidenten a. D. Roman Herzog, den »schwarzen Riesen« auferstehen als Staatsmann mit höchsten Verdiensten um die Einigung Europas und die deutsche Wiedervereinigung, längst reif für die Geschichtsbücher, eine Leitfigur für die Jungen. Eine Leitfigur? Ein Vorbild?

Mitten in die Feierlichkeit des Tages hinein wagte es Roman Herzog, an eines der dunkelsten Kapitel auf dem Weg des Helmut Kohl zum gefühlten politischen Übervater zu erinnern: an den 1999 aufgedeckten Schwarzgeldskandal der CDU, der die Partei durch Kohls Verschulden als Vorsitzender, durch Rechtsbruch und Pflichtvergessenheit fast in den Ruin getrieben hätte. Die Affäre, die die politische Landschaft Deutschlands nachhaltig beschädigte und die Loyalität der Bürger gegenüber dem Staat auf eine harte Probe stellte, beseitigt zwar Kohls Verdienste nicht, aber sie ist ein Beleg für den Verfall einer politischen Klasse, deren Erben noch heute in der Bundesrepublik den Ton angeben. Helmut Kohl bekannte sich provokativ zu seinem Schweigen über seine »anonymen Spender«, über diejenigen, die seine schwarzen Kassen füllten und damit seine Macht stützten. Seinen größten Makel und sein größtes Geheimnis wird er wohl mit ins Grab nehmen.

Politiker von Rang werden seit den 1960er-Jahren als »Elefanten« tituliert. ARD und ZDF organisierten zu den Bundestagswahlen ihre legendären Elefantenrunden mit Kanzlerkandidaten oder Parteivorsitzenden. Kaum noch ist aber die Rede von den »Elefantenmachern«, den Mächtigen hinter den Mächtigen, denen, die Politiker in Positionen bringen, sie oft auch mit enormen Zahlungen stabilisieren und sich davon Vorteile versprechen. Es ist keineswegs immer kriminell oder moralisch verwerflich, was im Wechselspiel zwischen Politik und interessierter Wirtschaft bewegt wird, ob bei Treffen in Sterne-Lokalen und Hotelfoyers, in Landgasthäusern, bei vertraulichen Bürorunden in Kanzleramt, Ministerien und Kanzleien oder bei Lobby- und Sponsorenmeetings. Es muss auch nicht immer Geld in eine Parteikasse fließen, um Politiker durch eine bestimmte Wirtschaftsklientel zu fördern. Viel wirkungsvoller kann die – mit Subventionen aus der Steuerkasse – unterfütterte Standortentscheidung zum Aufbau eines Betriebs mit Hunderten oder Tausenden von Arbeitsplätzen dafür sein, einem Politiker auf die Beine zu helfen. Als BMW im Jahr vor der Bundestagswahl 2002 ankündigte, ein neues Werk nicht in Augsburg oder Hof, sondern in der Nähe von Leipzig zu bauen, nutzte das Gerhard Schröder, dem schon der Ruf des »Auto-Kanzlers« vorausging, in den neuen Bundesländern mehr als seinem Konkurrenten aus Bayern, Edmund Stoiber.

Hinter Kohl allerdings standen namenlose Dunkelmänner, die er deckte, als es im Zuge der Aufklärung des Parteispendenskandals für sie und ihn selbst gefährlich wurde. Durch sein trotziges Bekenntnis zum Rechtsbruch, durch sein mit Ehrenwort untermauertes und an Mafiasitten erinnerndes Schweigen entmündigte er die Bürger, den eigentlichen Souverän, der weiter damit leben muss, von einem seiner damals höchsten Repräsentanten hinters Licht geführt worden zu sein.

Um welche Art von Ehre geht es hier eigentlich? Unrechtsbewusstsein? Gar Scham? Fehlanzeige! Was sich Kohl als einst mächtigster Mann der Republik geleistet hat, das hat es in der deutschen Nachkriegsgeschichte kein zweites Mal gegeben. Das wird auch nicht dadurch aus der Welt geschafft, dass der Exkanzler nachträglich einige Millionen bei gut betuchten Freunden sammelte, um die von ihm verursachte Strafzahlung für seine Partei wenigstens finanziell erträglich zu machen. Kohl hat sich nicht nur gegenüber den Wählern, sondern auch gegenüber seiner eigenen Partei als treulos erwiesen. Es muss eine seltsame Gesellschaft von Elefantenmachern sein, für die er seine moralische Selbstzerstörung in Kauf nahm.

Ist es Ironie des Schicksals? Am 5. Mai 2010, zwei Tage nach der von der Stadt Ludwigshafen, dem Land Rheinland-Pfalz und dem Bund für den ehemaligen CDU-Vorsitzenden inszenierten Geburtstagsfeier, ging vor dem Landgericht Augsburg der Prozess gegen einen der großen Sponsoren der Kohl-CDU zu Ende: Es handelt sich um den Rüstungslobbyisten Karlheinz Schreiber aus Kaufering bei Landsberg, dessen verdeckte Zahlung an den ehemaligen CDU-Schatzmeister Walther Leisler Kiep durch Ermittlungen der Staatsanwaltschaft Augsburg ans Licht gebracht worden war.

Die Augsburger Aktivitäten lösten weitere Nachforschungen aus, die schließlich zur Aufdeckung des riesigen Systems von Schwarzgeldkonten der CDU führten, für das Kohl und seine Vertrauten Walther Leisler Kiep, Manfred Kanther, Horst Weyrauch, Hans Terlinden und Casimir Prinz zu Sayn-Wittgenstein-Berleburg stehen. Mehrmals taucht der Name des Exkanzlers in den Notizen Schreibers auf, der Kiep – »mein Briefkasten zu Kohl« – eine Million Mark und dem Kronprinzen Wolfgang Schäuble 100 000 Mark zugesteckt hatte.

Kohl und Schreiber weisen Ähnlichkeiten auf: Kohl hat diejenigen nicht genannt, die ihm gegeben haben; Schreiber hat viele nicht genannt, die von ihm genommen haben. Ihm fehlten die Belege. Bei Geldübergaben per Briefumschlag oder per Koffer gibt es keine Quittungen, mit denen man Betriebsausgaben steuermindernd belegen könnte. Karlheinz Schreiber wurde am 5. Mai 2010 wegen Steuerhinterziehung zu acht Jahren Haft verurteilt. Dabei war ihm fehlende

Reue besonders angelastet worden. Der verstockte Helmut Kohl aber wurde gefeiert. Schreiber hatte keinen Verteidiger hinter sich, der mit dem meisterhaften Juristen Roman Herzog vergleichbar wäre. Der vermischte, kaum dass er Kohls Gesetzesbruch angesprochen hatte, geschickt die Ebenen: »Künftige Juristengenerationen werden von Kohl wissen, dass er gegen einen Paragrafen des Parteiengesetzes verstoßen hat, aber den Wiedervereinigungsauftrag des Grundgesetzes erfüllt hat.« In seiner rigorosen Verharmlosung machte sich Herzog lustig über den »ethischen Rigorismus« der Deutschen und wich, Kohl begnadigend, in Schönfärberei aus: »Ein großer Maler muss bei uns auch ein edler Mensch sein, sonst bestehen Zweifel an der Qualität seiner Bilder.« Die frühere Kritik an Kohl wegen dessen Schweigen über seine Spender nehme ab, diagnostizierte Roman Herzog: »Nicht Helmut Kohl selbst schwankt, sondern sein Charakterbild in der Geschichte – und zwar auf die positive Seite.«¹

Der Charakter des Rechtsverständnisses und der Moral, der aus Herzogs Worten spricht, bedarf keines weiteren Kommentars. Es wäre naiv zu erwarten, dass ein Mann, der seine politische Karriere dem Schwarzgeldspezialisten Kohl zu verdanken hat, zum Geburtstag seines Ziehvaters eine Strafpredigt hält. Aber einer wie Herzog, der einmal der höchste Repräsentant des Staates und der Justiz war und auch heute noch für die Unversehrtheit dieser Ämter in der öffentlichen Verantwortung steht, hätte besser geschwiegen.

Bei allem Respekt vor Helmut Kohls Verdiensten – Nachsicht als Gesetzesbrecher hat er nicht verdient. Kohl ist Wiederholungstäter. Sein Name ist untrennbar verbunden mit zwei Elefantenmachern, die in den 1980er-Jahren den größten Polit-Skandal der Nachkriegsgeschichte auslösten: Friedrich Karl Flick und Eberhard von Brauchitsch. Die Aufdeckung des Korruptionsnetzes, das der Flick-Konzern über CDU/CSU, FDP und SPD geworfen hatte, führte zu einer schockierenden Erkenntnis: dass Politik in großem Stil in der Bundesrepublik zur Handelsware degeneriert war. Es entspricht einer verqueren Logik, dass ausgerechnet Helmut Kohl, der sich seinen Wählern als Vorkämpfer der »geistig-moralischen Wende« andiente, immer dann auftaucht, sobald Geld mit Macht eine dubiose Liaison einging: ob bei der Übergabe von Umschlägen voller Bargeld, ob auf der Payroll des undurchsichtigen Medienzaren Leo Kirch oder bei der Anbahnung der kurzfristig in seinem Schwarzgeldimperium versteckten Millionenspende des Hamburger Unternehmer-Ehepaars Ingrid und Karl Ehlerding. Der Fall Ehlerding (siehe Kapitel 6, Seite 277) ist besonders delikat. Dem Parteispenden-Untersuchungsausschuss gelang es im Jahr 2002 nicht, seinen Verdacht zu belegen, dass es zwischen der Zuwendung der in der Immobilienbranche engagierten Ehlerdings von fünf Millionen Mark an die Bundes-CDU sowie 900 000 Mark an Angela Merkels Landesverband Mecklenburg-Vorpommern und dem von der Regierung Kohl betriebenen Verkauf von 110 000 Eisenbahnerwohnungen einen Zusammenhang gegeben habe.

Auch die weitere Vermutung konnte nicht bewiesen werden: dass die dubiose Aufteilung der Zahlung an die Bundes-CDU in zwei Tranchen nur dem Ziel gedient habe, die hohe Summe durch ein illegales Splitting optisch zu entschärfen, um den Spendenzweck zu verschleiern. Die CDU entging so einer nach dem Parteiengesetz möglichen Strafe von 17,7 Millionen Mark.

Unsere neuen Recherchen und bislang unbekannte Dokumente zeigen, wie der Ausschuss belogen und mit falschen Papieren aus der CDU-Parteizentrale, die damals von Kohls Nachfolger im Parteivorsitz, Wolfgang Schäuble, und der Generalsekretärin Angela Merkel geführt wurde, um den Erfolg seiner Aufklärungsarbeit gebracht wurde. Die CDU wollte Geld von den Ehlerdings.

In der Skandalchronik der Republik steht Helmut Kohl ganz vorn, weil er, gestützt von mächtigen Förderern aus der Wirtschaft, aus dem Sumpf des Schmierens und Intrigierens aufgestiegen war zum mächtigsten Politiker Deutschlands und es für 16 Jahre – von 1982 bis 1998 – blieb. Er hat alles und tat alles, was von einem veritablen Elefanten zu erwarten ist. Er besitzt in hohem Maß die Eigenschaften, die offenbar zu den wesentlichen Voraussetzungen in einem Teilbereich des Politikbetriebs zählen: Selbstgerechtigkeit und eine gehörige Portion Menschenverachtung.

Nicht jeder kann Kanzler werden, aber die Politik bietet für ihre Förderer ein weites Feld mit vielen einflussreichen Funktionen. Ein Bürgermeister, ein Landrat, ein Abgeordneter, ein Ministerpräsident, ein Bundesminister, Mitglieder von Gremien, die über Industrieaufträge zu befinden haben wie etwa der Haushalts- oder der Verteidigungsausschuss im Bundestag, sind beliebte Ziele von größeren oder kleineren Elefantenmachern. Der Thyssen-Konzern hatte – nach Aussage seines früheren Leiters der Rechtsabteilung, Joachim Klenk, vor dem Untersuchungsausschuss zum Spendenskandal im Oktober 2000 – »eigene Bundestagsabgeordnete« gehalten, um an Aufträge im Wehrbereich zu kommen.[2]

Lobbyarbeit ist nichts Strafbares. Es ist nicht nur legal, sondern auch legitim, dass Firmen politische und parlamentarische Strukturen nutzen, um geschäftliche Ziele zu verfolgen und für Arbeitsplätze zu sorgen. Die Grenze liegt dort, wo für Gefälligkeiten und Patronage mit Geld und/oder durch die eigennützige Förderung von Karrieren gezahlt wird.

Bei Leuten wie Franz Josef Strauß, Jürgen Möllemann oder Gerhard Schröder brauchten die Freunde aus der Industrie auch nicht mehr lange anzuklopfen, nachdem ihre Protegés erst mal oben in Position waren. Diese gemachten Leute funktionierten als Selbstläufer, Elefanten, die sich selbst weiter in Dienst stellten. Dabei wurden die Leistungen ihres Wartungs- und Pflegepersonals – selbst so kleine Gefälligkeiten wie etwa ein Flug im Privatjet zum Opernball nach Wien – weiterhin gern in Kauf genommen. Gerhard Schröder handelte sich den Spitznamen »Genosse der Bosse« ein, was sicher nicht schädlich war, als er nach seinem Rücktritt vom Kanzleramt unter dem »lupenreinen Demokraten« Wladimir Putin ins russische Gasgeschäft einstieg. Franz Josef Strauß sorgte von vornherein für klare Verhältnisse. Für ihn waren Politik und Geschäft eins, wie sein Freund, der Mercedes-Händler Karl Dersch, sagte.

Bei dem nordrhein-westfälischen FDP-Vorsitzenden Jürgen Möllemann waren die Verhältnisse nicht anders. Um den Rubel rollen zu lassen, gab es für ihn und seinen lange geheim gehaltenen Geldgefährten Rolf Wegener keine Skrupel. Unter Mithilfe der rot-grünen Regierung Schröder stiegen die beiden Mitte der 1990er-Jahre ins hoch provisionsträchtige Gasgeschäft mit Turkmenistan ein. Das Geld, das Möllemann über Wegener zum Teil unversteuert kassierte, setzte er durchaus auch unter Verstoß gegen das Parteiengesetz für den FDP-Machterhalt in Wahlkämpfen ein. Ohne die jahrelange finanzielle Abfederung der FDP durch Möllemanns schwarzes Geld wäre dessen alter Freund Guido Westerwelle nicht das geworden, was er heute ist. Möllemanns Geld verhalf der FDP im nordrhein-westfälischen Landtagswahlkampf 2000 und im Bundestagswahlkampf 2002 zu Wahlerfolgen. Sein riskantes Spiel endete im Selbstmord. Im Elefantengehege gedeiht ein nicht zu unterschätzendes Potenzial der Selbstreproduktion. Wie Westerwelle in Möllemanns Schatten aufwuchs, so gedieh Möllemann politisch im Förderkreis von Otto Graf Lambsdorff und Hans-Dietrich Genscher. Edmund Stoiber wurde im Finanz- und Amigosumpf von Franz Josef Strauß groß, und Leute wie Heiner Geißler und Norbert Blüm, die beiden politischen Moralapostel in den Talkshows der Gegenwart, erhielten einst ihre Dopingkost von Helmut Kohl.

Elefanten machen Elefanten. Das sorgt für Kontinuität und erleichtert den Elefantenmachern das Leben: Sie müssen sich nicht so oft umstellen. Musterexemplare dieser Evolutionsgeschichte sind Angela Merkel und Wolfgang Schäuble. Wer wie Angela Merkel Anfang der 1990er-Jahre von Kohl mit dem Kosenamen »Mädchen« tituliert wurde, hatte schon die Urkunde für die Erhebung in den Adelsstand der CDU in der Tasche. Erstaunlich schnell lernte das DDR-Gewächs Merkel, im Hofstaat von König Helmut einen festen Platz zu besetzen und sich in den Machtstrukturen sicher einzurichten. Angela Merkel, die schon damals im politischen Geschäft mit Ideen wenig auffiel, war aber immer rechtzeitig zur Stelle, wenn es etwas zu verteilen gab.

In einem Aufruf, der in der *Frankfurter Allgemeinen Zeitung* am 19. Dezember 1999 veröffentlicht wurde, forderte sie die CDU auf, sich von Kohl zu trennen und allein laufen zu lernen. Ohne zu zögern, gab sie dem Ehrenvorsitzenden ihrer Partei, der wegen des Geldes seiner geheimen Wohltäter ins Trudeln geraten war, den Gnadenstoß. Als auch noch der nach Kohls Wahlniederlage 1998 zum Parteivorsitzenden aufgestiegene Wolfgang Schäuble zu Beginn des Jahres 2000 in Schreibers Spendensumpf untergegangen war, wurde sie auf dem CDU-Bundesparteitag im April 2000 in das höchste Parteiamt gewählt. Ohne Karlheinz Schreiber gäbe es keine Kanzlerin Angela Merkel. Obwohl selbst eine Blüte, die in den von Kohl gedüngten Beeten aufgegangen war, wurde ihr das Etikett der Retterin, einer Art Jeanne d'Arc, einer »heiligen Jungfrau der CDU«, angeheftet. Und ohne dass ein Bruch festzustellen gewesen wäre, hatte sich Angela

Merkel in das System einbinden lassen, das über Jahrzehnte Kohls Macht abgesichert hatte.

»Die neuen Möglichkeiten und Chancen, die ich nach 1990 in meinem persönlichen wie auch beruflichen Leben erhalten habe, sind untrennbar mit Ihrem Namen verbunden. Dafür möchte ich Ihnen persönlich danken ...«, rief sie Helmut Kohl bei der großen Geburtstagsfeier im Mai 2010 in Ludwigshafen zu. Sie spielte dabei auf die Verdienste Kohls um die Wiedervereinigung an. Aber es mag erlaubt sein, ihre Sätze auch ein wenig anders, nämlich parteipolitisch mit Bezug auf ihre Karriere, zu deuten.

Helmut Kohl, der seiner Nachfolgerin offenbar nicht verziehen hat, erwähnte sie in seinem Dank an die Gratulanten mit keinem Wort. Traurig darüber muss sie nicht sein, denn der schon von Kohl über Jahrzehnte beackerte Boden, auf dem auch ihre Macht gewachsen ist, hat seine Fruchtbarkeit bis heute nicht verloren.

Elefantenparty II: Der Handschlag Ackermanns

Einem Mann wie ihm schlägt man nichts ab. Nicht ungestraft. Wenn es um sein Geschäft geht, ist er knallhart. Sein Geschäftsklima kann das Stimmungsbarometer des Landes nach unten oder nach oben treiben. Zeigt er sich aber mit seinem jungenhaften Lachen, dann haben viele was zu lachen – in der Wirtschaft, in der Finanzwelt und in der Politik.

Josef Ackermann ging es blendend, als er 2008 seinen 60. Geburtstag feierte. Aber zum Victory-Zeichen hob er seinen Zeige- und Mittelfinger nicht mehr in die Höhe wie Anfang 2004, als er im Mannesmann-Prozess wegen des Verdachts der Untreue in Düsseldorf vor Gericht stand. Das kam nicht gut an. Mit einer Geldbuße von 3,2 Millionen Euro kam er im November 2006 – in einem zweiten Prozess, nachdem die Staatsanwaltschaft gegen das Urteil im ersten Prozess Revision eingelegt hatte – dann aber doch noch gut weg, gilt damit als nicht vorbestraft. Als verurteilter Krimineller hätte er sich in seinen Kreisen nicht mehr sehen lassen können. Freilich, so viel Geld muss man erst mal haben, um büßen zu können. Er hat es. Von seinem Image blätterte ein wenig Lack ab. Aber im Konzert der ganz Großen in der Wirtschafts- und Finanzwelt durfte er weiter die Posaune blasen. Dort, wo er seine Aktien hat, fühlte er sich sicher, als er der ganzen Republik und ihrer Justiz entgegenschleuderte:»Dies ist das einzige Land, wo diejenigen, die erfolgreich sind und Werte schaffen, deswegen vor Gericht stehen.«[3] Ganz normal kann so einer nicht sein, aber faszinierend. Und erfolgreich ist er: Wer wie er zum 60. mehr als 25 Prozent Rendite in den Geschäftsbüchern stehen hat, der kann sich gratulieren lassen.

Die Gäste für seine private Geburtstagsgala hätte er nach Frankfurt einladen können, an den Stammsitz seines Unternehmens, wo auch die offizielle Feier über die Bühne ging. Aber er zog München vor, dort, wo es noch seinen alten herrschaftlichen Glanz strahlen lässt, im Kaisersaal der Residenz. Der Kaisersaal»ist grundsätzlich repräsentativen Veranstaltungen der Bayerischen Staatsregierung vorbehalten«, schreibt das Reglement der Bayerischen Verwaltung der Schlösser, Gärten und Seen vor. Aber es gibt Ausnahmen:»Hochrangige Firmenveranstaltungen«gehören dazu. Und diesmal war so eine Ausnahme. Seine Veranstaltung war hochrangig – was denn sonst?

Doch Angela Merkel war nicht dabei, hatte sich entschuldigen lassen. Keine Zeit. Termindruck war in den Zeitungen zu lesen. Nichts Außergewöhnliches für die Bundeskanzlerin. Einen Geburtstag dieser Art und mit dieser Besetzung lässt sie aber nicht so einfach aus. Alles andere wäre eine Demonstration der Distanzierung gewesen und hätte boshafte Spekulationen wecken können, sobald es herausgekommen wäre. Wahre Freunde lassen einander nicht los. In guten wie in schlechten Zeiten.

Sonst wären womöglich Fragen aufgekommen, was denn passiert sei, seitdem sie ihm 2003 noch von der Oppositionsbank aus bei seiner maßlosen Justizschelte zur Seite sprang und die Anklage gegen ihn im Mannesmann-Prozess als»Schlag gegen den Wirtschaftsstandort Deutschland«[4] diffamiert hatte. Dabei hat Angela Merkel eigene Maßstäbe gesetzt, als sie das Wohl der ganzen Nation an die aus den Fugen geratene Befindlichkeit eines Mannes koppelte, der wegen des Verdachts der Veruntreuung fremden Vermögens belangt wurde: Josef Ackermann, Chef der Deutschen Bank, der in seiner anderen Rolle als Aufsichtsrat geholfen hatte, mittels »goldener Fallschirme« obszön hohe Millionenzahlungen in die Kassen ehemaliger Vorstände des Mannesmann-Konzerns fließen zu lassen. Alles vergessen? Die Hunde bellen, aber die Karawane zieht weiter. Merkel bleibt Merkel, und Ackermann weiß, was er an ihr hat.

Es war Dienstag, der 22. April 2008, als sich Angela Merkel den aus der Schweiz importierten Vorstandsvorsitzenden der Deutschen Bank und Gäste, die zu ihm passten, »im Umfeld seines Geburtstags« zum Abendessen ins Kanzleramt holte. Eine dieser Wohlfühlrunden, die sich in wechselnder Besetzung immer wieder zusammenfinden. Alle zu Tisch bei »Mutti« Merkel, wie sie von prominenten Parteifreunden schon mal tituliert wird. Bei der Auswahl der Gäste hatte das große Geburtstagskind die Regierungschefin unterstützen dürfen. Wünsch dir was von der Kanzlerin.

Lange nahm niemand Notiz von der Runde. Gut 16 Monate vergingen. Es war mitten im Bundestagswahlkampf 2009, als Josef Ackermann in seiner herzhaft erfrischenden und direkten Art vor laufender Fernsehkamera über sich, die Kanzlerin und das gemütliche Beisammensein in der guten Stube der Berliner Machtzentrale plauderte: Angela Merkel habe »damals gesagt, sie würde gerne etwas für mich tun. Ich solle doch einmal etwa 30 Freunde und Freundinnen einladen aus Deutschland und der Welt, mit denen ich gerne zusammen sein würde im Kanzleramt. Und ich muss Ihnen sagen, es war ein wunderschöner Abend.«[5]

Was dann kam, war zu erwarten: »Man kann als Kanzlerin nicht jemandem anbieten, auf Kosten des Steuerzahlers seinen 60. Geburtstag mit freier Entscheidung über 30 Gäste exklusiv mit gutem Wein und Essen im Kanzleramt zu feiern. Dafür ist es nicht da«, wetterte die Fraktionschefin der Grünen im Bundestag, die ehemalige Rechtsanwältin Renate Künast.[6] Auch der damalige SPD-Generalsekretär Hubertus Heil mäkelte an der »vom Steuerzahler finanzierten« Feier und an der »persönlichen Nähe« von Merkel und Ackermann herum. Und der SPD-Haushaltsexperte Johannes Kahrs befand: »Das Kanzleramt ist keine Eventagentur.«[7] Dann die Anspielungen in den Medien: geschmacklose Klüngelei, Amigosumpf, verdächtige Nähe zur Wirtschaft.

Der Name Ackermann ist immer gut für politischen Krawall. Allein dieses Reizwort genügt, um die Schützengräben zu besetzen. Wie damals, als der Chef der Deutschen Bank einen Milliardengewinn und zugleich die Streichung von mehreren Tausend Arbeitsplätzen angekündigt hatte. Ackermann wurde wieder zum Leitmotiv in Kommentaren über »Raubtier-Kapitalismus« oder »Neo-Liberalismus«. Das hässliche Gesicht der Gier wurde hinter seinem sonnigen Lächeln ausgemacht. Die Botschaft, die unters Volk kommen sollte, hätte einen Filmtitel abgeben können: Angela und ihr Raubtier-Kapitalist.

Die erste Frau im Staat reagierte wenig souverän, versuchte abzulenken und zu kaschieren: »Ich bin jemand, der immer versucht, auch Gruppen, die normalerweise nicht zusammenkommen, zusammenzubringen, und dazu gab es eben ein solches Abendessen«, sagte die Konsenskanzlerin dem Sender N24 im August 2009.

Mit wenigen Ausnahmen standen aber alte Bekannte auf der Gästeliste, die auch sonstwo zusammenkommen. Es ist nicht bekannt, dass sich etwa Angela Merkel, die Frankfurter Oberbürgermeisterin Petra Roth und ihr »Bank-Nachbar« Josef Ackermann bislang aus dem Weg gegangen sind. Oder dass der in Talkshows als unterhaltsame Bereicherung auftretende Unternehmensberater Roland Berger dem BASF-Chef Jürgen Hambrecht und dem Bayer-Vorstandsvorsitzenden Werner Wenning fremd wäre. Auch der Kanzlerinnenberater Jens Weidmann dürfte außer mit der Regierungschefin schon mal ein Wort mit ihrer Bildungs- und Forschungsministerin Annette Schavan oder mit Josef Ackermann gewechselt haben. Und der wiederum mit dem Siemens-Aufsichtsratschef Gerhard Cromme, an dessen Seite er sogar im Kontrollgremium des Technologiekonzerns sitzt.

Plauderstunden im Kanzleramt bei Schnitzel und kaltem Spargel sind nichts Anstößiges. Dafür braucht sich die Kanzlerin nicht zu rechtfertigen. Kein Regierungschef kann es sich leisten, sich aufgrund naiven Moralisierens von denen fernzuhalten, die in Industrie und Banken den Ton angeben – ob sie einem gefallen oder nicht. Es sind die Leute, die für Millionen von Beschäftigten Arbeitsplätze bereitstellen und für Wachstum sorgen sollen. Eine absichtlich gepflegte Kommunikationssperre würde ein wirtschaftliches Desaster provozieren, die soziale Stabilität ruinieren und den inneren Frieden gefährden. Politik und Wirtschaft stehen in einer gemeinsamen Verantwortung.

Auch Kanzler wie Helmut Kohl und Gerhard Schröder hätten verdiente Persönlichkeiten ins Kanzleramt eingeladen, sagte der frühere Präsident des Bundesverbandes der Deutschen Industrie (BDI), Hans-Olaf Henkel. Diese Treffen hätten den Zweck, sich gegenseitig mit Informationen zu versorgen.

Im Fall Ackermann/Merkel geht es allerdings um mehr als um Informationsaustausch, es geht um eine ganz andere Dimension des Einvernehmens und Einflussnehmens zwischen politisch Verantwortlichen und wirtschaftlich Mächtigen. Um Grenzüberschreitungen. Die Kanzlerin muss die Gefahr gespürt haben, die in der Kritik an ihrem Abend mit Ackermann steckte. Sie verteidigte sich mit der Behauptung, durch »manche kritische Anmerkung«[8] zu dem Chef der Deutschen Bank sei die notwendige Distanz dokumentiert. Diese ist dadurch aber nicht dokumentiert. Vielmehr kann so ein falscher Eindruck über die wirklichen Verhältnisse erweckt werden.

Politik in der parlamentarischen Demokratie ist nach den Worten des verstorbenen CSU-Vorsitzenden Franz Josef Strauß »das ständige und schwierige Bemühen, in fortwährendem Wechselspiel zwischen Versuch und Irrtum immer komplexer werdende Sachfragen zu erfassen und zu lösen«.[9] Voraussetzung dafür ist aber, dass die Regierung – bei aller Unvollkommenheit – wenigstens fähig ist, Herr des Verfahrens zu bleiben.

Die Finanzkrise seit 2007 hat aber etwas ganz anderes offengelegt: In bislang unvorstellbarem Ausmaß hat sich die Bundesregierung in die Abhängigkeit der Finanzwirtschaft manövriert und so das Allgemeinwohl einer aus den Fugen geratenen Bankenwelt ausgeliefert. Als Angela Merkel erkannte, dass es um das »Ureigenste« ging, wie sie es ausdrückte, war es zu spät, die Machtfrage schon entschieden. Die vom Souverän, vom Volk, gewählten und mit Macht ausgestatteten Repräsentanten hatten sich als fremdbestimmte Komparsen in einem Theater postieren lassen, dessen selbst ernannte Regisseure in den Banktürmen die Handlung bestimmten – Millionengehälter und Bonuszahlungen im Blick.

Klare Führung ist nicht die Sache der Kanzlerin. Wenn sie gefordert wird, beruft sie sich gern auf Koalitionsverträge oder Absprachen in Gremien, nationalen wie internationalen. Am liebsten schlüpfe sie in die Rolle der »Moderatorin«, sagt sie. Eine Art Anne Will im Kanzleramt. Statt Talk in der ARD Geplapper im Kabinett. So kann man das Regieren lockerer angehen, braucht nicht so viel Kompetenz und Überzeugungskraft wie ein Spitzenpolitiker, der Profil zeigen und Überzeugungen durchsetzen will. Und der dabei nach guter demokratischer Tradition auch mal in Kauf nimmt, zu polarisieren und sich massiver Kritik auszusetzen. Die Inhaltslosigkeit des ganz auf Angela Merkel zugeschnittenen Wahlkampfes der CDU zur Bundestagswahl 2009 passte perfekt zu ihrem Persönlichkeitsbild. Der unvermeidliche Kollateralschaden traf ihre Partei hart. Sie sackte auf das schlechteste Wahlergebnis ihrer Geschichte ab.

Für Deutschland wäre es im bedrohlichen Klima der Globalisierung in der Tat beruhigender, eine Frau an der Spitze zu haben, die sich in Wirtschafts- und Finanzfragen kompetenter zeigen und brutto und netto nicht verwechseln würde – was von hämischen Kommentaren begleitet wurde. Im Anlauf auf das Kanzleramt im Jahr 2005 dozierte sie in Interviews über Löhne und Sozialbeiträge, wobei die promovierte Physikerin Merkel die Theorie aufstellte, dass die Bruttolöhne um ein Prozent sinken, falls die Sozialbeiträge um ein Prozent gesenkt würden.

Wo Merkels Mannschaft für das Wohlergehen des Landes stürmt, sind Leute wie Ackermann diejenigen, die die Regeln bestimmen. Was läuft ab, wenn der Profi von der Deutschen Bank bei einem Schnitzel- und Spargeldinner in Merkels Kanzleramt auftritt? *Focus*-Redakteur Stephan Sattler, der mit Josef Ackermann im Kuratorium der Alfred-Herrhausen-Stiftung sitzt und bei Angela Merkel auch mit am Tisch war, vermittelt einen Eindruck davon: »Was wohl allen Teilnehmern gemeinsam war, bezieht sich auf die Einstellung zum Chef der Deutschen Bank: Alle halten ihn für einen äußerst kompetenten Mann, dessen Analysen der Weltwirtschaft man gespannt zuhört. Seine unaufgeregte, nüchterne Art des Redens verbreitet Vertrauen auf einem Gebiet, auf dem sich alle irgendwie auskennen möchten, um dann doch leicht enttäuscht feststellen zu müssen, davon wenig zu verstehen, auf dem Gebiet des Geldes, seiner Vermehrung, seiner Entwertung. Die Gespräche bei Tisch drehten sich vor allem darum.«[10]

Der Kanzlerin aber bescheinigt Josef Ackermann gönnerhaft Lernbereitschaft: Er schätze ihre Eigenschaft, »sich einen komplizierten Sachverhalt so lange erklären zu lassen, bis sie ihn wirklich verstanden hat«, zitiert die *Süddeutsche Zeitung*.[11] Charmanter hätte der Spitzenbanker und Weltwirtschaftserklärer seine Überlegenheit über die erste Frau im Staate kaum verpacken können. In seiner geradezu unwiderstehlichen Art von Überheblichkeit – aber den wirklichen Verhältnissen gerecht werdend – beschreibt Ackermann so den Klassenunterschied zwischen einem anerkannten Meister und einer interessierten Auszubildenden.

Von Ackermann lernen heißt, für das Leben lernen. Ein Mann wie er hat im Kanzleramt Vorfahrt. Der wichtigste deutsche Banker braucht nicht im Foyer des Kanzleramts zu warten, bis er vorgelassen wird, wenn er mal nach Berlin zu Besuch kommt. Er wird gleich in die Räume für Staatsgäste geführt. Der international gut vernetzte und gefragte Banker begleitet auch die Kanzlerin bei Auslandsreisen. Für deren Renommee ist das vorteilhaft, denn die eher verhalten agierende Angela Merkel mit ihrem unscheinbaren Outfit wird nicht überall schon allein deshalb als »mächtigste Frau der Welt« (*Forbes*) wahrgenommen, weil sie deutsche Kanzlerin ist. Dazu benötigt man Ausstrahlung und Kompetenz. Davon hat Ackermann im Überfluss.

Der Ausleseprozess in unserer Parteiendemokratie spült oft genug Politiker in Spitzenämter, denen das für ein Regierungsamt erforderliche Mindestmaß an eigenem Sachverstand und damit an Realitätsbezug fehlt. Unsicher und deshalb konfliktscheu hängen sie sich an zeitgeistige und mediengängige Trends, wodurch Randgruppenprobleme auf der politischen Agenda ganz nach vorn rücken, während die Lösung der etwa für die ökonomische Zukunft Deutschlands entscheidenden Aufgaben aufgeschoben wird. In Berlin beschäftigt man sich ausgiebiger mit den wirren religiösen Vorstellungen und gesellschaftspolitischen Reibereien islamischer Verbände als mit der Ausarbeitung eines Energiekonzepts, die seit Jahren verschleppt wird. Woher wir die notwendige Energie bekommen und was sie kostet, ist aber wesentlich für die Zukunftsfähigkeit des Landes und seiner Wirtschaft und damit auch für den Geldbeutel der Bürger. Nichts anderes gilt für den Finanzmarkt, dessen Fehlentwicklungen sogar eine Volkswirtschaft ruinieren können. Die Verwerfungen hatten sich lange angekündigt.

Zuerst war die Industrie Kredit Bank (IKB) dran. Das Institut, das die mittelständische Wirtschaft mit Geld versorgen sollte, meldete sich im Sommer 2007 krank wegen seiner heillosen Verstrickungen in marode Kreditgeschäfte in den USA. Schon da musste der Staat mit milliardenschweren Stützungszusagen den Kollaps abwenden. Nicht nur um den notwendigen Geldzufluss für die Betriebe aus der IKB zu sichern, sondern auch um zu verhindern, dass in einer Kettenreaktion andere deutsche Geldinstitute, bei denen die IKB in der Kreide stand, zusammenbrechen.

Im Herbst 2007 krachte die Landesbank Sachsen (Sachsen LB) zusammen, die auch ausgezogen war – über eine Tochter in Irland –, aus Sumpfblüten des amerikanischen Finanzmarkts Gold zu machen. Diese Operation überlebte das öffentlich-rechtliche Institut nicht. Die verantwortlichen politischen Kontrolleure in Sachsen und die Bankenkontrolle des Bundes, die BaFin (Bundesanstalt für Finanzdienstleistungsaufsicht) hatten zugesehen. Zur Verschleierung der wahren Verhältnisse konnte in der Bank aufgrund der mangelnden Aufsicht jahrelang mit Bilanzierungstricks gearbeitet werden. In einem Untersuchungsausschuss kam alles ans Licht und die in Sachsen regierende CDU mächtig unter Druck. Der Parteifreund und damalige Ministerpräsident Baden-Württembergs, Günter Öttinger, sorgte für Entlastung und ließ die Landesbank Baden-Württemberg (LBBW) als Auffangbecken für die Folgen der sächsischen Misswirtschaft bereitstellen. Aber bald standen auch andere Landesbanken am Abgrund: WestLB, Bayerische Landesbank (BayernLB) oder HSH-Nordbank brauchten Milliarden aus der Steuerkasse. Da auch die Landespolitiker in den Verwaltungsräten ihrer Banken geschlafen hatten, ließen sie nun ihre Wähler zahlen.

Beim Regierungspersonal in Berlin blieb alles ruhig.

Ungehemmt konnten sich die Viren, die von den gigantischen faulen Immobilienkrediten in den USA genährt wurden, weiter ausbreiten. Merkel und Co. blieben gelassen. Was sich im deutschen Bankenwesen zusammenbraute, war in Ackermanns Seminar offenbar noch nicht durchgenommen oder von der Azubi im Kanzleramt nicht verstanden worden.

Der Sommer 2008 verging, es wurde wieder Herbst in Deutschland, ein Jahr nach der Pleite der Sachsen LB. Die Finanzkrise eskalierte weiter. Die Risiken, die von den undurchsichtigen internationalen Engagements der Banken für das Gemeinwohl des Staates ausgingen, wurden immer bedrohlicher.

In den USA brach im September 2008 die Bank Lehman Brothers zusammen – mit einer Fernwirkung bis in die Filialen deutscher Banken und Sparkassen, die Lehman-Papiere ge- und verkauft hatten.

Die Kanzlerin verhielt sich wie gewohnt, wenn es schwierig wurde: Sie moderierte und überließ anderen die Führung. Ihr damaliger Finanzminister Peer Steinbrück wiegelte mit ihrer Zustimmung ab, Deutschland sei von der Krise nicht betroffen. Nur 48 Stunden später platzte die Bombe, die alles veränderte – direkt vor der Haustüre. Die Immobilienbank Hypo Real Estate (HRE) brach ein.

Der Riese drohte, völlig zu zerbröseln. Fast täglich kamen damals im September 2008 neue Hiobsbotschaften. Das Milliardenloch der Bank wurde immer größer. Die verantwortlichen Vorstände der HRE, des größten deutschen Immobilienfinanzierers, hatten sich verzockt. Ein Schock. Bei der HRE hatten Länder, Kommunen, öffentlich-rechtliche Rundfunkanstalten und sogar die Pensionskasse der Bankenaufsicht, der BaFin, investiert. Andere Banken, mittlerweile selbst schon von der Krise infiziert, hingen mit 19,8 Milliarden Euro in dem Pleite-Institut. Dem Sicherungsfonds der Banken drohte ein Aderlass von 17,5 Milliarden Euro aus seiner Nachschusspflicht. Auch auf die Deutsche Bank wären gewaltige Belastungen zugekommen.

Jetzt wurde auch Berlin vom Fieber erfasst. Es ging drunter und drüber. Stürzte die HRE, wäre der Bank- und Finanzplatz Deutschland wohl am Ende gewesen, sagte Josef Ackermann später, im Sommer 2009, treffend vor dem Parlamentarischen Untersuchungsausschuss zur HRE. Die HRE hätte andere Banken, bei denen sie sich refinanziert hatte, mitgerissen. Der Schaden für das internationale Standing Deutschlands wäre unermesslich, die ordentliche Versorgung der Wirtschaft mit Geld nicht mehr gewährleistet, eine unübersehbare Zahl von Arbeitsplätzen in Gefahr gewesen. Durch die Zocker in den Banktürmen, die sich vorher Millionen über Millionen in die Taschen gestopft und auch die Gier der Anleger angefacht hatten, war das gesamte Finanzsystem ins Rutschen gebracht worden. Aber nicht nur die Zocker hatten Schuld. Das Versagen der staatlich gelenkten fachlichen und der politischen Kontrolle hatte ihnen das verwegene Spiel erleichtert.

Im September 2008, ein Jahr vor der Bundestagswahl, drohte ein wirtschaftliches und damit politisches Fiasko, wie es die Bundesrepublik noch nicht erlebt hatte. In Berlin ging es um alles, darum, ob Angela Merkel noch einmal die Chance bekäme, Kanzlerin zu werden. War sie fähig, in dieser Krise über sich hinauszuwachsen, die Kommandos zu geben und danach endlich für die notwendigen Gesetze zu sorgen, um einer neuen Krise vorzubeugen? Oder wurde sie zur Hilfswilligen degradiert, die sich von anderen diktieren lassen musste, was zu tun war? Josef Ackermann war wieder an ihrer Seite.

Der Chef der Deutschen Bank riet, die HRE zu retten. Was sonst hätte ein Banker raten sollen? Die Alternative wäre das Chaos gewesen. Merkel blieb keine Wahl. Die Bundesregierung erklärte die HRE zur systemrelevanten Bank. Damit schuf sie die Grundlage für das Ziel, das Institut in einer milliardenschweren Notstandsoperation am Leben zu halten und den Steuerzahler dafür in die Haftung zu nehmen.

Aber auch die Geschäftsbanken, die von der Rettungsaktion profitierten, sollten ihren Beitrag zur Stabilisierung der HRE leisten. Alles andere wäre in seiner politischen Wirkung unkalkulierbar gewesen. Die Kanzlerin brauchte Ackermann, um das Gesicht wahren zu können. Ihr Lieblingsbanker als Sprecher der beteiligten Banken nahm die Sache mit ihr in die Hand. Sieben Milliarden hatte Ackermann für die Rettung der HRE zusammenbekommen. Das war zu wenig, um es der Öffentlichkeit als Erfolg einer Regierung verkaufen zu können, die den Eindruck erwecken wollte, sie sei Herr der Lage und nehme die Banken in die Pflicht. Im Finanzministerium unter dem SPD-Mann Peer Steinbrück und bei der BaFin, so berichten Insider, sei überlegt worden, die HRE stürzen zu lassen. Die Zeit wurde knapp. Der Zusammenbruch der HRE war kaum noch zu verhindern und damit rückte auch für Merkel der GAU näher. Bei den Banken war so gut wie nichts mehr zu holen, und Ackermann begann, sich auf die Katastrophe einzustellen.

Die Kanzlerin stand mit dem Rücken zur Wand. Wenige Stunden bevor die Uhr der HRE abgelaufen wäre, in der Nacht des 29. September 2008 um 0.45 Uhr, bekam Merkel den Chef der Deutschen

Bank nochmals ans Telefon und bat um zehn Milliarden. Ackermann lehnte ab. Schließlich ließ er sich ein Zuckerl abhandeln und stockte von sieben auf 8,5 Milliarden auf. Im Sommer 2009, vor dem Parlamentarischen Untersuchungsausschuss zur HRE, sagte er über Merkels Nacht-und-Nebel-Aktion gönnerhaft:»Ihr ist es gelungen, noch 1,5 Milliarden mehr aus mir herauszupressen.«[12] Und fügte unwidersprochen hinzu:»Es wäre zu spät gewesen, wenn sie mich nicht erreicht hätte.«[13]

Als er das Geld zusagte, blieb Angela Merkel keine andere Wahl, als Ackermanns letztes Angebot zu akzeptieren. Er wusste, dass er gewonnen hatte. Da brauchte er sich auch um die von seiner Bank zugesagten Liquiditätsstützen – am Ende waren es zwölf Milliarden Euro – keine Sorgen zu machen. Für die HRE war der Weg in die Verstaatlichung vorgezeichnet, schließlich gepflastert mit mehr als 100 Milliarden an Kapitalspritzen und Garantien zulasten der Staatskasse. Und das anfängliche Stützungsengagement der Banken wurde komplett abgelöst.

Was Ackermann geboten hatte, als er der Kanzlerin half, das Gesicht zu wahren, war mit Geld nicht zu bezahlen. Es handelte sich um eine Art Vorteilsgewährung, die von keinem Gesetz erfasst wird, erfasst werden kann: Ackermann hatte Merkel die Straße für die Wiederwahl gepflastert. So werden Elefanten gemacht, gefüttert und (vor-) geführt.

Mit der Stabilisierung der HRE war die Operation aber noch nicht komplett. Keiner wusste, wie groß die Risiken waren, die noch in den Finanzmärkten steckten und die Liquidität der deutschen Wirtschaft gefährden konnten. Deshalb bestärkte Ackermann die Kanzlerin in den Überlegungen zu einem Bankenrettungsfonds. Er wurde Ende Oktober 2008 gegründet und mit 480 Milliarden Euro ausgestattet, erkauft mit einer ausufernden Staatsverschuldung, die bis zum Sommer 2010 bereits auf die schwindelerregende Summe von 1,763 Billionen Euro angestiegen ist. Dass die Europäische Kommission diesem Treiben zustimmte, weil auch in anderen Ländern das politische und wirtschaftliche Management nicht funktioniert hatte, ist kein Trost. Und dass schon in diesem Zusammenhang und nicht erst, als Griechenland mit seinen Schwindelbilanzen auffiel, über den Wert und die Stabilität des Euro spekuliert wurde, ist beunruhigend.

Aber auch bei den Hilfen für Griechenland geht es um die Banken. Die Griechen benötigen die Milliarden, um ihre maßlose Schuldenwirtschaft zu bezahlen, an der die Zocker aus deutschen Banken mit 30 Milliarden Euro beteiligt sind. Geld aus der Steuerkasse für die Griechen lässt die Banker jubeln.

Durch Schlafmützigkeit, Feigheit vor dem Bankmanagement, Inkompetenz und Ignoranz hat Angela Merkel mit ihrer Berliner Kabinettsriege und ihren teuren Zuarbeiterstäben Deutschland in einen monetären Morast schlittern lassen. Dass auch andere Regierungen nicht besser waren und eine umfassende Regelung der Finanzmärkte eine komplizierte internationale Abstimmung verlangt, entschuldigt nicht, dass die Bundesregierung ihre Hausaufgaben nicht gemacht hat. Da der Blick dafür fehlte, dass im Zeitalter der Globalisierung eine verantwortungslos agierende, weitgehend unregulierte Bankenwelt ganze Volkswirtschaften aus dem Gleis werfen kann, wurde es versäumt, Instrumente vorzubereiten, mit denen die drohenden Risiken im eigenen Haus hätten begrenzt werden können.

Wo Dilettantismus herrscht, stört Kompetenz. Wie war das noch mit den beiden Finanzexperten Friedrich Merz und Paul Kirchhof? Merz, einst CDU-Fraktionsvize (»eine Steuererklärung muss auf einem Bierdeckel Platz haben«), bekam bei Angela Merkel keinen Boden unter die Füße. Und als Paul Kirchhoff, ehemaliger Verfassungsrichter, Professor für Steuerrecht und Mitglied in Merkels Kompetenzteam für die Bundestagswahl 2005 mit seinem Steuermodell in eine Diffamierungskampagne der SPD geriet (»eine Sekretärin soll so viel Steuern zahlen wie ein Vorstandsvorsitzender«), ließ ihn seine damalige Kanzlerkandidatin hängen. Man braucht weder die Vorstellungen von Merz noch die von Kirchhoff zu teilen – aber sie wussten wenigstens, wovon sie redeten.

Die Kanzlerin und ihre Regierung wurden zu Lakaien der Banker, zu Erfüllungsgehilfen derjenigen, die das Desaster angerichtet hatten. Noch schlimmer: Um sich und die Freunde in den Banktürmen aus dem Sumpf zu ziehen, wurde das Tafelsilber der Steuerzahler verpfändet. Sie zahlen die Zeche für eine politische Klasse, die sich für ihre miserable Regierungsarbeit jeden Monat ein stattliches Salär aus der Staatskasse genehmigt und sich dicke Polster für ihren Ruhestand anlegt, von denen selbst ein Bürger, der während seines

Arbeitslebens hohe Beträge in die Rentenkasse eingezahlt hat, nur träumen kann.

Die Machtfrage war im Fall der Finanzkrise schnell entschieden. Und zwar nicht so, wie es in manchen Kommentaren nachzulesen war, wonach sich letztlich die Politik durchgesetzt habe. David Rothkopf, früher Mitarbeiter in der Clinton-Regierung, spricht in seinem Buch *Die Super-Klasse* von einer international vernetzten institutionellen »Macht-Elite« gegenüber der sich nationale Regierungen wie »Liliputaner« ausnehmen.[14]

Als die tatsächlich Mächtigen haben sich die Bankmanager erwiesen: Für deren verantwortungsloses Treiben haben Regierung und Parlament den Souverän, das Volk, in die Haft genommen und dabei kalt entmündigt. Die Bonusbanker aber waren fein raus und zahlten nicht drauf. Sie programmierten vielmehr die politische Richtung. So wird die Loyalität des Bürgers gegenüber dem Staat und damit auch die Legitimation der Demokratie ausgehöhlt. Solange Angela Merkel ihre Art von »Politik für die Menschen« macht, sind solche Ergebnisse in Kauf zu nehmen. Das Volk wurde für dumm verkauft, um Schaden von der Regierung und ihrer Finanzklientel abzuwenden.

Weiter ging es wie gewohnt. Selbstappelle, wie sie eher in psychotherapeutischen Runden vorkommen, wurden einer wegen des unfassbaren Milliardenspiels verstörten Öffentlichkeit aus den Berliner Regierungsstuben feilgeboten: Wir dürfen nicht mehr zulassen, müssen eingreifen ... wir müssen regulieren, verbieten ...

Herumjongliert wird mit Steuern für Banken und Transaktionen. Das klingt nach scharfem Durchgreifen, ist aber eher Zynismus. Wer garantiert, dass neue Belastungen nicht bei den Kunden abgeladen würden, also bei den Steuerzahlern, denen die Haftung für das Desaster schon aufgebürdet wurde. »Die Finanzlobby ist zu stark – die Banker sitzen bei Frau Merkel auf dem Schoß«,[15] sagt der Wirtschaftsprofessor Max Otte. Es gibt nach wie vor kein Konkursreglement für eine systemrelevante Großbank, das verhindern könnte, dass im Notfall der gesamte nationale Finanzmarkt zerrüttet wird und in der Folge die Wirtschaft in Finanzierungsschwierigkeiten gerät. Es gibt keine wirksamen Vorschriften für das zur Stabilität einer Bank erforderliche Eigenkapital, und selbst der Handel mit gefährlichen Zertifikaten läuft weiter.

Die Regisseure des Finanztheaters sind 2010 wieder da, so als wäre nichts gewesen, und kassieren ihre gigantischen Boni, teilweise sogar höhere als vor der Krise.

Wie könnte auch eine Regierung den Banken etwas aufzwingen, von deren Gefälligkeit sie sich etwa bei industriepolitischen Entscheidungen abhängig macht? Als der Stuttgarter Automobilkonzern Daimler AG im Jahr 2007 seine Beteiligung am deutsch-französischen Luft- und Raumfahrtunternehmen EADS (European Aeronautic Defence and Space Company) abstoßen wollte, intervenierte die Bundesregierung, weil die Gefahr bestand, dass der deutsche Anteil nach Frankreich abwandert mit allen Folgen für Tausende Arbeitsplätze in der Bundesrepublik. Die Bundesregierung ging zwölf Banken, darunter die Deutsche Bank und die Commerzbank, um Hilfe an, weil sie selbst nicht ins Geschäft einsteigen wollte. Die Geldinstitute sollten wenigstens einen Teil des Daimler-Pakets für drei Jahre übernehmen, damit die Bundesregierung in Ruhe einen neuen deutschen Investor suchen könne. Es fand sich keiner. Im Sommer 2010 lief die Frist ab. Die Banken erklärten sich inzwischen aber bereit, »aus nationalem Interesse« die EADS-Anteile für weitere drei Jahre zu halten, damit die Bundesregierung die Suche nach einem Kapitalgeber fortsetzen kann. Eine Hand wäscht die andere.

Welche Gestaltungsmacht hat eine Regierung noch, die zur Gefangenen der eigenen Unfähigkeit wird? Die Ackermänner sind stark, weil dem Regierungspersonal die Qualifikation fehlt. Wir haben uns daran gewöhnt, in einer Demokratie der Hintermänner zu leben. Aber eine Verschwörung gibt es dennoch nicht. Die Auslieferung demokratisch verliehener Macht durch eine inkompetente Regierung an eine Elite, die nach ihrem eigenen Regelwerk verfährt, spielt sich im Schaufenster ab.

Es sind hier nicht die »Elefanten« wie Merkel, die bestimmen, diejenigen, die in Magazinen wie *Forbes* als politische Schwergewichte vorgeführt werden, sondern die »Elefantenmacher«, die Ackermänner. Und die sitzen nicht nur in den Banken, sondern auch in den Chefetagen der großen Unternehmen. Für sie hält sich ein Korps von überforderten Willigen aus der Politik zur Verfügung. Diese Art von Elefanten muss heute nicht einmal mehr gekauft werden. Ihnen genügt es offenbar, dass sie als Kanzlerdarsteller und Ministerschauspieler auf der Regierungsbank sitzen und ihre Dienste anbieten dürfen, sobald die Hintermänner neue Entscheidungen erzwingen oder Forderungen stellen, die politisch umgesetzt werden sollen.

Wolfgang Schäuble, der im Herbst 2009 noch Innenminister war, nach der Bundestagswahl aber die Befähigung zum Finanzminister zugesprochen bekam, gab im März 2010 eine Kostprobe seiner Kunst. Der Spitzenmann aus Merkels Lehrlingswerkstatt propagierte einen Europäischen Währungsfonds, der, gefüllt mit Steuergeldern, Pleite-Staaten aus der Eurozone vor dem Absturz bewahren soll. Schon wenige Tage nach der Präsentation stellte sich heraus, wer die Urheberrechte an dieser Idee hat: Sie stammte aus dem Haus Ackermann, von Thomas Mayer, dem Chefvolkswirt der Deutschen Bank, wie die *Frankfurter Allgemeine Sonntagszeitung* am 14. März 2010 zu berichten wusste.

Deutsche Banken haben bei den Euro-Patienten Griechenland, Italien, Spanien und Portugal viel zu verlieren. Mit 200 Milliarden Euro an Krediten stehen diese Problemstaaten in ihren Büchern. Wie fatal für die Banken, falls eines der Länder in die Pleite rutschen sollte. Wie angenehm aber, einen aufmerksamen Politiker wie Schäuble an der Hand zu haben, der den vorgedachten Währungsfonds – in Wirklichkeit ein kaschierter Bankenrettungsfonds – gleich ins Leben rufen will.»Angela Merkel riskiert, dass sich Deutschland übernimmt«, warnte die *FAZ* schon am Tag zuvor, am 13. März. Die Kanzlerin hatte gerade die Schirmherrschaft über Schäubles Aktion übernommen. Ob sie sich des Risikos überhaupt bewusst war?

Der Eurofonds kam, und Deutschland ist mit mehr als 120 Milliarden dabei.»Alternativlos«, lautete Merkels Totschlagsargument. Da konnten Banker und Spekulanten die Korken knallen lassen. Ein Tabu war gebrochen, der erste Schritt in die Geldtransferunion getan

»Ich habe nie zu denjenigen gehört, die abgestritten haben, dass wir Macht haben«, sagte Alfred Herrhausen, Vorstandssprecher der Deutschen Bank, ein Jahr vor seiner Ermordung am 30. November 1989.»Das habe ich zum Leidwesen meiner damaligen Kollegen bereits als junger Mann im Vorstand freimütig bekundet. Natürlich haben wir Macht. Es ist nicht die Frage, ob wir Macht haben, sondern die Frage, wie wir damit umgehen, ob wir sie verantwortungsvoll einsetzen oder nicht. Wir haben Macht, weil wir sie haben müssen, und das hat nichts mit unserem Ehrgeiz zu tun, mächtig zu sein, sondern das hat zu tun mit der Grundsatzentscheidung, die wir hier nach dem Zweiten Weltkrieg in der Bundesrepublik getroffen haben. Wir haben uns nämlich für ein Gesellschaftssystem entschieden, in dem es plurale Machtpotenziale gibt, die sich jedoch in einer labilen Balance halten müssen. Und wir meinen, dass in diesem pluralen Machtgeflecht auch die Deutsche Bank ein Machtpotenzial darstellt, das wir wollen.«[16]

Elefantenhochzeit: Die Deutsche Bank und die CDU – eine spezielle Geschäftsbeziehung

Die Geschichte der Macht in der Bundesrepublik war immer auch eine Geschichte der mächtigsten Bank der Bundesrepublik, der Deutschen Bank. Angefangen mit dem heute schon legendären Vorstandssprecher und späteren Aufsichtsratsvorsitzenden, Hermann Josef Abs, der einer der wichtigsten und engsten Berater von Bundeskanzler Adenauer war, übten die Chefs der Deutschen Bank über Jahrzehnte immensen Einfluss auf die Wirtschafts- und Finanzpolitik der Bundesrepublik aus. Karl Klasen beriet Willy Brandt. Helmut Schmidt verließ sich bei der Vorbereitung großer Wirtschaftsgipfel auf Wilfried Guth, und Alfred Herrhausen wurde zu einem der wichtigsten außen- und wirtschaftspolitischen Berater und darüber hinaus zu einem engen Freund Helmut Kohls. Die Liaison zwischen der Deutschen Bank und der CDU hat historische Gründe, aber auch ganz praktische: Die CDU stellte die längste Zeit die Kanzler der Bundesrepublik.

Das Ausmaß an Macht und Einfluss, das der 1901 geborene Hermann Josef Abs über Jahrzehnte in der Bundesrepublik besaß, charakterisierte eindrucksvoll Thomas Fischer, bis 2002 selbst im Vorstand der Deutschen Bank und dann bis 2007 Vorstandsvorsitzender der Westdeutschen Landesbank:»Noch 1993, ein Jahr vor seinem Tod, wurde er als ›mit Abstand mächtigster Mann in Deutschland‹ gesehen. Er war die Verkörperung der Macht des Geldes im 20. Jahrhundert. Das Geflecht der Beziehungen zwischen Wirtschaft und Politik verband sich – im Guten wie im Bösen – mit seinem Namen …«[17]

Bis heute wird immer wieder auf ein Etikett zurückgegriffen, das der *Spiegel* Hermann Josef Abs bereits 1958 anheftete: der mächtige Banker als »Erzengel des bundesrepublikanischen Großkapitals«.[18] »König von Deutschland« und »finanzpolitischer Sprecher der Deutschland AG« waren weitere – fast ehrfürchtige – Umschreibungen seiner einzigartigen Stellung.

Der Historiker und Abs-Biograf Lothar Gall charakterisierte das Selbstverständnis des »politischen Bankiers« Abs: »Er empfand sich nicht nur, ja vielleicht nicht einmal in erster Linie als Repräsentant seiner Bank, sondern als einer der führenden finanzpolitischen Sprecher Deutschlands im Inland wie gegenüber dem Ausland, der sich bei allen einschlägigen Fragen, auch in denen der Wirtschaftspolitik mit Selbstverständlichkeit zu Wort meldete und dessen Mitspracheanspruch allgemein, also auch von der Politik, ebenso selbstverständlich akzeptiert wurde, obwohl er in dieser Beziehung kein formelles Amt oder Mandat mehr besaß.«[19]

Abs' eigenes Verhältnis zur Macht und zur Politik war differenziert und auch ein wenig kokett. So äußerte er sich 1964 in einem Interview mit Günter Gaus zum Primat der Politik durchaus vieldeutig: »Ich glaube, dass die Politik eigentlich das Primat haben soll, wobei man dann darüber diskutieren könnte, was die Politik ist und wie hat sie auszusehen.«[20]

Die Frage nach dem Primat der Politik wird noch häufig gestellt werden müssen. Für Abs, der öffentlich immer wieder die Entscheidungshoheit der Politik betonte, war dieses Thema eine Frage der Interpretation und insofern von eher sekundärer Bedeutung. Viele, darunter Bundeskanzler Konrad Adenauer, nahmen an, dass Abs CDU-Mitglied sei. Er war aber nie der Partei beigetreten. Seine Gestaltungsmacht bezog er aus seiner einzigartigen Rolle in der wirtschafts- und finanzpolitischen Sphäre. Dabei war Abs schon lange, bevor er 1957 das Amt des Vorstandssprechers der Deutschen Bank übernahm, an hervorgehobenen politischen Aufgaben beteiligt. Die Besucherkartei des Kanzleramts verzeichnete zwischen 1949 und 1963 »mehr als 100 Visiten von Abs bei Adenauer, mit deutlichem Schwerpunkt in der ersten Hälfte der 1950er-Jahre«.[21]

So gehörte der Bankier nicht nur früh einem kleinen institutionalisierten Kreis wirtschaftspolitischer Berater Konrad Adenauers an, er leitet auch die deutsche Delegation bei den Londoner Verhandlungen über ein Schuldenabkommen (1950–1953), das Deutschland den Widereintritt in die internationalen Kapital- und Finanzmärkte ermöglichen sollte. Er war maßgeblich an der Rezentralisierung und Wiedererrichtung des Großbankensystems in Deutschland beteiligt. Er arbeitete an vorderster Front an einem Investitionshilfegesetz, das der notleidenden deutschen Grundstoffindustrie dringend benötigtes Kapital verschaffen sollte. Der »politische Bankier« Abs war so politisch, dass Anfang 1952 und noch einmal ein paar Jahre später sogar sein Eintritt in die Bundesregierung als Außenminister zur Diskussion stand. Doch Abs, dessen Wirken uns später noch ausführlicher beschäftigen wird, entschied sich gegen eine politische Karriere. Die des gestaltungsmächtigen »unabhängigen« Bankiers erschien ihm reizvoller.

Hermann Josef Abs, den der Adenauer-Biograf Hans-Peter Schwarz in die »Reihe grauer Eminenzen, die nicht im Rampenlicht operieren«[22], einreihte, gehörte zu den wichtigsten Persönlichkeiten, die die Systemfrage in der Geburtsstunde der Bundesrepublik mitbestimmten und so auch maßgeblichen Anteil an der Kanzlerschaft Adenauers hatten. Die Vertreter einer strikt wirtschaftsliberalen Politik innerhalb wie außerhalb der CDU, so urteilte Schwarz, spielten schon beim »Durchbruch Adenauers zur politischen Macht eine ausschlaggebende Rolle«.[23] In dieser Gruppe bestimmten neben dem alles überstrahlenden Ludwig Erhard auch Männer wie Adenauers »Leibbankier« Robert Pferdmenges, Klöckner-Chef Günter Henle, der Verleger Gerd Bucerius, Professor Fritz Hellwig, der 1951 geschäftsführender Direktor des Deutschen Industrieinstituts in Köln wurde, der spätere Bundesfinanzminister Franz Etzel, der Chef des Bundesverbandes der Deutschen Industrie (BDI), Fritz Berg, und eben an herausragender Stelle Abs die Richtung. Insofern kann man Abs zu den Elefantenmachern zählen, die im Hintergrund an den entscheidenden politischen Weichenstellungen mitwirken und damit auch politische Karrieren befördern können oder auch nicht.

Im Jahr 1949, als zum ersten Mal der Bundestag gewählt wurde, fiel auch die Entscheidung über das Wirtschaftssystem der Bundesrepublik. Dabei erwies sich als richtungsweisend, dass die Idee der Marktwirtschaft »der eigentliche Zement«[24] zwischen den künftigen Koalitionären von CDU und FDP war und dass diese Idee vor allem auch die finanzielle Unterstützung der Industriekonzerne und Banken fand, die ihr Geld für die Wahlkämpfe dieser beiden Parteien einsetzten. An dieser Stelle vom Primat der Politik zu sprechen wäre ein Trugschluss. Denn ungeachtet aller anderen Tendenzen innerhalb der CDU gab es den Konsens und Schulterschluss zwischen Politik und Wirtschaft, was von erheblicher finanzieller Bedeutung für das Erstarken der wirtschaftsliberalen Parteien war. Insofern fiel es Hermann Josef Abs und anderen leicht, immer wieder den Primat der Politik zu betonen, wussten sie doch, dass die Politiker die Prämissen ihrer Gönner aus der Wirtschaft genau kannten und sich danach richteten.

Entscheidend war, wer die Deutungs- und Gestaltungshoheit in dem jungen Staat behält. Und hier ist es gerade Abs, der mit seinen Grenzgängen zwischen Wirtschaft und Politik Maßstäbe setzte. Zumal in der Gründungsphase der Bundesrepublik dem Finanzsektor eine zentrale Rolle zufiel. Die Kreditwürdigkeit der Bundesrepublik im Ausland wieder herzustellen sowie Finanzmittel für den Wiederaufbau der deutschen Industrieproduktion bereitzustellen, waren vordringlichste Ziele von Hermann Josef Abs. Dazu gehörte auch seine zielstrebige und konsequente Arbeit an der Wiedererrichtung des Großbankensystems, das die Alliierten ursprünglich zerschlagen wollten, das er aber für zwingend notwendig erachtete, um die Aufgaben der Zukunft schultern zu können. Hier setzte er einen erheblichen Teil seiner Gestaltungskraft und seines politischen Einflusses ein. Dass er dabei immer auch das Große und Ganze der gesellschaftlichen Organisation und des gesellschaftlichen Zusammenlebens im Blick hatte, darf nicht unterschlagen werden. Dass Gewinn notwendig, dass Gewinn gut sei, dass Gewinn aber nicht alles sein und alles bestimmen dürfe – solche Hinweise fehlen in seinen Reden und Schriften nicht.

Als Abs im Februar 1994 im Alter von 92 Jahren starb, war sein wohl bedeutendster Nachfolger bei der Deutschen Bank bereits tot: Alfred Herrhausen, der am 30. November 1989 von bis heute unbekannten Tätern mit einer ferngezündeten Bombe in seinem gepanzerten

1. Angela Merkel, die Gratulantin der Mächtigen

Dienstwagen ermordet worden war. Alfred Herrhausen verkörperte den Höhepunkt der sogenannten Deutschland AG, der Verflechtung von Banken und Industriekonzernen im 20. Jahrhundert, für die der Multi-Aufsichtsratsvorsitzende Abs den Grundstein gelegt hatte. Aber Herrhausen verkörperte auch die Idee der Internationalisierung des Bankengeschäfts und dessen Verantwortung für die Gestaltung des 21. Jahrhunderts, das er nicht mehr erleben sollte.

Herrhausen wurde 1970 im Alter von gerade mal 39 Jahren in den Vorstand der Deutschen Bank berufen. 1985 stieg er an der Seite von Friedrich Wilhelm Christians zum Sprecher des Vorstands auf. Mitte der 1980er-Jahre saßen die Vorstände und Direktoren der Deutschen Bank in 400 Aufsichtsräten. Die Bank selbst hielt unter anderem Anteile an der Daimler-Benz AG, Klöckner, Philipp Holzmann AG, Karstadt, Horten, Roland Berger und Südzucker.[25] Unter der Ägide Herrhausens als Aufsichtsratsvorsitzender der Daimler-Benz AG fusionierte Daimler 1989 mit dem Luft-, Raumfahrt- und Rüstungskonzern Messerschmitt-Bölkow-Blohm (MBB), baute der Daimler-Vorstandsvorsitzende Edzard Reuter den Automobilhersteller zum integrierten Technologie-, Rüstungs- und Raumfahrtkonzern um. Erneut war ein Chef der Deutschen Bank der mächtigste Mann der deutschen Wirtschaft. Und Herrhausen war bereits fest vernetzt mit dem mächtigsten Politiker in Deutschland, mit Helmut Kohl. Am Abend des 1. Oktober 1982, nach seiner Ernennung zum Bundeskanzler, feierte Kohl mit seinen engsten Freunden und wichtigsten Mitarbeitern nebst Ehepartnern in einem Restaurant bei Bonn. Mit am Tisch saß auch Alfred Herrhausen.[26]

Die Genese der Freundschaft zwischen Herrhausen und Kohl ist ein typisches Beispiel für die engen – auch privaten – Verflechtungen zwischen Wirtschaft, Politik und Medien. Als Herrhausen in den Vereinigten Staaten die Einweihungsparty auf der Ranch des Stahlindustriellen Otto Wolff von Amerongen besuchte, lernte er dort seine zweite Frau kennen, eine Freundin der Ehefrau von Wolff von Amerongen. Auch am Wolfgangsee im österreichischen Salzkammergut hatte Wolff von Amerongen ein Urlaubsdomizil. Dort traf Herrhausen auf den Intendanten des österreichischen Rundfunks ORF, Gerd Bacher. Bacher wiederum war bei der Bundestagswahl 1976 der Wahlkampfmanager Helmut Kohls. Der Medienmanager führte

Herrhausen schließlich in St. Gilgen (Wolfgangsee) beim Ehepaar Kohl ein. So schloss sich der Kreis.[27]

Alfred Herrhausen war ein Multitalent und übte seinen Einfluss weit über den Aufgabenbereich eines Vorstandssprechers der Deutschen Bank oder eines Aufsichtsratsvorsitzenden eines Unternehmens hinaus aus. Schon 1974 hatte der damalige Bundesfinanzminister Helmut Schmidt ihn in die Bankenstrukturkommission berufen und sich später von ihm bei der Neuordnung der Luft- und Raumfahrt beraten lassen. Unmittelbar nach seiner Wahl zum Bundeskanzler 1982 übernahm Herrhausen auf Kohls Bitte hin den Posten eines von drei Moderatoren bei der Neuordnung der schwer angeschlagenen Stahlindustrie.[28]

Und auch auf internationalem Parkett setzte der Spitzenmann der Deutschen Bank eine Tradition fort, deren Grundstein Hermann Josef Abs gelegt hatte: Im August 1989 verhandelte die Bundesregierung mit Ungarn über die Öffnung der Grenze zu Österreich und das Schicksal der in Ungarn ausharrenden DDR-Bürger. Ungarn fürchtete seine Isolation innerhalb der Staaten des Warschauer Vertrags und im schlimmsten Fall die Blockade seiner Öl- und Gasversorgung durch die Sowjetunion. Kohl versprach Hilfe, und wenig später gewährte die Bundesregierung Ungarn einen Kredit über 500 Millionen Mark. Gleichzeitig drückte das krisengeschüttelte Ungarn aber seine für damalige Verhältnisse hohe Auslandsverschuldung. Allein bei Banken in der Bundesrepublik stand das Land mit 400 Millionen Mark in der Kreide. Zur Klärung der Schuldenfrage versprach Kohl die Entsendung des Deutsche-Bank-Chefs Alfred Herrhausen.[29]

Auch Staatschef Michail Gorbatschow kannte Herrhausen gut. Im Jahr vor der Ungarn-Krise, 1988, war Kohl mit einer großen Delegation zu einem offiziellen Besuch in die Sowjetunion gereist. Zu der Reisegesellschaft gehörten neben Kohl und seiner Gattin fünf Minister, weitere Politiker, Beamte und Mitarbeiter und »45 Repräsentanten aus Wissenschaft und Kultur, Wirtschaft und Gewerkschaft«.[30] Berthold Beitz von Krupp, Otto Wolff von Amerongen vom Ostausschuss der deutschen Wirtschaft, Franz Sieverding von Mannesmann, Carl Horst Hahn von der Volkswagen AG, Wolfgang Röller von der Dresdner Bank und – Alfred Herrhausen. Die Creme der deutschen Wirtschaft hatte sich auf den Treck in den Osten gemacht.

Anders als viele seiner Vorstandskollegen ging Herrhausen offen mit dem Einfluss und der Macht um, die ihm seine herausragende Stellung in der deutschen Wirtschaft bescherte. Wobei ihm eine gewisse Hybris nicht fremd zu sein schien. So wurde in Berlin kolportiert,»dass Herrhausen 1983 die Regierungserklärung von Helmut Kohl mit verfasst hat«.[31] Und die *Wirtschaftswoche* zitierte ihn zu seinem 20. Todestag:»Die Macht der Banken, ... das bin ich.«[32] Dabei stellte Herrhausen in seinen Reden stets die Verantwortung, mit der diese Macht ausgeübt wurde, in den Vordergrund. Und mit seinen bahnbrechenden Stellungnahmen und Plänen, beispielsweise zum Thema Verschuldung und Entwicklung in der damals noch sogenannten Dritten Welt, stieß er so manchen seiner Kollegen in der Deutschen Bank und in anderen Häusern national wie international massiv vor den Kopf.

Herrhausen hinterlasse durch seinen Tod eine Lücke, die auf Jahrzehnte nicht zu schließen sein werde, urteilte der Machtmensch Helmut Kohl, der angeblich immer, wenn es wirtschaftliche Schwierigkeiten gab, nach dem Chef der wichtigsten deutschen Bank rief.[33] Nicht zuletzt die neben Herrhausens Bekenntnis zur Macht mutig vorgetragenen Thesen zur ethischen Verantwortung der Banken und sein früher gewaltsamer Tod trugen dazu bei, dass der ohne Zweifel herausragende Banker zur Lichtgestalt seiner Branche verklärt wurde. Den von ihm eingeschlagenen Weg der Internationalisierung des Geschäfts der Deutschen Bank und des Eintritts in die angloamerikanische Welt des Investmentbankings, sind seine Nachfolger erst zögerlich, dann immer schneller weitergegangen, bis sie fast in den Abgrund gerast wären.

Alfred Herrhausens Nachfolger im Amt des Vorstandssprechers der deutschen Bank war Hilmar Kopper, ein weiterer Big Player im weitverzweigten Netz der Deutschland AG. Den meisten ist er wohl nur noch durch sein»Peanuts«-Zitat bekannt, das ihn berühmt, berüchtigt und in der Öffentlichkeit zum Sinnbild des zynischen und kalten Bankers machte.»Peanuts«, das waren für Kopper 1994 die 50 Millionen Mark Handwerkerrechnungen, die bei der Milliardenpleite des Baulöwen Jürgen Schneider offen geblieben waren. Er hatte es nicht zynisch gemeint, tatsächlich waren die 50 Millionen Mark angesichts des Milliardenschadens»Peanuts«, Kleingeld, für seine Bank.

Und die Deutsche Bank beglich schließlich auch die offenen Rechnungen, aber Kopper hatte einen massiven Imageschaden weg.[34] Er konnte damit leben. Bis 1997 blieb er im Amt und übernahm dann noch für viele Jahre den Aufsichtsratsvorsitz der Deutschen Bank. Kopper, der in seiner Karriere rund 60 Aufsichtsratsmandate innehatte, schlägt im Netzwerk der Deutschland AG die Brücke in die Gegenwart. Er holte 1997 Josef Ackermann aus der Schweiz nach Frankfurt. Offiziell längst im Ruhestand, meldete Kopper sich in der Finanzkrise gewohnt markig zu Wort und übernahm im Sommer 2009 mit 74 Jahren den Aufsichtsratsvorsitz der maroden HSH-Nordbank.

Das Verhältnis Hilmar Koppers zur Politik ist zwiespältig: So drosch er auf die Politiker ein, warf ihnen vor, »keine Ahnung vom Banking« zu haben, was zu den Milliardendefiziten bei den Landesbanken geführt habe. Andererseits nahm er es gern in Kauf, dass die Deutsche Bank von politischen Entscheidungen profitierte. Unter seiner Ägide als Aufsichtsratschef bei Daimler – jahrzehntelang übernahmen die Chefs der Deutschen Bank den Aufsichtsratsvorsitz bei Daimler – hatte Jürgen Schrempp im Jahr 1995 das Steuer bei Daimler von Edzard Reuter übernommen. Schrempp versuchte, das Rad wieder zurückzudrehen und den Konzern auf das Kerngeschäft des Autobauens zu konzentrieren. Dabei entwickelte er große Visionen.

Die Deutschland AG war Schrempp zu klein, die »Welt AG« sollte es sein. 1998 fusionierte er Daimler mit Chrysler, 2000 folgte der Schritt nach Asien und das Zusammengehen mit Mitsubishi. Doch die Träume von der »Welt AG« platzten und endeten mit Verlust. Als Jürgen Schrempp 2005 überraschend den Chefsessel bei Daimler räumte, machten die Aktien des Konzerns einen Sprung nach oben. Am selben Tag verkaufte die Deutsche Bank 35 Millionen Daimler-Aktien für mehr als eine Milliarde Euro. Steuerfrei, denn Bundeskanzler Gerhard Schröder hatte zuvor »zu unserer Überraschung« – wie Kopper zitiert wurde – im Rahmen der großen Steuerreform zu Anfang des Jahrtausends den Verkauf von Unternehmensbeteiligungen im betrieblichen Bereich steuerfrei gestellt.[35] Es ist immer gut, dass die richtigen Elefanten zur Hand sind, wenn sie gebraucht werden.

Gerade in der größten Not bewähren sich echte Freundschaften. Hilfe kam von der mächtigsten deutschen Bank, als die CDU im Sumpf von Helmut Kohls Schwarzgeld und den falschen »jüdischen Vermächtnissen« des Landesverbandes Hessen unterzugehen drohte. Als die neue CDU-Vorsitzende Angela Merkel nach dem unehrenhaften Rückzug ihres Vorgängers Wolfgang Schäuble – er hatte im Zusammenhang mit der Annahme einer Bargeldspende des Rüstungslobbyisten Karlheinz Schreiber das Parlament belogen – im April 2000 einen Nachfolger für den CDU-Bundesschatzmeister Matthias Wissmann brauchte, konnte sie auf einen Fachmann von der Deutschen Bank als Retter der maroden CDU-Finanzen zurückgreifen: Es war der vom Vorstand in den Aufsichtsrat der Bank gewanderte Ulrich Cartellieri. Eine Blutauffrischung war notwendig. Der von Kohl mitverursachte CDU-Spendenskandal trieb seinem Höhepunkt zu. Wissmann stand unter Druck, und der Untersuchungsausschuss des Bundestages saß der Partei im Genick.

Der international erfahrene und angesehene Banker, der erst unmittelbar vor dem Parteitag im April 2000 in die CDU eingetreten war und mit 99,3 Prozent der Delegiertenstimmen in sein Amt gewählt wurde, machte gleich klar, dass seine persönliche Wertschätzung für die Arbeit von Angela Merkel den Ausschlag für sein Engagement gegeben hatte, und verteilte ausgiebig Vorschusslorbeeren:»Ich habe mir das lange nicht vorstellen können. Aber als ich dann gesehen habe, wie diese Partei sich – ich muss schon sagen: zu meinem Erstaunen und meiner zunehmenden Bewunderung – von innen heraus neu formiert hat, habe ich gesagt: Wenn du Frau Merkel nicht unterstützen willst, wen dann eigentlich?«[36]

Das waren starke Worte, denn Angela Merkel hatte selbst von Kohls Finanzkünsten profitiert. Und noch in Ulrich Cartellieris Amtszeit erklärte sie die interne Aufarbeitung des Spendenskandals ihrer Partei für beendet, obwohl bis heute noch große schwarze Löcher auf Ausleuchtung warten.

Der neue Schatzmeister, der wenige Wochen nach seiner Wahl einen Unfall hatte und bis Anfang September 2000 ausfiel, hatte einen schweren Job zu machen. Die Finanzlage der Partei war desaströs. Nach Kohls letztem Wahlkampf war die CDU völlig verschuldet, ihr drohten noch millionenschwere Strafen wegen der Verstöße gegen die gesetzlichen Vorschriften zur Parteienfinanzierung – es wurden schließlich 52,14 Millionen Mark. In Berlin hatte die CDU eine protzige neue Parteizentrale für 65 Millionen Mark bauen lassen, für die jährlich 5,5 Millionen Mark an Zins und Tilgung zu zahlen waren. Der Kreditrahmen von rund 35 Millionen Mark der drei größten Gläubigerbanken, von denen die Deutsche Bank 50 Prozent trug, die Dresdner und Commerzbank je 25 Prozent, war ausgeschöpft. Da waren die acht Millionen Mark, die Helmut Kohl zur Wiedergutmachung des von ihm angerichteten Desasters bei einigen Gönnern eingesammelt hatte, zwar hochwillkommen, aber nur ein Tropfen auf den heißen Stein.[37]

Die CDU, aber auch die anderen Parteien im Nachkriegsdeutschland kamen nie mit ihrem Geld aus. Die fehlende Regelung der Parteienfinanzierung war ein Geburtsfehler der Bundesrepublik: Sie führte zu Kumpaneien mit durchaus nicht selbstlosen Gönnern und produzierte unerträgliche Abhängigkeiten der Politiker von Geldgebern. Die Kette der Skandale und Affären ist eine Folge davon – bis in die Gegenwart. Auch wenn es von den Parteifinanzkontrolleuren der Bundestagsverwaltung und manchen Medienvertretern für unbedenklich erklärt wurde: Dass Vertreter der Wirtschaft für Gespräche mit Nordrhein-Westfalens Ministerpräsident Jürgen Rüttgers bei Parteitagen zahlten, ist einer funktionierenden Demokratie unwürdig. Dass Firmen über Standgebühren Parteitage mitfinanzieren, auch bei den sonst so pingeligen Grünen, mag nicht gegen ein Gesetz verstoßen, kann aber Abhängigkeiten schaffen. Auch wenn das offen praktiziert wird.

Ein anderes Beispiel ist die Veruntreuung von Steuergeld für Parteiarbeit, das eigentlich für die Fraktionsarbeit bestimmt war – so praktiziert von der CDU-Fraktion im Landtag von Rheinland-Pfalz. Um Missbrauch von Steuergeld geht es auch, sobald Parteistiftungen unter dem allgemeinen Begriff der politischen Bildung auch parteipolitische »Bildung« oder schlicht Propaganda machen. Denn wer grenzt das im konkreten Fall ab?

2. BANKEN UND GROSSINDUSTRIE ALS SHAREHOLDER DES PARTEIENSTAATS

Keine Stunde null: Alte Netzwerke bestimmen die Richtung – vom Pyrmonter Abkommen bis zum Parteiengesetz

Am Anfang, als die Bundesrepublik Deutschland entstand, war das Land nicht wüst und leer, trotz der noch erheblichen Kriegsspuren. Es lag auch keine Finsternis über dem Abgrund. Im Wahlkampf vor der ersten Bundestagswahl nach dem Krieg, im August 1949, rangen die verfeindeten politischen Lager mit aller Härte um die Entscheidung über die künftige Richtung der Bundesrepublik Deutschland. Es ging vor allem um das künftige Wirtschaftssystem und damit um einen wesentlichen Teil der praktischen Ausgestaltung der im Grundgesetz verankerten demokratischen Ordnung. Hier standen sich diametral entgegengesetzte Denkschulen gegenüber.

Auf der einen Seite ging es um das Konzept der sozialen Marktwirtschaft der CDU, brillant vertreten und propagiert durch seinen Erfinder Ludwig Erhard, der die eigentliche Galionsfigur der CDU im Wahlkampf war. Auf der anderen Seite wurde das stark sozialistisch geprägte Wirtschaftskonzept der SPD propagiert, für das ihr charismatischer und aufgrund seiner Vergangenheit äußerst glaubwürdiger Vorsitzender Kurt Schumacher kämpfte. Zwar fanden sich auch im Wahlprogramm der CDU Elemente wie die Vergesellschaftung der Grundstoffindustrien, die im Arbeitnehmerflügel der Partei und bei den Vertretern der christlichen Gewerkschaften durchaus starke Befürworter hatten, die sich aber letztlich in der Gesamtpartei nicht durchsetzen konnten. Welchem Wirtschaftssystem mit welchen gesellschaftspolitischen Folgen die Wähler aber bei dieser Schicksalswahl den Vorzug geben würden, war noch längst nicht ausgemacht.

Für einige allerdings stand längst fest, wie das Wirtschaftssystem der neuen Republik aufgestellt sein sollte. Schon während des Krieges hatten Planungen für die Ordnung nach der totalen Niederlage begonnen. Ludwig Erhard hatte bereits im März 1944 eine Studie mit dem Titel *Kriegsfinanzierung und Schuldenkonsolidierung* vorgelegt, die sich mit der wirtschaftlichen Nachkriegsordnung beschäftigte. Wilhelm Zangen, seit 1934 Generaldirektor der Mannesmann Röhrenwerke und Leiter der Reichsgruppe Industrie, hatte den Fürther Nationalökonomen Erhard unterstützt und ihm seit 1942 das private »Institut für Industrieforschung« finanziert, wo Erhard seinen für die damalige Zeit gefährlichen Studien nachging.[1]

Die Situation unmittelbar nach der deutschen Kapitulation konnte kaum unübersichtlicher sein. Die Städte und Industrieanlagen waren weitgehend zerstört. Die ehemaligen Wirtschaftsführer, Industriellen und Banker sahen einer düsteren Zukunft entgegen. Alle mussten mit der »automatischen Arrestierung« rechnen, vielen drohte ein Prozess. Die Westalliierten – USA, England, Frankreich – hatten durchaus unterschiedliche Auffassungen über die Wirtschaftspolitik in ihren Zonen, besonders was die Demontage der noch vorhandenen Industrieanlagen anbetraf und die Bestrebungen vor allem der Amerikaner, die deutschen Kartelle zu zerschlagen.

Das politische System der Bundesrepublik musste erst noch erfunden werden. Die SPD und die sich neu konstituierenden Gewerkschaften an ihrer Seite konnten auf ihren traditionellen Fundamenten aufbauen, an die Vorkriegszeit anknüpfen und auf eine Mitgliederbasis zurückgreifen. Mit der CDU/CSU und der FDP entstanden – ungeachtet aller personellen Kontinuitäten aus Nationalsozialismus und Weimarer Zeit – neue politische Kräfte. Alte Netzwerke aus Wirtschaft und Politik bestanden ebenfalls fort. Wirtschaftsfunktionäre der NS-Zeit, Banker, Industrielle und Manager warteten auf ihre neue Chance. Männer wie Wilhelm Zangen, Friedrich Flick, Hermann Josef Abs, Fritz Berg, Max Grundig, Hans-Günther Sohl, Berthold Beitz standen in den Startlöchern, um das in Angriff zu nehmen, was später als »Wirtschaftswunder« in die Geschichtsbücher einging. Dabei handelte es sich um einen elitären Kreis der Reichen und Einflussreichen. Die Publizistin Nina Grunenberg identifiziert »je nach Definition ein Dutzend, allenfalls 20 Akteure«. Im Jahre 1962, als die Wundertäter im Zenit ihrer zweiten Karriere standen und das abermalige »deutsche Wirtschaftswunder« schon wieder zu Ende ging, bilanzierte Ralf Dahrendorf, damals noch Soziologieprofessor in Tübingen: »Die unbekannteste Führungsgruppe der deutschen Gesellschaft der Bundesrepublik ist die, die ihr zugleich mindestens äußerlich das Gepräge gibt: die wirtschaftliche Oberschicht, die als Schöpfer und Nutznießer des Wirtschaftswunders die neue Gesellschaft vor allem kennzeichnet.«[2]

Die unbekannte Führungsgruppe, die »grauen Eminenzen« im Hintergrund, betrachtete aufmerksam die politische Entwicklung in den Besatzungszonen und das langsame Wiedererstehen einer Parteienlandschaft, in der sie sich und ihre Interessen wiederfinden und repräsentiert sehen musste, sollten ihre Pläne nicht von vorneherein zum Scheitern verurteilt sein. Sympathisanten sozialistischer Ideen fanden sich unter ihnen selbstverständlich nicht. Die SPD war nicht ihre Partei, konnte es noch lange Jahre nicht sein: »Sie dachten meist patriarchalisch, ständestaatlich, antikommunistisch; politisch waren sie rechts bis rechtsaußen angesiedelt. Den Nationalsozialismus hatten die meisten von ihnen anfangs begrüßt. Autoritäre Führungsstrukturen befürworteten sie nicht nur, weil sie hofften, damit wieder an Deutschlands ehemalige Größe anknüpfen zu können – sie versprachen sich davon vor allem gute Geschäfte. ... Hinterher hakten sie die zwölf Hitler-Jahre ungerührt als ›accident de parcours‹ ab und machten weiter, sobald ihre Entnazifizierung abgeschlossen war und die Alliierten grünes Licht gaben.«[3] Autoritäre Führungsstrukturen, alte personelle Verbindungen, ein Nationalökonom wie Ludwig Erhard, der eine liberale und freie Wirtschaftsordnung propagierte, das passte. Es lag auf der Hand, welche Seite die Gunst der Wirtschaft genießen würde.

Als die Gründungsväter, die Mitglieder des Parlamentarischen Rates, am Chiemsee über der Verfassung der neuen Bundesrepublik Deutschland grübelten, stand die Zukunft der Konzepte und Strategien noch in den Sternen. Nichts Gutes verhieß die Tatsache, dass sich die Chiemsee-Versammlung zur Funktion der für den Aufbau des demokratischen Systems notwendigen Parteien und zu ihrer Alimentierung wenig einfallen ließ. »Die Parteien wirken an der politischen Willensbildung des Volkes mit«, heißt es im Grundgesetz. Und: »Sie müssen über die Herkunft ihrer Mittel öffentlich Rechenschaft abgeben.«

Das ist, gerade was den Finanzierungsaspekt angeht, viel zu schwammig, da selbst allgemein gefasste Festlegungen über entsprechende Kontroll- und Sanktionsmöglichkeiten fehlen. Ein Parteiengesetz, das die Rechenschaftspflicht regelt, ließ noch 18 Jahre – bis 1967 – auf sich warten. Da hatte es schon längst deftige Querelen und Skandale um die Parteienfinanzierung gegeben.

Der durch das Grundgesetz geschaffene Freiraum wurde bald besetzt. Es gab sorgfältig planende, einflussreiche Leute, die nichts dem Zufall überlassen wollten. Schon vor Beginn des Wahlkampfes 1949 kam es zu einem ersten richtungsweisenden Eingreifen der deutschen Wirtschaft, die ihre Verbände an die Front schickte. Im sogenannten Pyrmonter Abkommen vereinbarten die Wirtschaftsverbände und die Vertreter der »die Wirtschaftspolitik des Herrn Professor Erhard tragenden Parteien« die Einrichtung eines Wahlfonds. Intendiert war damit vor allem die Unterstützung von CDU und FDP. Aber auch die Deutsche Partei (DP) kassierte einen Teil des Geldes. Insgesamt wurde der Fonds mit rund zwei Millionen Mark ausgestattet, wovon knapp zwei Drittel allein an die CDU flossen.[4] Die Schicksalsgemeinschaft aus Wirtschaft und Parteien des sogenannten bürgerlichen Lagers war geboren. Bei den Wahlen am 14. August 1949 wurde die CDU stärkste Partei mit knapp zwei Prozentpunkten vor der SPD. Adenauer entschied sich für eine Koalition mit FDP und DP. Die drei Parteien, die nach dem Pyrmonter Abkommen Geld bekommen hatten, stellten nun die Regierung, die Politik im Sinne der Wirtschaft machen sollte.

Da es eine direkte oder indirekte Finanzierung der Parteien durch den Staat nicht gab, blieben die neuen Parteien vom Geld der

Bosse abhängig, während die SPD über eigenes Vermögen verfügte und signifikante Einnahmen aus Mitgliedsbeiträgen erzielte. Die bürgerlich-konservativen Parteien waren auf größere Spenden aus der Wirtschaft angewiesen. Dabei entstand eine auf lange Frist angelegte Kooperation. Die Unionsparteien und die FDP überlebten die Stürme des Neubeginns dank der großzügigen Finanzspritzen der Wirtschaft. Somit hatten die Wirtschaftsverbände, aber auch einzelne Industrielle und Konzerne ihr Einfallstor zur Durchsetzung oder zumindest Beförderung ihrer Interessen, wie wir etwa am Beispiel Friedrich Flick und der FDP in Bayern noch sehen werden.

In der CDU waren die Parteifinanzen und das Einsammeln von Spendengeldern Chefsache. Bundeskanzler Konrad Adenauer hielt die Fäden straff in der Hand. Schließlich war er von ausgewiesenen Finanzexperten umgeben: von seinem langjährigen Vertrauten und Hausbankier Robert Pferdmenges, den er 1947 in den Frankfurter Wirtschaftsrat der Besatzungszonen geschickt hatte, und von Hermann Josef Abs, der zunächst im Vorstand der Kreditanstalt für Wiederaufbau saß und im Herbst 1952 Vorstandssprecher der Süddeutschen Bank wurde. Sie berieten Adenauer nicht nur in wirtschafts- und finanzpolitischen Fragen, sondern sorgten sich auch um das finanzielle Fundament der CDU, dabei noch unterstützt von der großen grauen Eminenz im Kanzleramt, Dr. Hans Maria Globke.

Anfang der 1950er-Jahre entwickelte sich ein Inkassosystem der Parteienfinanzierung. Sogenannte Fördergesellschaften – die größte war die »Gesellschaft zur Förderung der sozialen Marktwirtschaft« in Köln, die vom stellvertretenden Hauptgeschäftsführer des BDI, Gustav Stein, und dem Wirtschaftsprüfer Hans Buwert geleitet wurde – sammelten Spenden bei der Industrie, den Banken, Versicherungen und Handelsunternehmen ein, stellten entsprechende Steuerbescheinigungen aus und leiteten das Geld nach einem von ihnen festgelegten Schlüssel an die Parteien weiter. Zur Koordination gab es eine Zentralstelle in Köln, an der der Bundesverband der deutschen Industrie (BDI), die Bundesvereinigung der Deutschen Arbeitgeberverbände (BDA) und der Deutsche Industrie- und Handelstag (DIHT) beteiligt waren. Anfangs zahlten die Unternehmen pro Arbeiter und Angestellten zwischen einer und zwei Mark fünfzig.[5]

Konrad Adenauer wusste, wie man an Geld herankommt. Als der

rheinland-pfälzische Ministerpräsident Peter Altmeier Anfang der 1950er-Jahre schriftlich beim Bundeskanzler über die finanziellen Schwierigkeiten der Landespartei jammerte, monierte Adenauer die ungeschickte Kandidatenaufstellung. Man habe nur kleine Leute aus der Wirtschaft aufgestellt und so die potenteren CDU-Kreise verärgert, die nun die FDP alimentierten.[6] Und Adenauer nutzte seine Macht über die Spenden zur Sanktionierung: 1953 drehte er dem hessischen Landesverband den Geldhahn ab und ließ die monatlichen Zahlungen einstellen, weil dieser das von Adenauer angestrebte Wahlbündnis mit der FDP abgelehnt hatte. Die Klage, die nun der hessische Landesvorsitzende Wilhelm Fay führte, ist bezeichnend: Es sei »geradezu der Höhepunkt, wenn man uns jetzt erklärt, wenn ihr dieses Wahlbündnis nicht eingeht, könnt ihr zum Arbeitsamt gehen, das heißt, ihr bekommt überhaupt kein Geld«.

Ebenso bezeichnend ist die Replik Adenauers: »Die Fördergesellschaft gibt ihr Geld – und daraus hat sie nie einen Hehl gemacht – nicht etwa aus Freude an Wahlen, sondern sie gibt das Geld lediglich, damit die Sozialdemokratie geschlagen wird.«[7] Das könnte man so interpretieren, dass Adenauer unverhohlen seiner Geberklientel ein Defizit im Demokratieverständnis bescheinigt. Jedenfalls hat die CDU zu exekutieren, was man von ihr erwartet, wenn sie schon Geld bekommt. Die Furcht Wilhelm Fays vor dem kollektiven Gang der hessischen Christdemokraten zum Arbeitsamt ist ein Beleg für die These, dass das Parteiensystem der Bundesrepublik sich ohne finanzkräftige gezielte Steuerung durch die Wirtschaft nicht so herausgebildet hätte, wie wir es heute kennen.

Die Kooperation mit der Fördergesellschaft erwies sich für Adenauer als Erfolgsmodell. Auch 1953 wurde die Sozialdemokratie mit freundlicher Unterstützung der Wirtschaft wieder von der Macht ferngehalten. Selbstverständlich, weil die Wähler sich von Adenauer beeindrucken ließen. Aus Dankbarkeit, aber auch um die Spendenfreudigkeit der Industrie noch zu steigern, gab es nun noch eine politische Gegenleistung: einen steuerlichen Bonus, der den Unternehmern das Spenden versüßte. Zunächst waren Zuwendungen an politische Parteien weder vom zu versteuernden Einkommen des Spenders absetzbar, noch konnten sie von Unternehmen und Körperschaften als Betriebsausgaben verbucht werden. 1954 schritt jedoch die christlich-liberale Koalition ein. Nach einer Änderung des Einkommensteuergesetzes waren jetzt Ausgaben zur Förderung mildtätiger, kirchlicher, religiöser, wissenschaftlicher und staatspolitischer Zwecke steuerbegünstigt. Das galt auch für die als besonders förderungswürdig anerkannten gemeinnützigen Zwecke. Zwar sah das Gesetz eine Deckelung der möglichen Steuererleichterungen vor, die Höchstgrenzen waren jedoch so großzügig bemessen, dass sie in der Praxis kaum wahrgenommen wurden.

Die im folgenden Jahr verabschiedete Durchführungsverordnung zur Einkommensteuer legte fest, dass Ausgaben zur Förderung staatspolitischer Zwecke dann abzugsfähig sind, wenn sie an eine politische Partei oder an eine juristische Person gegeben werden, die nach ihrer Satzung und tatsächlichen Geschäftsführung ausschließlich staatspolitischen Zwecken dient und deren Mittel für eine Partei verwendet werden.

Diese Vorschrift entfaltete eine unglaubliche Wirkung. Sie beflügelte die Spendenfreudigkeit der potenziellen Unterstützer des bürgerlich-konservativen Lagers. Die neue Lage war bei Adenauers Hausbankier Robert Pferdmenges vorbereitet worden, bei dem sich die Schatzmeister von CDU, FDP und DP mit Größen der deutschen Wirtschaft getroffen hatten, um im Beisein Adenauers zu diskutieren, wie man das Geldeinsammeln effizienter und diskreter bewerkstelligen könnte. Heraus kam ein Sündenfall bei der Anwendung des Einkommensteuergesetzes, die Geburtsstunde allen Übels. Ein erster Auswuchs dieser strategischen Weichenstellung war die Gründung der »Gesellschaft zur Förderung der sozialen Marktwirtschaft e. V.« gewesen. Doch richtig ernst wurde es mit der »Staatsbürgerlichen Vereinigung 1954 e. V.« (SV) unter der Adresse der Gesellschaft zur Förderung der sozialen Marktwirtschaft e. V. in Köln.

An der Gründung der Staatsbürgerlichen Vereinigung im Jahr 1954 war Konrad Adenauer unmittelbar beteiligt. Sein Intimus Robert Pferdmenges wurde in den Beirat entsandt, für den Bundesverband der Deutschen Industrie beteiligten sich dessen Präsident Fritz Berg und der Hauptgeschäftsführer Gustav Stein. Die Bundesvereinigung der Deutschen Arbeitgeberverbände entsandte ebenfalls seinen Präsidenten, Hans Constantin Paulssen. Erster Präsident der SV wurde der AEG-Vorstandsvorsitzende Friedrich Spennrath.

Ziel der SV war laut Satzung die »Förderung des demokratischen Staatswesens in der Bundesrepublik Deutschland, insbesondere Verteidigung und Festigung der im Grundgesetz verankerten persönlichen und politischen Grundrechte« sowie die »Zusammenarbeit mit Vereinigungen und Gruppen, die gleichartige staatspolitische Ziele verfolgen«.[8]

Das klang gut und sicherte der SV die Steuerbegünstigung. Aber das klang nur gut und war letztlich Spiegelfechterei. Jetzt organisierte die SV das Spendeninkasso bei den deutschen Großunternehmen und sorgte dafür, dass das Geld vor allem an CDU, FDP und DP weitergeleitet wurde. Alles mit dem Ziel, »die SPD von der Macht fernzuhalten und den Einfluss der Gewerkschaften zu begrenzen«.[9] Die Steuerbegünstigungen hatten den Effekt, dass die Parteien nun indirekt vom Staat gefördert wurden und ein starker Anstieg der Spenden aus den einkommensstärkeren Schichten zu verzeichnen war, der vor allem den Kassen der bürgerlich-konservativen Parteien zugutekam. Vor der Bundestagswahl 1957 kassierte die CDU elf Millionen Mark über die SV, die FDP 4,6 Millionen, die DP/FVP[Deutsche Partei/Freie Volkspartei] 3,3 Millionen und die Vertriebenenpartei Bund der Heimatlosen und Entrechteten immerhin noch 500 000.[10] Konrad Adenauer gewann die Wahl mit absoluter Mehrheit. Die Angst vor dem Sozialismus hatte erneut gesiegt.

Doch schon 1958 bekamen es Adenauer und seine Freunde aus Banken und Industrie schriftlich, dass die betriebene Spendenpraxis verfassungswidrig war. Auf Antrag der SPD-geführten hessischen Landesregierung unter Georg August Zinn überprüfte das Bundesverfassungsgericht die Regelung der Steuerbegünstigung. Am 24. Juni 1958 erklärte das Gericht die progressive steuerliche Abzugsfähigkeit von Parteispenden für verfassungswidrig. Die Richter sahen das Prinzip der Gleichheit vor dem Gesetz nach Artikel 3 des Grundgesetzes verletzt, da aufgrund des progressiven Einkommensteuertarifs Großspender begünstigt würden und damit diejenigen Parteien, die mit ihren Programmen vor allem auf die einkommensstärkeren Schichten und kapitalkräftigen Kreise zielten.[11] Von 1959 an – bis zu einem erneuten Urteil des Verfassungsgerichts 1966 – genehmigten sich die Parteien einen Großteil ihres Finanzbedarfs zur Förderung der politischen Bildungsarbeit der Parteien nun direkt aus den Mitteln des Bundeshaushalts. Diese Zuwendungen wurden auch regelmäßig erhöht.

An der bislang geübten Spendenpraxis änderte sich allerdings so gut wie nichts. Das Urteil von 1958 hielt nämlich auch fest, dass die bis dahin geltenden Regeln nicht zu beanstanden seien, sofern »Vorteile für Spenden zur Förderung anderer staatspolitischer Zwecke eingeräumt wurden ... Solche Spenden an juristische Personen dürften aber weder unmittelbar noch mittelbar einer politischen Partei zufließen.«[12] Hier zeigten sich nun aber schon früh die »Flexibilität« des Systems und die kriminelle Energie, die darin steckte. Die SV ergänzte aufgrund des Verfassungsgerichtsurteils ihre Satzung um folgenden Passus: »Als Vereinszweck ist ausdrücklich ausgenommen die unmittelbare oder mittelbare Förderung politischer Parteien.« Dadurch waren Spenden der Wirtschaft an die Staatsbürgerliche Vereinigung weiter von der Steuer absetzbar.

Die Satzungsänderung war jedoch ein Trick, denn in der Realität landeten die an die SV gespendeten Gelder nun über Umwege und verdeckt weiter in den Kassen der Parteien. Zehn Prozent »Provision« verblieben bei der SV. Auch über andere als gemeinnützig anerkannte Organisationen flossen weiter Parteispenden, die, wie gewohnt, von der Steuer abgesetzt wurden.

Die Verantwortlichen legten zur Verschleierung der Geldflüsse bereits früh erheblichen Erfindungsreichtum an den Tag. Schon Ende der 1950er-Jahre – also unmittelbar nach der neuen Rechtsprechung des Verfassungsgerichts – eröffnete die Staatsbürgerliche Vereinigung Konten in Liechtenstein und der Schweiz. In Vaduz gründete sie das »Etablissement Aspe«, das »Etablissement Wisotest« und das »Etablissement Inter-Droit« sowie in Mainz und Würzburg das »Institut für Staatslehre und Politik«, um die Spendenflüsse an die bürgerlichen Parteien zu verschleiern. Die SV überwies die Spendengelder an die genannten Institute, und diese leiteten sie über Konten bei der Schweizerischen Bankgesellschaft an die eigentlichen Empfänger weiter. Deklariert wurden die Zahlungen an die Institute in den Rechenschaftsberichten der SV als Finanzierungs- und Forschungsaufträge.[13] Seit Beginn der 1970er-Jahre gingen die Spender dazu über, der SV konkrete Vorgaben zu machen, an welche Personen und Parteien das Geld zu verteilen sei.

Adenauers Finanzjongleure achteten stets auf mögliche Gefahren für ihr rechtswidriges Spendensystem. Bereits 1957 ergriffen sie die Flucht vor der neuen SPD-Regierung in Nordrhein-Westfalen und verlegten den Steuersitz der SV aus Köln ins »sichere« rheinland-pfälzische Koblenz. Rheinland-Pfalz war fest in CDU-Hand. Die SV wurde dann auch in Rheinland-Pfalz als gemeinnützig anerkannt, eine steuerliche Überprüfung fand nicht statt, ihre Geschäfte wurden aber nach wie vor in Köln betrieben.[14]

Schweiz, Liechtenstein, Tarnkonten und Gesellschaften, Rheinland-Pfalz – hier zeichnet sich schon im ersten Jahrzehnt der neuen Bundesrepublik das Grundmuster aller Parteifinanzierungsskandale der späteren Zeit ab. Und es tauchen auch schon Namen auf, die immer wieder im Zentrum der klandestinen Geldflüsse und Verschiebereien stehen. »Gesetzlicher Repräsentant« des Etablissements Aspe wird der Treuhänder Dr. Dr. Herbert Batliner, schwerreicher persönlicher Freund des Ehepaars Helmut und Hannelore Kohl. Auch im Verwaltungsrat der Inter-Droit sitzt Batliner, der uns an anderer Stelle auch wieder begegnen wird.

Hermann Josef Abs und Hans Globke waren es, die das Versteckspiel mit der Führung des Bundesverbandes der Deutschen Industrie abgesprochen hatten. Auf Vorschlag von Robert Pferdmenges hatte inzwischen Fritz Berg – seit 1949 Präsident des BDI – das Präsidentenamt der Staatsbürgerlichen Vereinigung übernommen. Berg hatte ein recht merkwürdiges Verhältnis zu geltenden Gesetzen. Nach dem Verfassungsgerichtsurteil von 1958 zur Parteienfinanzierung riet er in einem Brief offen zum Rechtsbruch: »Wenn wir an diesem System nicht mit der äußersten Hartnäckigkeit festhalten, so ist die totale Staatsfinanzierung unaufhaltbar. Das aber würde zu einer so entscheidenden Verschiebung der innenpolitischen Kräfte führen, und zwar im Wesentlichen zu Ungunsten der Wirtschaft ... Ich glaube, dass die Erfolge von 1953 und 1957 den zweckgerechten Einsatz der Mittel durch uns unter Beweis gestellt haben.«[15] Aus dem Wirtschaftsfunktionär sprach die nackte Angst vor einem Sieg der Sozialdemokraten und damit einem Kontrollverlust der Wirtschaft über die Politik.

Deutlicher konnte man als Industrieverbandschef wohl kaum machen, dass man Wert darauf legte, sich das wirtschaftsgenehme

System durch entsprechende Zuwendungen an dessen politische Protagonisten erhalten zu können.

Trotz der weiter praktizierten Parteispendenwäsche über die SV hatte die veränderte Rechtslage auch unangenehme Auswirkungen auf die Finanzlage der Parteien. Das Spendenaufkommen der Industrie und wohlhabender Privatpersonen ging erheblich zurück, da die illegalen Umwege die Gefahr der Aufdeckung in sich bargen. Die Parteien gerieten zunehmend in finanzielle Nöte. Nun griff das Parlament ein. 1959 beschloss der Bundestag die Zahlung direkter staatlicher Zuschüsse an die im Bundestag vertretenen Parteien, die nun aus dem Bundeshaushalt Mittel zur Finanzierung ihrer politischen Arbeit zugeteilt bekamen. Die Unterstützung der Parteien aus öffentlichen Mitteln war laut Verfassungsgericht zulässig, da den Parteien eine entscheidende Rolle in der Demokratie zukomme, wie es im Urteil vom Juni 1958 geheißen hatte.

Wieder war es unter anderem das Land Hessen, das gegen diese Form der Parteienfinanzierung klagte. Das Verfassungsgericht revidierte in seinem Urteil vom 19. Juli 1966 seine Auffassung und beschränkte die Finanzierung der Parteien aus Steuermitteln. Die Verfassungsrichter verwarfen vor allem die staatliche Finanzierung der politischen Bildungsarbeit der Parteien, da dies gegen den im Grundgesetz beschriebenen freien und offenen Prozess der Meinungs- und Willensbildung des Volkes verstoße. Für zulässig erklärte das Gericht allerdings die Erstattung der notwendigen Kosten eines angemessenen Wahlkampfs aus öffentlichen Mitteln. Dieses Urteil des Verfassungsgerichts trieb die Parteien zum Handeln und gab den letzten Anstoß zur Ausarbeitung des vom Grundgesetz geforderten Parteiengesetzes, das ein Jahr später, am 24. Juli 1967, zur Zeit der ersten Großen Koalition, vom Bundestag verabschiedet wurde. 18 Jahre nach Gründung der Bundesrepublik gab es erstmals eine verbindliche Rechtsgrundlage für die Erstattung der Wahlkampfkosten aus dem Bundeshaushalt und zugleich Vorschriften für die Behandlung von Parteispenden.[16]

Die Parteien wurden durch das neue Gesetz verpflichtet, eine korrekte Buchführung zu unterhalten, Rechenschaftsberichte vorzulegen und zu veröffentlichen, ihre Bücher von unparteiischen Prüfern kontrollieren zu lassen und Spenden offenzulegen, die bei natürlichen Personen über der Grenze von 20 000 Mark pro Jahr lagen. Bei juristischen Personen betrug diese Obergrenze jährlich 200 000 Mark. Die staatliche Parteienfinanzierung wurde auf die Wahlkampf-kostenerstattung beschränkt. Doch auch die Regelung, dass Spenden von juristischen Personen, also Unternehmen, Verbänden oder Stiftungen, erst ab einer Grenze von 200 000 Mark veröffentlicht werden mussten, kippte das Verfassungsgericht bereits 1968 wieder, da es hier eine nicht gerechtfertigte Ungleichbehandlung gegenüber Privatpersonen erkannte.

Vor allem die Offenlegungspflicht sämtlicher Zuwendungen ab 20 000 Mark tat den Parteien weh, da dies zu Spendeneinbußen aus der Wirtschaft führte. Hatten die Parteien – vor allem CDU und FDP – bereits die Rechtsprechung des Verfassungsgerichts zur Staatsbürgerlichen Vereinigung weitgehend ignoriert, so begannen sie nun, auch die Regelungen des von ihnen selbst ausgestalteten Parteiengesetzes systematisch zu unterlaufen. Und hier machte auch die SPD keine Ausnahme.

Eine beliebte Methode, die Herkunft vereinnahmter Gelder zu verschleiern, war die »anonyme Großspende« – nachweislich keine Erfindung Helmut Kohls aus dem Jahre 1999. Ein anderer Weg war die »Umwegfinanzierung« über spendenbegünstigte Institutionen, deren als förderungswürdig anerkannter Zweck es erlaubte, die Spenden weiterhin von der Steuer abzusetzen. An dieser Umwegfinanzierung beteiligten sich auch die sogenannten parteinahen Stiftungen: Die Konrad-Adenauer-Stiftung der CDU, die Friedrich-Naumann-Stiftung der FDP, die Hanns-Seidel-Stiftung der CSU und die Friedrich-Ebert-Stiftung der SPD. Sie wurden weitgehend aus dem Bundeshaushalt finanziert und hatten 1966 die politische Schulung der Parteifunktionäre übernommen. Damit wurde das Urteil des Verfassungsgerichts umgangen, in dem untersagt wurde, die Ausbildung des Parteipersonals aus dem Bundeshaushalt zu bezahlen.[17]

Die Umwegfinanzierung über Fördergesellschaften wie die Staatsbürgerliche Vereinigung oder die Europäische Unternehmensberatungsanstalt im Liechtensteinischen Vaduz, die ihre Einnahmen für fiktive und/oder wertlose Gutachten ebenfalls an die CDU weiterleitete, hatte den Vorteil, dass diese Gesellschaften das Geld über weitere Institutionen an die Parteien leiten konnten und die Anonymität der ursprünglichen Spender gewahrt blieb. Nach dem neuen Parteiengesetz waren lediglich Name und Adresse des Vereins anzugeben, der die abzugsfähige Spende kassiert hatte. Allein »die Staatsbürgerliche Vereinigung hat zwischen 1954 und 1984 auf diese Weise über 200 Millionen Mark an CDU, CSU und FDP geschleust«.[18] Der FDP stand noch ein »parteinahes Kartell« gemeinnütziger Organisationen zur Verfügung. Gelder, die über den »Internationalen Wirtschaftsclub e. V., Bonn« oder die »Wirtschaftspolitische Vereinigung e. V., Köln« der FDP zuflossen, wurden auf Auslandskonten in Miami, London oder Genf gewaschen. Dass auch die CDU schon seit Adenauers Zeiten schwarze Konten bei Schweizer Banken unterhielt, auf denen sie Geld der SV bunkerte, wurde erst im Zuge der Enthüllungen durch den Parteispenden-Untersuchungsausschuss Anfang 2000 bekannt.[19]

Obwohl die SPD aufgrund ihrer Parteigeschichte, ihrer hohen Mitgliederzahl und ihrer Wirtschaftsbetriebe in Sachen Parteifinanzierung eine Sonderstellung einnahm, schaffte sie es nicht, sich der Anziehungskraft des schwarzen Geldes zu entziehen. Besonders ihr 1983 verstorbener früherer Schatzmeister und Leiter der Friedrich-Ebert-Stiftung, Alfred Nau, wandte dabei einen Trick an, der auch bei den anderen Parteien beliebt war. Er sammelte persönlich Geld bei Wirtschaft und Industrie ein und spendete es unter eigenem Namen an die SPD, so dass auch in diesem Fall die Anonymität der Geber gesichert war.

Die besondere Gunst der Unternehmen und Banken gehörte allerdings weiterhin den bürgerlichen, wirtschaftsorientierten Parteien. Größere Zuwendungen aus der Wirtschaft konnte die SPD erst verbuchen, als sie 1969 mit der FDP die sozialliberale Koalition bildete und den Kanzler stellte. Durch die unerwartete Bildung einer Regierung unter sozialdemokratischer Führung war die Wirtschaft gezwungen, sich um die SPD zu »kümmern«. Erleichtert wurde ihr dieser Schritt allerdings durch lukrative Handelsaussichten, da die neue Regierung Perspektiven bot, an denen die Unternehmen schon lange interessiert waren, die aber wegen des Widerstandes der Unionsparteien bislang verschlossen geblieben waren: Es ging um die Erschließung der Märkte im sowjetischen Einflussbereich durch die von einer personell erneuerten FDP mitgetragene neue Ostpolitik Willy Brandts und dann auch Helmut Schmidts. Diesmal war die

Union ihren Großspendern aus dem Ruder gelaufen. Die Deutsche Bank eröffnete 1972 – die sozialliberale Bundesregierung war gerade drei Jahre im Amt – ihre erste Repräsentanz in Moskau. Das Handelsvolumen der Bundesrepublik mit den Staaten des Warschauer Vertrages stieg zwischen 1970 bis 1979 von 1,4 Milliarden auf 86,1 Milliarden US-Dollar. Und nun sprudelte das Geld der Konzerne auch für die Parteikasse der Genossen.

Die SPD hatte schon 1957 mit der Gründung des Vereins zur Förderung der Demokratie und der Wiedervereinigung Deutschland e. V. eine zusätzliche Geldquelle erschließen wollen. Der Verein sollte Spenden bei Gewerkschaftsunternehmen, Konsumgenossenschaften und anderen SPD-nahen Unternehmen akquirieren, was von wenig Erfolg gekrönt war. Die SPD hatte allerdings noch einige andere trickreiche Methoden entwickelt, verdeckte Parteispenden einzunehmen. So bezogen Spender Abonnements von Parteizeitungen zu weit überhöhten Preisen, setzten die Zahlungen als Betriebsausgaben von der Steuer ab und gaben das Geld an die Partei weiter. Andere zahlten an die SPD und bekamen Quittungen für nie erschienene oder überteuerte Inserate in Parteipublikationen, die sie bei ihren Finanzämtern einreichten. Und über das Institut für Internationale Beziehungen in Zürich und die Fritz-Naphtali-Stiftung in Tel Aviv profitierte die Sozialdemokratie von Geldwaschanlagen der Friedrich-Ebert-Stiftung.[20]

Die Parteien ließen nichts unversucht, das durch die Aktivität des Verfassungsgerichts erzwungene Regelwerk ihrer Finanzierung zu umgehen. Ein sehr effizientes Umgehungssystem hatte sich etabliert und verselbstständigt. Es war zum »Gewohnheitsunrecht« geworden, wie es der Historiker Heinrich August Winkler bezeichnet hat.[21] Der Parteispenden-Untersuchungsausschuss des Deutschen Bundestages fasste es in seinem Bericht im Juni 2002 bündig zusammen: »Diese Systeme der Geldbeschaffung für die Parteien bestanden circa 25 Jahre lang von der Öffentlichkeit völlig unbemerkt. Verschwiegenheit der Verantwortlichen war oberstes Gebot. Ein Aufdecken der Systeme konnte immer verhindert werden.«[22]

Dass dann doch Anfang der 1980er-Jahre der erste große Parteispendenskandal aufplatzte, der eine tief greifende Krise des Parteiensystems, wenn nicht gar des Staates auslöste, war vor allem mit einem Namen verbunden: Flick.

Die Systeme Flick und Strauß

Es gab wohl kaum einen Wirtschaftsführer im Deutschland des 20. Jahrhunderts, der so umstritten war, wie der 1883 geborene Friedrich Flick. Und kaum jemand stand so wie Flick für die Beharrungskraft und Wiederauferstehungsfähigkeit eines Industriellen, der sein Imperium, beginnend in der Weimarer Republik, über die Jahre der nationalsozialistischen Diktatur bis weit hinein in die Jahrzehnte der Bonner Republik aufbaute beziehungsweise erneut aufbaute, wenn es der Systemwechsel gerade verlangte. Als Herr der Mitteldeutschen Stahlwerke, Mitinhaber der bayrischen Maxhütte, Beteiligter bei der Essener Steinkohle, dem Hochofenwerk Lübeck und den Buderus-Eisenwerken in Wetzlar wurde er im Hitler-Regime ein zweites Mal mächtig und reich, nachdem sein Konzern 1932 bereits einmal vor dem Untergang gestanden hatte und nur mit Hilfe des Staates gerettet werden konnte.

Am Ende des Zweiten Weltkriegs war er der wohl reichste und mächtigste Großindustrielle in Deutschland. Folgerichtig gehörte er zu den Spitzen der deutschen Wirtschaft, denen von den Alliierten der Prozess gemacht werden sollte. Es kam nur zu wenigen Verurteilungen. Flick wurde nach zwei Jahren Untersuchungshaft 1947 in Nürnberg zu sieben Jahren Gefängnis verurteilt, allerdings aufgrund einer Amnestie bereits 1950 wieder aus der Haft in Landsberg am Lech entlassen. Flicks engster Mitarbeiter Otto Steinbrinck war zu fünf, sein Neffe Bernhard Weiß zu zwei Jahren verurteilt worden. Andere wichtige Konzernmitarbeiter wie Konrad Kaletsch oder Odilo Burkart wurden freigesprochen.

Friedrich Flick, der seine Entnazifizierung schon aus dem Gefängnis heraus betrieben hatte, erhielt seine vollständige Entlastung bereits im Juli 1949 und verwendete sie bei seinen diversen Gnadengesuchen.[23] Als Kriegsverbrecher beziehungsweise überhaupt als Schuldiger oder Mitverantwortlicher für die Katastrophe des Naziregimes hatte er sich nie gesehen, und daran sollte sich auch sein Leben lang nichts ändern:»Internierung, Verhöre, Gerichtsverhandlung, Urteil, Gefängnishaft, Begnadigung – das alles verrechnete sich bei Flick, so hat es den Anschein, am Ende zu einer Nullsumme.

Keine Sekunde lang hat er den Schuldspruch akzeptiert, und schon gar nicht mochte er sich davon beirren lassen.«[24] Immer hatte Flick die Nähe zum Staat und zu den staatlichen Funktionsträgern gesucht. An diese Praxis knüpfte er auch nach dem Krieg noch während seiner Haftzeit nahtlos an bei seinen Bemühungen um Rehabilitierung und bei der Entwicklung von Strategien zur Abwehr zu erwartender Entschädigungs- und Restitutionsklagen. Seit Ende der 1940er-Jahre gehörte Otto Lenz zu den Rechtsberatern Flicks. Gleichzeitig war Lenz CDU-Politiker und stieg später unter Konrad Adenauer zum Staatssekretär auf. Für Otto Lenz war Flick »einer der krassesten Fälle« amerikanischer Symboljustiz. Die Behauptung, dass Flick »einer der wenigen deutschen Großindustriellen« gewesen sei, die Hitler und sein Regime »nicht unterstützt« hätten, ging selbst dem Flick-Anwalt Otto Kranzbühler zu weit.[25] Odilo Burkart und Konrad Kaletsch, nach dem Tod von Otto Steinbrinck engster Mitarbeiter Flicks, führten die politischen Verhandlungen um die Zukunft des Konzerns. Doch Flick behielt die Fäden in der Hand und blieb die Autorität, die er vor seiner Inhaftierung gewesen war. Flicks Besitz in Mitteldeutschland – zwei Drittel seines Montanimperiums – waren verloren. Um die verbliebenen Besitztümer im Westen kümmerten sich zwei von Friedrich Flick ausgewählte Treuhänder: die Bankiers Hermann Josef Abs und Robert Pferdmenges. Mit Erfolg: »Am Tag der Währungsreform war Friedrich Flick, was er im Dritten Reich gewesen war und weiter bleiben würde: hundertfacher Millionär, dieses Mal allerdings in D-Mark.«[26]

Flick und seine Mitarbeiter sorgten sich, noch während der Patriarch in Haft saß, um die politische Vernetzung. Besonders der bayrische FDP-Vorsitzende und Bundesjustizminister Thomas Dehler stand im Fokus der Flick-Emissäre, hatte er sich doch als Gegner der US-Entnazifizierungspolitik und der Kriegsverbrecherprozesse profiliert. Quasi mit der Geburt der politischen Landschaft in der Bundesrepublik schlug auch die Geburtsstunde der politischen Landschaftspflege durch Flick.

Einen Monat nach seiner Haftentlassung besuchte Flick den Justizminister in dessen Büro. Für die FDP, die in Bayern vor den Landtagswahlen stand, der Beginn einer einträglichen Beziehung. Thomas Dehler schrieb am nächsten Tag an Odilo Burkart: »Er [Flick] hat in liebenswürdiger Weise auf die Möglichkeit der Unterstützung meiner Partei im bayerischen Wahlkampf hingewiesen und mich ersucht, mit Ihnen deswegen Fühlung zu nehmen. Sie wissen aus eigenem Einblick, wie hart wir zu kämpfen haben. Soll ich einen meiner Freude zu Ihnen schicken?«[27]

Im Oktober und November 1950 überbrachte Burkart dem Spendeneintreiber Dehlers, Everhard Bungartz, jeweils 15 000 Mark für den FDP-Wahlkampf, und zwei Jahre später informierte Friedrich Flick persönlich und vertraulich Bundesjustizminister Dehler über einen weiteren Geldsegen in Höhe von 75 000 Mark.

Bayern war wegen seiner dort ansässigen Unternehmen sicherlich einer der Interessenschwerpunkte für Friedrich Flick und deshalb auch eines der Kerngebiete seiner politischen Landschaftspflege. Hier benötigte er für seine strategischen Pläne dringende politische Unterstützung. Aufgrund der Entflechtungsauflagen der Alliierten musste Flick einen Teil seines Besitzes an der oberpfälzischen Maxhütte an die bayerische Staatsregierung abtreten. Dass es Flicks Ziel war, diese Anteile baldmöglichst zu guten Konditionen wieder zurückzukaufen, stand außer Frage. Hier konnte Flick die Unterstützung Dehlers bestens gebrauchen.

Dass er sich angesichts der Ende 1950 gebildeten schwarz-roten Koalition unter dem CSU-Ministerpräsidenten Hans Ehard auch um die Pflege der christsozialen Landschaft kümmerte, ist anzunehmen. Bezeichnend ist dabei die Systematik, mit der Flick von Anfang an die politische Landschaftspflege betrieb. Im Zuge der Entflechtungsverhandlungen kam es auch zu Gesprächen mit dem stellvertretenden Vorsitzenden der SPD-Bundestagsfraktion, Heinrich Deist. Fortan erhielt das Parteiblatt *Vorwärts* eine jährliche Finanzspritze von 25 000 Mark für »Aufklärungsmaßnahmen in Mitteldeutschland und Ostgebieten«. Die Maxhütte bezahlte diverse lokale Sonderausgaben des *Vorwärts* in Sulzbach-Rosenberg.[28]

Diese Systematik Flicks bei der Bearbeitung des politischen Raumes spiegelte sich aber auch in seinem Konzern und hier vor allem bei der Besetzung der Spitzenpositionen wider. Flick, sein Cousin und engster Mitarbeiter Konrad Kaletsch und Odilo Burkart hatten seit Beginn der 1950er-Jahre enge Verbindungen zu zahlreichen vor allem bürgerlich-konservativen Spitzenpolitikern aufgebaut und gehalten. Die Generalbevollmächtigten des Konzerns, Otto Andreas Friedrich und Wolfgang Pohle, waren in wichtigen Unternehmens- und Arbeitgeberverbänden tätig. Otto Andreas Friedrich war Mitglied des Präsidiums des Bundesverbandes der Deutschen Industrie (BDI) und in gleicher Funktion bei der Bundesvereinigung der Deutschen Arbeitgeberverbände (BDA). Er war Vorstandsvorsitzender der Hamburger Phönix-Gummi-Werke AG gewesen, bevor er zur Flick KG wechselte und dort am 1. Januar 1966 zum persönlich haftenden Gesellschafter aufstieg.

Otto A. Friedrich, der 1969 Präsident der BDA wurde, war ein besonders gelungenes Beispiel für die Kontinuität der alten Netzwerke. Friedrich, der 1939 Vorstand der Hamburger Phönix-Gummiwerke geworden war, trat 1941 in die NSDAP ein und wurde 1943 stellvertretender Reichsbeauftragter für Kautschuk. Aus dieser Zeit rührte seine Bekanntschaft zu Ernst Wolf Mommsen. Der 1910 geborene Mommsen, Enkel des Historikers und Nobelpreisträgers Theodor Mommsen und Neffe des Soziologen Max Weber, war bereits 1937 in die NSDAP eingetreten und war, als Jurist Hauptabteilungsleiter in Speers Reichsministerium für Rüstung und Kriegsproduktion und Verbindungsmann der Reichsgruppe Industrie zum Rüstungsministerium, ein enger Vertrauter Albert Speers gewesen. Mommsen wie auch Friedrich gehörten zu »Speers Kindergarten«, ein Ausdruck, den Hitler für die Armada ehrgeiziger Jungmanager geprägt hatte, die Speers Rüstungsindustrie für den Endsieg tauglich machen sollten und die dann ihren Siegeszug in der bundesrepublikanischen Nachkriegswirtschaft antraten.

Als Albert Speer 1963 aus der Haft entlassen wurde, stellte Ernst Wolf Mommsen den schwarzen Mercedes, der ihn aus dem Gefängnis in Berlin-Spandau abholte.[29] Da hatte Mommsen längst schon wieder Karriere in der Bundesrepublik gemacht, wo er es 1953 zum Klöckner-Vorstand und – nach einem Intermezzo als Rüstungsstaatssekretär unter Verteidigungsminister Helmut Schmidt – 1973 zum Vorstandsvorsitzenden bei Krupp bringen sollte. Als Bundeskanzler Helmut Schmidt einen neuen Präsidenten für das Bundesamt für Wehrtechnik und Beschaffung suchte, bat er Otto A. Friedrich um Rat, der seinerseits umgehend mit Ernst Wolf Mommsen sprach.[30]

Bereits Anfang 1965 hatte Friedrich Flick Wolfgang Pohle und

Eberhard von Brauchitsch zu persönlich haftenden Gesellschaftern ernannt. Eberhard von Brauchitsch, der seit gemeinsamen Kinderzeiten mit Flicks Sohn Friedrich Karl befreundet war, kam bereits 1960 mit 34 Jahren als Prokurist zur Flick KG und hatte zuvor als Vorstandsassistent bei der Lufthansa und als Geschäftsführer der Deutschen Flugdienst GmbH gearbeitet. Seine Mitwirkung an der sogenannten politischen Landschaftspflege wird uns später noch beschäftigen.

Die perfekte Symbiose zwischen Wirtschaft und Politik lebte allerdings der Flick-Generalbevollmächtigte Wolfgang Pohle, Exparteigenosse und Exrüstungsmanager bei Mannesmann, der Flick schon 1947 in seinem Prozess verteidigt hatte. Pohle hatte bereits als CDU-Abgeordneter von 1953 bis 1957 im Deutschen Bundestag gesessen. Just als er 1965 persönlich haftender Gesellschafter des Flick-Konzerns wurde, bewarb er sich erneut um ein Bundestagsmandat, wurde jedoch von der CDU in Nordrhein-Westfalen nicht für die Landesliste nominiert. Friedrich Flick unterstützte seine Kandidatur nachdrücklich, und schließlich sprang Franz Josef Strauß in die Bresche, der Pohle einen sicheren Listenplatz bei der CSU verschaffte. Pohle blieb bis zu seinem plötzlichen Herztod im August 1971 Bundestagsabgeordneter und leitete den Arbeitskreis Haushalt, Steuern und Finanzen der CDU/CSU-Fraktion. Nach seiner Wahl 1965 wurden zahlreiche Vorwürfe laut, dass er sich sein sicheres Mandat durch Zuweisungen aus dem Hause Flick erkauft habe. Vorwürfe in der Presse, er sei der »Streiter für Friedrich Flick«, konterte er mit der Bemerkung, Flick könne 250 Abgeordnete auf einmal ansprechen, da brauche er keinen eigenen Mann in Bonn.[31]

Flick hatte natürlich längst seine eigenen Leute in Bonn. Sie saßen in der sogenannten »politischen Stabsstelle der Geschäftsführung« und besorgten die Lobbyarbeit für Flick. Auch hier ist die systematische Verzahnung zwischen Wirtschaft und Politik exemplarisch: Auf den ersten Leiter der Stabsstelle, Karl Hermann Friedmann, folgte der noch junge Walter Schmitz. Und dieser hatte die allerbesten Drähte, hatte er doch zuvor im Bundesjustizministerium gearbeitet. Schmitz konnte nicht nur wichtige Informationen über politische und gesetzliche Veränderungen frühzeitig beschaffen, seine Stabsstelle war auch dafür zuständig, der Konzernzentrale Spendenvorschläge zu machen und Spendengelder zu übergeben.[32]

Die systematische Verzahnung von Wirtschaftsinteressen, Partei-politik und Parteienfinanzierung wurde von Wolfgang Pohle auf die Spitze getrieben: Er war von 1967 bis zu seinem Tod 1971 direkt mit der Spendenakquisition betraut: als Schatzmeister der CSU. Und hier lag die Keimzelle des Skandals, der in seinem ganzen Ausmaß erst über ein Jahrzehnt nach dem eigentlichen Flick-Skandal ans Tages-licht kam, als eine Sammlerin 1996 auf einem Flohmarkt des Dia-konischen Werks in Siegburg elf Aktenordner mit Unterlagen und Aufzeichnungen des CSU-Schatzmeisters Pohle fand und *Der Spiegel* wenig später daraus eine zweiteilige Serie über »das Geld, die Macht und FJS« machte.[33] Der *Spiegel* umriss die Pohl'sche Personalunion bündig: »Keine andere Partei besaß je einen solchen Kassenwart. Pohle trat als Spender und Empfänger in Personalunion auf. ... Was der Schatzmeister Pohle benötigte, wies der Gesellschafter Pohle an.«[34]

In der Person Pohle treffen und schneiden sich das »System Flick« und das »System Strauß«. Es war eine absurde Situation des Gebens, Nehmens und Bettelns. Pohle in seiner Funktion als Elefant im System Flick war dem Elefanten der CSU, Franz Josef Strauß, mit Spenden des Konzerns zu Diensten. Strauß wiederum verschaffte Pohle ein sicheres Bundestagsmandat. Pohle übernahm dafür den Frondienst des Schatzmeisteramtes und musste in dieser Funktion nun seinerseits um Spenden aus der Industrie betteln. Auch hier war wieder eine politisch-wirtschaftliche Schicksalsgemeinschaft ent-standen.[35]

Besonders aufschlussreich ist ein Schriftwechsel, den Pohle mit Alois Alzheimer, dem Aufsichtsratsvorsitzenden des Versicherungs-unternehmens Münchener Rück, führte. Natürlich ging es wieder um Geld für den großen Vorsitzenden und seine Partei, aber Alzheimer hatte sich zurückhaltend gezeigt und drauf hingewiesen, dass die Versicherungswirtschaft doch schon reichlich gegeben habe. Darauf sagte Pohle zunächst kleinlaut, er wisse ja, dass von der Versiche-rungswirtschaft und der Firma MAN (Maschinenfabrik Augsburg-Nürnberg) »für das sog. Büro Strauß in Bonn Beträge zur Verfügung gestellt worden sind, ebenso wie wohl auch Direktbeträge an das Konto Strauß gegangen sind, mit dem ich mich natürlich darüber ins Benehmen setzen muss, wie wir diese Beträge der Allgemeinheit zugutekommen lassen wollen«.[36] Doch dann wurde Pohle noch mal prinzipiell und stellte leicht larmoyant fest:»Meine Firma zahlt … hohe sechsstellige Beträge auch an den Landesschatzmeister unmittelbar in der sicheren Erwartung, dass diese Beträge zum Wohl der Wirtschaft angelegt werden und nicht an Flügel gelangen, die uns nicht genehm sind.«[37] Bei der bayerischen Landtagswahl 1970 liege man mit einer »fast siebenstelligen Zahl« an der Spitze der Spender. »Bei uns kommt obendrein eine dauernd in die Hunderttausende von Mark gehende Zurverfügungstellung von Flugzeugen für den Wahlkampf hinzu.« Der Flick-Konzern, »meine Firma« – wie Pohle es ausdrückte –, könne »die Last des Kampfes« nicht alleine tragen.[38]

Bemerkenswerte Formulierungen, die Pohle in seinem Bettelbrief verwendet. Zum einen ist die Identifikation des Konzerns mit dem politischen Kampf des Franz Josef Strauß total, zum anderen ist klar, dass gezahlte Gelder dem Wohl der Wirtschaft dienen, man also etwas zurückhaben will: eine der Wirtschaft botmäßige Politik. Und drittens ist bemerkenswert, dass der Schatzmeister Pohle mit seinem Parteivorsitzenden reden will, wie die direkt an ihn geflossenen Gelder der Allgemeinheit zugutekommen können. Denn das war im System des raffgierigen Franz Josef Strauß durchaus nicht immer üblich. Der große Vorsitzende und seine private Finanzverwalterin und Ehefrau Marianne zeigten sich oft sperrig, was die Herausgabe der direkt vereinnahmten Spenden anging. So kam es zu der weiteren absurden Situation, dass Flick-Gesellschafter und Millionenspender Pohle des Öfteren um die Finanzen der Partei in echte Nöte geriet.

So schrieb er dem Steueranwalt und Finanzberater von Strauß, Reinhold Kreile, einem Studienfreund von Strauß-Gattin Marianne, im Herbst 1970 mit Hinweis auf ein Sonderkonto von Strauß beim Düsseldorfer Bankhaus Poensgen, Marx:»Die Partei befindet sich in argen Schwierigkeiten. Ich muss wahrscheinlich einen Überbrückungskredit eingeräumt erhalten. Bitte sprechen Sie auch gelegentlich mit Marianne oder Franz Josef darüber, dass gewisse Beträge, die auf das Konto Poensgen, Marx eingegangen sein müssen – z. B. Allianz, z. B. Bayerische Gemeindebank –, nunmehr verstärkt von dort zur Verfügung gestellt werden müssen. Wir können später das Konto wieder auffüllen. Ich werde mit Franz Josef Strauß darüber auch sprechen. Sie wissen ja, dass er sich gerne um solche Aussprachen drückt.« Und nur eine Woche später schrieb Pohle wieder an Kreile:»Die Beträge, die an den Landesvorsitzenden gehen, sind im Allgemeinen nur mit Schwierigkeiten herauszubekommen – wenn überhaupt.«[39] Die Bayerische Gemeindebank hatte nach Kenntnisstand Pohles dem CSU-Vorsitzenden Strauß 90 000 Mark»direkt per Scheck gegeben«.[40]

Als die Akten des CSU-Schatzmeisters Pohle 1996 auf dem Trödelmarkt in Siegburg gefunden wurden und beim *Spiegel* landeten, kam das ganze Ausmaß des Sonderkontensystems, auf dem Strauß Geld hortete, über das er allein bestimmte, ans Tageslicht. Strauß-Adlatus Friedrich Zimmermann erinnerte sich später:»Diese Sonderkonten waren tabu für die Steuer, sie waren aber auch tabu für die Partei.«[41] Ein erstes Sonderkonto richtete Strauß bereits Anfang der 1950er-Jahre ein, als er noch Generalsekretär der CSU war. Auf diesem Sonderkonto I landeten jeden Monat 5000 Mark Parteispenden, über die Strauß nach eigenem Ermessen verfügen konnte. Überwiesen wurde das Geld von der»Volkswirtschaftlichen Gesellschaft« in Bayern, einer Vorläufergesellschaft der 1960 gegründeten»Bayerischen Staatsbürgerlichen Vereinigung«. Das Geld floss auch noch regelmäßig, als Strauß Parteivorsitzender und später Minister war, insgesamt bis 1964.

Als Strauß 1961 Parteivorsitzender wurde und sich ein Sonderkonto II gönnte, auf das nun die monatlich 5000 Mark umgeleitet wurden, hatten sich auf dem Sonderkonto I bereits rund 650 000 Mark angestaut. Auf dem Sonderkonto II, das Strauß-Gattin Marianne verwaltete, landete nun auch weiteres Geld in unbekannter Höhe. Es war aber auf jeden Fall so viel, dass von dort 250 000 Mark zur Anlage an die Bayerische Gemeindebank flossen, 460 000 Mark legte Familie Strauß beim Bankhaus Poensgen, Marx an. Ein drittes Sonderkonto, über das Strauß alleinige Verfügungsmacht hatte, war ein Konto für den oberbayerischen Bundestagswahlkreis. Hier standen zum 31. Dezember 1968 125 000 Mark zu Buche. Die Vollmacht für zwei weitere Sonderkonten hatte Schatzmeister Pohle.[42]

Als das Bundesverfassungsgericht 1968 entschied, dass auch die Parteispenden juristischer Personen, also von Unternehmen und Verbänden, nicht erst ab einer Grenze von 200 000 Mark, sondern bereits ab 20 000 Mark unter Nennung des Spenders zu veröffentlichen seien, hatten die Schatzmeister der Parteien ein zusätzliches Problem beim Spendensammeln. Den Großspendern aus der Industrie war in der Regel nicht daran gelegen, ihre Namen in den Rechenschaftsberichten der von ihnen bedachten Parteien wiederzufinden. Aber Wolfgang Pohle und sein großer Vorsitzender hatten ja den Steueranwalt Reinhold Kreile, und der hatte wiederum eine Idee: Die 1968 eingenommenen Spenden sollten als Darlehen behandelt und zurückgezahlt werden. Kreile wollte sodann ein Rechtsanwaltsanderkonto eröffnen, auf das die Gelder dann wieder zurücküberwiesen werden konnten. So war die Anonymität der Spender weiterhin gewahrt, auch wenn die Karlsruher Richter etwas ganz anderes hatten erreichen wollen.

Reinhold Kreile beschrieb seine Tricksereien in einem Brief an den Schatzmeister und Parteispender Pohle:»Ich werde von diesem, meinem Rechtsanwaltsanderkonto Überweisungen an die Partei vornehmen, und zwar jeweils auf die von uns abgesprochenen Sonderkonten. Bei diesen Überweisungsaufträgen werde ich vermerken: Spende eines von mir nicht zu benennenden Spenders. Damit ist die Partei nicht in der Lage, bei der Rechnungslegung einen Spender zu benennen, weil dieser ihr nicht bekannt ist. Auch mein Name kann und muss nicht genannt werden, weil klargestellt ist, dass ich lediglich als Treuhänder die Spende weitergereicht habe, nicht selbst also der Spender bin. Damit ist sichergestellt, dass rein buchmäßig gesehen auch Sie nicht wissen, von wem die einzelnen Spenden sind. Denn Sie müssten nach dem Parteiengesetz in Ihrer Eigenschaft als Schatzmeister die Spender wiederum dem Landesvorsitzenden bekannt geben, damit dieser die Spender bei der Rechnungslegung benennen kann. Da die Spender aber Ihnen nicht bekannt sind, sondern nur mir, können Sie dieser Verpflichtung des Parteiengesetzes nicht nachkommen. Ich meinerseits kann aber nicht nach dem Parteiengesetz dazu gezwungen werden, Spender bekannt zu geben, weil ich kein parteioffizielles Amt habe.«[43]

Der Berater von Strauß entwirft für den Schatzmeister der CSU ein System, das Parteiengesetz zu umgehen, das auch dem Flick-Gesellschafter zugutekam. Da konnte man schon von politisch-wirtschaftlicher Interessenidentität sprechen. Und andere als der Großspender der CSU sollten von diesem System, das die CSU mit sich selber ausgehandelt hatte – oder Flick mit sich selber, je nachdem, wie man das sehen wollte –, ja auch profitieren: »Mindestens in Bezug auf die Spenden an die CSU, so wird man feststellen können, fungierte die Flick-Zentrale Ende der 60er Jahre als eine Art Clearing-Stelle der deutschen Industrie.«[44] Die CDU-Troika aus Helmut Kohl, Schatzmeister Walther Leisler Kiep und Wirtschaftsprüfer Horst Weyrauch sollte dieser von Reinhold Kreile entwickelten Gebrauchsanleitung zur illegalen Parteispendenabwicklung ebenfalls weitgehend folgen.

Auch Schatzmeister Wolfgang Pohle mangelte es nicht an Kreativität bei der Verschleierung der Herkunft von Spenden: Er manipulierte seine Spenderlisten. Als Kreile die Überweisung von zwölf Spenden zu je 15 000 Mark und einer von 10 000 Mark ankündigte und in einem zweiten Brief enthüllte, dass es sich dabei um eine Spende von 190 000 Mark handelte, die Hoechst und andere Unternehmen zur Verfügung gestellt hatten, tauchte diese in Einzelspenden gestückelte Summe in Pohles Rechenschaftsbericht unter Fantasienamen auf. Der *Spiegel* rechnete 1996 zusammen, dass auf diese Art und Weise allein 1969 transparenzpflichtige Großspenden in Höhe von 1 779 000 Mark in Kleinspenden umgefälscht worden waren, um die wahre Herkunft aus der Industrie zu verschleiern.[45]

Jetzt musste nur noch sichergestellt sein, dass die großzügigen Spender für ihr Engagement auch die entsprechenden Steuervergünstigungen bekamen. Obwohl es hierfür ja schon ein erprobtes Instrumentarium mit der Staatsbürgerlichen Vereinigung beziehungsweise der Bayerischen Staatsbürgerlichen Vereinigung gab, nutzte Pohle eine andere Waschanlage: die in Duisburg ansässige »Gemeinschaft zur Erschließung unterentwickelter Märkte«, von wo zumindest die Flick-Spenden an die Konten der CSU weitergeleitet wurden.[46] Gegen Ausstellung der entsprechenden steuerabzugsfähigen Quittungen versteht sich.

Auch eine andere gemeinnützige und auf den ersten Blick völlig unverfängliche Organisation hatte sich schon früh für die gute Sache vereinnahmen lassen: Der Kölner Ableger des Kolpingwerks Deutschland vereinnahmte Parteispenden von Flicks Maxhütte, aber auch von Daimler-Benz, Siemens und der Allianz im fünf- und sechsstelligen Bereich, stellte Quittungen über die Unterstützung »jugendpflegerischer Arbeit der Kolpingfamilie« aus und leitete das Geld an die Berufsjugendlichen von der CSU weiter.[47]

Dass die Industrie ihre Millionen nicht aus reiner Menschenfreundlichkeit auf die Konten der Partei überwies, zeigt ein Fall aus der Zeit nach der Ära von Friedrich Flick und seines Generalbevollmächtigten Pohle: 1978 plante der CSU-Kultusminister Hans Maier mit Unterstützung der SPD in Bayern eine Reform der Berufsschule und die Einführung eines Berufsgrundschuljahres. Die Wirtschaft war entsetzt und ging auf die Barrikaden. Professor Maier scheiterte mit seinen Reformplänen in der eigenen Partei und begründete dies in einem Gespräch mit dem SPD-Abgeordneten Sepp Klasen, der Maiers Erklärung für seine Fraktion schriftlich festhielt: »Die alte Fassung, das obligatorische Grundschuljahr in Bayern einzuführen, sei auf Einflussnahme der Firma Siemens gefallen. Man müsse das auch im Zusammenhang mit Verhandlungen der Lazarettstraße [dem damaligen Sitz der CSU-Landesleitung] sehen, 20 Millionen Mark Wahlkampfspenden stünden im Feuer. Diese Feststellung von mir werde ich dementieren.«[48]

Auch in anderen Fällen war die politische Haltung der CSU entsprechend der Spenderinteressen flexibel und disponibel. Als 1966 über die Kilometerpauschale diskutiert wurde, versprach Schatzmeister Wolfgang Pohle gegenüber dem VW-Konzern, »jedenfalls in meiner Fraktion alles zu tun, um die berechtigten Belange der Automobilkäufer und der Automobilbesitzer in diesem Punkte zu wahren«.[49] Und auch in Fragen der betrieblichen Mitbestimmung, in denen die CSU zu Anfang durchaus eine liberale und offene Haltung an den Tag legte, schwenkte Strauß nach Interventionen aus der Wirtschaft um und legte sein Veto ein. Im Wahljahr 1969 nahm Pohle in Bettelbriefen an Banken und Großindustrie explizit Bezug auf diesen Schwenk: Franz Josef Strauß »stellt im Kabinett Kiesinger einen gewissen Gegenpol gegen die sozialdemokratischen Tendenzen aller Art dar, kämpft aber auch gegen Intentionen, die von den Gewerkschaften beeinflusst sind. Ich erinnere an die klare Haltung der CSU zur Frage der Mitbestimmung.« In diesem Sinne bat Pohle sodann um eine »namhafte Spende« für die CSU.[50]

Aber es ging nicht nur um Wahlkampfspenden, sondern auch um persönliche Zahlungen an Franz Josef Strauß. In den akribischen Notizen des Flick-Buchhalters Rudolf Diehl finden sich Direktzahlungen des Flick-Konzerns an Strauß in Höhe von 950 000 Mark, deren Verbleib nie geklärt wurde. Strauß wird später vor dem Untersuchungsausschuss erklären, er habe das Geld erhalten, um eine bestimmte politische Linie zu verfolgen. Natürlich stritt er ab, dass es sich um eine direkte Gegenleistung für einen Tipp und politische Hilfe für Flick im Zusammenhang mit einer steuersparenden Reinvestition im Ausland nach dem Verkauf von Flick'schen Daimler-Benz-Anteilen in Milliardenhöhe ging, über deren Hintergründe später noch zu berichten sein wird. Im System Strauß wurde Politik ganz augenscheinlich zur Ware. Die Verquickung von parteipolitischen, persönlichen und wirtschaftlichen Interessen wurde zwar nicht offen, aber offenbar ohne jegliches Unrechtsbewusstsein auf die Spitze getrieben. Grenzen waren an vielen Stellen nicht mehr zu erkennen. Die »Amigo-Wirtschaft« in Bayern, die erst unter Strauß-Nachfolger Max Streibl zu sprichwörtlicher Berühmtheit kommen sollte, war von Strauß erfunden und perfektioniert worden und hatte das Land im Griff. Als Streibl – selbst mittlerweile über die »Amigo-Affäre« gestürzt – 1996 mit den Pohle-Akten konfrontiert wurde, riss es ihn zu der Bemerkung hin: »Mein Gott, das ist ja unglaublich, wenn ich bedenke, wie die es getrieben haben und weswegen ich zurückgetreten bin. Das waren, daran gemessen, wirklich nur Lappalien.«[51]

Aber auch Max Streibl hatte sich in seiner Zeit als Minister unter den Ministerpräsidenten Alfons Goppel und Franz Josef Strauß und in seiner Funktion als Vorsitzender der CSU Oberbayern nicht zimperlich beim Eintreiben von Spenden gezeigt und sogar seine eigenen Kanäle abseits von Strauß zum Waschen der Gelder genutzt. Auch als es 1977 zur Affäre um massive Steuerbegünstigungen für enge Strauß-Spezis, darunter der Wienerwald-König Friedrich Jahn, von Strauß »mein Bundesgeflügeladjutant« tituliert, aber auch Prominente wie Franz Beckenbauer kam, hielt Streibl einen Bericht des bayerischen Finanzministeriums lieber unter Verschluss. Denn die Informationen über die Machenschaften der Steuerabteilung des bayerischen Finanzministeriums unter Leitung von Ministerialdirektor Lothar Müller waren zu brisant, um sie ans Licht der Öffentlichkeit gelangen zu lassen.

Hier tritt das Spezl- und Begünstigungssystem Strauß jenseits der Großindustrie besonders deutlich zutage. Um Hendl-Jahn gab es schon 1969/79 die erste Affäre, als herauskam, dass der Hähnchen-Tycoon offensichtlich Steuernachlässe in Millionenhöhe erhalten hatte. Da war Lothar Müller noch als Betriebsprüfungsreferent der Oberfinanzdirektion München in die Affäre verstrickt. Danach machte er binnen fünf Jahren steil Karriere bis an die Spitze der Steuerabteilung des bayerischen Finanzministeriums. Dort bekam er es allerdings Mitte der 1970er-Jahre mit einem neuen Mitarbeiter zu tun, der sich gegen die Praxis, Strauß-Freunden Steuerbegünstigungen und Steuerstundungen zu gewähren, auflehnte und sich auch durch die Androhung von Karrierenachteilen nicht aufhalten ließ: Wilhelm Schlötterer. Der, selbst CSU-Mitglied, richtete mehrere Eingaben an den bayerischen Landtag, sodass eine Reihe prominenter Fälle publik wurde.[52] Es sickerte durch, dass neben Friedrich Jahn, dessen Firmenjet Franz Josef Strauß gerne nutzte, und Franz Beckenbauer, auch dessen Berater Robert Schwan, der Dirigent Karl Böhm, diverse CSU-Mitglieder und Unternehmer zu den Begünstigten gehört hatten.

Strauß-Intimus Lothar Müller bildete in Sachen Steuerschützlinge ein Tandem mit einem weiteren engen Spezi von Strauß: Dr. Franz Josef Dannecker. Auch bei Dannecker gab es eine beachtliche Ämterhäufung mit durchaus hilfreichen Interessenkongruenzen. Er war Vorstandsmitglied der CSU, Spendensammler, Justiziar der CSU, der Anwalt von Franz Josef Strauß in Vermögensangelegenheiten und, wie es sich traf, auch Justiziar des Wienerwald-Imperiums von Hendl-Jahn, an dessen Liechtensteiner Firma Transcommerce wiederum Strauß beteiligt war. Falls prominente Unternehmer und Strauß-Freunde Ärger mit dem Finanzamt bekamen, übernahm Dannecker das Mandat, und Lothar Müller versuchte, es im Ministerium zu regeln, auch indem er Entscheidungen seines Mitarbeiters Wilhelm Schlötterer revidierte oder sogar rückgängig machte, während dieser im Urlaub war.[53] Als es um die längerfristige Stundung der Steuerschuld eines schwerreichen Unternehmers ging, der gerade mit Strauß auf seiner Jacht durchs Mittelmeer schipperte, wurde Schlötterer von Kollegen unmissverständlich gewarnt:»Wenn Sie da nicht nachgeben, geht es Ihnen schlecht. Der Minister geht mit dem öfter essen.«[54]

So funktionierte das Begünstigungssystem Strauß jenseits aller Grenzen von politischer Moral und Anstand oder gar rechtlicher Bestimmungen. Wer dazugehörte, wurde gefördert, gestützt, belohnt und vor der Justiz oder Steuerfahndern bewahrt. Als Lothar Müller im Zuge der Affäre um die Steuerbegünstigungen von Strauß-Spezis und eines folgenden Untersuchungsausschusses in den Verdacht der Begünstigung, Untreue und Strafvereitelung geriet, musste er eine geringe Geldbuße ausgerechnet an die Marianne-Strauß-Stiftung bezahlen. Die Münchner Staatsanwaltschaft stellte das Ermittlungsverfahren gegen Müller pünktlich nach den bayerischen Landtagswahlen 1978 ein. Später wurde Müller Präsident der Landeszentralbank Bayern.

Der »Bundesgeflügeladjutant« Jahn wurde wegen Steuerhinterziehung verurteilt. Später wurde die Vorstrafe auf dem Gnadenwege gestrichen, damit er das Bundesverdienstkreuz bekommen konnte.

Bäderkönig Eduard Zwick – damals mit 71 Millionen Mark der größte Steuerschuldner des Landes Bayern – konnte den ihm zugedachten Orden nicht entgegennehmen, da er sich Anfang der 1980er-Jahre vor den Finanzbehörden in die Schweiz geflüchtet hatte.

Wilhelm Schlötterer aber wurde für zwei Jahrzehnte kaltgestellt, mit Disziplinarverfahren überzogen und von CSU- und Strauß-Anwalt Franz Josef Dannecker sogar während des Untersuchungsausschusses 1978 in die Nähe der Geistesgestörtheit gerückt.[55]

Über die vielen Affären von Franz Josef Strauß, bei denen es um die Verquickung von Macht und Geld und persönlichen Profit ging – oder den Profit von Freunden und Spezis –, sind schon viele Bücher geschrieben worden. An dieser Stelle kann nicht einmal ansatzweise der Anspruch auf Vollständigkeit eingelöst werden. Von seinen Verstrickungen mit den Geschäften des Waffenlobbyisten Karlheinz Schreiber wird später noch die Rede sein. Ein besonders dreister Bereicherungsversuch von Strauß führt uns allerdings zurück zum Flick-Generalbevollmächtigten und CSU-Schatzmeister Wolfgang Pohle und zu den Akten auf dem Trödelmarkt von Siegburg und soll deshalb hier kurz Erwähnung finden.

1961 war Franz Josef Strauß bereits in die Affäre um eine Baufirma verstrickt, die Finanzbau Aktiengesellschaft (Fibag) seines Freundes, des Passauer Verlegers Johann Evangelist Kapfinger. Kapfinger wollte

Geld damit verdienen, dass er Wohnungen für in der Bundesrepublik stationierte amerikanische Soldaten baute. Strauß, damals Bundesverteidigungsminister, war gerne behilflich und gab seinem Freund Kapfinger Empfehlungsschreiben mit auf den Weg nach Washington, wo dieser im Pentagon für sein Projekt werben wollte. Das Geschäft platzte zwar, aber Strauß' Engagement für seinen Freund kam an die Öffentlichkeit und führte zur Fibag-Affäre, in der auch vom Parlament geprüft wurde, in welcher Weise Strauß in die Geschäfte Kapfingers involviert war. Im Mai 1962 musste Strauß sich den bohrenden Fragen des parlamentarischen Untersuchungsausschusses stellen, der aber – wie fast immer – kaum Licht in die dunklen Umtriebe des Verteidigungsministers bringen konnte.

Nur zwei Monate später witterte Strauß erneut eine Chance, sein Vermögen zu mehren. Über seinen Strohmann Friedrich Zimmermann beteiligte er sich als stiller Gesellschafter mit 125 000 Mark, einem Viertel der Anteile, an der Bau-Union, der »Bayerischen Union, Wohnungstreubau und Bauberatungsgesellschaft mbH«, deren Aufsichtsratsvorsitzender Friedrich Zimmermann war. Stellvertretender Aufsichtsratsvorsitzender war der CSU-Abgeordnete Peter Schmidhuber, im Hauptberuf Oberregierungsrat im bayerischen Wirtschaftsministerium. Das Geld, mit dem Strauß sich heimlich einkaufte, stammte von einem der Sonderkonten des großen Vorsitzenden und Verteidigungsministers Strauß, der wenig später, am 30. November 1962, wegen der *Spiegel*-Affäre zurücktreten musste.[56]

Besonders pikant: Die Bau-Union hatte einen ähnlichen Plan wie die Fibag, nur wollte sie nicht amerikanischen Soldaten ein Dach über dem Kopf verschaffen, sondern Bundeswehrsoldaten. Und wer wollte Böses dabei denken, dass sich hier ausgerechnet der für die Bundeswehrbauten zuständige Verteidigungsminister finanziell engagierte. Es dachte sich dabei aber überhaupt niemand etwas Böses, da niemand etwas davon mitbekam, bis die Wolfgang-Pohle-Akten gefunden wurden.

Für Strauß und die anderen Beteiligten hat sich das Geschäft nicht gelohnt, denn schon im August 1966 musste die Bau-Union einen Vergleich beantragen. Und da Wirtschaftsprüfer feststellten, dass die Firma schon seit 1964 wackelte, von den Verantwortlichen aber nichts unternommen worden war, keimte der Verdacht auf, es handele sich um einen betrügerischen Bankrott. Doch die Probleme hatten schon Ende 1962 begonnen, als Franz Josef Strauß sein Amt als Verteidigungsminister verlor. Sein langer Arm konnte der Firma nun nicht mehr helfen. Dafür tobte Strauß nun gegen Friedrich Zimmermann und Peter Schmidhuber, die er für den Niedergang verantwortlich machte und für die Tatsache, dass sein gutes Geld sich nun in Luft aufzulösen drohte und sogar die Gefahr millionenteurer Nachschüsse drohte, um die Forderungen der Gläubiger erfüllen zu können. Die Affäre um die Bau-Union war überhaupt erst ein Grund dafür, dass Friedrich Zimmermann 1967 schließlich sein Amt als Schatzmeister der CSU aufgab und der Flick-Mann Wolfgang Pohle in die Bresche sprang.[57]

Dass Franz Josef Strauß an der Bau-Union beteiligt war, wusste in der Öffentlichkeit niemand. Und selbst Pohle erfuhr es von Zimmermann erst im Oktober 1967. Die Fronten zwischen Strauß und Zimmermann waren verhärtet. Die Anonymität von Strauß geriet in Gefahr, da Zimmermann im Verlauf der Streitigkeiten um die Abwicklung des Vergleichs drohte, den Treuhandvertrag mit Strauß aufzukündigen. Es ging um die Eröffnung zweier Konten beim Bankhaus August Lenz und Co., auf die das Kapital der Bau-Union transferiert werden sollte, um den Vergleich vorbereiten zu können. Doch Strauß weigerte sich, die entsprechenden Kontounterlagen zu unterzeichnen und Zimmermann die Verfügungsgewalt über das Geld der Bau-Union zu lassen. Damit wäre aufgeflogen, wem das Sonderkonto eigentlich gehörte, von dem seine Einlage von 125 000 Mark bezahlt worden war. Pohle konnte durch seine persönliche Intervention bei Marianne und Franz Josef Strauß die Lage beruhigen. Strauß unterschrieb, Zimmermann blieb Treuhänder, und eine Untersuchungskommission der Partei bemühte sich, möglichst wenig Belastendes gegen Zimmermann und Schmidhuber zu finden. Pohle hatte den Chef der Kommission zuvor verklausuliert, aber deutlich vor möglichen Weiterungen der Affäre gewarnt.

Alles schien bereinigt, doch Anfang 1969, dem Jahr der Bundestagswahl, kam die Affäre durch eine unbedachte Bemerkung Pohles über Peter Schmidhuber in einer Arbeitskreissitzung der Partei wieder hoch. Nun empörten sich Schmidhuber und auch Zimmermann über den Bruch der Diskretion. Pohle setzte wieder alle Hebel in

Bewegung, um Enthüllungen im Wahljahr zu vermeiden. Und vor allem musste er das Geld auftreiben, um die Gläubiger nach dem geschlossenen Vergleich zu befriedigen. Das hieß für ihn, bis zum 1. April rund zwei Millionen Mark zu beschaffen. Wieder half ihm seine Doppelfunktion: 300 000 Mark spendete er via Flick gleich selbst. Die Beschaffung des restlichen Geldes erforderte noch einiges Hin und Her, doch am Ende hatte Wolfgang Pohle es geschafft – und Strauß keinen Pfennig eigenes Geld verloren sowie seine Beteiligung an der ganzen Affäre unter der Decke gehalten.

Der Weg in den Flick-Skandal

Als Friedrich Flick am 20. Juli 1972 starb, sahen viele mit seinem Tod eine Epoche zu Ende gehen. Obwohl Flick nicht wie Alfred Krupp oder August Thyssen zu den großen Gründerfiguren der deutschen Industriegeschichte gehörte, sondern sich sein Imperium zusammengekauft hatte, sah man ihn als einen der großen Industriepioniere, und die *Wirtschaftswoche* erklärte»das Zeitalter der ›absoluten Fürsten‹ unter den Unternehmern« für beendet.[58] Auf der Trauerfeier sprachen Konrad Kaletsch, Ludwig Erhard, Hermann Josef Abs, Thyssen-Chef Hans-Günther Sohl, BDI-Präsident Fritz Berg und Arbeitnehmervertreter Rudi Josten, Aufsichtsrat bei Dynamit Nobel. Kaum jemand konnte ahnen, welche Turbulenzen auf den mächtigen Konzern bald zukommen sollten. Kritische Stimmen gab es allerdings schon:»Friedrich Flick hat seine weitverzweigte Unternehmensgruppe nicht im Zenit ihrer Ertragskraft verlassen, sondern in einer Phase sinkender Renditen, rückläufiger Investitionen und unzulänglicher Abschreibungen.«[59]

Für einen ersten Knall hatte Friedrich Flick noch selbst gesorgt: Seine testamentarische Verfügung sah vor, dass seine Enkel Gert-Rudolf und Friedrich Christian eine weitere Stimme in der Gesellschafterversammlung bekamen. Außerdem bot er in seinem Testament Eberhard von Brauchitsch, der den Konzern Ende 1970 nach

Differenzen mit Flick-Sohn Friedrich Karl in Richtung Springer verlassen hatte, die Rückkehr als Gesellschafter zur Flick KG an.

Alles in allem war das Testament Friedrich Flicks eine Desavouierung und Teilentmachtung seines Sohnes Friedrich Karl, der über die Änderungen – ebenso wie die Gesellschafter Konrad Kaletsch und Otto Andreas Friedrich – nicht informiert worden war. Es war sicherlich auch dem Misstrauen Friedrich Flicks in die unternehmerischen Fähigkeiten seines Sohnes geschuldet, dass er nun den erfahrenen und im Gegensatz zu den anderen Gesellschaftern vergleichsweise jungen Eberhard von Brauchitsch zurückholen wollte und im Sinne einer langfristigen Planung schon Verantwortung an die Enkel übertrug. Gesellschafter Wolfgang Pohle war bereits im Jahr zuvor gestorben, die anderen Gesellschafter bis auf Eberhard von Brauchitsch, der tatsächlich zum 1. Januar 1973 in die Konzernzentrale zurückkehrte, starben bis 1978.[60]

Da hatte sich Friedrich Karl Flick gegen den letzten Willen seines Vaters die Alleinherrschaft im Konzern bereits zurückgeholt. 1975 wurden Gert-Rudolf und Friedrich Christian Flick sowie die Enkelin Dagmar abgefunden und schieden aus dem Gesellschafterkreis aus. Sie erhielten die ungeheure Summe von 308,5 Millionen Mark netto an Abfindung. Diesem Deal, der Friedrich Karl die Kontrolle über den Konzern brachte, war im gleichen Jahr ein anderes Megageschäft mit hochpolitischen Implikationen vorangegangen: der Verkauf von 29 Prozent der Daimler-Benz-Aktien, die sich im Besitz der Flick KG befanden, an die Deutsche Bank für sage und schreibe 1,995 Milliarden Mark. Die Flick KG – bis dahin größter Aktionär bei Daimler-Benz – hielt fortan nur noch zehn Prozent der Anteile an dem Automobilhersteller.

Dem Milliarden-Deal vorangegangen waren Verhandlungen zwischen Vertretern der Friedrich Flick KG, der Deutschen Bank und der Bundesregierung unter Kanzler Helmut Schmidt, die sich in einem Dilemma befand: Einerseits hegte sie grundsätzliche Bedenken gegen die wachsende Macht der Banken in der deutschen Industrie, andererseits befürchtete sie einen Ausverkauf westdeutscher Wirtschaftsinteressen, da es angeblich bereits eine Einigung Friedrich Karl Flicks mit dem Schah von Persien über den Verkauf der Daimler-Benz-Beteiligung gab. Der Schah hatte sich im Jahr zuvor, 1974, bereits mit 25,4 Prozent bei Krupp eingekauft, und kuwaitische Investoren hatten die Daimler-Benz-Anteile der Familie Quandt erworben, die wie Flick mit Industriebeteiligungen Milliarden gemacht hatte. Die Bundesregierung war alarmiert. Hatte die Welt doch gerade erst im Zuge der ersten Ölkrise schmerzhaft erfahren, welches machtpolitische Potenzial die erdölfördernden Staaten des Nahen Ostens besaßen. Das machte den Daimler-Benz-Deal zu einer politisch hochsensiblen Angelegenheit, an deren Ende sich die Beteiligten geradezu in dem Ruhm sonnten, nationale Interessen durch den Verkauf der Anteile an die Deutsche Bank gewahrt zu haben.

Einen Tag nachdem Friedrich Karl Flick und die Deutsche Bank das Milliardengeschäft in einer gemeinsamen Erklärung öffentlich gemacht hatten, sah sich Bundeskanzler Helmut Schmidt zu einer Erklärung vor der SPD-Bundestagsfraktion bemüßigt: »Zu dem Verkauf von Daimler-Benz-Aktien an die Deutsche Bank möchte ich bemerken, dass die Deutsche Bank für diese Transaktion die moralische Rückendeckung der Bundesregierung besitzt, die darum im Vorwege wusste. Allerdings haben wir diese moralische Rückendeckung davon abhängig gemacht, dass die Bank die Majorität bei Daimler-Benz nicht auf Dauer halten wird. Die Bundesregierung war aber der Ansicht, dass ein Verkauf der Mehrheit der Aktien von Daimler-Benz ins Ausland verhindert werden sollte. Eine solche Operation konnte nämlich weder den Arbeitnehmern bei Daimler-Benz noch dem Standing der deutschen Wirtschaft in der Welt noch unserer Selbstachtung zugemutet werden.«[61]

Auch wenn manche es für einen reinen Propagandatrick hielten, ist es denkbar, dass das Angebot des Schahs von Persien für die Daimler-Benz-Anteile tatsächlich ernst gemeint war. Tatsache scheint aber zu sein, dass die Schah-Offerte zum Bestandteil eines abgekarteten Spiels wurde, in dem die Bundesregierung und die Öffentlichkeit über die von vorneherein bestehende Absicht zum Verkauf an die Deutsche Bank getäuscht wurden. Eberhard von Brauchitsch berichtete später in seiner Autobiografie, es habe in Bezug auf die Flick'sche Daimler-Benz-Beteiligung ein »Gentlemen's Agreement« zwischen Friedrich Flick und Hermann Josef Abs gegeben. Da die Deutsche Bank Flick in den 1950er-Jahren beim Erwerb der Aktien geholfen habe, sei ihr von Flick ein Vorkaufsrecht eingeräumt worden. Friedrich Karl Flick sei kurz nach Weihnachten 1974 zum Vorstandssprecher der Deutschen Bank, Franz Heinrich Ulrich, nach St. Moritz gereist, um ihm das Angebot des Schahs vorzulegen, worauf Ulrich sofort entschieden habe, das Daimler-Paket zu übernehmen.[62] Weil die Deutsche Bank damit aber vorübergehend zum Mehrheitsaktionär bei Daimler-Benz werden würde, war ein Aufschrei in der Öffentlichkeit zu erwarten. Deshalb habe man sich darauf geeinigt, »den Kauf als eine nationale Tat zu präsentieren, mit der die Bank verhindert habe, dass weitere Anleger aus dem Nahen und Mittleren Osten sich die Perlen der deutschen Wirtschaft aneigneten.«[63]

Brauchitsch war sich des riskanten Spiels bewusst und warnte sogar seine Mitgesellschafter vor einer exakten Darstellung der Sachverhalte rund um das Persien-Angebot, da dieses dazu führen könnte, »dass sich der Kanzler von Ulrich – gelinde gesagt – fehlinformiert fühlt«.[64] Bezeichnend ist, dass Friedrich Karl Flick in der ganzen Angelegenheit auf eine Strategie zurückgriff, die sein Vater in seiner langen Karriere mehrfach angewendet hatte: durch das Szenario eines ausländischen Zugriffs die Interessen des Konzerns zu einer nationalen Angelegenheit zu machen und sich dadurch die Unterstützung der Regierung zu sichern. Bereits 1932 hatte Flick senior seine überschuldete Holding mit Hilfe des Staates gerettet, indem er durch Gerüchte über französische Kaufinteressenten die Reichsregierung dazu brachte, seine westdeutschen Beteiligungen zu übernehmen.[65]

Es gab sicherlich ein Bündel von Motiven, die zu der Entscheidung der Konzernverantwortlichen führten, die Daimler-Benz-Beteiligung abzustoßen, ökonomisch sinnvoll war sie nur, wenn der Konzern den Verkaufserlös weitgehend steuerfrei vereinnahmen konnte. Dazu gab es seit 1965 mit dem Paragrafen 6b des Einkommensteuergesetzes ein rechtliches Instrumentarium. Der Paragraf legte fest, dass ein Veräußerungsgewinn auf Antrag von der Steuer befreit werden konnte, wenn er innerhalb von zwei Jahren in volkswirtschaftlich förderungswürdige Anlagen reinvestiert wurde. Eine ähnliche Regelung bestand mit dem Paragrafen 4 des Auslandsinvestitionsgesetzes, der eine Steuerbefreiung für volkswirtschaftlich besonders förderungswürdige Wiederanlagen im Ausland vorsah. Für diese Reinvestitionen des Verkaufsgewinns blieben dem Konzern zwei Jahre Zeit. Da der Deal mit der Deutschen Bank ein sogenanntes

Mitternachtsgeschäft war – die Deutsche Bank überwies die knapp zwei Milliarden Mark um Punkt null Uhr an Silvester 1975/76 –, blieb Friedrich Karl Flick bis Ende 1978 Zeit, entsprechende Investments zu tätigen. Das Gleiche galt für die dreistelligen Millionenerlöse aus dem Verkauf der Lübecker Metallhüttenwerke im Jahr 1974 und der Maxhütte im bayrischen Sulzbach-Rosenberg in den Jahren 1976 und 1978.

Wie schwer sich Friedrich Karl Flick tat, dies im Sinne einer stringenten und konsistenten Konzernstrategie mit langfristiger Zukunftsperspektive zu bewerkstelligen, soll uns an dieser Stelle nicht weiter beschäftigen. Wichtig ist aber, dass die Absicht, die Milliardeneinnahme von der Steuer befreien zu lassen – was kurz nach dem Deal in der Öffentlichkeit bekannt wurde –, den Grundstein legte für die Katastrophe, die folgen sollte: der Flick-Skandal.

Der Flick-Skandal und die Folgen

Rechtzeitig vor dem 31. Dezember 1978 hatte Flick es geschafft, insgesamt 670 Millionen Mark im Inland und 1,01 Milliarden Mark im Ausland zu reinvestieren. Dazu gehörten unter anderem Kapitalerhöhungen in den verbliebenen eigenen Unternehmen im Inland, Beteiligungen in den USA und der Einstieg beim Kölner Versicherungsunternehmen Gerling-Konzern. Die entsprechenden Anträge auf Steuerbefreiungen für die Investitionen, die Brauchitsch intern bezeichnend als »Geleitzüge« titulierte, waren gestellt. Doch angesichts der enormen Höhe der Freistellungsanträge war auch die Öffentlichkeit längst alarmiert und beobachtete das Vorgehen des Konzerns und der zuständigen Bundesministerien für Wirtschaft und Finanzen mit Argusaugen. Der Vorsitzende der Deutschen Steuer-Gewerkschaft (DSTG) sprach schon 1976 davon, dass es bei den Freistellungsanträgen von Flick förmlich nach Schmiergeld rieche.[66]

Zu entscheiden hatten der Bundeswirtschaftsminister Hans Friderichs (FDP) und Bundesfinanzminister Hans Apel (SPD). Es wurde bereits in der Presse über die Gespräche Eberhard von Brauchitschs mit seinem langjährigen Bekannten Friderichs spekuliert, und angesichts der bekannten Tatsache, dass die FDP dringend Wahlkampfspenden der Industrie benötigte, wurde auch schon öffentlich die Unbefangenheit des Wirtschaftsministers in Zweifel gezogen. Auch hier klang bereits der Vorwurf der Korruption an.[67] Ungeachtet aller Diskussionen, wurde ein erster Antrag Friedrich Karl Flicks am 8. September 1976 genehmigt, die Entscheidung allerdings erst nach der Bundestagswahl vom 2. Oktober bekannt gegeben.

Im darauffolgenden Jahr schickte von Brauchitsch den zweiten »Geleitzug« nach Bonn. Nun hieß der neue Wirtschaftsminister Otto Graf Lambsdorff. Bis Oktober folgten noch zwei weitere »Geleitzüge«. Alle Anträge – bis auf einen, der sich auf die Beteiligung bei einer US-amerikanischen Firma in Höhe von 210 Millionen Mark bezog, und einen, der vorsätzlich zur Ablehnung eingereicht wurde – wurden im Sinne Flicks genehmigt. Insgesamt belief sich die steuerbefreite Summe auf 1,5 Milliarden Mark.

Sorgsam vor der Öffentlichkeit geheim gehalten wurde die Tatsache, dass die später so berühmt gewordenen »Geleitzüge« zweigleisig fuhren. Zu den Anträgen auf Steuerbefreiung gesellten sich nämlich – in schöner Regelmäßigkeit und oft zeitgleich zu den diversen Gesprächen in Bonn über die Anträge – Bargeldzahlungen und Spenden an die mit den Entscheidungen befassten Politiker respektive deren Parteien. Auch hierbei fuhren Friedrich Karl Flick beziehungsweise sein »General« von Brauchitsch mehrgleisig.

Schon 1975, weit vor der Einreichung des ersten Antrags, hatte die Lobbyarbeit der Konzernmächtigen in Sachen Steuerbefreiung nach Paragraf 6b begonnen. Brauchitsch antichambriert bei seinem Bekannten Hans Friderichs. Brauchitsch trifft sich mit Otto Graf Lambsdorff, dem damals noch wirtschaftspolitischen Sprecher der FDP, der seinerseits wieder bei Friderichs für das Konzernanliegen argumentiert, wie von Brauchitsch nach einem Vier-Augen-Gespräch mit Friderichs zufrieden notierte.[68] Flick-Buchhalter Rudolf Diehl notiert am 7. Juli 1975: »Ka. wg. Graf Lambsdorff 25 000«[69]. Lambsdorff, der zu dem Zeitpunkt auch FDP-Schatzmeister in Nordrhein-Westfalen war, wird später bestätigen, dass er von 1974 bis 1977 jeweils 25 000 Mark auf Veranlassung von Konrad Kaletsch für seinen Wahlkampf bekommen habe. Der CSU-Abgeordnete und Flick-Lobbyist Reinhold Kreile antichambriert seinerseits beim CDU-Mann Wolfgang Kartte, dem Leiter der Unterabteilung Wettbewerbspolitik im Wirtschaftsministerium, und sondiert die politische Stimmung und besorgt Insider-Informationen.[70]

Die Gesandten Friedrich Karl Flicks sind an allen Fronten unterwegs. Und sie haben zu berücksichtigen, dass im Herbst 1976 gewählt wird. Immerhin ist es denkbar, dass dann eine CDU-geführte Regierung die sozialliberale Koalition ablöst, was die Chancen für Flick naturgemäß erhöhen würde. Der bereits erwähnte Bonner Cheflobbyist und Leiter der »politischen Stabsstelle der Geschäftsführung«, Walter Schmitz, bedenkt den hessischen CDU-Chef Alfred Dregger mit 20 000 Mark, die dieser an die Partei weiterleitet, und auch für Helmut Kohl ist nur Bares Wahres. Brauchitsch übergibt ihm zwei- oder dreimal Briefumschläge »in einer Größenordnung in die 20 oder 30 bis 35 000 Mark«.

Brauchitsch notiert über ein Gespräch mit Kohl am 20. November 1975: »Kohl schlägt vor, dass er für die Partei und Carstens/Stücklen für die Fraktion sicherstellt, dass nicht von links – CDU/CSU-Seite – das 6b-Thema politisch für uns negativ emotionalisiert wird. Im Übrigen schlägt Kohl vor, eine Auswahl interessierter und gefährlicher CDU/CSU-Abgeordneter zu einem parlamentarischen Abend nach Bonn einzuladen und ihnen über die Überlegungen des Hauses Flick – im Besonderen in der Angelegenheit 6b – Bericht zu erstatten. Ich habe Kohl zugesagt, ihm über diese Angelegenheit eine kurze Erinnerungsnotiz zuzuschicken. Kohl wird das seine veranlassen.«[71]

Am gleichen Tag notiert der akribische Buchhalter Rudolf Diehl: »wg. Kohl 50 000 DM«. Rund zweieinhalb Monate früher, am 3. September, hatte er schon eine Eintragung vorgenommen: »wg. Kohl 100 000 DM«.[72]

Helmut Kohl konnte sich später vor dem 1983 eingesetzten parlamentarischen Untersuchungsausschuss an nichts erinnern. Doch das Landgericht Bonn stellte 1987 fest: »Angesichts dieser engen zeitlichen Zusammenhänge zwischen den Daten der Kassenerhebungen und Zusammenkünften kann kaum zweifelhaft sein, dass Dr. Kohl die zugeschriebenen Zahlungen erhalten hat. Von Brauchitsch hat dieses im Wesentlichen auch bestätigt.«[73]

Doch noch waren SPD und FDP am Ruder, und der Wahlausgang war reine Spekulation. Keine Spekulation war allerdings die Finanznot der FDP. Ihre Schulden waren so hoch, dass die Unabhängigkeit der Partei gefährdet war, sie vor dem Bankrott stand. Allein bei der Internationalen Genossenschaftsbank in Basel standen die Liberalen mit 10,5 Millionen Mark in der Kreide. FDP-Bundesschatzmeister Heinz Herbert Karry, Wirtschaftsminister Friderichs und der FDP-Parteivorsitzende Hans-Dietrich Genscher trafen sich 1975 und 1976 mit Vertretern der Wirtschaft und der Banken, um massiv auf finanzielle Hilfe zu drängen. Häufige Vier-Augen-Gespräche gab es zwischen von Brauchitsch und Friderichs.[74] Die Spiegel-Journalisten Hans-Werner Kilz und Joachim Preuss berichteten von einem Treffen im Herbst 1975 zwischen Vertretern der Wirtschaft und Mitgliedern des Parteipräsidiums, bei dem die Politiker die Lage der Partei besonders dramatisch schilderten: Man könne kaum noch die Zinsen für die Kredite bezahlen. Am Ende steht ein Drei-Punkte-Programm, das die FDP retten soll:

- »Der Chef der Dresdner Bank, Jürgen Ponto, übernimmt es, einen wesentlichen Teil der Kredite, die bei der gewerkschaftseigenen Bank für Gemeinwirtschaft zu Buche stehen, auf die Dresdner Bank umzuschulden.
- Die Wirtschaftsvertreter sagen feste Spenden für die nächsten Jahre zu.
- Die Wirtschaftsvertreter beschließen außerdem, Politiker des rechten FDP-Flügels gezielt zu unterstützen.«[75]

Konrad Kaletsch habe versprochen, dass alleine die Flick-Gruppe in den kommenden drei Jahren drei Millionen Mark spenden werde. Bei Genscher und Friderichs wird es später vor dem parlamentarischen Untersuchungsausschuss rund um diese Vorgänge erhebliche Gedächtnisausfälle geben. Sicher ist nach späteren Feststellungen, dass es zwischen 1974 und 1976 eine Zusage über drei Millionen Mark für die FDP gegeben hat und dass das Geld auch bezahlt worden ist. Nach einem Treffen mit Hans Friderichs im Jahr 1975 notierte von Brauchitsch: »Im Übrigen haben wir uns über die Abwicklung der streng vertraulichen Angelegenheiten unterhalten, über die ich nur mündlich berichten möchte.« Und auf einer Themenliste zur Vorbereitung eines weiteren Treffens findet sich die Notiz »(3'')«, was stenografisch für drei Millionen steht.[76] Sicher ist, dass Friderichs während seiner Amtszeit als Bundeswirtschaftsminister von der Spendenzusage wusste; nicht zu beweisen ist dagegen, dass von Brauchitsch ihm diese Zusage persönlich gemacht hatte, was strafrechtlich relevant gewesen wäre.[77] Doch dazu später mehr.

Heftige und laute Kritik in der Öffentlichkeit an den Flick'schen Steuersparplänen kommt von einzelnen SPD-Abgeordneten. Besonders hervor tut sich in dieser Causa der SPD-Finanzexperte und Mitglied des Finanzausschusses des Bundestags Rolf Böhme. Böhme ist auch nicht durch die persönliche Intervention von Brauchitschs von seiner ablehnenden Haltung abzubringen. Das beeinflusste auch die Haltung von Bundesfinanzminister Hans Apel, der bei seiner Entscheidung zögerte. Günter Markscheffel, publizistischer Berater des Flick-Konzerns mit besten Kontakten in die SPD und selbst SPD-Mitglied, notierte denn auch nach einem Gespräch mit dem Staatssekretär im Wirtschaftsministerium, Detlev Karsten Rohwedder, »dass wohl auch im Hause Apel alles klargehe, jedoch Apel wohl in seiner Partei noch Schwierigkeiten zu überwinden habe«.[78] Am 2. Oktober 1975 unterrichtete Günter Markscheffel dann von Brauchitsch, dass Willy Brandt ihm versichert habe, dass die Sache Flick in Ordnung gehe. In Sachen des widerspenstigen SPD-Mannes Rolf Böhme wurde Markscheffel auch beim Parlamentarischen Staatssekretär im Verteidigungsministerium, Hermann Schmidt, vorstellig, der seinerseits versicherte, »auch diese Sache komme in Ordnung. Er, Schmidt, sei sich mit Brandt, Wehner, Ehrenberg und Möller darüber einig, dass mit dem Gequatsche Böhmes Schluss gemacht werden müsse.«[79]

Bezeichnenderweise erhält SPD-Schatzmeister Alfred Nau eben am 2. Oktober, als Günter Markscheffel von der Reaktion Willy Brandts berichtet, eine Barzahlung von 100 000 Mark aus der schwarzen Kasse des Flick-Konzerns. Der Untersuchungsausschuss des Deutschen Bundestages war sich später sicher, dass mit diesem Beitrag zur politischen Landschaftspflege der Einsichtsfähigkeit der SPD in die Notwendigkeit der Antragsgenehmigung nachgeholfen werden sollte, wie er in seinem Abschlussbericht 1986 festhielt. Der Ausschuss bilanzierte: »Im Ergebnis kann davon ausgegangen werden, dass diese von Alfred Nau quittierte Spende tatsächlich ihm zugewandt und von ihm an seinen Nachfolger weitergegeben wurde.

Für einen Zusammenhang mit dem Bescheinigungsverfahren spricht das zeitliche Zusammenfallen mit der erheblichen Kritik an diesem Verfahren durch verschiedene SPD-Abgeordnete.«[80] Dass der Flick'sche Spendensumpf überhaupt ans Licht der Öffentlichkeit gelangte, war mehr oder minder einem Zufall und dann der besonderen Hartnäckigkeit des Leiters der Steuerfahndungsstelle St. Augustin, Klaus Förster, zu verdanken. Er war den merkwürdigen Transaktionen der Societas Verbi Divini, der Gesellschaft des göttlichen Wortes, in Sankt Augustin nachgegangen. Bei der Gesellschaft handelt es sich um die Steyler Missionsgesellschaft. Anlässlich einer Betriebsprüfung entdeckten die Steuerfahnder offensichtlich manipulierte Spenderlisten. Und sie stießen auf den Namen Flick. Der Vermögensverwalter der Missionsgesellschaft hatte ein besonderes Steuersparmodell entwickelt: Er stellte den generösen Spendern die steuerlich absetzbaren Quittungen aus, doch dann flossen 80 Prozent des Geldes über Umwege in der Schweiz zurück an den edlen Spender, während nur zehn Prozent bei den Missionaren verblieb und zehn an den ehemaligen CDU-Abgeordneten und hessischen Landesschatzmeister Walter Löhr gingen, der das Geschäft mit Flick vermittelt hatte.

Der Flick-Konzern war der größte Wohltäter der Societas: Er hatte allein rund zehn Millionen Mark an die Mission überwiesen, einerseits dadurch Steuern gespart, andererseits mit dem zurückgeflossenen Geld eine »schwarze Kasse« gefüllt, aus der das Geld dann an Politiker und Parteien floss.[81]

Am 4. November 1981 durchsuchten Steuerfahnder das Büro des Flick-Chefbuchhalters Rudolf Diehl in der Düsseldorfer Konzernzentrale. Von dort führt die Spur zu Schließfächern in einer Düsseldorfer Filiale der Dresdner Bank. Und dort finden die Fahnder das »Pharaonengrab«. Sie hatten das schwarze Kassenbuch aufgespürt, in dem Rudolf Diehl seit 1972 penibel die Spenden an Parteien und Politiker aufgelistet hatte. Es las sich, »als stünden die Spitzenpolitiker aller Parteien auf der Gehaltsliste des Flick-Konzerns«.[82] Die FDP-Bundeswirtschaftsminister Hans Friderichs und Otto Graf Lambsdorff, Walther Leisler Kiep von der CDU und CSU-Chef Franz Josef Strauß,

Manfred Lahnstein und Hans Matthöfer von der SPD, auch der nordrhein-westfälische FDP-Wirtschaftsminister Horst-Ludwig Riemer. Eine weitere Durchsuchung fördert im Büro von Brauchitschs vertrauliche Tageskopien zutage, die die Diehl-Listen ergänzten. Zusammengerechnet hatte Flick in den 1970er-Jahren rund 15 Millionen Mark an die CDU/CSU, 6,5 Millionen an die FDP und 4,3 Millionen an die SPD gespendet.[83] Der zeitliche Zusammenhang zwischen den Spenden, den Anträgen auf Steuerbefreiung und die Akzentverschiebungen bei den Empfängern – 1975 erhält die sonst eher zurückhaltender bedachte SPD allein eine Million Mark – legten natürlich den Verdacht der Korruption, der Käuflichkeit von politischen Entscheidungen, nahe.

Im Mai 1983 setzte der Bundestag auf Antrag der SPD einen Untersuchungsausschuss ein, der die Vorwürfe der Bestechung und Bestechlichkeit prüfen sollte. An 66 Sitzungstagen wurden Zeugen vernommen. Die Vernehmungen dauerten 321 Stunden, die auf 11 500 Seiten protokolliert wurden. Insgesamt sichtete der Ausschuss 100 000 Blatt Aktenmaterial.[84] Im November 1983 wurden Hans Friderichs, Otto Graf Lambsdorff und Eberhard von Brauchitsch, den Friedrich Karl Flick ebenso wie andere führende Konzernmitarbeiter inzwischen im Zuge des Skandals entlassen hatte, vom Landgericht Bonn wegen Bestechung, Bestechlichkeit und Steuerhinterziehung angeklagt.

Am Ende steht für alle drei nur eine Verurteilung wegen Steuerhinterziehung, da das Gericht trotz der »schwerwiegenden Verdachtsmomente« keine direkte Verbindung zwischen den Flick-Zahlungen an Friderichs und Graf Lambsdorff und deren Amtstätigkeit in Sachen Steuerbefreiungsverfahren nachweisen konnte.

Die Richter stellten fest: »Die hier in Rede stehenden Zahlungen sind in einem größeren Zusammenhang zu sehen. Es spricht vieles dafür, dass sie in erster Linie der grundsätzlichen Unterstützung zweier einflussreicher Politiker dienten. Die Leitung des Bundeswirtschaftsministeriums bildete nur einen Teil der Dr. Friderichs und Dr. Graf Lambsdorff obliegenden Aufgaben. Ihre eigentliche Funktion lag auf politischem Gebiet. ... Als Kabinettsmitglieder konnten sie auch auf die übrige Politik der Bundesregierung Einfluss nehmen. Darüber hinaus waren sie herausragende Repräsentanten der FDP.

Beide verkörperten in besonderem Maße diejenige Richtung innerhalb ihrer Partei, welche sich vornehmlich für die Aufrechterhaltung und Förderung des Systems der freien Marktwirtschaft einsetzte. ... Die Verantwortlichen des Flick-Konzerns haben einflussreiche Politiker, die eine unternehmerfreundliche Linie verfolgten, stets besonders unterstützt, und zwar unabhängig davon, ob sie gerade ein Regierungsamt innehatten. Dies zeigt sich am Beispiel des CSU-Vorsitzenden Dr. Strauß, der im Jahre 1978 das Amt des bayerischen Ministerpräsidenten übernahm. Er erhielt nach den insoweit nicht in Zweifel gezogenen Aufzeichnungen des Zeugen Diehl in den Jahren 1975 bis 1979 Bargeldzuwendungen in Höhe von insgesamt 950 000 DM. Als weiteres Beispiel können die Zahlungen an den CDU-Vorsitzenden und bis Herbst 1976 amtierenden Ministerpräsidenten des Landes Rheinland-Pfalz Dr. Kohl dienen. Dieser wurde nach den insoweit nicht angezweifelten Kassenunterlagen im Zeitraum 1975 bis 1980 mit Bargeldbeträgen bedacht, die sich in der Summe auf 515 000 DM beliefen.«[85]

Ungeachtet der Tatsache, wie durchaus unterschiedlich die Spenden und vor allem die Barzahlungen an einzelne Politiker im jeweiligen Zusammenhang mit ihren Handlungen bewertet wurden – wir werden noch sehen, dass hier auch vom Untersuchungsausschuss nicht immer mit ein und demselben Maß gemessen wurde –, steht fest, dass der Flick-Konzern gewohnheitsmäßig, gezielt und strukturiert an Politiker spendete, und diese Spenden konnten auch durchaus mit Auflagen verbunden sein.

Auch hier ging Flick sehr strategisch vor. Die bereits erwähnte Zusage einer Spende von drei Millionen Mark zur Rettung der fast bankrotten FDP war zum Beispiel mit der Zusage des Schatzmeisters Heinz Herbert Karry verbunden, einen Teil des Geldes zur »gezielten Unterstützung förderungswürdiger Nachwuchspolitiker des rechten Flügels«[86] einzusetzen. Eberhard von Brauchitsch sagte aus, Konrad Kaletsch sei berechtigt gewesen, Karry entsprechende Namen von Jungpolitikern zu nennen, die Gelder aus dem Sonderfonds erhalten sollten. Die Politikwissenschaftlerin Christine Landfried kommt in ihrer vergleichenden Studie über Parteifinanzen und politische Macht zu dem Schluss, dass es »nicht übertrieben« war, »wenn das Sondervotum zum Bericht des Flick-Untersuchungsausschusses feststellt, dass es dem Flick-Konzern ›neben der Unterstützung und Erhaltung konservativer Mehrheiten durch den Einsatz seiner wirtschaftlichen Macht, auch um die Förderung ganzer Politikerkarrieren‹ gegangen sei«.[87]

Wir haben schon einige dieser Direktspenden angeführt und genauer betrachtet. Auffallend ist, wie unterschiedlich der Untersuchungsausschuss des Bundestages – besser gesagt, seine Mehrheit, es gab ja auch die entsprechenden Sondervoten wie etwa von Otto Schily – die einzelnen Spenden an bestimmte Politiker im Zusammenhang mit deren Agieren bewertete. Wie bereits erwähnt, sah der Untersuchungsausschuss bei der Direktzahlung von 100 000 Mark an SPD-Schatzmeister Alfred Nau einen direkten Zusammenhang mit dem Steuerbefreiungsverfahren. Und auch bei der großen Spende von 500 000 Mark an die Friedrich-Ebert-Stiftung im August 1980 – unmittelbar im Anschluss eines Besuches von Nau bei Eberhard von Brauchitsch – erkannten die Richter 1987: »Der Grund für dieses ungewöhnliche Ausmaß an Unterstützung kann angesichts der geringen Sympathien des Hauses Flick für die Politik der SPD nach Auffassung der Kammer nur in dem Bemühen um einen günstigen Ausgang des Steuerbescheinigungsverfahrens gefunden werden.«[88]

Beim damaligen Bundeskanzler Helmut Kohl zeigte sich die Mehrheit des Untersuchungsausschusses da bedeutend milder und folgte den Aussagen Kohls, dass von Brauchitsch ihm seit längerer Zeit »gelegentlich Spenden für die CDU zugewandt habe«, besonders für den Landtagswahlkampf in Rheinland-Pfalz 1975 und den Bundestagswahlkampf 1976. Mit diesen Spenden seien aber niemals irgendwelche Anliegen oder Auflagen verbunden gewesen.[89] Auch angesichts der Notizen von Brauchitschs und der Tatsache, dass die Kritik innerhalb der CDU/CSU an den Steuerbefreiungen im Anschluss an das Gespräch Kohls mit von Brauchitsch verstummte, ließ der Mehrheitsbericht des Ausschusses es dabei bewenden. Doch gerade die Notizen von Brauchitschs waren für Otto Schily, der 1983 Mitglied der ersten Bundestagsfraktion der Grünen wurde, ausreichend Beleg dafür, dass Kohl Zusicherungen gemacht hatte und dass er wusste, dass die an ihn geleisteten Zahlungen mit der »Erwartung solcher Zusicherungen verbunden war«.[90]

Eberhard von Brauchitsch war im Flick-Konzern quasi der Kohl-Beauftragte:»Wir hatten in der Konzernführung eine Arbeitsteilung: Friedrich Karl Flick, ein bewusster und konsequenter Wahlbayer, hielt die Verbindung zu Strauß. Beide waren Jäger, ich bin es nicht mehr und daher für Jäger eine Persona non grata. Ich war für den Kontakt zu Kohl zuständig. Strauß hat es natürlich nicht gepasst, dass ich mich als erster Topmanager öffentlich für einen Kanzler Kohl ausgesprochen habe.«[91]

Jäger oder nicht Jäger, das waren in diesen Kreisen oft auch ganz entscheidende Fragen in Bezug auf die politische Landschaftspflege und die Frage, wer es denn nun mit wem besser konnte. Zwischen von Brauchitsch und Kohl hatte sich auf jeden Fall während Kohls Zeit als Ministerpräsident eine Duz-Freundschaft entwickelt, während von Brauchitsch dem polternden Bayern Franz Josef Strauß mit der Distanz des preußischen Adels gegenüberstand:»Ich war der Meinung, dass Strauß nicht der Kanzler aller Deutschen sein konnte. Ich glaube, dass die landsmannschaftlichen Unterschiede, die man seit Bismarck versucht zu überspielen, sehr viel stärker sind, als es der Öffentlichkeit bewusst ist. Für mich war die Wahlniederlage von Strauß daher keine Überraschung. Danach habe ich mich öffentlich zu Wort gemeldet und ein Votum für Kohl abgegeben. Das mag in Bonn manchen überrascht haben.«[92]

Einen Tag nach Kohls Wahlsieg am 6. März 1983 – drei Monate vor Einsetzung des Untersuchungsausschusses – schrieb Eberhard von Brauchitsch einen Brief »Lieber Helmut …« an den Bundeskanzler, in dem es neben der allfälligen Gratulation um die Behandlung des Spendenthemas in den kommenden Wochen ging: »Nun, nach dem Wahlkampf, ist es meines Erachtens auch an der Zeit, dass die führenden demokratischen Politiker unserer Republik der Öffentlichkeit reinen Wein einschenken über die Selbstverständlichkeit der wesentlichen finanziellen Unterstützung aller demokratischen Parteien seit Beginn der Republik. Nur so können der unglaublichen Diffamierungskampagne Einhalt geboten und die Stellvertreter-Vorverurteilungen beendet werden. Es werden ohnehin schmerzliche Wunden bestehen bleiben. Jedenfalls scheint es mir besser und kontrollierbarer zu sein, wenn die führenden Politiker diese Initiative ergreifen, als wenn die sogenannten ›Beschuldigten‹ hierzu gezwungen werden, um sich wirksam verteidigen zu können. Ich warte auf ein Zeichen von Dir und verbleibe mit alle guten Wünschen. Dein Eberhard«[93]

Kohl, der immer Wert auf Kontrolle legte, seltener hingegen auf demokratische Offenheit und Initiative, zog es vor, auf das Schreiben seines Freundes von Brauchitsch nicht zu reagieren. Dafür bat der Kohl-Getreue Wolfgang Schäuble den Topmanager unmittelbar vor dessen erster Vernehmung vor dem Untersuchungsausschuss zu einem höchst vertraulichen Gespräch:»Schäuble redete auf mich ein: Der Kanzler bitte mich inständig, jetzt keinen Fehler zu machen und Michael Kohlhaas zu spielen. Ich brauchte mich doch gar nicht so genau zu erinnern. Wir stünden unmittelbar vor einer Amnestie, dann sei ohnehin Schluss mit dem ganzen Zirkus. Ich habe meine Verteidigung daraufhin in einigen Punkten zurückgenommen.«[94]

Der Versuch der Führungen von CDU, CSU und FDP, mit Hilfe eines Amnestiegesetzes, zu dessen Initiatoren ebenfalls Wolfgang Schäuble gehörte[95], mögliche Verurteilungen der für den Spendenskandal Verantwortlichen zu verhindern – es war bereits der zweite Anlauf, der erste war Anfang 1982 gescheitert –, führte in der Presse und in der Öffentlichkeit zu einem Ansturm der Entrüstung und Empörung und war geeignet, auch noch den allerletzten Rest Respekt und Vertrauen in die politische Klasse zu zerstören.

Doch diesmal machte die FDP-Basis nicht mit, das Projekt scheiterte binnen zwei Wochen. Am 27. Juni 1984 trat Otto Graf Lambsdorff angesichts des bevorstehenden Strafprozesses gegen ihn vom Amt des Bundeswirtschaftsministers zurück. Ebenfalls am 27. Juni 1984 legte Rainer Barzel das Amt des Bundestagspräsidenten nieder, da er bei einer Anhörung vor dem Untersuchungsausschuss nicht hatte widerlegen können, was zuvor wieder einmal der *Spiegel* enthüllt hatte: Flick hatte Barzel 1973 – nach verlorener Bundestagswahl und innerparteilichen Streitigkeiten – die Entscheidung, Partei- und Fraktionsvorsitz niederzulegen, erleichtert, indem er ihm einen hoch dotierten Beratervertrag bei einer Frankfurter Anwaltskanzlei verschaffte.

Andere hatten ihre Geheimnisse da schon mit ins Grab genommen. FDP-Schatzmeister Heinz Herbert Karry, auf den wir noch ausführlicher eingehen werden, war am 11. Mai 1981 von bis heute Unbekannten ermordet worden, und SPD-Schatzmeister Alfred Nau war am 18. Mai 1983 gestorben. Damit blieb vor allem das Geheimnis der 7,6 Millionen Mark »Sammelspende«, die im Rechenschaftsbericht der SPD für 1982 auftauchte und von Nau arrangiert worden war, ungeklärt. Auch hier waren Spekulationen erlaubt, dass es sich bei einem Teil der Gelder um Flick-Spenden handeln könnte.[96]

Für den 7. November 1984 ist Helmut Kohl vor den Flick-Untersuchungsausschuss geladen. Er ist bestens präpariert, hat sich mit Uwe Lüthje, von 1971 bis 1992 Generalbevollmächtigter des CDU-Bundesschatzmeisters Kiep und dem Wirtschaftsprüfer der CDU-Bundesschatzmeisterei, Horst Weyrauch, auf den wichtigen Termin vorbereitet. Was allerdings unter der intensiven Vorbereitung erheblich gelitten hat, ist das Gedächtnis des Bundeskanzlers, der sich in der siebenstündigen Befragung insgesamt 97 Mal nicht mehr erinnern kann.[97] Manchmal gibt es aus vergangenen Jahren auch einfach keine Unterlagen mehr, und Kohl mag aus der Erinnerung keine genaueren Angaben machen. Dass Flick-Buchhalter Rudolf Diehl Zahlungen von insgesamt 565 000 Mark zwischen 1974 und 1980 registriert hatte, ist dem Bundeskanzler »völlig unbekannt«. Zwei Zahlungen in den Jahren 1977 und 1978 in Höhe von 30 000 und 25 000 Mark will er ganz bestimmt nicht erhalten haben.[98] Mehrfach betont er, dass alle Parteien gegen gesetzliche Bestimmungen verstoßen hätten und quittiert das mit einem Achselzucken. Das fehlende Unrechtsbewusstsein – wo es doch um ihn, um die große Sache, ja eigentlich um alles geht: Man wird es noch oft erleben. Kohl echauffiert sich, ist beleidigt, fühlt sich verfolgt und Unterstellungen ausgesetzt. Man kannte auch das schon und wird es noch oft erleben in den kommenden zwei Jahrzehnten.

Am 18. Juli 1985 muss sich Kohl noch einmal einer peinlichen Befragung stellen, diesmal vor dem Parteispenden-Untersuchungsausschuss des Mainzer Landtags. Und diese Einvernahme hat für ihn unangenehmere Konsequenzen, ja sie bringt ihn an den Rand des Rücktritts. Auf die wichtige Frage, ob er als Ministerpräsident von Rheinland-Pfalz gewusst habe, dass die Koblenzer Staatsbürgerliche Vereinigung der Geld- und Spendenbeschaffung gedient hat, antwortet er klar mit »Nein«. Von der steuerlichen Behandlung der Staatsbürgerlichen Vereinigung will er gar erst im Rahmen der Diskussionen im parlamentarischen Untersuchungsausschuss des Bundestages erfahren haben.

Diese Aussagen waren ein klassisches Eigentor. Nach Abschluss der Untersuchungen ergab sich für den Obmann der Grünen im Bundestagsuntersuchungsausschuss, Otto Schily, der Verdacht, dass der Bundeskanzler in Bonn wie in Mainz falsch ausgesagt hatte – und zwar sowohl in Bezug auf seine Kenntnis über die Spendenpraxis der Staatsbürgerlichen Vereinigung als auch in Bezug auf die von Flick erhaltenen Bargelder. Am 29. Januar 1986 erstattete Schily als Bundestagsabgeordneter Strafanzeige gegen den amtierenden Bundeskanzler wegen des zweifachen Verdachts der uneidlichen Falschaussage bei den Staatsanwaltschaften in Koblenz und Mainz.[99] Ein bis dato einmaliger Vorgang in der Geschichte der Republik. Erhebt die Staatsanwaltschaft am Ende Anklage und kommt es gar zu einem Verfahren, wird der Bundeskanzler zurücktreten müssen. Und dieser Rücktritt würde das politische System der Bundesrepublik erschüttern, anders als der Rücktritt Willy Brandts zwölf Jahre zuvor.

Im Februar 1986 wurde Helmut Kohl in Bonn vernommen. Seine Taktik nun: Keine Kenntnis über die Abläufe der SV, nie mit Bundesschatzmeister Kiep darüber gesprochen. Und wieder Erinnerungslücken. Er weiß es nicht. Er hat keine Erinnerungen an Gespräche mit dem Generalbevollmächtigten Uwe Lüthje. Kohl mauerte komplett, die Staatsanwälte kamen nicht weiter. Und als Staatsanwalt Friedrich Apostel nach Mainz reiste, um die CDU-Landesgeschäftsstelle zu durchsuchen, wurden er und seine Kollegen schon von Landesgeschäftsführer Hans Terlinden erwartet. Die Akten waren gesäubert, der »Spendenordner« ist bis auf das Deckblatt leer, Briefe des Landesschatzmeisters verschwunden – und der Schlüssel zum Tresor leider auch. Eine Farce.[100]

Eberhard von Brauchitsch machte vor dem Hintergrund des gegen ihn laufenden Strafverfahrens sowohl im Bonner wie auch im Koblenzer Verfahren von seinem Recht auf Aussageverweigerung Gebrauch. CDU-Bundesschatzmeister Kiep sagt gegenüber der Koblenzer Staatsanwaltschaft ebenfalls aus, er könne sich »nicht erinnern, jemals mit Dr. Helmut Kohl über die Staatsbürgerliche Vereinigung, insbesondere im Hinblick auf ihre Funktion als angebliche Spendenwaschanlage oder als Parteienfinanzierungsinstrument, gesprochen zu haben«.[101] Das »angeblich« in Kieps Aussage war angesichts der Faktenlage schon dreist. Kohl hatte Kiep zuvor geraten, gar nicht erst zur Vernehmung zu erscheinen. Als der Oberstaatsanwalt Kiep einen Brief vorlegte, der belegt, dass Kohl selbst in die Details der Spendenabwicklung involviert war, wurde Kiep schmallippig und erklärte, er könne »zum Inhalt des Schreibens aus eigener Kenntnis nichts sagen«.[102]

Hans Terlinden, seit 1966 CDU-Landesgeschäftsführer in Mainz und später auf Kohls Betreiben Abteilungsleiter für Finanzen im Bonner Konrad-Adenauer-Haus, äußerte sich auf der Linie Kieps: keine Gespräche mit Kohl über die Staatsbürgerliche Vereinigung und ihre steuerrechtliche Problematik. Uwe Lüthje hat mit Kohl ebenfalls nichts steuerrechtlich Relevantes diskutiert, und Kohl hatte sich laut eigener Aussage sowieso mit der ganzen Thematik nicht beschäftigt, da er das höchstrichterliche Urteil von 1958 zur steuerlichen Nicht-Absetzbarkeit von Parteispenden gar nicht gekannt habe, da sei er gerade mit seiner Dissertation beschäftigt gewesen, so sein Anwalt.[103]

Am Ende stellte die Staatsanwaltschaft Koblenz das Ermittlungsverfahren im Mai 1986 ein. Zwar stellt sie fest, dass Kohl vor dem Untersuchungsausschuss in Mainz die Frage nach seiner Kenntnis über die Staatsbürgerliche Vereinigung und die Tatsache, dass die Parteien über sie Spenden erhielten, »nicht hätte verneinen dürfen, sondern bejahen müssen«, aber es sei nicht ausgeschlossen, dass Kohl die entscheidenden Fragen schlicht missverstanden hatte, da sie die gewünschte Klarheit und Genauigkeit vermissen ließen.[104]

Auch die Bonner Ermittlungen traten auf der Stelle. Zwar bestätigte Hans Terlinden, von Kohl auch Barspenden entgegengenommen zu haben, aber auch er kann sich an Daten oder Summen nicht mehr erinnern. Auch Uwe Lüthje hatte auf Kohls eigenen Wunsch schon 1982 gemeinsam mit Horst Weyrauch den Eingang von insgesamt 155 000 Mark aus dem Hause Flick »verifiziert« und an den Parteivorsitzenden gemeldet. Ebenso habe es gelegentlich andere Barspenden gegeben, aber, und das ist immer wieder die gleiche Leier: Die Unterlagen sind natürlich nach der gesetzlichen Aufbewahrungsfrist vernichtet worden. Nichts mehr da, leider! So sagen übereinstimmend Weyrauch, Lüthje und Terlinden aus.[105] Und Kohls Büroleiterin Juliane Weber, die drei- bis fünfmal im Jahr bei von Brauchitsch die berühmten braunen Kuverts abgeholt hatte, hatte gleich gar nichts von deren Inhalt gewusst.

Am 14. April 1986 beantragt die Staatsanwaltschaft die Durchsuchung der CDU-Bundesgeschäftsstelle und der CDU-Landesgeschäftsstelle Rheinland-Pfalz in der verzweifelten Hoffnung, dort noch inkriminierendes Papier zu finden. Doch diese Anträge lehnt der zuständige Bonner Amtsrichter gleich ab. Er sehe keinerlei Anhaltspunkte, dass Kohl vor dem Untersuchungsausschuss vorsätzlich die Unwahrheit gesagt haben könnte. Auch für eventuelle Untreuetatbestände spräche überhaupt nichts, dafür aber alles dafür, dass die Unterlagen tatsächlich vernichtet seien.[106]

Das Ermittlungsverfahren gegen Helmut Kohl in Bonn wird schließlich am 30. Mai 1986 ebenfalls eingestellt. Die Beharrungskräfte des Systems hatten funktioniert. Dass sich daran nichts ändern würde, ja auf keinen Fall etwas ändern sollte, war den Beteiligten klar. Der U-Boot-Skandal und der Barschel-Skandal lassen nicht lange auf sich warten. Es ist das Jahrzehnt der letztlich erfolglosen Untersuchungsausschüsse und des grassierenden Gedächtnisverlustes, der auch auf das Kurzzeitgedächtnis übergreifen sollte. Das Geld wird Kohl einholen.

Der Elefant hatte die Treibjagd der kleinen Abgeordneten, Staatsanwälte und Journalisten überlebt. Und im Hintergrund atmeten viele tief durch, dass alles noch mal »gut« gegangen war. Dabei war nichts gut gegangen. Die politische Klasse und das parlamentarische System waren durch die Einflussnahme und »politische Landschaftspflege« von Flick und anderen schwer beschädigt, das Vertrauen der Bevölkerung in das politische System und seine Repräsentanten war zerrüttet. Die von Kohl versprochene und beschworene »geistig-moralische Wende« war nicht eingetreten. Sie konnte in diesem System und seinen teils systembedingten, teils schlicht kriminellen Verstrickungen auch gar nicht entstehen. Und sie sollte auch nie entstehen. Die Ära Kohl hätte eigentlich 1986 schon wieder beendet sein müssen.

Und doch gab es hinter den Kulissen auch solche, die das alles als historische Tat und historischen Sieg begriffen und noch ein Jahrzehnt später überzeugt waren, damals schon den ersten Hauch vom Wind der Geschichte gespürt zu haben: Am 10. September 1997 scheidet der Wirtschaftsprüfer Horst Weyrauch aus der Steuerberatungsfirma Weyrauch & Kapp aus. Zu diesem Anlass hält sein lang-jähriger Weggefährte Uwe Lüthje eine Rede. Das Manuskript wird später beschlagnahmt und wirft ein grelles Licht auf die Machen-schaften im Hintergrund des Flick-Untersuchungsausschusses und das Selbstverständnis der Drahtzieher, deshalb soll es hier wie im Untersuchungsausschussbericht von 2002 ausführlicher zitiert wer-den. Lüthje führte, an Horst Weyrauch gewandt, unter anderem aus: »Und ein Politikum von noch viel brisanterer Qualität war dann, als wir – zum ersten Mal 1984 im Zusammenhang mit dem Flick-Un-tersuchungsausschuss des Deutschen Bundestages, aber gravieren-der noch 1986, als Otto Schily gegen den Bundeskanzler Strafanzeige wegen Falschaussage erstattet hatte – mit der Herausforderung kon-frontiert waren, dem Parteivorsitzenden und Bundeskanzler in die-sen beiden für ihn außerordentlich kritischen Situationen – um es sehr vorsichtig auszudrücken – den Rücken freizuhalten hatten.

Dass Helmut Kohl beide für ihn existenzielle Krisen überstanden hat, hat er ausschließlich uns zu verdanken.

Das weiß er, und viele von denen, die die kritischen Entwicklun-gen damals mit – wortwörtlich – angehaltenem Atem verfolgt haben, wissen das auch. Das ist also weithin bekannt.

Aber nur wir beide – und natürlich Helmut Kohl – wissen, was dazu notwendig war. ... Und irgendwann wird es denn auch um dieses Geheimnis um die Parteienfinanzierung der 80er Jahre – wie es das schon für so viele andere Geheimnisse dieses kritischen Politikfeldes gegeben hat – eine biologische Lösung geben. Uns soll es recht sein.

Aber darüber dürfen Sie und ich an einem Tag wie dem heutigen sehr wohl einen Augenblick nachdenken und sinnieren, was denn je aus der deutschen Einheit 1989/90 geworden wäre, wenn nicht Hel-mut Kohl sie so, wie er's tat – traumwandlerisch und mit souveräner Sicherheit! –, in die Hand genommen und in die Tat umgesetzt hätte.

Dass er's konnte, hat er ausschließlich uns zu verdanken, weil wir ihn mit der Vorbereitung auf seine Einvernahme vor dem Flick-Untersuchungsausschuss 1984 – ich war dazu eigens mit einem ge-meinsam verfassten Drehbuch nach Oggersheim gefahren, Sie waren per Telefon zu diesem Vorbereitungsgespräch nach Oggersheim zu-geschaltet – und mit meiner Einvernahme vor der Staatsanwaltschaft in Koblenz und mit unserer gemeinsamen, aber zu unterschiedlichen

Terminen, Einvernahme vor der Bonner Staatsanwaltschaft 1986 aus allen kritischen Situationen, in die er sich zu allem Überfluss zusätzlich zu allem, was ihn ohnehin schon aus der Aktenlage belastet, hineinmanövriert hatte, herausholen und freihalten konnten. Ohne Inkaufnahme eigener, wirklich existenzieller Gefährdungen war das nicht möglich.

Unvergessen für mich ist jener Augenblick, als er in endlich erwachtem Bewusstsein für die eigene höchst kritische Situation mich fragte, ob er nicht sicherheitshalber zurücktreten solle, ehe denn das Ergebnis der staatsanwaltschaftlichen Ermittlungen ihn dazu zwingen würde. Meine Antwort – mit Herzklopfen – war dann so – man weiß es –, dass er nicht zurücktrat.«[107]

Da hatten also Uwe Lüthje und Horst Weyrauch – zum Teil unter existenzieller Gefahr und zum Teil mit Herzklopfen – erst den Kanzler der Bundesrepublik Deutschland und dann die Wiedervereinigung, also Deutschland als Ganzes gerettet. Und wie bei all den anderen eher finsteren Machenschaften hinter den Politikkulissen hatte es niemand mitbekommen. Kein Wunder, dass auch Helmut Kohl mal wieder keinerlei Erinnerungen an ein mit Lüthje verabredetes Drehbuch hatte. Ja er wusste nicht einmal, dass die beiden bei der Staatsanwaltschaft zu seinen Gunsten ausgesagt hatten. Na ja, geredet hatte man schon miteinander. Aber eine Telefonkonferenz in Oggersheim, nein, die hatte es nie gegeben.[108]

Lüthje und Weyrauch waren zwei Paradebeispiele für »Elefantenerhalter«, Wasserträger, die dafür sorgten, dass der Elefant einer bleiben konnte. Aber Kohl hatte auch seine Elefantenmacher.

Der schwarze Riese und seine Elefantenmacher

Wenn man in die Register der beiden Bände der Erinnerungen Helmut Kohls blickt, die die Jahre bis 1990 behandeln, sucht man die Namen Friedrich Flick und Friedrich Karl Flick vergeblich. Der Name Flick wird lediglich im Zusammenhang mit dem Konzern oder der

Firma erwähnt. Die Flick-Affäre handelt der Altkanzler auf knappen zehn Seiten ab, und natürlich ist er das unschuldig verfolgte Opfer einer Diffamierungskampagne, vor allem der Presse, und er bedauert, dass eine Amnestie der Sünder am Widerstand der FDP gescheitert war.[109] Eberhard von Brauchitsch, der in Kohls langer politischer Karriere eine wichtige Rolle spielte, findet in Kohls Memoiren dieser Zeit überhaupt keine Erwähnung.

Der schwarze Riese aus der Pfalz, ausgestattet mit einem ungebrochenen Selbstbewusstsein und unbändigem Machtwillen, stilisiert sich als ein Produkt eigener Herstellung, unabhängig, autark, nur seinen eigenen Überzeugungen verpflichtet. Dass er sich zumindest dem Recht nur bedingt verpflichtet fühlte, haben wir bereits gesehen. Auf Türöffner und Wegbereiter war diese politische Urkraft nicht angewiesen – oder nur bedingt, so die eigengefertigte Fama.

Als Kohl nach seiner Promotion 1958 ein Landtagsmandat anstrebte, stellte sich die Frage nach einem Beruf, da das Landtagsmandat damals noch nicht als Vollerwerbsstelle ausreichte. Für den Ludwigshafener Jungpolitiker lag es nahe, an eine Beschäftigung beim ansässigen Chemiekonzern BASF zu denken, und mächtige Männer boten sich schon so früh an, dem 28-jährigen Talent auf die Sprünge zu helfen. Doch Kohl, so seine eigene Schilderung, lehnte derartiges Ansinnen strikt ab:»Ein paar Bonner Freunde, namentlich Hermann Höcherl, der Vorsitzende der CSU-Landesgruppe im Bundestag, sowie der Bankier und Adenauer-Berater Hermann Josef Abs, Aufsichtsratsvorsitzender der BASF, wollten mir die Türen öffnen. Aber ich entschied mich gegen die Protektion. Mir war es auch in der Politik immer wichtig, von niemandem abhängig zu sein. Ich wollte nie jemanden fragen müssen – das ist eines meiner Lebensprinzipien. Ich wollte auch gern der Erste und nicht der Zweite sein, was dazu führte, dass ich ab 1963 – mit der Übernahme des Fraktionsvorsitzes im Landtag – immer mein eigener Herr gewesen bin.«[110]

Wohl die allerwenigsten konnten sich derart mächtiger Fürsprecher erfreuen und waren so stark – oder so dumm –, ihre Hilfe in den Wind zu schlagen. Doch Kohl ging tatsächlich auf das Angebot eines Freundes hin zunächst als Direktionsassistent zu einer Eisengießerei in Ludwigshafen. Aber schon ein Jahr darauf wechselte er als Referent zum einflussreichen rheinland-pfälzischen Chemie-Verband, wo er bis zu seiner Wahl zum rheinland-pfälzischen Ministerpräsidenten blieb und fortan eifrig Bande zu Wirtschaftsgrößen knüpfte.[111] Ob Hermann Josef Abs bei diesem Schritt seine helfenden Hände im Spiel gehabt hatte, verrät der Altkanzler in seinen *Erinnerungen* allerdings nicht.

Kohl sah sich früh als Strippenzieher, Spinne im Netz seiner politischen und wirtschaftlichen Beziehungen, einer, der früh Elefant war und selber Elefanten machte. Im Rückblick erhält sein eigener Aufstieg für ihn etwas geradezu Zwangsläufiges:»An meinem stetig steigenden innerparteilichen Einfluss ist also nichts Rätselhaftes oder Geheimnisvolles. Besonders strategischen Fragen und Personalentscheidungen habe ich von Anfang an die gebührende Bedeutung beigemessen. Schon sehr früh hatte ich ein Wort dabei mitzureden, wer in der CDU meiner pfälzischen Heimat etwas werden sollte und welche Posten auch auf Landes- und Bundesebene zu besetzen waren. In einer klugen und weitsichtigen Personalpolitik sah ich den Schlüssel zum Erfolg meiner Partei.«[112]

Vor allem war das aber auch und sicher nicht zuletzt der Schlüssel zu seinem eigenen frühen und schnellen Erfolg. Seine jüngsten Biografen, die ehemaligen *Spiegel*-Journalisten Hans-Joachim Noack und Wolfram Bickerich, beschreiben die Methode des politischen Ehrgeizlings markant:»Erscheint es ihm nützlich, hievt er Kombattanten ... bisweilen als kurzfristig benötigte Platzhalter auf vakante Posten, um sie dann kaltschnäuzig wieder zu verdrängen. Denn mit Menschen wie in einem Verschiebebahnhof umzugehen, übt schon früh großen Reiz auf ihn aus.«[113]

Für Kohl war Politik immer der Kampf um die Vormacht und das System Kohl das System, das ihm diese Macht bringen und dann vor allem erhalten sollte. In seinen *Erinnerungen* bekommt diese Strategie endgültig das Adelsprädikat von eigener Hand:»Gleichgesinnte um sich versammeln, Freunde in Ämter wählen, Vertraute fördern: Das ist von vielen Publizisten immer wieder als kritikwürdig angeprangert worden. Für mich war es stets eine normale Selbstverständlichkeit. Politische Macht ausüben kann nur, wer für seine Ideen Verbündete findet und mit ihrem Zuspruch zu Mehrheiten gelangt. Das ist absolut legitim und im demokratischen System so angelegt. Was böswillig als ›System Kohl‹ diffamiert wird, ist nicht nur immer von Wahlen abhängig gewesen und durch Wahlen legitimiert worden, sondern war immer außerordentlich erfolgreich. Zu diesem einzigartigen Erfolgsmodell bekenne ich mich gerne.«[114] Sicher, auf den ersten Blick klingt die Argumentation des immer und ewig diffamierten Altkanzlers logisch und nicht ehrenrührig. Und so funktioniert das politische System ja auch. So funktioniert aber auch der politische Basar, wo durch Fördern, Wählen, Ämter Besorgen und Verteilen auch die Abhängigkeiten entstehen, die zu jedem politischen und wirtschaftlichen Netzwerk gehören. Die meiste Macht hat, wer die meisten Abhängigen hat und gleichzeitig nach außen vermitteln kann, selber weitgehend unabhängig zu sein. Darin war Kohl ein Meister. Vor allem auch in Bezug auf seinen rasanten Aufstieg in der eigenen Partei vom jüngsten CDU-Abgeordneten im rheinland-pfälzischen Landtag zum Fraktionsvorsitzenden, zum pfälzischen CDU-Chef, zum Landes-CDU-Chef, zum Ministerpräsidenten. Dabei ist immer zu bedenken, dass wichtige personalpolitische und damit machtpolitische Entscheidungen über Posten in der Fraktion, über die Besetzung von Ausschüssen, über Kandidatenlisten, über hohe politische Verwaltungs- und Regierungsämter in den Fraktionszimmern, Chefbüros, Koalitionsrunden oder auf Parteitagen fallen. Dort, wo die Vertreter der politischen Klasse in ihren jeweiligen Unterorganisationen das Machtspiel untereinander spielen und Mehrheiten organisieren.

Oft ist das, was Helmut Kohl in seinen *Erinnerungen* verschweigt, aussagekräftiger als das, was er trunken von der eigenen Bedeutung vor dem ungeschützten Leser ausbreitet. So fällt ein Name, dem in seiner Karriere eine wichtige Bedeutung zukommt, ebenfalls an keiner Stelle: der des pfälzischen Unternehmers Fritz Ries, der zu den frühesten ideellen und finanziellen Förderern Kohls gehörte und von dem der Satz zu Kohl kolportiert ist:»Auch wenn ich ihn nachts um drei anrufe, muss er springen.«[115] Der Name Fritz Ries steht im Mittelpunkt eines Netzwerkes, das bis in die Zeit des Zweiten Weltkriegs zurückgeht. Es ist ein Netzwerk, das zentrale Bedeutung für die Geschicke der Bundesrepublik Deutschland erhalten soll und zu dem so klangvolle und mächtige Namen gehören wie Hanns Martin Schleyer, Eberhard von Brauchitsch, Franz Josef Strauß, Helmut Kohl, Kurt Biedenkopf, Lothar Späth, VEBA-Chef Rudolf von Bennigsen-Foerder und andere. Es ist ein hoch spannendes Interessengeflecht, das sich in dieser Konstellation trifft. Auf der einen Seite Industrielle und Wirtschaftskapitäne, auf der anderen Seite konkurrierende Machtpolitiker wie Kohl und Strauß und dazu ein intellektueller Exot auf der politischen Bühne wie der Professor und Universitätsrektor Kurt Biedenkopf. Am Ende ist es der junge Helmut Kohl, auf den die Wahl fällt, dem der Weg zur Macht geebnet werden soll.

Am Anfang dieses Netzwerkes steht wohl die Bekanntschaft zwischen Fritz Ries und Hanns Martin Schleyer. Beide waren Mitglieder des Heidelberger Studentenkorps Suevia. Als Hanns Martin Schleyer diesem 1933 im Alter von 18 Jahren beitrat, wurde der acht Jahre ältere Fritz Ries der»Fuchsmajor« Schleyers, das heißt, er war im Korps für die»Erziehung« des jungen»Aspiranten« Schleyer zuständig. Ries, Jahrgang 1907, erwirbt sich den besonderen Respekt seiner Korpsbrüder, als er sich im Wintersemester 1933/34 dem wohl letzten und letztlich unblutig verlaufenden Pistolenduell in Deutschland stellt. Schleyer soll ihm die Waffen getragen haben.[116] Wenig später kauft sich Ries in eine Leipziger Gummiwarenfabrik ein und entwickelt in den folgenden Jahren»eine große Unternehmertätigkeit« mit»vielen Tausenden Beschäftigten« in den damaligen Ostgebieten.[117]

Die»große Unternehmertätigkeit« von Fritz Ries wurde ins Licht einer breiten Öffentlichkeit gerückt, als der Journalist und Schriftsteller Bernt Engelmann 1974 sein als»Tatsachenroman« apostrophiertes Buch *Großes Bundesverdienstkreuz* veröffentlichte. Ries hatte 1970 von Helmut Kohl das Große Verdienstkreuz mit Stern der Bundesrepublik Deutschland verliehen bekommen. Im Mittelpunkt stand die Unternehmerkarriere von Fritz Ries, der mit dem Geld seines Schwiegervaters zunächst die Gummiwarenfabrik Flügel & Polter Kommandit Gesellschaft in Leipzig erwarb und deren persönlich haftender Gesellschafter wurde. Flügel & Polter, im Widerstand als»Firma Prügel & Folter« verspottet, war unter anderem deutscher Marktführer bei der Erzeugung von Präservativen, weshalb Ries den Namen Kondomkönig erhielt.[118]

Die Vorwürfe Engelmanns, gegen die Ries weitgehend erfolglos juristisch zu Felde zog, zielten auf die Ausweitung des Ries'schen Gummi-Imperiums in den»Ostgebieten« durch Arisierung und den massiven Einsatz von Zwangsarbeitern. Gleich nach Beginn des

Zweiten Weltkriegs stellte der Ries-Konzern auf die Produktion von Kriegsbedarf für die Deutsche Wehrmacht um. 1941 begann der systematische Ausbau des Unternehmens im besetzten Polen. Ries übernahm die Oberschlesischen Gummiwerke in Trzebinia, wo Tausende polnische Zwangsarbeiter Sklavendienste leisten mussten, und er eignete sich weitere Unternehmen an, unter anderem die Gentleman-Gummiwaren-Aktiengesellschaft Lodz und die Wäsche- und Bekleidungswerke L. Hoffmann im ukrainischen Sambor.[119] 1942 erhielt Ries für seine Verdienste in der Kriegswirtschaft das Kriegsverdienstkreuz zweiter Klasse. In Deutschland erwarb Ries unter anderem die Mitteldeutsche Gummi- und Guttapercha-Gesellschaft MIGUIN Edelmuth & Co. in Frankfurt an der Oder. »MIGUIN – Jetzt arisch« stand auf Werbebriefen an Geschäftspartner 1938, wie Bernt Engelmann recherchiert hatte.[120]

Engelmann, der nie einen Hehl daraus gemacht hatte, dass er einen großen Teil seines Materials aus DDR-Quellen bekommen hatte, stellte auch die Verbindungen zwischen Ries und seinem alten »Fuchs« Hanns Martin Schleyer her, der als SS-Sturmführer – bereits am 30. Juni 1933 trat er der SS bei – beim »Zentralverband der Industrie für Böhmen und Mähren« erst als Sachbearbeiter und dann als Leiter des Präsidialbüros gearbeitet hatte. Die Netzwerke überdauerten die Nazidiktatur weitgehend schadlos. Gleich nach Kriegsende gründete Fritz Ries die Pegulan-Werke Aktiengesellschaft im pfälzischen Frankenthal, ein Betrieb, der zunächst auf die Herstellung von Fußbodenbelägen spezialisiert war. Ries wurde im Entnazifizierungsverfahren lediglich als Mitläufer eingestuft und in Rheinland-Pfalz 1953 gar als Vertriebener anerkannt – er hatte ja »Besitz« in Polen gehabt. An seiner Seite fanden sich bald die alten Kameraden aus dem Korps Suevia wieder ein: Stellvertretender Aufsichtsratsvorsitzender der Pegulan-Werke wurde Hanns Martin Schleyer.

Und auch ein anderer Korpsbruder und nationalsozialistischer Kampfgenosse fand wieder ins Ries-Reich zurück: Eberhard Taubert, Ministerialreferent in Goebbels Propagandaministerium, dessen Antikomintern-Spezialist und ab 1942 Propagandaleiter des Generalreferats Ostraum. Taubert hatte sich durch extremes antijüdisches und nationalsozialistisches Engagement ausgezeichnet. In der Bundesrepublik agierte er zunächst in neofaschistischen Vereinigungen.

Anfang der 1970er-Jahre wurde er Rechtsberater und Leiter des persönlichen Büros von Fritz Ries in der Pegulan AG.[121] Unter dem Verteidigungsminister Strauß diente Taubert, der auch enge Kontakte zu diversen Geheimdiensten gehabt haben soll, als Berater im neu eingerichteten Referat für »psychologische Kriegsführung« im Bonner Verteidigungsministerium.[122]

Kohl, der mit 29 jüngster CDU-Abgeordneter im Mainzer Landtag wird, macht in Riesenschritten Parteikarriere. Schon Ende 1963 wird er stellvertretender Fraktionsvorsitzender, und bereits im Mai 1964 erobert er den Fraktionsvorsitz, 1966 wird er CDU-Landesvorsitzender in Rheinland-Pfalz. Auf dem Koblenzer Parteitag im gleichen Jahr spricht der greise Übervater Konrad Adenauer und lobt den jungen Aufsteiger. Da hatte Kohl sich schon einige Jahre der Protektion von Fritz Ries erfreut, der den jungen Ludwigshafener Shootingstar als Erster bereits in den 1950er-Jahren fördert und ihn auch mit Wirtschaftskreisen in Verbindung bringt.[123] Nach den hauptsächlich von Bernt Engelmann zusammengetragenen Recherchen entwickelte sich eine enge Beziehung zwischen Kohl und Ries und den beiden Familien. Ries, der auch als Honorarkonsul von Marokko fungierte, hat Kohl demnach finanziell unterstützt, ihn mit auf Reisen nach Marokko genommen, ihn häufig in seiner Villa empfangen, und Kohl-Gattin Hannelore habe mit Ries-Frau Dora Urlaub in einem luxuriösen Chalet im schweizerischen Zermatt gemacht. Zudem führt Fritz Ries Kohl in das Netzwerk ein, das es sich zur Aufgabe gemacht hat, die Weichenstellungen in der Bundesrepublik mitzubestimmen.[124]

Diese Strippenzieher trafen sich des Öfteren im Ries-Domizil in Frankenthal oder auf Schloss Pichlarn in der Steiermark, das ebenfalls zum Ries-Besitz gehörte, und diskutierten über die Zukunft Deutschlands, die um Himmels willen nicht sozialdemokratisch sein sollte. Im Spätherbst 1970, ein Jahr nachdem die sozialliberale Koalition angetreten war, soll auf Pichlarn darüber diskutiert worden sein, wie man »Abgeordnete aus der Koalitionsregierung Brandt brechen könne«.[125] Hier tummelte sich auch CSU-Chef Franz Josef Strauß, dessen Frau Marianne an der letzten Ries-Firmengründung, der Pegulan-Tochter Dyna-Plastik-Werke in Bergisch Gladbach, mit zehn Prozent beteiligt war.[126] Oder CSU-Landesgruppenchef Richard Stücklen und der nach dem Zustandekommen der sozialliberalen

Koalition von der FDP nach rechtsaußen in die CSU abgewanderte Rüstungslobbyist Siegfried Zoglmann – und auch der spätere Kanzlerkandidat Helmut Kohl.[127]

Anfang der 1960er-Jahre kam Kohl auch ins Gespräch mit dem alten Ries-Konfidenten Hanns Martin Schleyer, der im Daimler-Benz-Konzern Karriere machte und auch ein Vertrauter des Daimler-Großaktionärs Friedrich Flick war. Hier schließt sich dann später wieder der Kreis zu von Brauchitsch und der Flick-Affäre. Bei Daimler fielen gerade Entscheidungen, die industriepolitisch für Kohls Stammland Rheinland-Pfalz von höchster Bedeutung waren. Schleyer setzte sich im Sinne einer langfristig orientierten Investitions- und Unternehmensstrategie besonders für die Nutzfahrzeugsparte beim Stuttgarter Autobauer ein. Im Raum Wörth in der Nähe von Karlsruhe war Schleyer schon früher ein Industrieareal aufgefallen, das sich für den Aufbau einer Lkw-Produktion eignen würde. In der Region hatte die rheinland-pfälzische CDU-Regierung unter Peter Altmeier nach dem Abbau von Landwirtschafts- und Weinbausubventionen schwer mit ihrem Image und sinkender Zustimmung bei den Wählern zu kämpfen. Für die Ansiedlung des Industrieriesen mit den dazugehörenden Arbeitsplätzen würde die Landesregierung sicher ein offenes Ohr haben, auch wenn auf das Land selbst Kosten für den Ausbau der Infrastruktur zukämen.

1960 erwarb Daimler-Benz das Areal und baute dort bis 1965 eine neue Lkw-Produktion auf, die die Kapazitäten der Stammwerke Mannheim und Gaggenau zusammenfasste. Daimler-Benz investierte die für die damalige Zeit gigantische Summe von drei Milliarden Mark. Mit langfristigen Auswirkungen auch für den noch aufstrebenden Politiker Helmut Kohl, der 1969 das Amt des Ministerpräsidenten von Peter Altmeier übernehmen sollte. Schleyer-Biograf Lutz Hachmeister urteilte: »Im Stil eines Industriepolitikers hatte Schleyer einen Strukturwandel befördert, der nicht zuletzt Helmut Kohl zugutekam, den er bereits aus den Frankenthaler Kreisen um seinen Fuchsmajor und ›politischen Ziehvater‹ Fritz Ries kannte.«[128]

Aus den Gesprächen zwischen Schleyer und Kohl, zu denen als Flick-Vertreter dann auch von Brauchitsch hinzukam, »entwickelte sich weit über den ursprünglichen Anlass hinaus eine Diskussionsrunde, zu der als Vierter im Bunde Kurt Biedenkopf stieß«.[129] Biedenkopf erinnerte sich später:»Ich meine, es war sogar die Idee von Hanns Martin Schleyer, der großes Interesse an dem jungen Mann hatte.

Kohl war mit 39 Jahren Ministerpräsident in Rheinland-Pfalz geworden, er galt als eine der kommenden Führungspersönlichkeiten der Union, und Hanns Martin Schleyer hatte das nicht ganz unberechtigte Gefühl, es könne dem jungen Ministerpräsidenten nicht schaden, wenn man ihm ab und zu einmal einen Rat gibt ... Es war Schleyer, der dann gefragt hat, ob ich Lust hätte, da hinzukommen ... Ich kannte Kohl damals kaum, und er hat mich aus offensichtlichen Gründen interessiert.«[130]

Auch Helmut Kohl sollte sich bald für den intellektuell hoch überlegenen Kurt Biedenkopf interessieren, dessen zweite Ehefrau – das hier nur als Aperçu am Rande – 1979 Ries-Tochter Ingrid werden sollte. Als Kohl 1973 den Bundesvorsitz der CDU übernimmt, wird Biedenkopf sein erster Generalsekretär. Kohl war ein Meister darin, politische Talente zu erkennen, zu fördern und in seinem Sinne im politischen Machtgefüge zu platzieren. So hatte er schon 1967 als Fraktionsvorsitzender seine eigene Machtübernahme in Mainz unter anderem dadurch vorbereitet und abgesichert, dass er zwei Weggefährten im Kabinett Altmeier platzierte, die ihm besonders nahestanden: die beiden Bundestagsabgeordneten Heiner Geißler (als Sozialminister) und Bernhard Vogel (als Kultusminister),[131] die in seinem Fahrwasser Karriere machen werden – bis zum fast unvermeidlichen Bruch viele Jahre später.

Mit Schleyer, von Brauchitsch, Kohl und Biedenkopf hatte sich eine Runde zusammengefunden, die für die weitere politische Entwicklung in der Bundesrepublik von entscheidender Bedeutung sein wird. Auch sie eint mal wieder das große Ziel aller bürgerlich-konservativen Politiker im Schulterschluss mit den Großen, den Mächtigen der Wirtschaft:»Im Grunde diskutierten wir freilich nichts anderes als die Frage, wie verhindert werden konnte, dass der deutschen Wirtschaft durch die sozialdemokratische Versorgungspolitik immer neue Wettbewerbsnachteile entstanden.«[132]

Der Weg von Kohl nach ganz oben schien vorgezeichnet, aber noch stand einer mitten auf diesem Weg, mit dem Kohl eine jahrzehntelange Freund-/Feindschaft verband: Franz Josef Strauß. Denn die Elefantenmacher hatten sich noch nicht entschieden, welchem

Zukunftskandidaten sie letztlich den Zuschlag geben würden. Strauß, eng verzahnt mit dem Flick-Konzern und auch mit Ries, hatte lange die Nase vorn. Auch der rechtskonservative Daimler-Mann Schleyer neigte lange dem Urbayern zu:»Der trinkfeste und rhetorisch schlagkräftige Kraftmensch war ihm gewissermaßen seelenverwandt.«[133] Doch gerade seine ungebändigte, durch nichts zu bremsende rhetorische Schlagkraft wurde dem Kraftprotz aus München zunächst zum Verhängnis. Aus Sicht der Industriellen übertrieb Strauß maßlos. Bosse wie der feine Edelmann von Brauchitsch wollten aber bestimmte Grenzen des Anstands und des guten Geschmacks nicht überschritten sehen. Sie fürchteten auch, dass Strauß die gemäßigtere Klientel des mittleren und kleineren Bürgertums verschrecke. 1974 beging Strauß einen entscheidenden Fehler, als er seine berühmt-berüchtigte»Sonthofener Brandrede« vor der CSU-Landesgruppe hielt, wo er eine»zynische Verelendungsstrategie« propagierte. Er forderte vor dem Hintergrund der beginnenden Wirtschaftskrise, die deutsche Wirtschaft weiter, ja im Zweifel total abstürzen zu lassen, mit allen Konsequenzen wie Massenarbeitslosigkeit und Inflation. Er setzte auf die Verarmung der Gesellschaft als politisches Instrument, um in Bonn an die Macht zu kommen. Strauß wollte den Offenbarungseid und den öffentlichen Schock, erst dann würden»wir Aussicht haben, politisch mit unseren Vorstellungen, Warnungen, Vorschlägen gehört zu werden«.[134]

Er hatte den Bogen überspannt. In der Bevölkerung, in der Union, aber vor allem auch in den Kreisen von Wirtschaft und Industrie wuchsen die Vorbehalte. Daran hatten Schleyer und von Brauchitsch einen wichtigen Anteil. In ihrem Gesprächszirkel keimten die Überlegungen, 1976 mit dem Tandem Kohl und Biedenkopf in die Bundestagswahl zu gehen: Kohl als der Machtpolitiker mit dem politischen Gespür, Biedenkopf als der Intellektuelle mit der analytischen Brillanz.[135] Eberhard von Brauchitsch war der erste Industriekapitän, der sich offen für Helmut Kohl in dieser Frage aussprach. Schließlich setzte sich Kohl auch gegen die CSU durch und der erste Anlauf auf den Chefsessel im Bundeskanzleramt war frei.

Als Kohl bei der Bundestagswahl 1976 scheiterte, waren seine Freunde und Ratgeber aus der Industrie gleich wieder zur Stelle und wiesen ihm den weiteren Weg. Dazu notierte von Brauchitsch:»Nach der Bundestagswahl vom 3. Oktober 1976 gaben wir [Schleyer und von Brauchitsch] ihm zu verstehen, dass er mit unserer Unterstützung rechnen könne, wenn er sich entschließe, sein Amt als Ministerpräsident aufzugeben und als Oppositionsführer nach Bonn zu gehen. Kohl hatte mit 48,6 Prozent ein hervorragendes Ergebnis erzielt und war nur knapp an der sozialliberalen Koalition gescheitert. ... Kohl gab Amt und Würden auf und ging ins Bonner Feuer. Es war der schwerere Weg, und ich habe ihm das damals hoch angerechnet.«[136] Die Feuerprobe hat Kohl bravourös bestanden. Nachdem er die absolute Mehrheit bei der Bundestagwahl nur knapp verfehlt hatte, zeichneten sich Risse in der von Helmut Schmidt geführten sozialliberalen Koalition ab. Für die Wirtschaft hatte sich die bürgerlich-sozialdemokratische Hochzeit zum Auslaufmodell entwickelt. Die Arbeitslosenzahlen stiegen. Schmidt musste immer mehr Kraft investieren, die Linken in der SPD im Zaum zu halten, und in der FDP erstarkte der wirtschaftsliberale Flügel um Graf Lambsdorff, der jahrelang hinter den Sozialliberalen wie Burkhard Hirsch, Gerhard Baum oder Günter Verheugen zurückstehen musste. Karl Hermann Flach, der als Generalsekretär eine Galionsfigur der Öffnung der Liberalen zu den Sozialdemokraten gewesen war, war 1973 gestorben. Die Koalition überlebte zwar die Legislaturperiode und gewann auch nochmals die Wahl 1980 gegen den Unionskandidaten Franz Josef Strauß, aber die Divergenzen wurden immer größer.

Im Sommer 1982 veröffentlichte Lambsdorff seine Thesen zu einer liberalen Wirtschaftspolitik, die mit der SPD nicht mehr umzusetzen waren. Außerdem lief Helmut Schmidt seine Partei in der Auseinandersetzung mit der Friedensbewegung über die NATO-Nachrüstung aus dem Ruder. Im Herbst 1982 hatten der Kandidat im Wartestand und seine Helfer in der Wirtschaft ihr Ziel erreicht: Schmidt stürzte und Kohl übernahm die Regierung.

3. Das System Kohl – die Geschichte eines Ehrenworts

Der Haftbefehl aus Augsburg – Kiep und die schwarzen Konten

»Fahr nicht nach Kronberg!«, rief sie in den Hörer. Der Anruf erreichte Walther Leisler Kiep auf dem Heimweg. Als er an jenem schicksalhaften 4. November 1999 in seinem Wagen das Telefon in die Hand nahm, meldete sich seine Frau: Das Haus sei umstellt, warnte sie. Polizisten und Journalisten hätten sich um das Grundstück postiert. Kiep änderte die Richtung. Statt in den Taunus fuhr er zu einer Firmenwohnung in Frankfurt und übernachtete dort. Dem großen Spektakel vor seiner Haustüre war er entgangen, nicht aber der Augsburger Staatsanwaltschaft, die ihn mit Haftbefehl suchte. Am folgenden Tag stellte er sich.

Die Augsburger Ermittler waren hinter dem ehemaligen CDU-Schatzmeister her, weil sie unter den Kalendernotizen des Rüstungslobbyisten Karlheinz Schreiber merkwürdige Einträge gefunden hatten: »1 L. K.« stand da unter dem Datum des 17. August 1991. Und am 26. August, 13 Uhr, war zu lesen: »L. K. Dreiländer Eck«.[1] Die Staatsanwälte, die seit vier Jahren gegen Schreiber wegen des Verdachts der Steuerhinterziehung, des Betrugs, der Bestechung und der Beihilfe zur Untreue ermittelten, waren sich aufgrund weiterer Auswertungen der Steuerfahndung inzwischen sicher in der Deutung der Abkürzungen: »1« bedeutete »eine Million Mark«, »L. K.« stand für »Leisler

Kiep« und das Codewort »Dreiländer Eck« bezeichnete den nahe der deutsch-österreichischen Grenze gelegenen Schweizer Ort St. Margrethen. Im sichergestellten Kalender Kieps fand sich die Bestätigung für das Treffen am 26. August: »13.00 3 Ländereck«. Schreiber hatte am selben Tag in St. Margrethen 1,3 Millionen Mark von seinem Konto PO 47 252.0 Rubrik »A. T. G.« abgehoben, das er beim Schweizer Bankverein in Zürich unterhielt.[2]

Es gab weitere Indizien, auf die sich die Augsburger Staatsanwälte stützten. Schon am 21. August 1991 hatte Schreiber eine Million Mark auf ein neu angelegtes Konto unter dem Decknamen »Waldherr« überwiesen, den Vorgang aber einen Tag später wieder storniert. Das irritierte die Ermittler nicht. »Waldherr« lasen sie als »Walther« (Leisler Kiep). Und die Million entsprach dem Kalendereintrag Schreibers vom 17. August. Die Puzzleteile fügten die Staatsanwälte zu einem stimmigen Bild zusammen, woraus sich für sie ergab, dass Schreiber sich mit Kiep in St. Margrethen verabredet hatte, um ihm eine Million Mark auszuhändigen. Sie ermittelten gegen Kiep wegen des Verdachts der Steuerhinterziehung, weil er dem Finanzamt von dieser Einnahme nichts mitgeteilt hatte.

Bei ihren weiteren Nachforschungen gab es eine Bombenüberraschung: Kiep und Schreiber, die sich zur Geldübergabe in der Imbissabteilung des Einkaufszentrums »Rheinpark« getroffen hatten, waren nicht allein. CDU-Schatzmeister Kiep hatte seinen Adlatus Horst Weyrauch nach St. Margrethen bestellt. Der Rechtsanwalt und Wirtschaftsprüfer aus Frankfurt, der für die CDU schwarz kassiertes Geld auf besonderen Konten außerhalb der Parteibuchhaltung anlegte, nahm von Schreiber einen Koffer – Weyrauch sprach bei seiner staatsanwaltschaftlichen Vernehmung neutral von einem »Behältnis«, Kiep von einem großen braunen Kuvert – mit tausend Tausend-Mark-Scheinen entgegen. Schreiber soll dabei zu Kiep gesagt haben: »Das ist eine Spende für die CDU, die Ihnen bei Ihrer Arbeit helfen soll.« Nach einer kurzen Unterhaltung verabschiedeten sich die Herren voneinander.[3]

Weyrauch machte sich auf den Rückweg nach Frankfurt, wo er am nächsten Tag die Million, aufgeteilt in drei Tranchen zu 210 000, 370 000 und 420 000 Mark, auf das Konto 56 024–03 beim Bankhaus Georg Hauck & Söhne einzahlte. Angeblich erfolgte die Splittung auf

Anraten der Bank, um die sonst auffällige Einlage von einer runden Millionensumme zu vermeiden. Das Konto führte Weyrauch als sogenanntes Treuhandanderkonto für die CDU. Jedoch:»Mitteilungen an die Bundesgeschäftsstelle der CDU über dieses Konto erfolgten nicht«, stellte der Untersuchungsausschuss später fest.⁴ Das Geld ging auch nicht in den Rechenschaftsbericht der Partei ein.

Die Akten der Staatsanwälte waren schnell immer dicker geworden. Zehn Stunden lang hatten sie Walther Leisler Kiep befragt, dann kam Horst Weyrauch dran, und bei ihm rückten sie auch noch zur Hausdurchsuchung an. Als aus den Vernehmungen immer neue Details über ein finanzielles Schattenreich der CDU bekannt wurden, wuchs der öffentliche Druck, Licht ins Dunkel zu bringen. Die *Süddeutsche Zeitung* berichtete, dass Kohl Landesverbände der CDU mit Schwarzgeld versorgt habe.

Das löste in den Medien Aktivitäten aus. Heiner Geißler wurde befragt. Geißler war zunächst von Kohl protegiert und zum Generalsekretär der CDU hochgepuscht worden, dann hatte der schwarze Riese den bisweilen ätzenden Rhetoriker verstoßen, weil er als Mitglied der Viererbande zusammen mit Rita Süssmuth, Lothar Späth und Kurt Biedenkopf für den Parteitag in Bremen im Jahr 1989 einen Putsch gegen den Parteivorsitzenden vorbereitet hatte. Geißler legte die Lunte ans Pulverfass: Dem WDR bestätigte er am 26. November 1999 im Wesentlichen den Inhalt des Zeitungsberichts und fuhr fort:»Neben dem Etat der Bundesgeschäftsstelle gab es auch andere Konten, das ist wahr. Das habe ich immer für falsch gehalten, und das muss jetzt eben abgeklärt und diskutiert werden. Das ist aber im Wesentlichen ein parteiinternes Problem.« Damit hatte Geißler die Existenz illegaler Konten als erstes prominentes CDU-Mitglied öffentlich bestätigt. Aus der Affäre war ein Skandal geworden. Geißlers späte Rache?

Heiner Geißler wusste, wovon er redete. Denn auch er, der sich inzwischen zum»heiligen Heinrich der Talkshows« mit moralischer Kompetenz in Sachen Umwelt und Kapitalismuskritik gemausert hat, ließ sich unter Kohl lautlos aus dem schwarzen Topf alimentieren. Worum es sich handelte, präzisierte er bei seiner Vernehmung vor dem Ausschuss: Sogenannte Anderkonten außerhalb des Parteietats seien ihm bekannt gewesen. Von diesen Konten seien die Gehälter für den Generalsekretär, den Bundesgeschäftsführer und für die leitenden Angestellten wie etwa den Pressesprecher der CDU und die Hauptabteilungsleiter gezahlt worden.[5] Über andere Konten konnte er nichts sagen.

In einem Punkt irrte sich Geißler allerdings gewaltig: Ein »parteiinternes Problem« war diese Angelegenheit längst nicht mehr. Der Partei wuchs die Sache über den Kopf. Sie war nicht mehr Herrin des Verfahrens, und dazu hatte Geißler mit seinem freimütigen Bekenntnis einen wesentlichen Beitrag geleistet. Der Bundestag beschloss am 2. Dezember 1999, einen Untersuchungsausschuss einzusetzen.

Recht ist, was mir nützt

Für Helmut Kohl war es höchste Zeit geworden, seinen schockierten Mitstreitern an der Parteispitze einiges über das Geld zu erklären, mit dessen Einsatz er die CDU zu Wahlerfolgen geführt hatte. Vor dem eilends einberufenen Parteipräsidium bekannte er sich unverhohlen zu seiner Schwarzkontenwirtschaft: Er habe als Parteivorsitzender »die vertrauliche Behandlung bestimmter Sachverhalte wie Sonderverwendungen an Parteigliederungen und -vereinigungen, zum Beispiel unabwendbare Hilfe bei der Finanzierung ihrer politischen Arbeit, für notwendig erachtet. Eine von den üblichen Konten der Bundesschatzmeisterei getrennte Kontoführung erschien mir deshalb vertretbar.«

Kohls verkehrte Welt – ein Gesetzesbruch war darin »vertretbar«. Der politische Schaden für die CDU, der drohende materielle Schaden durch Strafzahlungen und der sich daraus gegen Kohl selbst ableitende strafrechtliche Vorwurf der Untreue, das alles war aus dieser Welt verdrängt worden. Recht ist, was mir nützt. Jetzt nutzte es nichts mehr. Im Gegenteil: Auch den Gutgläubigen musste klar sein, dass dieser Fall noch böse Folgen haben würde.

Zwei Wochen später, am 16. Dezember 1999, dem Tag, an dem

sich der Untersuchungsausschuss konstituierte, trat Helmut Kohl im ZDF auf. In der Sendung »Was nun, Herr Kohl?« gab der frühere CDU-Ehrenvorsitzende zu, dass er in den Jahren zwischen 1993 und 1998 Spenden in Höhe von 1,5 bis zwei Millionen Mark angenommen habe, die nicht im Rechenschaftsbericht der Partei erschienen seien. »Die Spender haben mir ausdrücklich erklärt, dass sie diese Spende, die ich dringend brauchte angesichts der Finanzlage der CDU in den neuen Ländern, nur geben, wenn es nicht in die Spendenliste kommt«, sagte Kohl vor der Kamera.

Die Namen werde er nicht nennen, weil er sein »Wort gegeben« habe. Das »Bargeld« seiner anonymen Spender habe er »an den zuständigen Mann im Adenauer-Haus gegeben. Der hat es an die Schatzmeisterei gegeben. Über die Schatzmeisterei ist es normal in die Abrechnung der Partei gekommen und ist in die Parteiarbeit geflossen.«

Ob das in jedem Fall so war – wer weiß es schon? Niemand kann bis heute nachprüfen, in welcher Absicht das Geld gezahlt worden war. So ist auch nicht nachvollziehbar, ob sogenannte Einfluss-Spenden darunter waren, mit denen Entscheidungen zugunsten der Sponsoren gekauft wurden. Kohl wies es weit von sich, käuflich gewesen zu sein. Durch sein Verhalten hat er das zu einer Glaubensfrage degradiert.

Wie ungeniert Kohl seine Taschen schon immer unbemerkt von der Öffentlichkeit aufgehalten hatte, machte der ehemalige Flick-Manager Eberhard von Brauchitsch bekannt[6]: Kohl habe ihn zum Beispiel damit konfrontiert, dass er in der Vorbereitung eines Wahlkampfes stehe. Dann sei er direkt zur Sache gekommen: »Könnt ihr mir helfen? Ich brauche dafür gezielte Mittel.« Von Brauchitsch schaute in seiner Liste nach, was die Partei schon bekommen hatte, stellte danach einen gewissen Betrag bereit und rief bei Kohl an. Das Geld, sagte er, sei dann von Kohls Büroleiterin, Juliane Weber, abgeholt worden. Die aber gab an, nicht gewusst zu haben, was in den Umschlägen steckte, die sie beförderte.

29. Juni 2000: Zwei Jahre nach seinem Abschied vom Kanzleramt und inzwischen nur noch funktionsloser Abgeordneter der CDU im Deutschen Bundestag hatte Kohl wieder einen außergewöhnlichen Auftritt. Als er an diesem Tag im Reichstag die Treppenstufen hoch-

ging, wurde er von Presseleuten und Kamerateams fast erdrückt. Aber diesmal wartete niemand darauf, welche politischen Visionen der Altkanzler verkünden würde. Kohl war vor den Untersuchungsausschuss zitiert worden, um über sein Schwarzkontensystem und seine anonymen Spender Auskunft zu geben. Seit einem halben Jahr wurde die innenpolitische Lage von Spekulationen darüber bestimmt, wer Kohl die Millionen zugesteckt hatte. War der öffentliche Druck nun so stark geworden, dass er endlich die Wahrheit sagen würde? Doch Kohl blieb Kohl. Auf Fragen der Abgeordneten reagierte er teils unwirsch, teils überheblich oder verärgert. Herablassend räumte er einen Verstoß gegen das Parteiengesetz ein:»Ich habe in dieser Situation einen Fehler gemacht.« Sein »Fehler« war immerhin auf 2,1 Millionen Mark präzisiert worden, den Betrag, den Kohl außerhalb der regulären Konten der Partei kassiert hatte. Was blieb ihm auch anderes übrig als dieses Bekenntnis?

Er verharmloste es jedoch sofort wieder:»Aber ich habe weder die Verfassung gebrochen noch sonst etwas.«

Artikel 21 des Grundgesetzes schreibt jedoch klar vor, dass die Parteien »über die Herkunft ihrer Mittel öffentlich Rechenschaft geben« müssen. Das Verfassungsgebot hatte den in aller Heimlichkeit tätigen Schatzsucher Helmut Kohl nicht erreicht. Seine Spender nannte er auch im Parlament nicht, sondern hielt sich an sein Schweigegelübde. Damit deckte er die Jahre 1993 bis 1998 ab, gerade die Zeit, für die noch keine Verjährung eingetreten war.

Ob die 2,1 Millionen wirklich von Spendern stammen, denen Kohl sein Ehrenwort gegeben hat, ist eines der beunruhigenden Rätsel des CDU-Spendenskandals geblieben. Auffällig ist, dass es sich um einen Restbetrag handelte, für den die Partei keine andere Erklärung anbieten konnte. Sprang Kohl mit seinem merkwürdigen Geständnis ein, um der CDU Schlimmeres zu ersparen? Es spricht viel dafür, dass das Ehrenwort eine Notlüge war, wenn auch eine teuer bezahlte.

Kohl wurde mehrmals vor den Ausschuss geladen. Dabei kam nicht viel heraus. Gerade mal das Unvermeidliche hat er zugegeben und Wesentliches verschwiegen. Er gehörte zu den unangenehmsten Zeugen. Wie verzerrt sein Verständnis von Verantwortung sein musste, die ihm durch sein hohes öffentliches Amt zugewachsen war, zeigte sich bei den Befragungen über illegale Einnahmen der CDU vor

1993. Dabei geriet Kohls Selbstdarstellung zu einer Schau der Selbstgerechtigkeit: Auch in dieser Zeit, gab der Ex-CDU-Chef zu, habe er unkontrolliert Geld angenommen, den Spendern aber kein Ehrenwort gegeben. An Spender oder Summen habe er keine Erinnerung mehr. Die Gedächtnisleistung endete genau da, wo die Verjährung der Delikte begann. Reiner Zufall? Der Ausschuss nahm ihm den Gedächtnisschwund nicht ab und insistierte auf der Frage, weshalb er die Auskunft verweigere. »Weil das meine Sache ist. Das ist meine Entscheidung«, konterte Kohl gereizt.[7]

Besser als mit diesen beiden kurzen Sätzen hätte der Exkanzler die Wurzeln des Systems Kohl nicht bloßlegen können: das fehlende Unrechtsbewusstsein. Kohl hatte entschieden, die anderen hatten sich zu fügen. Respekt vor dem Parlament oder den Wählern? Keine Spur davon.

Die Abgeordneten, die an Kohls Unglaubwürdigkeit und an seiner Schweigsamkeit scheiterten, fassten ihren Eindruck über das, was ihnen aufgetischt worden war, in ihrem Abschlussbericht so zusammen: »Der Zeuge Dr. Kohl war bei seinen umfangreichen Auskunftsverweigerungen, die in der Version angeblich gegebener Ehrenworte ihren Höhepunkt finden, offensichtlich in erster Linie an der Erhaltung seiner Integrität in der Öffentlichkeit interessiert. Seiner ›Ehre und seiner Würde wegen‹ habe er so handeln müssen und auch, um vor der ›Weltöffentlichkeit‹ sein ›Gesicht zu wahren‹. Dies mag ihn dazu bewogen haben, seine Version eines Schweigegelübdes selbst um den Preis der eigenen Lächerlichkeit vor dem Ausschuss und der Öffentlichkeit aufrechtzuerhalten. Der Wahrheit jedenfalls und der Entkräftung der gegen ihn erhobenen Vorwürfe ist Dr. Kohl damit nicht nähergetreten.«[8]

Ein paar Seiten weiter verschärfte der Ausschuss seine Kritik nochmals und dokumentierte zugleich auch seine Ohnmacht vor Kohls Willkür: »Der Ausschuss hat grundlegende Zweifel, dass die deutschen Geldspender Dr. Kohls tatsächlich existieren und Dr. Kohl jemals Ehrenworte gegenüber Geldgebern abgab. Nach Überzeugung des Ausschusses ist es sogar wahrscheinlicher, dass Dr. Kohl diese Spender frei erfunden hat, um im Wege dieser Legende weiteren Fragen des Ausschusses und der Öffentlichkeit nach der wahren Herkunft der Gelder zu begegnen.

Indem Dr. Kohl in Kauf genommen hat und weiter in Kauf nimmt, dass durch das Verschweigen seiner Geldgeber sein persönliches Ansehen und seine Glaubwürdigkeit in der Öffentlichkeit Schaden nehmen und seiner Partei erheblicher finanzieller und politischer Schaden entsteht, ist davon auszugehen, dass der Ansehensverlust für ihn und der Schaden für seine Partei erheblich größer sein muss, wenn Ausschuss und Öffentlichkeit die wahre Herkunft der Millionenbeträge erfahren. Diese Überlegung führt zu berechtigten Spekulationen über Namen der Spender, Grund und Herkunft der Zahlungen.«[9] Solche Sätze über einen deutschen Bundeskanzler waren noch in keinem offiziellen Parlamentsdokument zu finden gewesen.

Heiner Geißler schätzte die Selbstwahrnehmung des schwarzen Riesen wohl zutreffend ein: Kohl habe »reinen Gewissens« gehandelt. Aus seiner Perspektive sei es um »eine gerechte Sache« gegangen, »um die Christlich Demokratische Union Deutschlands, die Besitzerin der Wahrheit ... Alles, was ihr nützt, nützt auch dem Volk und dem Land«.[10] Diese Arroganz, die staatspolitisch gesehen an eine autokratische Denkstruktur erinnert, hat eine Parallele im Umgang mit dem Geld zur Finanzierung der Christlich Demokratischen Union, auf die der ehemalige Verfassungsrichter und FDP-Bundestagsabgeordnete Burkhard Hirsch hinweist: »Mich hat überrascht, dass der Bundeskanzler gesagt hat, dass er Bargeld entgegengenommen hat.« Und dann noch das Schweigen über die Spender, die im Dunkel bleiben wollen! All das habe zu einem »völlig unerträglichen Zustand« geführt, weil dadurch der Korruption Tür und Tor geöffnet werde.[11]

Auch einer Art innerparteilichen Korruption. Kohl benutzte das von ihm inoffiziell eingesammelte Geld, um seine speziellen Freunde in der Partei mit »außer-ordentlichen« Hilfeleistungen zu verwöhnen, insbesondere das Führungspersonal in den Landesverbänden der neuen Bundesländer und in ausgewählten Landesverbänden im Westen. Richtig ist, dass die CDU Geld brauchte gerade für den Einsatz in den neuen Bundesländern, um der organisatorischen und finanziellen Überlegenheit der PDS, der aus der DDR-Diktatur in die neue Zeit herübergewandelten früheren SED, etwas entgegenzusetzen. Das rechtfertigt aber nicht den Einsatz illegal beschafften Geldes. Für die Stärkung demokratischer Strukturen in der ehemaligen DDR und das Zusammenwachsen des geeinten Deutschlands wäre es von großem

Vorteil gewesen, wenn die Wähler nicht hätten erleben müssen, dass der Kanzler der Einheit und seine Partei in einem Morast aus Korruption und Gesetzlosigkeit steckten. Die Entgleisungen Kohls und seiner Günstlinge stärkten gerade die Kräfte, die mit dem schwarzen Geld bekämpft werden sollten.

Kohl dachte nicht nur an Deutschland. Er liebte es, aus seinen Extrakassen besondere Belohnungen zu verteilen und dadurch Bindungen und Abhängigkeiten zu schaffen. Sein Verteilersystem reichte zuweilen bis auf die Ebene der Kreisverbände. Das ist ein nicht zu unterschätzender Beitrag zur Stabilisierung der eigenen Machtposition in der Partei.

Das Fundament der Parteien liegt im kommunalen Bereich. Es gibt zwar Phasenverschiebungen im Wählerverhalten, hervorgerufen durch außergewöhnliche Ereignisse im Land. Aber ihre tragende Kraft beziehen die etablierten Parteien aus der Leistungsfähigkeit ihrer Organisationen auf kommunaler Ebene, dort wo Politik hautnah an den Wähler herangeführt wird, dort, wo Veranstaltungen organisiert und Wahlplakate geklebt werden.

Ein Musterbeispiel hierfür ist die CSU. Der Aufstieg der CSU zur bayerischen »Staatspartei« ist zu einem wesentlichen Teil ihrer organisatorischen Präsenz und damit Durchschlagskraft selbst in den kleinsten kommunalen Einheiten zu verdanken. Damit kam es auch wie zwangsläufig zur Verflechtung mit den gesellschaftlich relevanten Gruppierungen, vom Schützenverein bis zum Kirchenchor. Dieser Prozess führte, unterstützt durch politische und wirtschaftliche Erfolge, zur Identifizierung der CSU mit dem »bayerischen Lebensgefühl«, Bayern = CSU = Heimat. Der Partei sicherte diese Entwicklung über Jahrzehnte ihre Vorherrschaft trotz aller Skandale, in die nicht wenige aus ihrem Führungspersonal verwickelt waren und noch sind.

Franz Josef Strauß wusste, dass der falsche Kandidat bei einer Bürgermeister- oder Landratswahl die Partei am Ort auf Jahre hinaus nachhaltiger beschädigen kann, als die von ihm unter heftigem öffentlichem Gegenwind betriebene Steuerfreiheit für Flugbenzin. Zu einer durch permanente Frontarbeit präparierten Basis muss die passende, erfolgversprechende Besetzung an der Parteispitze kommen, der sich das Wahlvolk in seiner Mehrheit anvertrauen will. Für die Motivation entscheidend ist, dass sich das Lebensgefühl der

Wählerschaft mit dem Erscheinungsbild des Spitzenpersonals einer Partei koppeln lässt. Die jüngsten Wahlergebnisse bei der Landtagswahl 2008 und der Bundestagswahl 2009, die starke Verluste für die CSU brachten, zeigen allerdings, was passiert, wenn der Motivationsschub in den Kommunen nachlässt und dazu noch an der Spitze Kandidaten auftauchen, mit denen alles Mögliche identifiziert wird, nur nicht die Gestaltung der Zukunftslandschaft, in der die meisten leben möchten. Günther Beckstein hat es erlebt und Horst Seehofer auch. Elefantenmacherei ist das eine. Etwas anderes ist es, das Gehege im großen politischen Zoo in Ordnung zu halten. Das müssen die Elefanten selbst leisten.

Als sich Angela Merkel in der CDU auf den Weg machte, Vorsitzende zu werden, konnte ihr Josef Ackermann die Arbeit nicht abnehmen. Sie brauchte und suchte die Rückkoppelung mit den Trägern der unteren Parteistrukturen. Sie ließ die Kreisvorsitzenden zusammenkommen, um sich deren Rückhalt zu sichern. Sie musste überzeugen, was nach der Schwarzgeldkatastrophe allerdings nicht mehr sehr schwer war. Die CDU war von einer Sehnsucht nach einer Figur wie Angela Merkel, diesem kühlen Engel, erfasst. Ihr mangelndes Charisma, ihre Unberechenbarkeit, ihre enormen Schwächen in der Gestaltung von Politik, die Wählerstimmen bringt, wurden ebenso ausgeblendet wie die Tatsache, dass sie ein Spross aus Kohls Gehege war.

Weitermachen wie Kohl konnte sie aber nicht. Mit Bargeld von anonymen Spendern ging nichts mehr. Kohl hatte sogar im Kanzleramt einen Kasten, etwas größer als ein Schuhkarton, in dem er Scheine für besondere Hilfeleistungen verwahrte, wie Besucher, die in sein Dienstzimmer kamen, uns berichteten. Der Untersuchungsausschuss kam zu dem Befund, dass Kohl durch seine Art der Geldverteilung an Parteimitglieder und -gliederungen die innerparteiliche Willensbildung der CDU »unterlaufen« habe. »Der Ausschuss geht zudem davon aus, dass Dr. Kohl mittels solcher Gelder an führende Verantwortliche in den Landesverbänden auch Personalwahlen und Abstimmungen heimlich zu beeinflussen suchte.«[12]

Die Annahme und das Verteilen von Bargeld gehören zu den großen Sündenfällen im politischen Betrieb. Mit Bargeld ist alles möglich, legal und illegal. Da mag Kohl, der nach den Feststellungen des Ausschusses andere eingekauft hat, noch so sehr behaupten, er selbst sei nicht käuflich gewesen. Wirklich befreiend ist das nicht, da er sich nicht in die Karten schauen lässt.

Karlheinz Schreiber, ein Spezialist auf dem Gebiet der Barzahlungen an Politiker, sagte einmal: Kein Mensch zahle »aus blanker Nächstenliebe« an Politiker. Das heißt: Falls die Richtung stimmt, stimmt auch die Kohle. So war es immer bei Elefantenmachern. Kohl konnte über vieles seinen Schutzmantel breiten. Aber nicht über alles.

Das Kontenlabyrinth, der Prinz und Herr Maier von Oerlikon

Dem Gebot des Grundgesetzes, dass die Parteien über die Herkunft ihrer Mittel öffentlich Rechenschaft ablegen müssen, kommt nach dem Urteil des Bundesverfassungsgerichts vom 24. Juli 1979 »zentrale Bedeutung« zu. »Es zielt darauf ab, den Prozess der politischen Willensbildung für den Wähler durchschaubar zu machen und ihm offenzulegen, welche Gruppen, Verbände oder Privatpersonen durch Geldzuwendungen auf die Parteien politisch einzuwirken suchen.«[13] Weiterhin solle der Gefahr vorgebeugt werden, sagen die Verfassungsrichter, »dass anonyme Großspender durch ins Gewicht fallende finanzielle Zuwendungen auf die längerfristige Zielsetzung der begünstigten Partei oder sie berührende innerparteiliche Entscheidungen von Einzelfragen einzuwirken versuchen, um so indirekt mehr oder minder großen Einfluss auf die staatliche Willensbildung zu gewinnen«.

Was das Grundgesetz verlangte, war auch schon vor dem Urteil aus Karlsruhe klar: Sauberkeit. Aber wer wollte davon etwas wissen? Die führenden Köpfe der CDU damals jedenfalls nicht. Und heute? In Rheinland-Pfalz wurden fast 400 000 Euro aus der steuerfinanzierten Kasse der CDU-Landtagsfraktion genommen und unerlaubt für dubiose Wahlkampfwerbung ausgegeben.[14] Staatsanwälte sind mit dem Fall beschäftigt, weil die Verantwortlichen mal wieder nichts zur Aufklärung beitragen können oder wollen.

In Nordrhein-Westfalen ließ sich Bundestagspräsident Norbert Lammert im Bundestagswahlkampf 2009 von einer als überparteilich auftretenden Initiative »Bochumer für Lammert« auf die Sprünge helfen. Dieser Hilfsverein wurde von der CDU mit 5000 Euro alimentiert und auch organisatorisch unterstützt, war demnach gar nicht so überparteilich, wie er tat. Als die Sache aufflog, begann die für die Überwachung der Parteienfinanzierung zuständige Bundestagsverwaltung mit Nachforschungen, um zu klären, ob es zu einem Gesetzesverstoß gekommen sei. Lammert gab die Überprüfung an seinen Stellvertreter von der SPD, Wolfgang Thierse, ab. Es sei nichts zu beanstanden, beschied Thierse am 21. Juni 2010 dem Wahlvolk, so eine Meldung der Nachrichtenagentur AP. Die CDU müsse die Aufwendungen lediglich im Rechenschaftsbericht ausweisen. Richtig ist, dass es sich im Fall der Wählerinitiative nicht um eine illegale Finanzierung der Partei handelt. Aber es geht um Etikettenschwindel gegenüber den Wählern. Wo CDU drin ist, sollte auch CDU draufstehen. Auf die Tricks, mit »unabhängigen« Wahlvereinigungen auf Dummenfang zu gehen, besitzt die CDU allerdings nicht das Urheberrecht. Auch die SPD bedient sich dieser Mittel.[15] Mit Klarheit und Wahrheit hat das nichts zu tun. Nichts dazugelernt aus der Vergangenheit?

Es ist noch nicht lange her, da ging es bei der CDU zu wie in einem Tollhaus. Wirft man einen Blick in den Bericht des Parteispenden-Untersuchungsausschusses aus dem Jahr 2002, könnte es schwachen Gemütern schwindlig werden: Es gab Vorkonten, Konten, Pool-Konten, Verfügungskonten, offizielle Spendenkonten, Anderkonten, Treuhandkonten, verdeckte Gehaltskonten, illegale Auslandskonten, heimliche Stiftungskonten, codierte Konten – Schwarzgeld ohne Ende. Und dazu noch sechs Millionen Mark Steuergeld aus der Fraktionskasse im Bundestag, wenn auch zur Tatzeit 1982 noch nicht unter Strafe, so doch unerlaubt zweckentfremdet für die Wahlkampfkasse.[16] In summa das Finanzwesen der CDU. Einer der besten Kenner sprach von einem »Kontenlabyrinth«. Es war kein anderer als der von 1971 bis 1992 amtierende CDU-Schatzmeister Walther Leisler Kiep. In seiner Amtszeit wurde das Labyrinth angelegt. Davon wollte er nichts mehr wissen, als es aufflog. In seinem Buch *Was bleibt, ist große Zuversicht*[17] schreibt er: »Die Methoden in der CDU/CSU, die mich manchmal an die Cosa Nostra erinnern, können nicht länger hingenommen werden.«[18]

Dass diese Methoden gar nicht erst eingerissen wären – dazu hätte er selbst beitragen können.

Was der Untersuchungsausschuss im Jahr 2002 zur Finanzwirtschaft der CDU unter Kieps und Weyrauchs Regie feststellte, liest sich wie der Bericht eines Betriebsprüfers, dem nichts anderes mehr übrig bleibt, als seine Akten der Staatsanwaltschaft zu übergeben. Eine Auswahl: Kontoauszüge und Belege lagen nur teilweise vor; Aussagen von Beteiligten ließen sich nicht überprüfen, weil Mittel meistens bar und ohne Beleg bewegt wurden; Einzahlungen der Beträge in Schweizer Franken blieben ungeklärt, da zur Herkunft der Gelder keine Angaben gemacht wurden; Geldbewegungen konnten nur teilweise nachvollzogen werden, etwa zwischen Treuhandanderkonten und offiziellen Konten der Bundesgeschäftsstelle.[19] Besondere Aufmerksamkeit hatten die Gelddepots der CDU, vor allem der Hessen-CDU, in der Schweiz erregt.

Casimir Prinz zu Sayn-Wittgenstein-Berleburg, seit 1978 Schatzmeister der CDU in Hessen, nahm die Schweiz fest in den Blick. Fünf Jahre nach der Amtsübernahme hatte er 22,38 Millionen Mark für seine Partei auf Konten bei der Metallbank GmbH in Frankfurt gesammelt. Die Bank wurde als Abteilung der Metallgesellschaft AG geführt, wo der Adelige im Vorstand saß. Zwischen dem 21. und dem 30. Dezember 1983 wurden die Millionen in acht Aktionen bar abgehoben. 20,8 Millionen wanderten auf verschlungenen Wegen zur Schweizer Bankgesellschaft SBG, der späteren UBS. Wirtschaftsprüfer und CDU-Steuerberater Horst Weyrauch, die im gesamten Finanzunwesen der Partei erprobte Allzweckwaffe und gleichzeitig Generalbevollmächtigter für die Privatkonten Kieps, hatte als Treuhänder das Geld auf die Reise ins Nachbarland geschickt. Nachdem er die Millionen abgehoben hatte, zahlte er sie bei der Hauck-Bank in Frankfurt ein, ließ sie dann auf eine Filiale des Geldinstituts in Luxemburg wandern und von dort nach Zürich auf ein Konto bei der SBG/UBS transferieren.[20]

Als Grund dafür, dass aus dem Schatz bei der Metallbank Fluchtgeld gemacht wurde, nannte der damalige hessische CDU-Generalsekretär und spätere Bundesinnenminister Manfred Kanther den

Flick-Skandal: Es habe verhindert werden sollen, dass die Partei und ihre Spender in diesen Sumpf hineingezogen würden.[21] Eine Rechtfertigung für krumme Touren findet man immer. Ob die Begründung zutrifft oder nicht – das unter der Obhut von Weyrauch, Prinz Sayn-Wittgenstein-Berleburg und Kanther in die Schweiz geschaffte Geldvermögen blieb fast 20 Jahre lang unentdeckt.

Aus welchen Quellen sich der Geldtopf der Hessen-CDU bei der Metallbank wirklich gespeist hatte, fand jedoch niemand mehr heraus. Auch die von Ministerpräsident Roland Koch angekündigte und schon legendär gewordene »brutalstmögliche Aufklärung« brachte nicht viel Licht ins Dunkel. Nach den Feststellungen des Ausschusses kann es sich um Zuflüsse der Geldwaschanlage der »Staatsbürgerlichen Vereinigung«, um Mitgliedsbeiträge, Zinserträge, Spenden und Wahlkampfkostenerstattung aus der Steuerkasse gehandelt haben. Weshalb man aber Mitgliedsbeiträge oder Leistungen aus der Steuerkasse in der Schweiz versteckte, mögen Leute verstehen, die Bruchrechnen auf der Orthopädiestation eines Klinikums gelernt haben.

Die Vermögenswahrer der Hessen-CDU ließen es sich nicht nehmen, auch in die Rolle aktiver Vermögensmehrer zu schlüpfen. Und dabei erwiesen sie sich als echte Könner. Zwischen 1986 und 1993 (Kanther war nur noch bis Mai 1987 dabei) erzielten sie durch Spekulationen mit Wertpapieren 15 Millionen Mark Gewinn.[22] Steuerfrei. Damit konnte man schon gut Wahlkampf machen. Allerdings musste zuvor die Frage geklärt werden, wie das Geld von den verdeckten Konten, ohne Aufsehen zu erregen, für die heimische Parteiarbeit wieder nutzbar gemacht werden könne.

Die Rückschleusung war eine wahre Meisterleistung: »Nach jeder Auftragserteilung zur Geldabhebung reiste Weyrauch unmittelbar in die Schweiz, hob dort Geld in bar ab und verbrachte es nach Frankfurt. Dort wurde es entweder auf offizielle, von der Buchhaltung erfasste CDU-Konten oder dort nicht ausgewiesene Konten eingezahlt. Zudem wurden Zahlungen in eine nicht registrierte Sonderkasse in der CDU-Landesgeschäftsstelle getätigt. Teilweise wurden die abgehobenen Gelder von Weyrauch nicht sofort nach Frankfurt verbracht, sondern in Schließfächern bei der UBS-Bank zwischengelagert, wo sie der unmittelbaren oder mittelbaren (Zahlung von Rechnungen der CDU Hessen/d. Verf.) Rückführung nach Frankfurt harrten.« Das gleiche Spiel mit angemieteten Safes trieb Weyrauch bis zum Januar 2000 auch bei der Zürcher Kantonalbank. In den Bankschließfächern bei der UBS-Bank wie auch bei der Zürcher Kantonalbank verwahrte der Finanzjongleur zudem »die Einzahlungsbelege für das von den Konten der Metallbank in die Schweiz transferierte Geld, den Treuhandvertrag, die Satzungs- und sonstigen Gründungsunterlagen für die Stiftung Zaunkönig, die mit der Führung der Treuhandanderkonten zusammenhängenden Unterlagen sowie Reisekostenbelege und -abrechnungen«.[23] Die Stiftung Zaunkönig hatten Weyrauch und Prinz zu Sayn-Wittgenstein-Berleburg im Jahr 1993 in Liechtenstein errichtet als neue Heimat für das Geld aus der Schweiz. Die SBG/UBS in Zürich blieb jedoch kontoführende Bank, auch für die Stiftung.

Ende der 1980er-Jahre machten sich Weyrauch und sein goldiger Prinz Gedanken darüber, wie man den von ihnen gepflegten komplizierten Geldverkehr zwischen der Schweiz und Deutschland entkrampfen könne. Möglichst direkt und möglichst einfach sollte das Geld aus Zürich in den regulären Finanzkreislauf der CDU geschleust werden. Die beiden Experten kamen auf eine Idee, die bis heute für Gesprächsstoff sorgt: Die berühmten »Vermächtnisse« wurden erfunden, eine besonders raffinierte Art, schwarzes Geld für die Partei problemlos geschäftstauglich zu machen. Im Parteiengesetz gab es zu Vermächtnissen keine Regelung, eine Lücke, die Weyrauch und den Prinzen in ihrer Kreativität geradezu herausgefordert haben muss. Ein Vermächtnis konnte anonym unter »sonstige Einnahmen« im Rechenschaftsbericht der CDU verbucht werden.

Der Probelauf begann im Jahr 1989. Damals schaffte Weyrauch 4,03 Millionen Mark von dem Konto in Zürich nach Hessen. Das perfekt inszenierte Schauspiel begann mit einer – bestellten – Kontaktaufnahme eines Schweizer Vertrauensmannes mit dem Prinzen. Der Schweizer teilte mit, er habe ein Vermächtnis zugunsten der CDU in Hessen abzuwickeln. Prinz zu Wittgenstein signalisierte, wie zuvor schon abgesprochen, sein Einverständnis, falls sich die Sache mit dem Parteiengesetz vereinbaren lasse. Die Prüfung wolle er Weyrauch übertragen. Der – als einer der Urheber des Spektakels – wusste schon längst, wie es weitergehen sollte, und gab Entwarnung: kein Problem. Dann wurde das »Vermächtnis« abgewickelt, und die

Millionen landeten wohlbehalten nach einer Zwischenlagerung bei der Interallianzbank Zürich AG auf dem offiziellen Konto der Hessen-CDU bei der Commerzbank in Wiesbaden. Die Scheinaktivitäten waren in Aktenvermerken sauber dokumentiert worden, um sie für alle Fälle zur Entlastung der Akteure als echt präsentieren zu können. Bis 1996 wurde das Schmierenstück noch zweimal aufgeführt. Insgesamt 13 Millionen Mark wurden so aus der Schweiz nach Hessen geholt.[24] Bis zuletzt versuchten Weyrauch und sein Prinz diese Geldtransfers zu verschleiern. Um Nachforschungen zu behindern, ließ sich Prinz Wittgenstein sogar noch etwas besonders Geschmackloses einfallen: Er behauptete, dass es sich um Vermächtnisse »deutschstämmiger jüdischer Emigranten« handle. Wer in Deutschland sollte sich an so etwas herantrauen? Dachte er wohl und irrte sich: Die Hessen-CDU handelte sich ein bundesweites politisches Gewitter ein.

Ob die Vermächtnis-Millionen nur aus den alten Beständen der Stiftung Zaunkönig stammten oder ob auch noch andere Quellen dafür infrage kamen, blieb ein Geheimnis. Horst Weyrauch schweigt nach wie vor. Auf unsere Anfrage gab er keine Antwort. Und Prinz Casimir hat alles mit ins Grab genommen. Allerdings machte er bei einem seiner wenigen öffentlichen Auftritte in dieser Sache eine geradezu sensationelle Andeutung, die jedoch in der öffentlichen Aufregung um die erfundenen jüdischen Vermächtnisse völlig unterging:»Wenn ich sage, Herr Maier von Oerlikon schenkt der CDU zwei Millionen, dann geht das nicht. Aber ein Vermächtnis geht.«[25]

Richtig: Mit Oerlikon, einem Schweizer Rüstungs- und Technologiekonzern ging offiziell nichts. Die Finanzierung einer deutschen Partei aus ausländischen Quellen war auch damals schon verboten. Man interpretiert in die Worte des Prinzen wohl nicht zu viel hinein, wenn man festhält, dass er den Hinweis geben wollte, über das Vehikel der Vermächtnisse sei auch ausländisches Kapital in die Kassen der CDU geflossen. Oerlikon ist nur ein Symbol dafür. Schweizer Unternehmen, die in Deutschland Aufträge suchten oder zusammen mit deutschen Firmen sensible Rüstungsprojekte etwa in arabischen Staaten anschoben, hätten durchaus einen Anlass zum Schmieren finden können. Aber auch die Perspektive, zum Machterhalt der christlichliberalen Koalition beim größten Handelspartner der Schweiz beizutragen, hätte eine ausreichende Grundlage für die finanzielle Unterstützung sein können.

Die Ausschussmehrheit mahnte bei der CDU mehr Aufklärungsbereitschaft an. Angela Merkel, seit April 2000 neue CDU-Bundesvorsitzende, wurde aufgefordert, dafür zu sorgen, dass Bankunterlagen der Hessen-CDU bei der UBS-Bank in Zürich sowie bei der Zürcher Kantonalbank dem Untersuchungsausschuss zugeleitet werden. Von Horst Weyrauch sollte sie eine Stellungnahme dazu einholen, wie lange er bei der Schweizerischen Bankgesellschaft Schließfächer für die CDU geführt habe.[26]

Mit diesen Forderungen lief der Ausschuss aber gegen eine Wand. CDU-Bundesgeschäftsführer Willi Hausmann übermittelte nur ein Schreiben der Zürcher Kantonalbank vom 21. Dezember 2001, worin das Geldinstitut unter Hinweis auf gesetzliche Bestimmungen zum Schweizer Bankgeheimnis sowie auf »verbotene Handlungen« für einen fremden Staat im eidgenössischen Strafgesetzbuch eine Auskunft ablehnte. Die CDU versteckte sich hinter der Bank. Dabei ging es um Parteigeld, das auf Konten und in Safes lag, in deren Unterlagen aus Gründen der Tarnung der Parteiname aber nicht auftauchte. CDU-Treuhänder Weyrauch hatte seinen Namen eingesetzt.[27] Profi-Arbeit.

Bei gutem Willen aller Beteiligten hätten die vom Ausschuss zur Einsichtnahme gewünschten Dokumente vorgelegt werden können. Von der Hessen-CDU wurde angekündigt, Weyrauch zur Offenlegung zu bewegen. Das war vornehm ausgedrückt. Weyrauch hatte als Treuhänder eine Offenlegungspflicht gegenüber seinem Treugeber, der CDU. Die jedoch behandelte ihn wie ein rohes Ei. Ein Ergebnis wurde dem Ausschuss dann auch nie übermittelt. Weyrauchs Rechtsbeistand schrieb in einem Brief vom 5. Dezember 2001 an den CDU-Bundesgeschäftsführer Willi Hausmann, dass sein Mandant »nach seiner besten Erinnerung bei der Zürcher Kantonalbank weder überhaupt noch gar ein weiteres Konto für die Bundespartei der CDU eröffnet und/oder unterhalten hat«.[28]

Weshalb »nach seiner besten Erinnerung«? Weshalb keine Auskunft der – von der Schweigepflicht entbundenen – Bank? Und weshalb die »Bundespartei«, wo es doch erst mal um die Hessen-CDU gehen sollte? Wer blickte noch durch in dem Dunst aus Verschweigen, Abtauchen, verweigerten Auskünften, Halbwahrheiten? Die CDU machte zu.

Wie sich die Zeiten ändern: Damals, als es ihr an den Kragen ging, versteckte sich die Partei unter Führung der Vorsitzenden Merkel hinter dem Schweizer Bankgeheimnis. Heute kauft die Bundesregierung unter Kanzlerin Merkel für Millionen Euro Disketten von Kriminellen, um deutsche Steuerhinterzieher, die seit Jahren ihr Schwarzgeld in der Schweiz oder Liechtenstein lagern, zur Rechenschaft zu ziehen. Wie gut, dass man sich schon auskennt.

Und sie kannten sich sehr gut aus. Spitzenvertreter der CDU wussten genau, wie sie die besonderen Schweizer Konditionen nutzen konnten, um die Gesetze umgehen zu können, die sie zu Hause offensichtlich vor allem für andere mitbeschlossen hatten. Helmut Kohl, der sonst immer bestritt, von Auslandskonten seiner Partei gewusst zu haben, gestand vor dem Ausschuss Kenntnisse von einem Safe in Zürich ein. Wenn Kohl mal nicht gerade einen Blackout hatte, musste es sich um etwas ganz Außerordentliches handeln. Und so war es in diesem Fall. In dem Schließfach waren nach Kohls Ausführungen »ausschließlich Unterlagen im Zusammenhang mit BND-Geldern gelagert«.[29]

Offenbar ruhten in dem Safe, der schon Anfang der 1970er-Jahre für die Bundespartei bei der SBG/UBS angemietet worden war, aber auch andere große Geheimnisse der CDU-Finanzwelt. Uwe Lüthje, auch mit Vollmacht des CDU-Schatzmeisters Kiep ausgestattet, sagte aus, er selbst habe Kohl Mitte der 1980er Jahre darüber informiert, dass in diesem ominösen Schließfach alle vertraulichen Schatzmeisterunterlagen verwahrt würden. Kohl sei darüber beunruhigt gewesen und habe die Auflösung des Depots verlangt. Er habe den Parteivorsitzenden allerdings beruhigen können, behauptete Lüthje. Nach der Anonymisierung der Besitzverhältnisse seien keine Spuren zur CDU mehr nachvollziehbar gewesen.

Was hatte der Bundesnachrichtendienst (BND) mit der Finanzierung der CDU zu tun? Seit Mitte der 1970er-Jahre bestand zwischen den im Bundestag vertretenen Parteien eine Absprache über die geheime Unterstützung politisch verwandter Gruppierungen im Ausland zur Unterstützung des demokratischen Aufbaus. So wurden Steuermittel frei gemacht für Parteien etwa in Spanien, Portugal,

Chile oder der Türkei. Um das Geld unauffällig aus der Steuerkasse holen zu können, wurde es aus dem Etat des BND abgezweigt, bar ins Kanzleramt gebracht und in zuvor vereinbarten Tranchen Vertrauensleuten der Parteien übergeben. »Da sollten keine unnötigen Verwaltungsvorgänge geschaffen werden, deshalb brachte der BND das Geld im Koffer ins Kanzleramt«, beschrieb Ernst Uhrlau, der mit der Untersuchung der Vorgänge beauftragte Geheimdienstkoordinator im Kanzleramt unter Gerhard Schröder, im Jahr 2000 den Fall.[30] Nachdem der Koffer geleert worden war, wanderten die Finanzmittel ins Ausland.

An solchen Operationen waren auch BND-Kuriere beteiligt. »Bis zu 50 Prozent der Summen sollen, so lautet eine Behauptung aus BND-Kreisen, von BND-Kurieren, womöglich in ihrer Freizeit, für die Parteien ins Ausland geschafft worden sein.«[31] Nicht nur zur Unterstützung von Schwesterparteien, sondern auch in die Schweiz zur verdeckten Selbstbedienung. Auch die CDU habe auf diesem Weg ihre Finanzen aufgebessert. Lüthje sagte vor dem Untersuchungsausschuss, die CDU habe die Mittel, die ihr aus der BND-Kasse zugeflossen seien, bei der Filiale der Frankfurter Hauck-Bank in Luxemburg untergebracht. Wir erinnern uns an Weyrauchs magisches Finanz-Dreieck: Zürich (SBG/UBS), Luxemburg (Hauck-Bank), Frankfurt (Hauck-Bank). Noch im Jahr 1982, meinte Uwe Lüthje, habe Kohl, als er Kanzler geworden war, den klandestinen Zahlungsverkehr unterbinden lassen.[32] Es kamen jedenfalls keine Leute mehr mit gefüllten Koffern aus Pullach ins Kanzleramt. Die Abwicklung wurde nach Feststellungen des Ausschusses vielmehr ins Außenministerium verlagert und noch etwa zehn Jahre lang fortgesetzt – mit drei Millionen Mark pro Jahr.

Wie viel Geld aus dem BND-Topf auch in den CDU-Kreislauf geflossen sein mag – wer kann es ermessen? Trotz der vielen Entdeckungen, die der Ausschuss gemacht hat, blieb auch viel verborgen. Horst Weyrauch führte allein bei der Hauck-Bank in Frankfurt mehr als 40 Anderkonten für die CDU im Land und im Bund.[33] Hinzu kamen die Konten in Luxemburg und in der Schweiz, die Safes und die Stiftungen in Liechtenstein, auch mit Konten in der Schweiz. Ein Netzwerk zum illegalen Schleusen und Vertuschen von Geldflüssen. Ein idealer Hort für Elefantenmacher, die sich im Hintergrund halten wollten.

Die CDU unter Beobachtung

Es gab jedoch professionelle Beobachter von der BND-Konkurrenz in Ost-Berlin, die den Finanzexperten der CDU und ihrer Klientel über die Schulter schauten: Die Hauptabteilung III des Ministeriums für Staatssicherheit, die Funkaufklärung der Stasi, die in der Bundesrepublik Telefongespräche abhörte. Diese Spezialisten hatten sich nicht nur bei Kiep, sondern auch bei Lüthje umgehört und eine ganze Menge darüber erfahren, was der bundesdeutschen Öffentlichkeit viele Jahre verborgen war. Sie hörten mit, dass die CDU auch ein Konto »in der Schweiz bei Bankhaus – Fonthobel – (richtig: Vontobel) hat, auf das die Gelder ... der CDU einlaufen«. Auch wenn der Name der Bank in dem Vermerk vom 14. Juni 1980 nicht korrekt geschrieben ist, falsch war die Erkenntnis der Lauscher von der Stasi nicht. Das Bankhaus Vontobel in Zürich war eine der Adressen, die zu Weyrauchs Besuchsprogramm im Nachbarland gehörte. Weiter notierte die Stasi, auf das Konto würden »offensichtlich über Deckadressen Gelder aus der BRD für die CDU eingezahlt«. Sie wusste sogar den Kontostand: »Am 6.6.80 lautete (er) auf 593 000.– DM.«[34]

In Ost-Berlin war auch gut bekannt, bei wem Lüthje und andere aufliefen, um den Elefanten auf die Beine zu helfen und Kasse zu machen: etwa bei der Strabag AG, beim Spirituosenhersteller Eckes, beim Tabakproduzenten Brinkmann, bei der Deutschen Bank, bei der Arbeitsgemeinschaft der Grundbesitzerverbände oder dem Pharma-Unternehmen Grünenthal, das in den sogenannten Contergan-Skandal (Missbildung bei Embryonen durch das in Contergan enthaltene Thalidomid) verwickelt war. Einer der CDU-Spender, dessen Name in den Dokumenten von der Bundesbehörde für die Stasi-Unterlagen geschwärzt wurde, wollte 50 000 Mark lockermachen, wie in einer Aufzeichnung vom 10. Juli 1980 vermerkt ist. Ihm habe Lüthje empfohlen, so heißt es weiter, das Geld »nicht direkt der CDU, auf das Konto bei der Deutschen Bank, (zu) überweisen, da es sonst im Rechenschaftsbericht aufgewiesen werden müsste, sondern der Vereinigung Politik und Wirtschaft in der Bundesrepublik«.[35]

Mitunter wurde die Stasi Zeuge, wie rüde es in diesem Schattenreich zugehen konnte, falls sich die Wege der Parteien kreuzten. Da gab es Drohungen und Erpressungsversuche. Die Geldeintreiber der Parteien wussten nicht alles voneinander, aber sie kannten die Methoden der Kollegen von der jeweils anderen Feldpostnummer, sodass es ratsam war, nicht gegeneinander vorzugehen. Mehr noch: Sie wussten, dass es notwendig werden konnte, bei gesetzlichen Manipulationen an den Finanzierungsmethoden einander sogar zu unterstützen, um einem größeren Skandal, der alle mitgerissen hätte, zuvorzukommen. Wehe dem, der zu lange zögerte! Als die Stasi bei Lüthje am 29.

August 1977 abhörte, hatte der offensichtlich einen Gesprächspartner von der SPD am Apparat, der diese Spielregeln noch nicht richtig begriffen hatte oder sich in der Partei nicht durchsetzen konnte. Den wollte Lüthje »ganz knallhart unter Druck setzen«, weil der »verrücktspielt«. Lüthje muss sich sehr stark gefühlt haben, als er behauptete, den Mann habe er so fest in der Hand, »dass nichts passieren kann«. Es war die Zeit, als der Fiskus gegen die Geldwaschanlagen, die alle Parteien unterhielten, vorging.

Die heimlichen Lauscher aus Ost-Berlin notierten: »Dieses Gespräch wurde von Lüthje und seinem Prinzipal, vermutlich dem CDU-Bundesgeschäftsführer, mit einem führenden Politiker, verm. dem Bundesgeschäftsführer der SPD, im Gespräch auch mit E. (Egon Bahr war damals SPD-Bundesgeschäftsführer/d. Verf.) bezeichnet, geführt. Dabei wurde der Verhandlungspartner des L., offensichtlich in Fragen der Parteifinanzierung, unter Druck gesetzt und ihm drei Alternativen aufgezeigt: 1. wird nichts getan, kommt ein Skandal mit 99%iger Wahrscheinlichkeit. 2. Finden einer politischen Lösung mit der CDU. 3. Lösung durch einen von Seiten der CDU provozierten Skandal, der sich gegen einen ›Mann mit einem hohen öffentlichen Amt‹ richtet ... Zum gleichen Betreff wurde ein Gespräch, verm. des CDU-Bundesgeschäftsführers, mit dem FDP-Vorsitzenden Genscher geführt, dessen Partei, offensichtlich von den durch die CDU aufgedeckten Praktiken der SPD ›stärker betroffen sei‹ als die CDU.«[36]

Richtig übersetzt heißt das, dass die CDU eine dubiose Spendenpraxis pflegte, die auch bei SPD und FDP in Mode war. Die Sozialdemokraten und die Liberalen bildeten damals die sozialliberale Koalition. Mit der Drohung, die weniger stark belastete CDU könne die beiden andern Parteien in einen Skandal stürzen, wurde versucht, deren Wohlverhalten für die Ideen Lüthjes und der CDU-Parteizentrale zu erzwingen. Für die Herren aus Ost-Berlin müssen diese Sitten den Stoff für eine ganz spezielle Lehrstunde in Sachen Demokratie und Parteienfinanzierung im Westen abgegeben haben. Den Skandal löste die CDU dann doch lieber nicht aus. Sie setzte vielmehr neue skandalöse Zeichen in der Schweiz.

Es war im Dezember 1981, als wieder mal die Gründung einer Stiftung fällig wurde. Diesmal waren Uwe Lüthje und Horst Weyrauch am Werk und es ging um die CDU-Bundespartei. Angeblich hatte sie der Mord an FDP-Bundesschatzmeister Heinz Herbert Karry aufgeschreckt, der am 11. Mai erschossen worden war. Damals, offenbarte Lüthje dem Untersuchungsausschuss, seien den deutschen Ermittlungsbehörden Karrys Konten in der Schweiz und damit besondere Finanzierungswege der FDP bekannt gemacht worden. Ähnliche »Komplikationen« sollte es bei der CDU nicht geben. Deshalb habe er zusammen mit Weyrauch in Vaduz die Stiftung Norfolk ins Leben gerufen, deren Konten bei einer Bank eröffnet wurden, bei der sich Weyrauch schon wie zu Hause fühlen konnte: bei der SBG/UBS in Zürich.[37] Eines der Konten lief auf D-Mark, das andere auf Schweizer Franken. Mit Hilfe dieser Stiftung, stellte der Ausschuss lapidar fest, sollte »eine wirksamere Tarnung illegal vereinnahmter Gelder« der CDU-Bundespartei sichergestellt werden.[38] Es war ein Pilotprojekt. Weyrauch konnte hier die Effizienz des Modells Liechtensteiner Stiftung mit Schweizer Konten testen, eine Aktion, die er des großen Erfolges wegen im Fall Zaunkönig/CDU Hessen wiederholte.

Es wurde viel darüber spekuliert, ob die Norfolk auch dazu diente, BND-Geld zu verstecken. Möglich ist es. Uwe Lüthje versicherte eidesstattlich, dass auf den Norfolk-Konten jedenfalls Millionenspenden des Siemens-Konzerns eingezahlt worden seien. Von 1984 bis zur Auflösung der Stiftung im Jahr 1992 seien es zwischen acht und neun Millionen Mark gewesen. Über den von Weyrauch betriebenen »Poolkontenkreislauf« bei der Hauck-Bank in Frankfurt hätten die Zahlungen ihren Weg zur CDU in Deutschland gefunden.[39] Sowohl Schatzmeister Walther Leisler Kiep als auch der Vorstandsvorsitzende der Siemens AG, Heinrich von Pierer, widersprachen Lüthje heftig, allerdings hatten sie außer Behauptungen seinem Wissen und seinen eigenen Erlebnissen nicht viel entgegenzusetzen. Pierer erklärte, seit

1982 habe es bei Siemens sogar die Anweisung gegeben, Parteien keine Spenden mehr zu gewähren.[40]

Lüthjes Schreiben vom 5. Februar 2000, in dem er jedoch die weiter geübte Spendenpraxis des Siemens-Konzerns offenbart, ist ein Dokument der Zeitgeschichte:»Am Montag, dem 2. April 1984, wurde ich in München von Herrn Hirschmann, Vorstandsmitglied der Firma Siemens, in einem ausführlichen Gespräch über die im Hause Siemens festgelegte Neuordnung ihrer Spendenzahlungen an die CDU unterrichtet. Dieses Gespräch fand um 15.00 Uhr in der Halle des Hotels Bayerischer Hof in München statt. Es hatte folgende Vorgeschichte:

Es war bis dahin üblich gewesen, dass einzelne zum Siemenskonzern gehörende Firmen direkt an die CDU spendeten. Das galt z. B. für die Firma KWU. Mein Gesprächspartner in der KWU war der Vorstandsvorsitzende Dr. Barthelt gewesen. Ich war damals wegen eines Termins für die Spende 1984 vorstellig geworden. Telefonisch unterrichtete er mich darüber, dass im Hause Siemens für Spenden an politische Parteien eine Neuregelung eingeführt worden sei, über die mich Herr Hirschmann – den ich bis dahin nicht kannte – unterrichten würde, er erwarte meinen Anruf – bei dem er mich dann dringend um Verständnis dafür bat, dass er mich zu diesem Gespräch nicht in seinem Büro empfangen wolle. Wir sollten uns doch besser im Bayerischen Hof treffen. Was dann – Termin s. o. – auch geschah.

Seine Information: Zu Spendenzahlungen mit offenem Ausweis, wie inzwischen bewusst von den Firmen Daimler-Benz AG und Deutsche Bank – unsere Hoffnung war seinerzeit gewesen, dass das Beispiel dieser beiden Firmen andere Großunternehmen der deutschen Wirtschaft zur Nachfolge veranlassen konnte – praktiziert, sei man im Hause Siemens nicht bereit. Es würden auch die Spendenzahlungen einzelner Firmen des Konzerns ab sofort eingestellt. Stattdessen könnten wir einplanen, dass wir zukünftig von Siemens jährlich eine Spende von 1 Mio. DM erhalten würden, die aber in bar in Zürich ausgezahlt bzw. übergeben würde – unter der entscheidenden Voraussetzung, dass dieser Vorgang absolut anonym bliebe. Ich sicherte das zu. Auf meine wohl etwas zu skeptisch geratene Frage ›Wieso denn das‹, erläuterte er mir, aus welchen Mitteln diese Zahlung erfolgen würde ...«

Weshalb hätte Lüthje, der sich bezichtigte, selbst einmal eine Million abgeholt zu haben, die Unwahrheit sagen sollen? Ein Grund dafür war nirgends ersichtlich. Die Ausschussmehrheit glaubte ihm. Und er stand nicht allein gegen die Vertreter des Weltkonzerns. Horst Weyrauch unterstützte ihn. In einer eidesstattlichen Versicherung vom 10. Februar 2000 schrieb er, Spenden von Siemens seien ihm »irgendwie durch Bemerkungen von Herrn Kiep und Dr. Lüthje bekannt« gewesen. Weyrauch hatte bei seinen Gelddispositionen Siemens als großzügigen Spender so stark verinnerlicht, dass ihm spontan der Elektronikkonzern einfiel, als Kiep ihn am 26. August 1991 nach St. Margrethen bestellte, um eine Million abzuholen. Er sei davon ausgegangen, notierte Weyrauch, »dass es sich um ein Treffen mit einem Siemens-Vorstandsmitglied handeln würde« und nicht um den ihm bis dahin unbekannten Karlheinz Schreiber. Bei einer Vernehmung durch die Staatsanwaltschaft Bonn am 15. Februar 2000 erläuterte Weyrauch, Dr. Lüthje habe ihm schon damals mitgeteilt, die auf die Norfolk-Konten eingezahlten Geldbeträge stammten von der Firma Siemens. Es sei aber auch vorgekommen, dass die Siemens-Spenden ganz oder teilweise in bar nach Deutschland transportiert worden seien, wo sie von ihm auf ein Treuhandanderkonto bei der Hauck-Bank in Frankfurt eingezahlt und später an die CDU-Bundesgeschäftsstelle weitergeleitet worden seien.[41]

Lüthje und Weyrauch wirkten desto überzeugender, je stärker Vorstandschef und vorgeblicher Saubermann von Pierer bei den Befragungen über illegale Geldpraktiken durch den Ausschuss im Oktober 2001 in Bedrängnis kam. Als ihm vorgehalten wurde, dass Mitarbeiter seines Hauses wegen Bestechung eines Angestellten aus dem Münchner Rathaus verurteilt worden seien, redete er sich damit heraus, er habe das nur in der Zeitung gelesen.

Aber so leicht kam er nicht davon. Langsam lichtete sich der Nebel. Zuerst räumte von Pierer vorsichtig ein, dass in der Schweiz Treuhandkontensysteme »unterhalb der Kenntnisebene des Vorstandes« eingerichtet worden sein könnten. Auf weiteres Nachfragen wurde er deutlicher: Die von Schweizer Rechtsanwälten verwalteten Treuhandkonten seien dafür eingerichtet worden, Provisionen für Aufträge im Auslandsgeschäft zu zahlen. »Siemens« habe im Ausland Konten für sogenannte »nützliche Aufwendungen«, Schmiergelder, geführt, die ihm nicht gemeldet werden mussten, ergänzte der frühere Finanzchef und Aufsichtsratsvorsitzende Heribald Närger die Angaben von Pierers über die Schattenwirtschaft im Konzern. Es sei nicht kontrolliert worden, ob die »nützlichen Aufwendungen« letztlich für Parteispenden genutzt worden seien.[42] Bei einer hausinternen Überprüfung der Schweizer Treuhänder, sagte von Pierer, hätten sich jedoch keine Hinweise auf Zahlungen an die CDU finden lassen. Auch damit ließ sich der Ausschuss nicht abspeisen und hielt dagegen: »Allerdings ist gerichtsbekannt, dass aus derartigen Konten der Firma Siemens in der Schweiz Gelder zurück nach Deutschland flossen, mittels derer die Vergabe öffentlicher Aufträge beeinflusst wurde.«[43] Im Klartext: Siemens hielt sich in der Schweiz ein verdecktes Kontengeflecht zur Bestechung. Was von Pierer schon damals zugab, liest sich wie die Einlassungen, die Siemens-Manager einige Jahre später machten, als der Konzern wegen seiner Schmiergeldzahlungen weltweit ins Gerede kam und dafür auch bestraft wurde.

Inzwischen hat der Konzern den größten Korruptionsskandal der deutschen Wirtschaft hinter sich. 1,4 Milliarden Euro versickerten allein zwischen 2000 und 2006 in dunklen Kanälen, weltweit wurden Bestechungsorgien inszeniert. Siemens-Mitarbeiter und -Beauftragte fuhren mit Koffern voller Bargeld nach Österreich und in die Schweiz, um Konten zu füllen. Gegen das CSU-Mitglied von Pierer verhängte die Staatsanwaltschaft München ein Bußgeld von mehreren hunderttausend Euro wegen Verletzung der Aufsichtspflicht. Unter seiner Führung sei nicht genügend klargemacht worden, dass auf Schmiergeldgeschäfte verzichtet werde. Fünf Millionen zahlte er an seine ehemalige Firma als Wiedergutmachung.[44]

Ein tiefer Fall für den einstigen Sonnyboy und umworbenen Spitzenmanager, den sich die Kanzlerkandidatin Angela Merkel noch im Jahr 2005 als wirtschaftspolitischen Chefberater in ihr Kompetenzteam geholt hatte. Ein echter, aktiver Elefantenmacher, der im Laufe der Auseinandersetzungen um seine Mitverantwortung an der Beschädigung seines ehemaligen Arbeitgebers im Jahr 2008 auch als Aufsichtsratsmitglied der Deutschen Bank zurücktrat.

Kiep, Weyrauch und Lüthje machten es ganz anders. Als sie die Stiftung Norfolk im Jahr 1992 auflösten, waren noch 680 000 Mark und 1,5 Millionen Schweizer Franken auf den Konten. Das Geld teilten sie untereinander auf. Es sei ihrem »Privatvermögen zugeflossen«, umschrieb der Ausschuss blumig die Geldtransfusion.[45] Und nachdem das so reibungslos funktioniert hatte, verteilte das Trio auch Schreibers Million unter sich. Die CDU ließ sich dennoch das Geld zurechnen und zahlte später die Strafe dafür – wegen illegaler Parteienfinanzierung. Irgendwie standen die Millionen diesen drei Finanz-Weisen bei ihren Verdiensten um diese Partei auch zu. Was hätte die CDU machen sollen? Schwarzgeld hat seine eigenen Gesetze. Besonders für Leute, die zu viel wissen.

Die kriminellen Strukturen der CDU-Parteienfinanzierung kamen nur ans Licht der Öffentlichkeit, weil es zu einem Betriebsunfall bei dem Rüstungslobbyisten und Großspender Karlheinz Schreiber gekommen war. Schreiber war in Sorge, dass ihn sein Geschäftspartner Georgio Pelossi aus Lugano, mit dem er wegen wechselseitiger Geldforderungen in Streit geraten war, beim Finanzamt denunzieren könne. Dem wollte er zuvorkommen und übergab im Jahr 1994 zu seinem eigenen Schutz, wie er dachte, den Beamten einen Aktenordner mit einschlägigen Papieren. Damit setzte er allerdings die Arbeitsautomatik des Behördenapparates in Gang: Die zuständige Steuerfahndung und die Staatsanwaltschaft Augsburg wurden eingeschaltet. Der Weg war geebnet, der zur Aufdeckung des größten Parteispendenskandals der Bundesrepublik führte und am Ende Kohl, Schäuble, dem Exstaatssekretär im Bundesverteidigungsministerium und Expräsidenten des Bundesamtes für Verfassungsschutz, Ludwig-Holger Pfahls, sowie vielen anderen zum Verhängnis wurde.

Schäubles 100 hässliche Männer

Zuerst war es nicht geplant, dann aber lief es problemlos, und als keiner mehr daran dachte, kam es zum Eklat. Aus einer Mücke war ein Elefant geworden. Elefantenmacher und Elefanten im eigenen Zirkus: Karlheinz Schreiber, Wolfgang Schäuble und Brigitte Baumeister – eine in der Parteiengeschichte der Nachkriegszeit einmalige, absurde Nummer. Sie könnte viele Titel tragen, auch den: Warum bei der Wahrheit bleiben, wenn auch Lügen in den Abgrund führen? Und am Ende bestätigt sie eine Weisheit von Franz Josef Strauß. Auf die selbst gestellte Frage, wie man das Wort »Feind« steigern könne, antwortete er grinsend: »Feind, Todfeind, Parteifreund.« Der Fall begann als Streit um einen Termin und endete mit einer Machtverschiebung in der CDU.

Eigentlich war Karlheinz Schreiber in diesem Fall nur zweite Wahl. Da es einige Absagen gegeben hatte, kam CDU-Schatzmeisterin Brigitte Baumeister auf die Idee, auch ihn zu einem Dîner mit dem Vorsitzenden der CDU/CSU-Bundestagsfraktion, Wolfgang Schäuble, einzuladen. Der Rüstungslobbyist verbrachte gerade einen seiner knapp bemessenen Urlaube mit seiner Frau Bärbel in seinem Domizil in Südfrankreich, als ihn das Schreiben aus Bonn erreichte. Die Einladung ließ keinerlei Zweifel am Anlass des Treffens: Brigitte Baumeister bettelte um Geld für den laufenden Wahlkampf der CDU. Bei den weiteren Programmteilen, insbesondere der Begegnung der CDU-Schatzmeisterin mit einem kleinen Kreis von verantwortlichen Persönlichkeiten der deutschen Wirtschaft und einer Diskussion mit Wolfgang Schäuble über die aktuelle politische Lage sowie den Bundestagswahlkampf, handelte es sich nur um das übliche Beiwerk. Die Veranstaltung war für den 21. September 1994 geplant, am 16. Oktober wurde der Bundestag gewählt.[46]

Schreiber kannte Frau Baumeister noch nicht lange. Er war ihr drei Monate zuvor von ihrem Vorgänger in der Schatzmeisterei, Walther Leisler Kiep, bei einem Fest in der Bonner Redoute vorgestellt worden. Dort feierte Kiep die Verleihung des Bundesverdienstkreuzes – und Schreiber zahlte die Zeche.[47] Kiep habe ihr gesagt, Schreiber sei Geschäftsmann und »nicht ganz arm«, erinnerte sich Frau Baumeister.[48] Uns sagte sie, bei ihr habe der Eindruck geherrscht, dass Schreiber gut betucht sei. »Und wenn er Geld hat, dann lade ihn doch ein«, dachte sie sich. Damit nahm das Verhängnis seinen Lauf, was aber noch keiner ahnte.

Es brauchte einige Überredungskunst, bis Schreiber seine Frau überzeugt hatte, den Urlaub zu unterbrechen und gemeinsam zu der CDU-Veranstaltung im Bonner Hotel Königshof zu reisen. Bärbel Schreiber war alles andere als begeistert von der Idee, die Autofahrt nach Nizza und dann den Flug in die alte Bundeshauptstadt auf sich zu nehmen.

»Meine Frau hat gesagt: ›Bist du verrückt? Zu was fährst du da rauf? Wir wollten endlich ein paar Tage Ferien machen‹«, antwortete er im Jahr 2002 bei seiner Vernehmung durch eine Abordnung des Untersuchungsausschusses in Toronto auf Fragen des Abgeordneten Hans-Christian Ströbele von den Grünen.

Und Geld für eine Spende hatte er in Südfrankreich auch nicht zur Verfügung. Aber Schreiber konnte die Einladung kaum ausschlagen, brauchte er doch für seine großen Projekte im Ausland politische Protektion. Eines davon, der im Auftrag des Thyssen-Konzerns geplante Bau einer Fabrik für Panzerfahrzeuge in Kanada, steckte gerade in der Krise. Da wäre Unterstützung aus Bonn von Vorteil gewesen. Als Chairman der kanadischen Thyssen-Tochter Bear Head Industries Ltd. habe er es daher als seine Pflicht angesehen, der Einladung von Brigitte Baumeister zu folgen, sagte Schreiber. Schließlich wäscht eine Hand die andere.

Am frühen Nachmittag dieses 21. September kamen die Schreibers im Hotel an, wo sie auch übernachten wollten. Das Abendessen begann um 19.30 Uhr. Neben Schäuble, Baumeister und ihrem Büroleiter Jürgen Schornack sowie den Schreibers war auch der Lobbyist, PR-Berater und Geschäftsführer der Hunzinger Industriewerte GmbH, Moritz Hunzinger, eingeladen. Dazu kam Jürgen Maßmann, ein alter Bekannter Schreibers, Vorstand für den Bereich Wehrtechnik der Firma Thyssen-Henschel in Kassel und Präsident der Bear Head Industries. Zu den weiteren Gästen gehörten der Geschäftsführer der Kleinwort Benson Deutschland GmbH, Hendrik Borggreve, und dessen Ehefrau, Rechtsanwältin Kristina Gräfin Pilati-Borggreve.[49] Die zweimal geschiedene agile Dame sorgte später für Aufsehen, als sie durch Vermittlung von Moritz Hunzinger mit dem damaligen Verteidigungsminister Rudolf Scharping, SPD, zusammenkam, den sie schließlich heiratete.[50] Die Runde war relativ klein. Schäuble sprach über das Regierungsprogramm der CDU.

Schreiber traf an diesem Abend zum ersten Mal auf den CDU-Politiker. Er und seine Frau hatten den Eindruck, dass der Fraktionsvorsitzende angestrengt war, sagte Schreiber. Sie beide hätten ihn dafür bedauert, dass er nach einem langen Arbeitstag noch ein politisches

Gespräch mit ihm unbekannten Menschen führen und dort »mehr oder weniger um Spenden betteln« musste.[51] Erst gegen Ende der Veranstaltung hatte Schreiber die Chance bekommen, ein paar Worte mit Schäuble zu wechseln. Dabei avisierte er auch die Bereitschaft, die CDU im Bundestagswahlkampf finanziell zu unterstützen. Wann das geschehen sollte, sagte er nicht. Weder Schäuble noch Baumeister händigte Schreiber an diesem Abend Geld aus. Die Übergabe einer Spende hätte sich angeboten, falls Schreiber einen gefüllten Umschlag in der Tasche gehabt hätte. Dass er nichts auf den Tisch legte, gefiel jedoch seinem Nachbarn nicht. PR-Spezialist Hunzinger machte ihn im Laufe der Veranstaltung ziemlich nassforsch an. Es sei jetzt Zeit, »der Tante« – gemeint war Schatzmeisterin Baumeister – »aber mal ein paar Lappen rüberwachsen zu lassen«. Schreiber, sonst mit allen schon nach fünf Minuten per Du, war über den vertraulich-fordernden Ton verärgert und blaffte zurück, er habe keine Lappen dabei. Er war keiner, der sich von anderen gern auf Kommando zu etwas antreiben ließ. Das galt auch dann, wenn es ums Zahlen ging. Der Abend endete dennoch harmonisch. Schreiber erinnerte sich später, man habe in kleiner Runde in der Hotellobby gesessen und geplaudert: Er, Brigitte Baumeister und Jürgen Maßmann. Dabei habe er angekündigt, sich um eine Spende zu kümmern und sich noch aus dem Urlaub in Südfrankreich zu melden.

Über alles, was sich am folgenden Tag und in den folgenden Wochen ereignete, legt sich der Schleier der unvollständigen Erinnerungen, des taktischen Vergessens, der widersprüchlichen Aussagen, der Lügen. Dabei wären am Ende alle viel besser weggekommen, wenn sie sich besonnen und stets die Wahrheit gesagt hätten. Schäuble wäre heute wohl Kanzler und müsste nicht unter Angela Merkel dienen. Aber: Was wäre, wenn ...? Es ist immer die gleiche Frage, wenn das Kind in den Brunnen gefallen ist.

Wann hat Karlheinz Schreiber wem seine schicksalhafte 100 000-Mark-Spende übergeben, die wie eine Bombe mit Zeitzünder gut fünf Jahre später Schäubles Aufstieg stoppte und Brigitte Baumeisters gesamte politische Karriere wegsprengte? Sowohl Baumeister wie auch Schäuble behaupteten, das Geld in einem Umschlag direkt von Schreiber erhalten zu haben. Und auch das noch an verschiedenen Orten. Wie soll das möglich sein?

Schäuble erinnerte sich an ein kurzes Gespräch mit Schreiber gegen Ende des Treffens im Bonner Hotel Königshof, etwa zwischen 22 und 22.30 Uhr. Schreiber sei auf ihn zugekommen und habe gefragt, ob er ihm am darauffolgenden Morgen einen kurzen Besuch in seinem Abgeordnetenbüro im Bundeshaus in Bonn abstatten dürfe. Da ihm der Lobbyist, den er bislang nicht kannte, als alter Freund von Franz Josef Strauß und Unterstützer der konservativen Sache beschrieben worden sei, habe er dessen Wunsch erfüllt und ein Treffen zwischen 9 und 9.30 Uhr in seinem Büro vorgeschlagen. Um 9.30 Uhr hatte Schäuble bereits ein Interview mit dem *Handelsblatt* in seinem Büro vereinbart.

Nach Schäubles Version erschien Schreiber an diesem Morgen wie angekündigt. Er muss aber bis zur Tür eine Tarnkappe getragen haben. Denn von Schäubles Büroangestellten, bei denen Besucher aufgelaufen sind, hat ihn niemand wahrgenommen. Niemand hat ihn kommen oder gehen gesehen. Nach einem kurzen Gespräch habe Schreiber ihm einen Briefumschlag überreicht und gesagt, er enthalte 100 000 Mark, behauptete der Fraktionsvorsitzende. Mit dem Geld könne er »machen, was er wolle«.[52] Schäuble ging davon aus, dass es sich nicht um einen Scheck, sondern um Bargeld handle. Kontrolliert habe er das aber nicht. Schreiber habe von ihm keine Quittung bekommen, sondern nur die Zusicherung, dass er den Umschlag sofort an Schatzmeisterin Brigitte Baumeister weiterreichen werde. Schäuble will das Geschenk »gewissermaßen in der Funktion eines Boten als Spende für die CDU Deutschlands« entgegengenommen haben.[53] Die von ihm geschilderte umständliche Prozedur erschließt sich wohl auch nur ihm. Nichts wäre leichter gewesen, als Schreiber zu bitten, das Geld gleich selbst Frau Baumeister auszuhändigen. Denn die war damals in Reichweite und für die Einnahmen zuständig.

Schäuble konnte sich später nicht erinnern, mit Schreiber in seinem Büro etwas Besonderes erörtert zu haben, auch nicht das Bear-Head-Projekt in Kanada. Dass Schreiber damit in Verbindung stehe, habe er nicht gewusst. In diese Angelegenheit sei er nie involviert gewesen, weswegen er einen Zusammenhang zwischen der Spende und dem Bear-Head-Projekt ausschloss. Am Ende wird es bei diesem Punkt nochmals spannend. Aber der Reihe nach.

Den Umschlag mit den 100 000 Mark gab Schäuble, wie er sagte, nicht selbst an die Schatzmeisterin weiter. Das Geld habe er – ohne Prüfung – weiterleiten lassen. Ein Geheimnis ist bis heute, wer dabei den Boten spielte. Er wurde nie gefunden. Beim nächsten Treffen, behauptete Schäuble, habe er Frau Baumeister auf den Umschlag angesprochen. Zur eigenen Sicherheit. Ausdrücklich habe er die Schatzmeisterin gebeten, »das Geld ordentlich zu behandeln und Karlheinz Schreiber den Empfang der Spende ordnungsgemäß zu bestätigen«, damit dieser »nicht auf dumme Gedanken« komme.[54]

Alles wohl reine Kopfgeburten. Denn auch von Schreibers Seite gibt es keinerlei Hinweise, die auch nur im Entferntesten mit Schäubles Version in Einklang gebracht werden könnten. Schreiber saß morgens zuerst mit seiner Frau beim Frühstück im Hotel, und anschließend telefonierte er.

Einige Tage später, sagte Schäuble, habe ihm Brigitte Baumeister vorgeschlagen, Schreiber zum Dank ein signiertes Exemplar seines gerade erschienenen Buches *Und der Zukunft zugewandt* zu übersenden. Schäuble schrieb eine persönliche Widmung für Schreiber und gab Baumeister den Band, die ihn dem großzügigen Spender zusenden ließ. Schäuble erweckte anfangs den Eindruck, diese Aktion sei noch im September 1994 gelaufen. Dem Untersuchungsausschuss lag Schäubles Widmung vor, die jedoch das Datum des 19. Oktober trägt. Eigentlich eine unbedeutende Nebensache, die sich aber bei den vielen Irrungen und Wirrungen in diesem Fall noch als wichtiges Indiz erweisen sollte.

Aufgrund der Ungereimtheiten wurden die Fragen nach der tatsächlichen Übergabe und dem Verbleib der Schreiber-Spende in den Medien immer drängender. Das Geld war im Rechenwerk der Partei anonym und damit gesetzeswidrig verbucht worden. Brigitte Baumeister reagierte mit einer Erklärung, die Schäubles Darstellungen zwar nicht widersprach, sie aber auch nicht im Detail bestätigte. Sie wollte mit dem Fall nichts mehr zu tun haben und hoffte, sich durch eine weit interpretierbare Schilderung heraushalten zu können. Eine große Täuschung. Und zugleich auch Miturache für ein kaum noch überschaubares Spiel aus Kaschieren und Intrigieren.

Als Schäuble weiter unter Druck geriet, machte er Brigitte Baumeister öffentlich dafür verantwortlich, dass die 100 000 Mark nicht korrekt verbucht worden waren. Die frühere Schatzmeisterin konterte mit einer korrigierten, präziseren Darstellung und ging zu ihrem Fraktionsvorsitzenden und Parteichef auf Distanz. Sie sagte, von einer Terminabsprache zwischen Schreiber und Schäuble für den Vormittag nach dem Treffen im Bonner Hotel Königshof habe sie nichts mitbekommen. Schäuble selbst habe ihr nie etwas davon gesagt, auch nicht, als er sie in der Nacht zu ihrer Bonner Wohnung fuhr. Das musste er auch nicht, wäre aber gerade nach dem Sponsorenessen zu erwarten gewesen. Und in ihrem Abgeordnetenbüro im »Alten Hochhaus« in Bonn tauchte Schreiber auch nicht auf. Einen kurzen Abschiedsbesuch bei ihr hätte der umtriebige Lobbyist nach einer Visite bei Schäuble aber wohl nicht ausgelassen.

In den Wochen nach der Veranstaltung im Bonner Hotel Königshof, so Baumeister, rief Schreiber mehrmals an und bat um ein Treffen. Dabei sei aber kein Wort gefallen über eine zu erwartende Spende für die Partei. Schließlich verabredeten sie sich in München, wo Brigitte Baumeister an einem Wahlkampftermin teilnehmen wollte. Als dieser Termin platzte, lud Schreiber sie zu sich nach Hause in Kaufering ein.

Dem Trip nach Kaufering habe sie zugestimmt, da sie inzwischen davon überzeugt gewesen sei, dass es um eine Parteispende gehe, sagte Frau Baumeister. Ihren Besuch, der für den 11. Oktober vorgesehen war, ließ sie von ihrem Büroleiter Jürgen Schornack schriftlich bestätigen.

Als sie ankam, war Schreiber, der so oft um einen Besuch gebeten hatte, nicht zu Hause. Brigitte Baumeister wurde, wie sie sagte, von Frau Schreiber empfangen. Die Damen plauderten, aßen schließlich gemeinsam Weißwürste. Karlheinz Schreiber tauchte nicht auf, und Brigitte Baumeister wurde nervös, weil sie zu einer Wahlkampfveranstaltung zurück in ihren Wahlkreis Böblingen musste. Frau Schreiber bat sie, dennoch zu warten, da ihr Mann etwas für sie »hingerichtet« hätte.

Gerade als sie im Aufbrechen war, so die Darstellung von Brigitte Baumeister, sei Schreiber erschienen. Sie hätten auf dem Flur vor der Eingangstüre gestanden, als Schreiber ihr einen verschlossenen Umschlag für Schäuble in die Hand gedrückt habe mit der Bemerkung, es handle sich um ein »Buch mit bösen oder hässlichen Männern«.[55]

Ihr sei nicht klar gewesen, was er damit meinte, und sie habe aus Höflichkeit nicht fragen wollen, ob es sich dabei um eine Spende handle. Brigitte Baumeister erinnerte sich später, dass auf dem dicken Kuvert »Für Herrn Dr. Schäuble« gestanden und dass Schreiber ihr gesagt habe, das Päckchen enthalte noch einen Begleitbrief an ihren Fraktionsvorsitzenden, in dem alles Nähere erläutert sei. Sie packte alles ein und machte sich auf den Weg nach Böblingen zu ihrem Wahlkampftermin.

Folgt man Baumeisters Schilderung, dann machte sie der Briefumschlag weder besonders neugierig noch besonders vorsichtig. Sie hatte ihn in ihren Aktenkoffer gesteckt und wusste später nicht mehr genau, ob sie ihn nach ihrer Heimkehr auf ihren Schreibtisch gelegt oder im Koffer gelassen hatte. Die letzten fünf Tage vor der Bundestagswahl blieb sie in ihrem Wahlkreis und hatte somit auch keine Gelegenheit mehr, den Umschlag Schäuble zu übergeben.

Erst nach der Bekanntgabe des Wahlergebnisses am Abend des 16. Oktober 1994 ließ sich Brigitte Baumeister von ihrem Fahrer von Böblingen nach Bonn zur CDU-Wahlparty im Konrad-Adenauer-Haus chauffieren. Der Umschlag Schreibers lag, wie sie sagte, während der Fahrt neben ihr auf dem Rücksitz. Als sie gegen 23 Uhr auf der Party ankam, traf sie dort auch das Ehepaar Schreiber. Es war noch einmal gut gegangen, Schwarz-Gelb konnte mit Kanzler Helmut Kohl weitermachen. Baumeister sprach nur kurz mit Schreiber, der sich nicht nach dem Verbleib seines Geldes erkundigte. Erst am nächsten oder übernächsten Tag brachte sie die »bösen oder hässlichen alten Männer« – so hatte Schreiber die Brüder Grimm tituliert, die auf den Tausend-Mark-Scheinen abgebildet waren – zu Schäuble ins Büro im Bundestag. Eine Notiz über den konkreten Tag der Übergabe machte sie sich nicht, hielt es aber für »sehr wahrscheinlich«, dass sie den Umschlag am 17. Oktober im Anschluss an eine Präsidiums- und Vorstandssitzung an Schäuble weitergereicht hatte. Mit Schäuble habe sie nicht darüber gesprochen, von wem der Umschlag stamme. Die Übergabe ließ sie sich auch nicht quittieren, da sie sich nicht vorstellen konnte, dass das später noch einmal eine Rolle spielen würde.

Einen oder zwei Tage danach – so Baumeisters Darstellung – bat Schäuble sie erneut in sein Büro. Er habe am Schreibtisch gesessen, in die rechte Schublade gegriffen und einen verschlossenen

Umschlag hervorgeholt. Etwa mit den Worten, darin »ist das Geld von Karlheinz Schreiber«, das sie »für die Bundespartei« verwenden solle, habe ihr der Fraktionschef das Kuvert ausgehändigt.[56] Daraus folgerte sie, dass in dem Umschlag aus Kaufering eine Barspende gewesen sei. Mit dem Kuvert ließ sie sich umgehend zur Parteizentrale im Konrad-Adenauer-Haus fahren, wo sie das verschlossene Päckchen ihrem Büroleiter Jürgen Schornack gab. Später rief Schornack seine Chefin an, um ihr mitzuteilen, dass er den Umschlag geöffnet und 100 gebündelte Tausend-Mark-Scheine darin gefunden habe, die nun im Tresor der Schatzmeisterei lägen. Dort wurden sie für längere Zeit eingeschlossen. Frau Baumeister bestritt vehement Schäubles Behauptung, er habe sie gebeten, Schreiber eine Spendenbescheinigung zu übersenden, damit dieser nicht »auf dumme Gedanken komme«.

Schäuble war nun allein mit seinen Behauptungen, die den Nachteil hatten, mehr Fragen aufzuwerfen, als Antworten zu geben. Der Streit darüber, ob Schäuble die Spende am 22. September in seinem Büro von Schreiber bekommen oder ob Schatzmeisterin Baumeister das Geld am 11. Oktober abgeholt und es dann an ihn weitergegeben hatte, wurde immer heftiger, war aber in der Sache unbedeutend. Die CDU hatte das Geld erhalten. Das zählte. Gravierend war, dass die hohe Zuwendung im Rechenschaftsbericht der Partei nicht, wie gesetzlich vorgeschrieben, mit dem Namen des Spenders ausgewiesen, sondern unter »sonstigen Einnahmen« versteckt worden war.

Zersetzendes Misstrauen

Dass auf Schreibers Geld ein Fluch lag, zeichnete sich schon ab, lange bevor der Parteispenden-Untersuchungsausschuss ans Werk ging. Hinter den Kulissen der CDU war es drei Jahre vor den parlamentarischen Nachforschungen zu Zänkereien gekommen, die ein latentes Misstrauen unter ihren führenden Figuren bloßlegten, böse Folgen hatten und schließlich die Partei in eine Krise stürzten. Zwischen

Kanzler Kohl, dem Fraktionsvorsitzenden Schäuble und Brigitte Baumeister, die damals auch noch parlamentarische Fraktionsgeschäftsführerin war, stimmte die Chemie nicht mehr. Die Gefahr, die hier drohte, hätten Eingeweihte schon früh erkennen können. Sie wurde noch dramatisch erhöht, als Schäuble im November 1998 Parteivorsitzender geworden war und Baumeister als Schatzmeisterin der Partei ablösen ließ. Was hatte die beiden auseinandergetrieben?

Als 1997 bekannt wurde, dass gegen Karlheinz Schreiber ein Haftbefehl wegen des Verdachts auf Steuerhinterziehung erlassen worden war, mussten bei so manchem, der Kontakt zu ihm hatte, die Alarmglocken läuten. Auch CDU-Bundestagsfraktionschef Schäuble wurde unruhig, war sich anfangs aber angeblich nicht sicher, dass der Spender Schreiber und der nun per Haftbefehl Gesuchte ein und dieselbe Person waren. Am Rande einer Plenarsitzung des Bundestages, sagte Schäuble später, habe er Frau Baumeister auf die damalige Spende angesprochen und wissen wollen, wie sie behandelt worden sei, vor allem ob Schreiber eine Quittung erhalten habe. Nicht so wichtig fand Schäuble damals die Klärung der von der Sache her wichtigsten Frage: Weshalb die Spende nicht entsprechend den Vorschriften des Parteiengesetzes im Rechenschaftsbericht der CDU veröffentlicht worden war.

Schäuble ging im Untersuchungsausschuss salopp über das Thema hinweg mit der Bemerkung, er habe die Rechenschaftsberichte vor 1999 ohnehin nie gelesen.[57] Entscheidend war aber nicht, ob er sie früher gelesen hatte, sondern was drinstand. Und das hätte er nach den laufenden Aufregungen längst selbst abfragen oder sogar einsehen können. Dann nämlich hätte er sich seine Frage selbst beantworten können. Da die Spende zur Verschleierung des Spenders unter der Rubrik »sonstige Einnahmen« versteckt worden war, konnte es auch keine Quittung geben. Auch das hätte ihm geläufig sein müssen. Schäuble hielt sich aber an Frau Baumeister. Und die teilte ihm schließlich auf mehrfaches Nachfragen mit, dass Schreiber auf dessen eigenen Wunsch keine Quittung erhalten hatte.

Schäuble reagierte nach eigener Darstellung unfreundlich und fragte die Schatzmeisterin, weshalb sie Schreiber nicht gegen dessen Wunsch eine Spendenbescheinigung geschickt habe. Was der damit mache, sei schließlich seine Sache und nicht mehr die der

Partei. Dem Fraktionsvorsitzenden kam es vor allem darauf an, sich gegen den möglichen Vorwurf abzusichern, Schreibers Geld für sich selbst verwendet zu haben. Er verlangte von Brigitte Baumeister dann auch eine schriftliche Bestätigung dafür, dass er die 100 000 Mark im Herbst 1994 an sie als Schatzmeisterin weitergeleitet habe. Da öffneten sich die ersten Gräben zwischen beiden. Es dauerte Monate, bis Schäuble eine Bescheinigung bekam. Nichts Offizielles. Frau Baumeister hatte keinen Briefbogen der Schatzmeisterei verwendet, sondern ihren privaten. Ein Affront.

Die Schatzmeisterin erklärte ihr Zögern mit dem Verlangen Schäubles, ihm auch schriftlich zu bestätigen, dass er sie bei der Übergabe des Umschlages mit den 100 000 Mark aufgefordert habe, Schreiber für den Erhalt des Geldes eine Spendenbescheinigung zu übersenden. Das verweigerte sie mit der Begründung, es habe nicht den Tatsachen entsprochen. In ihrer auf den 4. März 1998 datierten Erklärung hielt sie nur fest, dass ihr Schäuble im Oktober 1994 einen Betrag in Höhe von 100 000 DM gegeben habe, der ihm »kurz zuvor« von Karlheinz Schreiber ausgehändigt worden sei. Das Geld sei von ihr umgehend »an die CDU weitergeleitet« und »dort vereinnahmt worden«.[58]

Der Fall war inzwischen noch komplizierter geworden, als Helmut Kohl auf die Bühne trat. Der Kanzler und CDU-Chef hatte schon im Herbst 1997 Wind davon bekommen, dass es Probleme mit einer Barspende Schreibers gäbe. Er selbst sei es gewesen, sagte Schäuble, der aus Verärgerung über den irregulären Umgang mit der Zahlung den Parteivorsitzenden informiert habe. Auch Kohl soll verärgert gewesen sein, dass Schreiber für sein Geld keine Quittung bekommen hatte. Nicht zuletzt diese Tatsache, so Schäuble, habe ihn dazu bewogen, Frau Baumeister im November 1998 – als er selbst zum Nachfolger Kohls im Parteivorsitz gewählt worden war – aus ihrem Amt als Schatzmeisterin entfernen zu lassen. Schäubles Version von Kohls Reaktion ist schwer nachzuvollziehen. Der CDU-Chef war schließlich selbst ein Meister im Umgang mit schwarz gezahltem Spendengeld, wofür es keine Quittungen gab.

Brigitte Baumeister berichtet über das Auftreten Kohls im Fall Schreiber etwas ganz anderes als Schäuble. Der Kanzler sei während einer Plenarsitzung des Bundestages im September 1997 mit der

Frage auf sie zugekommen, ob Schreiber jemals eine Spende an die Bundespartei gegeben habe. Sie habe Kohl über die Vorgänge um die 100 000 Mark aufgeklärt, worauf der in Schäubles Büro gestürmt sei. Laut Baumeister rief Schäuble danach bei ihr an und beschwerte sich darüber, dass sie den Kanzler über die Spende informiert habe. Schäuble riet ihr, die Kontakte zu Schreiber schriftlich festzuhalten, da sie später vielleicht einmal danach gefragt werde. Mit Datum vom 17. September 1997 fertigte Frau Baumeister einen Vermerk an, der allerdings weder die Einladung des Ehepaars Schreiber zu dem Spenderessen in Bonn noch ihren eigenen Besuch in Kaufering enthielt. Diese Auslassung erklärte sie damit, dass sie Kohl bereits bei dem Gespräch im Plenarsaal über alles informiert habe. Kohl wurde Baumeisters Notiz auf einem bislang unbekannten Weg zugespielt.

Warum das alles? Hat Schäuble nun zuerst mit Kohl gesprochen oder Kohl zuerst mit Baumeister, und falls ja, wer gab ihm den Anstoß dazu? Der Umgang des Spitzenpersonals der CDU glitt ins Absurde ab. Die Sache geriet in Vergessenheit.

Ende November 1999 – Schäuble war seit einem Jahr Parteivorsitzender – ging es wieder los: In einem Zeitungsbericht wurde Karlheinz Schreiber beiläufig mit der Bemerkung zitiert, dass er in Bonn einmal mit Schäuble zusammengetroffen sei. Es habe möglicherweise ein kurzes Gespräch zwischen beiden gegeben, wiegelte Schäubles Sprecher Walter Bajohr ab. Über die 100 000 Mark redete niemand.[59]

Doch damit war das Thema Schreiber noch nicht zu Ende. Es gab neue Aufregung. Seit vier Wochen rissen die Berichte über einen großen Spendenskandal der CDU nicht mehr ab. Die Partei trieb einer Katastrophe entgegen. Dafür hatte die Augsburger Staatsanwaltschaft gesorgt, die Anfang November mit ihrem Haftbefehl gegen Walther Leisler Kiep, den Vorgänger Baumeisters in der CDU-Schatzmeisterei, vorgegangen war. Kiep hatte zusammen mit seinem Finanzberater Horst Weyrauch von Schreiber in der Schweiz eine Million Mark Schwarzgeld angenommen und bei seiner Vernehmung bereits angegeben, dass es sich um eine Spende für die CDU gehandelt habe. Der Parteivorsitzende Schäuble war gefordert.

Der 2. Dezember kam, der Tag, den Schäuble wohl sein ganzes Leben lang nicht mehr vergessen wird. Endlich wollte er seine ganze

Stärke als Parteivorsitzender zeigen. Er ordnete die fristlose Entlassung des Finanzexperten und Kohl-Vertrauten in der Parteizentrale, Hans Terlinden, an. Terlinden hatte Weyrauchs Augsburger Zeugenaussage besorgt und nicht an Schäuble weitergeleitet, sondern an den Altkanzler durchgesteckt. Ein schwerer Vertrauensbruch gegenüber dem neuen Hausherrn Schäuble. Die Überbringerin der schlechten Nachricht in Schäubles Büro war Angela Merkel, die Generalsekretärin. Der Vorgang zeigte, dass Schäuble neben dem schwarzen Riesen ein Zwerg geblieben war. Kohls langer Schatten lag noch immer auf seiner Partei und Schäuble stand mittendrin.

Schäuble wurde Terlinden, der sofort seine Schlüssel abgeben sollte, nicht so einfach los. Kohls Intimus blieb in Wartestellung, weil er wusste, dass er für die internen Aufräumarbeiten im Spendensumpf der Partei noch gebraucht würde. Schäuble musste einsehen, dass seine Autorität nicht sehr weit reichte. Falls es noch einer besonderen Bestätigung bedurfte, bekam er sie in der direkten Auseinandersetzung mit Kohl über Terlindens eigenmächtige Aktion. In einem Telefongespräch mit Schäuble, der gerade im Plenarsaal des Bundestages saß, zog sich Kohl mit einer windelweichen Erklärung für den Vertrauensbruch aus der Affäre. In der Sache steckte er aber nicht zurück. So zerbrach eine Freundschaft.[60] Kohl hatte seinen Nachfolger nicht unterstützt.

Der Tag brachte Schäuble noch mehr Ungemach. In der von SPD und Grünen beantragten Debatte des Parlaments über die Einsetzung eines Untersuchungsausschusses zur Parteispendenaffäre kam Schreibers Kontakt zu ihm zur Sprache. In gewundenen Formulierungen erklärte Schäuble zuerst, er habe Schreiber im Spätsommer/Frühherbst 1994 bei einer Gesprächsrunde mit potenziellen Spendern im Zusammenhang mit der bevorstehenden Bundestagswahl in Bonn kennengelernt. Schreiber habe sich ihm als Unternehmer vorgestellt. Dann fasste er seine Ausführungen brüsk zusammen: »Auf der damaligen Veranstaltung bin ich Herrn Schreiber begegnet. Das war es.«[61]

Doch der Grünen-Politiker Hans-Christian Ströbele wollte noch ein bisschen provozieren, wobei er auf die Verpackung der Schreiber-Million für Kiep anspielte: »Mit oder ohne Koffer?«

Schäuble blieb kühl: »Ohne Koffer, das heißt: Ich habe vielleicht einen Aktenkoffer dabeigehabt. Ich weiß es nicht mehr genau.« Und er schob noch den Satz hinterher: »Es ist jedenfalls im Spätsommer oder im Herbst 1994 weder von Panzern noch von Ähnlichem die Rede gewesen.«[62] Damit beantwortete er eine Frage, die niemand gestellt hatte, was aber nicht weiter diskutiert wurde. Die Bedeutung dieser Andeutung erschloss sich vorerst noch nicht. Angekommen war nur die Botschaft Schäubles, er habe von Schreiber kein Geld bekommen. Das sollte sich noch als großer Fehler erweisen.

Am 10. Dezember erhielt Frau Baumeister eine schriftliche Anfrage des CDU-Bundesgeschäftsführers Willi Hausmann zu einer Einzahlung Walter Leisler Kieps vom Dezember 1995 in Höhe von 100 000 Mark auf ein Spendenkonto bei der Hauck-Bank in Frankfurt am Main. Hausmann wollte wissen, ob es sich dabei um eine Spende Schreibers gehandelt hatte.

Zehn Tage später bekam Hausmann Antwort: »... auf Ihre mir schriftlich zugeleitete Frage vom 10. Dezember 1999 bezüglich einer Einzahlung in Höhe von DM 100 000,00 durch Herrn Walther Leisler Kiep ... teile ich Ihnen mit, dass es sich dabei um die Einzahlung einer Barspende handelt, die Herr Kiep seinerzeit für mich weitergeleitet hatte. Die Barspende ist von Herrn Karlheinz Schreiber im Anschluss an die Wirtschaftsrunde vom 21. September 1994 im Hotel Königshof in Bonn übergeben und mir später ausgehändigt worden ...«[63]

Schreibers Geld war aus nicht mehr nachvollziehbaren Gründen ein Jahr lang im Safe der Schatzmeisterei deponiert worden. Schließlich holte Horst Weyrauch, der sich auch nach Kieps Rückzug noch in der Finanzwelt der CDU herumtrieb, die Spende ab und zahlte sie auf einem seiner dubiosen Konten ein. Chaotisch ging es zu bei der CDU.

Über die Formulierung ihres Schreibens an Hausmann hatte Brigitte Baumeister nach eigener Aussage mit Schäuble gesprochen. Sie wollte ihre Angaben so verstanden wissen, dass der formale Anlass der Spende das Sponsorenessen gewesen sei, dass sie das Geld aber erst bei ihrem späteren Besuch in Kaufering erhalten hatte. Wer sollte das ahnen? Hellseher hätten bei der CDU reich werden können.

Der Brief an Hausmann rief Schäuble wieder auf den Plan. Am Abend des 20. Dezember 1999 saß Brigitte Baumeister bei einer Weihnachtsfeier, als sich Schäuble auf ihrem Mobiltelefon meldete und – so Baumeister – »ziemlich apodiktisch« die Streichung der Worte »und mir später ausgehändigt worden« am Schluss ihres Schreibens verlangt habe.

Baumeister schrieb in ihren Erinnerungen: »Ich fragte ihn nach dem Grund für diesen Änderungswunsch. Er wich aus, drückte sich unklar aus, beharrte aber auf einer zweiten Fassung. Erst viel später wurde mir klar, was er damit im Schilde führte. Er wollte den Abstand zwischen der ersten Begegnung mit Schreiber und der Spendenübergabe verkürzen. Da störte der verräterische Nachsatz … Warum dieser ganze Aufwand? Erst im Nachhinein lichtete sich der Nebel. Schäuble bemühte sich offenbar, die Schreiber-Spende als Reflexhandlung eines begeisterten CDU-Gönners hinzustellen und nicht als überlegte Handlung eines mit allen Wassern gewaschenen Lobbyisten in reiflichem Abstand zum ersten Kontakt von Spender und Empfänger.«⁶⁴

Nachdem Schäuble angerufen hatte, beugte sie sich allerdings seinem Wunsch und ließ am nächsten Morgen ein zweites Schreiben verfassen, in dem der monierte Nachsatz fehlte. Auch dieses Papier schickte sie an Hausmann.

Schäuble behauptete hinterher, weder die beiden Schreiben zu kennen noch von Brigitte Baumeister die Streichung der inkriminierten Passage verlangt zu haben. Er schloss nicht aus, mit Baumeister am 20. Dezember telefoniert zu haben, aber die Streichung, nein! Willi Hausmann bestätigte zumindest die Existenz der beiden Schreiben, von einer Intervention Schäubles wisse aber auch er nichts.⁶⁵

Die Ereignisse der Monate November und Dezember 1999 hatten die CDU tief erschüttert. Am 16. Dezember hatte Kohl im ZDF sein Ehrenwort gegenüber den angeblichen anonymen Spendern bekräftigt. Und am 22. Dezember erschien als Antwort darauf Angela Merkels schicksalhafter Beitrag in der *Frankfurter Allgemeinen Zeitung*, der unter der Überschrift »Die Zeit Kohls ist unwiederbringlich vorbei« den Abschied vom einstigen Übervater markierte.

Aber auch der Druck auf Schäuble hielt weiter an. Er wurde von der mit den Aufräumarbeiten im Finanzdschungel der CDU beauftragten Wirtschaftsprüfungsgesellschaft Ernst & Young zu der Schreiber-Spende befragt. Dabei beharrte er uneingeschränkt darauf, im September 1994 von Schreiber eine Spende in Höhe von 100 000 DM erhalten zu haben. Darüber unterrichtete er nun auch das Präsidium der CDU und am Wochenende des 8./9. Januar 2000 im Rahmen einer

Klausurtagung in Norderstedt den CDU-Bundesvorstand. Am Abend des 10. Januar 2000 trat Schäuble in der ARD-Sendung »Farbe bekennen« auf und behauptete auch hier, Schreiber habe am Tag nach dem Bonner Spenderessen im September 1994 bei ihm eine Barspende in Höhe von 100 000 DM abgegeben, die er an die Schatzmeisterei weitergeleitet habe. Damit lag er quer zu Baumeisters Darstellungen. Er fügte in dem ARD-Beitrag noch hinzu, erst im Zuge der Aufklärung der finanziellen Unregelmäßigkeiten der CDU habe er festgestellt, dass dieser Betrag nicht ordnungsgemäß unter Anführung des Spendernamens im Rechenschaftsbericht der Partei, sondern anonym unter der Rubrik »sonstige Einnahmen« verbucht worden sei.[66]

Die Sendung »Farbe bekennen« war schon am Morgen des 10. Januar aufgezeichnet worden. Noch vor der Ausstrahlung am Abend rief Schäuble bei Brigitte Baumeister an, um ihr anzukündigen, dass er am nächsten Tag eine Pressekonferenz zu dem Spendenthema geben wolle und ihr freistelle, gemeinsam mit ihm aufzutreten oder eine eigene Pressemitteilung zu veröffentlichen. Nach all dem, was Brigitte Baumeister bislang erklärt hatte, brauchte ihm nicht bange zu sein. Das war so interpretierbar, dass er damit umgehen konnte. Sie einigten sich darauf, dass Baumeister eine Mitteilung für die Medien herausgebe. Und die fiel genau so aus, wie Schäuble es erwarten durfte.

Frau Baumeister erklärte, Karlheinz Schreiber habe Schäuble die Barspende »im Nachgang« zu der Tischgesellschaft vom 21. September 1994 gegeben. Das war nicht falsch. In Baumeisters Lesart hieß das aber: später, im Oktober. Schäuble konnte jedoch die unbestimmte Formulierung auch in sein eigenes Datenschema einpassen, wie er gerade wollte. Weiter sagte Frau Baumeister, Schäuble habe das Geld zur Verbuchung an sie weitergeleitet. Sie habe Karlheinz Schreiber keine Spendenquittung ausgestellt, da dieser darauf verzichtet habe. Hilfreich für Schäuble war auch, dass sie erklärte, von einem Termin Schreibers im Bundestagsbüro des Fraktionsvorsitzenden gewusst zu haben. Zuvor sei Schreiber noch bei ihr im Büro gewesen.[67] Da sie auch hier kein Datum genannt hatte, konnten Unkundige ihre Darstellung als weitere Bestätigung für Schäuble werten. Und dann nahm sie auch noch in aller Öffentlichkeit die Schuld an der unkorrekten Registrierung der Spende auf sich: »Das

Geld floss ... in den Haushalt der CDU Deutschlands, ohne jedoch als Spende ausgewiesen zu sein. Nach den gesetzlichen Regelungen hätte das Geld in diesem Fall dem Spender zurückgegeben oder aber beim Präsidenten des Deutschen Bundestages abgegeben werden müssen. Dies nicht getan zu haben, ist ein Fehler, für den ich die Verantwortung trage.«[68] Etwas Besseres konnte Schäuble nicht passieren. Brigitte Baumeister war von allen guten Geistern verlassen. Offensichtlich hatte sie versucht, einen totalen Bruch mit Schäuble dadurch abzuwenden, dass sie ihn in der Öffentlichkeit schützte. Dabei hatte sie sich selbst reingelegt:»Ich taktierte, versuchte zu verbergen, ohne Falsches auszusagen.«[69] Sie wollte ihm eine Brücke bauen, hatte immer darauf gehofft, dass Schäuble»zur Vernunft kommt und sich endlich auf den Boden der Tatsachen stellt«, sagte sie uns.

Als Brigitte Baumeister am Abend Schäuble im Fernsehen sah, war sie»wie vom Donner gerührt«, obwohl sie hätte gewarnt sein müssen. Ihr Taktieren war gründlich misslungen. Schäuble zog voll durch, beharrte darauf, dass er Schreibers Geld am Tag nach dem Spenderessen in Bonn entgegengenommen habe. Die Spende sei vorschriftswidrig nicht unter dem Namen Schreibers verbucht worden, sonst hätte er sie im Rechenschaftsbericht finden können. Frau Baumeister verstand das so, dass sie den Sündenbock für die ganze Sache abgeben solle.[70] Das umso mehr, als Schäuble ja an anderer Stelle gesagt hatte, er habe vor 1999 keine Rechenschaftsberichte gelesen.

Jetzt dämmerte ihr, dass sie gefangen war und dazu noch selbst ihren Beitrag geleistet hatte. Bei der Pressekonferenz am folgenden Tag ging es weiter: Schäuble nutzte ihre Bekenntnisse und verknüpfte die nicht ordnungsgemäße Ausweisung der Spende mit ihrem Namen. Souverän meisterte er seinen öffentlichen Auftritt, machte seinen Fauxpas im Bundestag vergessen und gab jetzt den Aufklärer. Dabei vergaß er nicht, noch einmal sein korrektes Verhalten herauszustreichen mit dem Verweis auf die von ihm schon anfangs verlangte Ausstellung einer Spendenquittung. Schäuble stand im Licht. Um Brigitte Baumeister allerdings wurde es dunkel. Sie stand allein am Pranger.

Aber nicht lange. Karlheinz Schreiber mischte sich in die Diskussion ein. Von seinem Domizil in Kanada aus, wohin er sich nach der

Ausstellung des Augsburger Haftbefehls abgesetzt hatte, gab er dem ARD-Magazin »Report München« ein Telefoninterview, in dem er erklärte, die Übergabe der Spende an Schäuble habe im Rahmen eines Essens und einer Diskussion in kleinem Kreis stattgefunden. Auf die Frage, wie dies abgelaufen sei, verwies er auf Schäuble. Es sei besser, den Fraktionschef danach zu befragen. Zu den Hintergründen der Spende erklärte Schreiber, es habe sich um »Landschaftspflege« gehandelt.

Er spielte aber auch auf die geplante Panzerfabrik des Thyssen-Konzerns in Kanada an, das Bear-Head-Projekt: »(...) es ist ja nicht so, dass nicht Unterstützung gelegentlich auch von einer Regierung für ein Projekt notwendig ist. Und es gab ein sehr, sehr großes Projekt, an dem ich sehr interessiert war, in meiner Eigenschaft als Chairman von Thyssen Bear Head Industries (...).«[71] Dass zwischen der Spende und Bear Head ein direkter Zusammenhang bestanden habe, bestritt Schreiber allerdings: »Nein. Sie können durchaus, und das habe ich immer getan, mein ganzes Leben, wenn Sie jemanden einen Gefallen tun können, und Sie tun das, oder Sie unterstützen eine politische Richtung oder einen Verein, den Sie vom Prinzip her mögen, dann sind Sie dort ein angesehener Freund und Partner. Und wenn Sie gelegentlich ein Anliegen haben, dann wird man das im Rahmen der dafür notwendigen Erfordernisse auch machen. Ich meine, es ist ja nicht so, dass Politiker nicht dazu da wären, die Wirtschaft im Interesse unseres Landes und im Sinne von Arbeitsplatzsicherung zu unterstützen.«[72]

Nun erst fiel etwas auf, womit zunächst keiner etwas hatte anfangen können: dass Schäuble am 2. Dezember 1999 ungefragt im Bundestag erwähnt hatte, mit Schreiber nicht über Panzer gesprochen zu haben. Gab es da doch etwas zu verbergen? Hatte Schäuble prophylaktisch möglichen Spekulationen vorbeugen wollen?

Schreiber legte – in Kanada – nach: Er ließ dort einen Zeitungsbericht erscheinen, in dem völlig überraschend von einem Boten gesprochen wurde, der die 100 000 Mark überbracht habe. In einem Interview mit der *Bild-Zeitung* stritt Schäuble die Existenz eines solchen Boten ab.[73]

Noch hielt sich Brigitte Baumeister ruhig. Aber es kochte in ihr. Es war der 16. Januar 2000, ein Sonntag, als sie gegen elf Uhr am

Vormittag Wolfgang Schäuble anrief. Es handelte sich schon um ihren zweiten Versuch an diesem Wochenende, ihn davon zu überzeugen, dass er die Daten seiner Spendenversion korrigieren müsse. Am Tag zuvor hatte Schäuble ihr geraten, damit aufzuhören, Urlaub zu machen, endlich auszuspannen. Dann war die Verbindung aus technischen Gründen abgerissen. Auch am Sonntag blieb Schäuble hart. Das Gespräch endete in einer frostigen Atmosphäre. Wie hätte Schäuble auch von seinen öffentlichen Festlegungen wieder herunterkommen sollen?

Es war der letzte Kontakt zwischen Wolfgang Schäuble und Brigitte Baumeister, seiner einstigen Vertrauten und Freundin. Das Verhältnis war zerrüttet, aber geschieden waren die beiden noch nicht. Sie hatten eine gemeinsame Arbeitsebene: die Bundestagsfraktion. Brigitte Baumeister saß dort als parlamentarische Geschäftsführerin und Schäuble als ihr Fraktionschef. Wie sollte das aber noch funktionieren? Zumal Schreiber wieder Salz in die frischen Wunden streute.

In seiner Ausgabe vom 17. Januar zitierte der *Spiegel*, der schon in der Woche zuvor mit Baumeister Kontakt aufgenommen hatte, Karlheinz Schreiber mit einer neuen Darstellung der Ereignisse, die ganz auf der Linie lag, die der Rüstungslobbyist schon gegenüber einer kanadischen Zeitung vorgezeichnet hatte. Schäuble, so Schreiber, sei die Spende nicht durch ihn persönlich, sondern durch die Schatzmeisterin Brigitte Baumeister zugeleitet worden, die das Geld am 11. Oktober 1994 bei ihm abgeholt habe. Die 100 000 Mark habe er erst am 4. Oktober 1994 nach Rücksprache mit seinen Geldgebern von einem Konto in Zürich abgehoben. Was aufgrund der Bankbelege nachvollziehbar war.

Schreiber blieb medial am Ball, gab Interview auf Interview. Der *Spiegel* legte am 24. Januar nach und berichtete, Schreiber habe vier Zeugen für die Richtigkeit seiner Behauptung angeboten, dass er Brigitte Baumeister den Umschlag mit dem Geld für Schäuble übergeben habe. Eine Woche später sagte Schreiber dem *Focus*, er habe Frau Baumeister das Geld in München ausgehändigt.

Dann begann erneut die Verwirrung. In der *Zeit* korrigierte Schreiber postwendend seine Auskunft an *Focus*: Die Übergabe habe in seinem Haus in Kaufering stattgefunden. In seiner eidesstattlichen Versicherung vom 6. Februar 2000 heißt es schließlich:»Frau

Brigitte Baumeister hat am 11. Oktober 1994 einen Umschlag mit einer Spende von DM 100 000 für Dr. Schäuble erhalten. Den beigefügten Begleitbrief für Dr. Schäuble habe ich am 10. Oktober 1994 geschrieben.« Und weiter: »Ich war am 22. September 1994 nicht bei Dr. Wolfgang Schäuble und habe ihm auch zu keiner Zeit eine Spende von DM 100 000 persönlich übergeben.«[74] Daraufhin eskalierte der Krieg zwischen Schäuble und Baumeister. Die widersprach nun Schäuble öffentlich. Dabei berief sie sich auf den Rat ihrer Anwälte, die ihr vor Augen geführt hätten, dass sie bei einer Aussage vor einem kommenden Untersuchungsausschuss zur Wahrheit verpflichtet sei. Aus diesem Grund habe sie sich entschlossen, Schäubles Darstellung entgegenzutreten. In einer eidesstattlichen Versicherung vom 12. Februar 2000 wollte sie endgültig reinen Tisch machen und die Vergangenheit hinter sich lassen. Sie erklärte aber noch einmal wie in einer Art Selbstbeschwörung mit neuen Formulierungen, weshalb sie zuvor Schäuble nicht widersprochen habe: »Aus Loyalität zu meinem langjährigen Fraktionsvorsitzenden, Herrn Dr. Wolfgang Schäuble, und da zu diesem Zeitpunkt nicht absehbar war, dass die eher nebensächliche Frage der Übergabe des Geldes einmal eine wichtige Rolle spielen und auch Gegenstand der Verhandlungen des Untersuchungsausschusses werden könnte, habe ich zunächst die ohne Absprache mit mir von Herrn Dr. Schäuble in der Öffentlichkeit gemachte Äußerung, Herr Karlheinz Schreiber habe ihm das Geld übergeben, in meiner Presseerklärung vom 11. Januar 2000 wiederholt.«[75]

Dem immer mehr in die Enge getriebenen Schäuble war inzwischen ein kleiner moralischer Befreiungsschlag gelungen. In der Plenarsitzung des Bundestags vom 20. Januar 2000 hatte er sich offiziell für die unvollständige Darstellung entschuldigt, die er am 2. Dezember 1999 im Plenum über seine Begegnung mit Schreiber beim Spenderessen 1994 gegeben hatte.[76] Für eine wirksame Entlastung reichte das aber nicht mehr aus. Die nächste Welle im Meer der Ungereimtheiten und falschen Darstellungen war schon im Anrollen. Baumeister hatte wiederholt versucht, mit Schäuble über seinen Pressesprecher Walter Bajohr in Kontakt zu kommen, um ihn daran zu erinnern, dass er ein weiteres Zusammentreffen mit Schreiber im Jahr 1995 hatte, über das er der Öffentlichkeit bislang nichts gesagt habe. Sie erreichte

Schäuble aber nicht. Der bestätigte zwar mehrere Versuche Baumeisters, mit ihm zu sprechen, erklärte aber, er habe nach dem Stand der Dinge keinen Grund für ein weiteres Gespräch gesehen.

Die Lage war verfahren und wurde immer abstruser. Schäuble sah sich – auch aufgrund eines eigenen Kalendereintrags – gezwungen einzuräumen, dass er sich Anfang Juni 1995 ein zweites Mal mit Karlheinz Schreiber getroffen hatte. Allerdings habe er im Gegensatz zu der ersten Begegnung an dieses zweite Treffen keinerlei Erinnerungen mehr. Auch Schäuble fertigte nun eine eidesstattliche Versicherung über seine Sicht der Ereignisse. Der öffentliche und parteiinterne Druck auf ihn wuchs weiter.

Zwar stärkte der am 15. Februar tagende Fraktionsvorstand von CDU/CSU Schäuble wie zu erwarten den Rücken. Die Vorstände empfahlen einstimmig, Brigitte Baumeister solle ihr Amt als parlamentarische Geschäftsführerin zurückgeben. Eine echte Hilfe für den Fraktionsvorsitzenden Schäuble war das aber nicht. Denn der 15. Februar sollte sich als der Tag erweisen, an dem die Weichen endgültig anders gestellt wurden. Baumeister wurde vom Ehrenrat der CDU angehört, wozu dann auch noch Schäuble sowie dessen Vertrauter Hans-Peter Repnik hinzugezogen wurden. Anschließend rechtfertigte sie sich vor dem Fraktionsvorstand und lehnte einen Rücktritt ab. In der folgenden Fraktionssitzung regte sich Widerstand gegen das Vorgehen des Vorstands. Norbert Lammert, damals Chef der nordrhein-westfälischen Landesgruppe, hatte Schäuble zuvor informiert, dass es starke Kräfte gebe, die eine Neuwahl des gesamten Fraktionsvorstandes forderten. Schäuble schlug daraufhin in der Fraktionssitzung vor, bis zur Landtagswahl in Schleswig-Holstein am 27. Februar zu warten. Doch die Mehrzahl der Abgeordneten war der Auseinandersetzungen überdrüssig und verlangte eine Neuwahl schon in der folgenden Woche.

Das war ein schwerer Schlag für Schäuble. Die Fraktion war ihm aus dem Ruder gelaufen, so dass er mit seiner Wiederwahl nicht rechnen konnte. Die Ereignisse überschlugen sich. Schäuble stimmte dem Rücktritt des gesamten Fraktionsvorstandes zu und verkündete kurz darauf, er stehe nicht mehr für das Amt zur Verfügung. Dann setzte er noch eins drauf: Auch für den Parteivorsitz wolle er nicht mehr kandidieren. Damit war Schäuble fürs Erste am Ende. Die große

Gewinnerin der Zerfleischungsaktion zwischen Wolfgang Schäuble und Brigitte Baumeister war Generalsekretärin Angela Merkel. Beim Parteitag in Essen am 10. April 2000 wurde sie zur neuen CDU-Vorsitzenden gewählt. Schäuble wurde wohlwollend mit einem Sitz im Parteipräsidium abgefunden.

Doch die Affäre um Schreibers Geld war nicht ausgestanden. Am 13. und 14. April mussten sich Schäuble und Baumeister nacheinander den Fragen des parlamentarischen Untersuchungsausschusses stellen. Beide blieben bei ihren Versionen, Aussage stand gegen Aussage, eidesstattliche Versicherung gegen eidesstattliche Versicherung. Im Sommer gingen bei der Staatsanwaltschaft Berlin Strafanzeigen gegen Schäuble und Baumeister wegen uneidlicher Falschaussage vor dem Ausschuss ein, im Oktober wurde ein Ermittlungsverfahren gegen beide eröffnet.

Da bei den widersprüchlichen Darstellungen keiner mehr durchblickte, kam beim Untersuchungsausschuss und den Ermittlern der Verdacht auf, Schreiber habe womöglich zweimal 100 000 Mark gespendet. Einmal an Schäuble in dessen Büro und einmal an Baumeister, die das Geld bei Schreiber in Kaufering abgeholt habe. Dieser Version widersprachen vehement sowohl Schäuble als auch die Eheleute Schreiber. Weder Ausschuss noch Justiz fanden denn auch Belege dafür.

Am Ende konnte weder der Ausschuss noch die Staatsanwaltschaft den Ablauf der Ereignisse zweifelsfrei rekonstruieren. Obwohl Schäuble zwei Zeugen aus dem Hut zauberte, die seine Version bestätigten – den Fraktionssprecher Walter Bajohr und einen alten Freund aus seinem Heimatort Gengenbach, denen er zeitnah alles erzählt haben wollte –, ließen sich Ausschuss und Ermittler nicht beeindrucken. Schließlich handelte es sich um Zeugen vom Hörensagen, bei denen sich die Frage stelle, »ob ihre Erinnerung tatsächlich korrekt sei und auf eigenem Erleben basiere oder ob sie nicht durch die späteren Veröffentlichungen zu diesem Komplex unbewusst in ihrer Erinnerung beeinflusst worden seien«.[77]

Den Schilderungen Baumeisters billigten die Ermittler Plausibilität zu, während sie konstatierten, dass die von Schäuble geschilderte »Übergabemodalität« auf »nicht unerhebliche praktische Schwierigkeiten stößt«.[78] Zugunsten Baumeisters sprach für die Staatsanwälte auch, dass ihre Aussagen im Wesentlichen von ihrem Büroleiter Jürgen Schornack sowie auch von Karlheinz Schreiber und seiner Ehefrau bestätigt wurden.

Wie einfach wäre alles gewesen, wenn man sich an die vorliegenden Dokumente gehalten hätte. Am 6. Oktober 1994 war ein von Jürgen Schornack unterschriebener Brief mit dem offiziellen Schriftzug der Schatzmeisterei und dem Vermerk »persönlich« an Karlheinz Schreiber gegangen. Schornack kündigte das Eintreffen Baumeisters in Kaufering am besagten 11. Oktober – dem Tag der Spendenübergabe – exakt an. Er schrieb die Ankunftszeit des ICE auf, mit dem seine Chefin ins nahe Augsburg kam, und er notierte die Nummer samt Abfahrtszeit des Zuges, der sie zurück zum nächsten Wahlkampftermin nach Böblingen bringen sollte.

Und auch der Brief, den Schreiber zusammen mit den 100 000 Mark an Schäuble geschickt hatte, lag vor:

»Sehr geehrter Herr Dr. Schäuble,
als Anlage überreiche ich Ihnen, wie versprochen, den Bildband ›100 hässliche Männer‹. Ich hoffe, Sie haben Freude daran.
Bei dieser Gelegenheit möchte ich nicht versäumen, Ihnen zu sagen, wie sehr meiner Frau und mir der Abend im Hotel Königshof am 21.9. dieses Jahres mit Frau Baumeister und Ihnen gefallen hat.
Ich gebe der Hoffnung Ausdruck, dass der 16. Oktober für uns die erhoffte Zustimmung der Wähler bringt, die Sie weiterhin in die Lage versetzt, für unser Land tätig zu sein. Es wäre für uns nicht nur eine Freude, sondern auch eine große Beruhigung, die Geschicke unseres Landes weiterhin in den Händen von Männern wie Ihnen zu wissen. Sie dürfen auf mich zählen.
Meine Frau und ich freuen uns schon jetzt auf ein Wiedersehen mit Ihnen und sind

mit herzlichen Grüßen
Unterschrift
Karlheinz Schreiber«

Der Brief an Schäuble, in dem Schreiber blumig seine Spende beschreibt (100 hässliche Männer = 100 Tausend-Mark-Scheine), beinhaltet zwei wesentliche Fakten. Erstens: Er trägt das Datum des 10. Oktober und passt somit zu Baumeisters Besuch in Kaufering. Zweitens: Er enthält den Vermerk »*Durch Boten*«. Ein Beleg dafür, dass Schreiber nicht vorhatte, den Brief und damit logischerweise auch das beiliegende Geld persönlich zu übergeben. Bei seiner Vernehmung durch eine Abordnung des Untersuchungsausschusses im Jahr 2002 in Toronto bestätigte Schreiber mit Verweis auch auf eine entsprechende Eintragung in seinem Kalender, dass er diesen Brief am 10. Oktober geschrieben und ihn in den Umschlag zu den »100 hässlichen Männern« gesteckt habe. Diesen Umschlag habe er in einen größeren gesteckt, der ein Begleitschreiben für Brigitte Baumeister enthielt. Auch dieses trägt das Datum des 10. Oktober. Es lag dem Ausschuss und der Staatsanwaltschaft vor. Nach einem Dank für die Einladung zu dem Spenderessen mit Schäuble heißt es:

> »Wie Sie wissen, hatte ich Herrn Dr. Schäuble den Bildband ›100 hässliche Männer‹ versprochen. Um sicher zu sein, dass er denselben auf direktem Wege erhält, bitte ich Sie, ihm im Namen von meiner Frau und mir den Bildband zu überreichen. Dafür herzlichen Dank.
> Wir hoffen, Sie bald wiederzusehen, und sind
> in freundschaftlicher Verbundenheit
> Unterschrift
> Karlheinz Schreiber«

In beiden Briefen habe er bewusst den Begriff der »hässlichen Männer« benutzt, um die Zusammengehörigkeit der Schreiben zu dokumentieren, sagte Schreiber. Was spricht dagegen? Will man diese drei schriftlichen Zeugnisse nicht als Beweis dafür gelten lassen, dass die Schilderung Brigitte Baumeisters in den wesentlichen Punkten der Wahrheit entspricht, müsste man von einem groß angelegten Komplott und einer nachträglichen Fälschung der Schriftstücke ausgehen. Dafür spricht nichts, und während der Untersuchungen wurde das von niemandem behauptet. Andernfalls hätte die Staatsanwaltschaft auch gegen Schreiber in dieser Sache vorgehen müssen.

Schließlich war die Frage, wer wann die 100 000 Mark Schreibers entgegengenommen hatte, bei der Spendenübergabe völlig irrelevant. Schreiber hatte somit keinen ersichtlichen Grund, damals ein falsches Dokument zu produzieren.

Noch ein Indiz sprach für Baumeisters letzte Version: Die Widmung, die Schäuble in sein Buch schrieb, um das ihn Baumeister für Schreiber »wenige Tage« nach dessen Spende gebeten hatte, trägt das Datum des 19. Oktober.

Elefantendompteur Schreiber hatte es mit der CDU gut gemeint. Aber es kam wie so oft im Leben: Die gute Absicht ist der Feind der guten Tat. Brigitte Baumeister meinte es auch gut. Durch unklare Formulierungen und falsche Loyalitätsbekundungen zerstörte sie letztlich ihre politische Karriere. Dass sie mitgeholfen hatte, Schreibers Geld im Rechenschaftsbericht der Partei zu verschleiern, klebt an ihr. Aber das geriet schon während der Untersuchungen aus dem Blickfeld der professionellen Beobachter in den Medien und im Parlament. Bei der von den Parteien geübten Praxis im Umgang mit dem Geld hätte sie auch keine weiteren Blessuren zu erwarten gehabt.

Und Schäuble? Er meinte es auch gut – vor allem mit sich selbst. Auch das zahlte sich nicht aus. Er wollte mit aller Macht seine Finger sauber halten und spielte dabei mit dem Schicksal anderer. Koste es, was es wolle. Es kostete auch ihn viel – ein sehr großes Stück seiner Glaubwürdigkeit und den Fahrschein zur Kanzlerschaft.

Weshalb erweckte er am 2. Dezember 1999 im Bundestag den Eindruck, von Schreiber kein Geld bekommen zu haben? Ein Profi wie er? Weshalb verbiss er sich dann völlig unnötig für die Spendenübergabe in den Tag nach dem Sponsorentreffen? Warum trieb er sich und Brigitte Baumeister in eine Vernichtungsschlacht, die absehbar auch ihn vom Sockel reißen konnte? War es, frei nach Friedrich Schiller, nur der Fluch der bösen Tat, die fortzeugend immer Böses muss gebären?

Oder gab es da noch etwas anderes?

Während Schäuble behauptete, sich an die Abläufe des 21. und 22. September 1994 minutiös erinnern zu können, hatte er hinsichtlich seiner zweiten Begegnung mit Schreiber Gedächtnisausfall. Es war, wie der Ausschussbericht festhielt, der 2. Juni 1995, als Schreiber den Fraktionsvorsitzenden Schäuble in seinem Bundestagsbüro aufsuchte. Schreibers großes Projekt, die von Thyssen geplante Panzerfabrik in Kanada, stand vor dem Aus. Es war die letzte Chance zur Rettung, sagte Schreiber bei seiner Vernehmung in Kanada 2002. Schreiber bat Schäuble um Unterstützung und Intervention beim Bundeskanzler. Er hinterließ seine Visitenkarte. Als Burkhard Hirsch fünf Jahre später im Auftrag der rot-grünen Regierung Schröder Datenlöschungen in Kohls Kanzleramt untersuchte, fand er die Visitenkarte zusammen mit einem Memorandum und weiteren Informationen zum Bear-Head-Projekt. Den Unterlagen war ein Vermerk des Kanzleramtes für Kohl beigeheftet, aus dem sich ergibt, dass Schäuble nach der Rückkehr des Kanzlers von seiner Kanada-Reise am 22. Juni über das Ergebnis der Bemühungen um Bear Head telefonisch unterrichtet wurde. Bundeswirtschaftsminister Günter Rexrodt war beauftragt worden, in Kanada über das Projekt zu verhandeln. Er hatte aber keinen Durchbruch erzielt. Am 18. August erteilte die kanadische Regierung dem Thyssen-Konkurrenten General Motors den Zuschlag für eine Panzerfabrik. Das war dann auch das Aus für Bear Head, wie der Bericht des Untersuchungsausschusses 2002 festhält.[79]

Hatte Schäuble aus Angst davor, in eine gefährliche Nähe zu Schreibers Geschäften gerückt zu werden, die Erinnerung an das Bear-Head-Projekt verloren? Wir hätten ihn das und noch viel mehr gern gefragt, aber er ließ mitteilen, dass er für eine Beantwortung solcher Fragen keine Zeit habe. Klar, er arbeitete sich mit seiner Kanzlerin gerade mal wieder daran ab, die Finanzmärkte in Ordnung zu bringen. Auch ohne Erfolg.

Trotz seines Karriereknicks blieb er Deutschland erhalten. Die CDU hat offenbar nichts Besseres zu bieten als Merkel und ihren Verbündeten Schäuble. So einer wie er kann in dieser real existierenden politischen Landschaft nicht völlig untergehen: Innenminister, Finanzminister, Nebenkanzler und wer weiß ...?

4. Die Unterwanderung der Politik oder Wie man »Landschaftspflege« betreibt

Karlheinz Schreiber und Franz Josef Strauß

Geld regiert die Welt. Wer mitregieren will, muss investieren. Kaufleute wie Karlheinz Schreiber aus Kaufering bei Landsberg kennen die Spielregeln. Schreiber gab Millionen aus für Geschäfte und Projekte, was andere auch tun. Seine Spezialität aber war die diskrete, gezielte Investition ins Führungspersonal aus der Politik, was nicht alle anderen tun. Investitionen müssen sich lohnen. Wurzeln hatte Schreiber im Dunstkreis der CSU geschlagen. Hier hat er die Begehrlichkeiten von Politikern erfahren, hier hat er das gelernt und erfolgreich praktiziert, was er später »politische Landschaftspflege« genannt hat. Durch ihn sei die Korruption nach Deutschland gekommen, behauptete sogar Karl-Heinz Häusler, Sprecher des Landgerichts Augsburg, wo sich Schreiber vom 18. Januar 2010 bis Anfang Mai wegen Steuerhinterziehung zu verantworten hatte.

Häusler hatte maßlos übertrieben. Korruption gab es in Deutschland schon lange. Aber Schreiber hatte mehr als zehn Jahre lang für ein riesiges Korruptionsspektakel und für dicke Schlagzeilen gesorgt. Das war neu. Die Namen der prominentesten Unionspolitiker tauchten in seinem Dunstkreis auf. Er bediente die Schmiergeldmaschine des Thyssen-Konzerns. Schreiber, das darf als sicher gelten, hat Millionen in die Politik gepumpt für Gefälligkeiten. Geld bekamen nicht nur Wolfgang Schäuble und Walther Leisler Kiep. Schreibers politische Heimat war und blieb die CSU, die er nicht zu kurz kommen ließ. Welche Summen er dieser Partei und einzelnen christsozialen Politikern wirklich zusteckte, ist bis heute nicht bekannt. Schreiber spricht von mehreren Millionen. Die CSU bestreitet alles. Aber Schreibers Prokurist Albert Birkner, der in Augsburg als Zeuge befragt wurde, sagte, zur Wahrheit verpflichtet, aus, nach seinem Wissen habe sein Chef mehr als 15 Jahre lang an die CSU gezahlt. Und Minister der bayerischen Staatsregierung, auch solche, die Schreiber nicht einmal persönlich gekannt habe, hätten zu Weihnachten sogar regelmäßig Lachs, Kuchen und auch Geld bekommen.[1]

Schreiber, dieser stets getriebene »Landschaftsgärtner«, der sich zur Ausweitung seiner geschäftlichen und privaten Aktivitäten Wohnsitze in der Schweiz (im Engadiner Pontresina, wo auch die Kanzlerin seit vielen Jahren absteigt), in Südfrankreich, Liechtenstein und Kanada zulegte und kanadischer Staatsbürger wurde, hatte ein Gefühl für das Bajuwarische und ein Anpassungsvermögen an weiß-blaue Sitten und Unsitten entwickelt. Er war der geborene Spezi. Er muss es in den Genen haben: kumpelhaft und listig, anarchisch und rechthaberisch, zaudernd und fordernd, sentimental und selbstherrlich, freigiebig und berechnend, auf seinen Vorteil bedacht. Immer viel Kohle in Taschen und in Umschlägen, gelegentlich verbunden mit dem Hang zu ein wenig Selbstüberschätzung.

So war er gut gerüstet für den Umgang mit CSU-Chef Franz Josef Strauß, der für Schreiber der entscheidende Schlüssel zur internationalen politischen und industriellen Oberliga und damit zum großen Geld wurde. Und bei allem war Schreiber so flexibel, wie es sein großer Mentor Franz Josef für sich selbst beanspruchte: »Grundsätze muss man so hoch hängen, dass man notfalls darunter durchgehen kann.« Dafür hat das Augsburger Landgericht Schreiber im Mai 2010 seinen Preis diktiert: acht Jahre Gefängnis wegen Steuerhinterziehung in Höhe von 7,3 Millionen Euro in sechs besonders schweren Fällen. Ob es dabei bleibt, wird der Bundesgerichtshof im Revisionsverfahren entscheiden.

Wäre der gesundheitlich angeschlagene Strauß bei einem Jagdausflug mit dem Fürsten von Thurn und Taxis in der Nähe von Regens-

4. Die Unterwanderung der Politik

burg im Oktober 1988 nicht ins Koma gefallen und nach Verletzungen bei Wiederbelebungsversuchen an einem »Herzstillstand« gestorben, hätte er sich womöglich unangenehmen Fragen von Steuerprüfern und Staatsanwälten stellen müssen. Auch wegen eines Kontos, auf dem Schreiber für Strauß und die CSU fünf Millionen Mark in der Schweiz deponiert haben will, wie Schreiber mehrfach ausgesagt hat. Nach den gemeinsam entwickelten Vorstellungen habe es ein »Fonds« werden sollen, um die Finanzierung der CSU dauerhaft abzusichern. Über den Anlass zur Gründung dieses steuerfreien Wohltätigkeitsinstituts für die Partei ließ er sich vor einer Abordnung des Spenden-Untersuchungsausschusses im Mai 2002 in Toronto so ein: Es sei »die Idee von Herrn Strauß« gewesen, »dass man versucht, Geld zu sammeln oder Firmenbeteiligungen oder irgendetwas zu schaffen, woraus die CSU permanent Einnahmen hat«. Oder anders ausgedrückt: »Anstatt um Geld zu betteln, gemeinsam Geld verdienen.«[2] Als Strauß-Sohn Max im Prozess gegen Schreiber als Zeuge gefragt wurde, ob sein Vater der »wirtschaftlich Berechtigte« dieses millionenschweren Kontos gewesen sei, antwortete er vorsichtig: »Wissen tu ich es nicht. Ich würde es ausschließen.«

Ob Franz Josef Strauß im eigentlichen Sinn über das Geld verfügen konnte oder ob Schreiber einen Topf gefüllt hat, aus dem er nach eigenem Gutdünken seine politischen Freunde alimentieren wollte, ist wegen der steuerlichen Zurechnung ein Fall für das Finanzamt. Politisch gesehen, liegt die Sache anders.

Das Finanzierungsmodell sei kreiert worden, sagte Schreiber der Abordnung des Spenden-Untersuchungsausschusses, um den Vorteil auszugleichen, den die SPD aufgrund der Unterstützung durch die Gewerkschaften und ihre munter sprudelnden Einnahmequellen aus Unternehmensbeteiligungen genossen habe. »Für Strauß war das ein Ärgernis.« Die SPD verfügt über ein Medien- und Immobilienimperium, das Hunderte von Millionen wert ist und jährliche Einnahmen in hoher zweistelliger Millionenhöhe garantiert. Schreiber: »Franz Josef Strauß und ich, wir haben überlegt: Kann man da nichts machen? Die haben Beteiligungen, die haben Einkünfte. So müssten auch wir Einkünfte schaffen, damit die Bettelei aufhört ... Franz Josef Strauß ist wirklich nicht der Mensch gewesen, dem es leicht gewesen wäre, irgendwo hinzugehen und um Geld zu betteln. Also haben das andere gemacht ... Ob Sie das wollen oder nicht: Es gibt immer das Gefühl der Abhängigkeit. Man kann das alles nicht wirklich entscheiden, weil man von dem mal wieder eine Spende haben will. Ich nenne Ihnen mal Namen, die jeder kennt: Nehmen Sie Grundig, oder nehmen Sie Diehl!«[3]

Gemeint waren der Radio- und Fernsehgerätefabrikant Max Grundig aus Fürth sowie der Hersteller von Uhren und Rüstungskomponenten Karl Diehl aus Nürnberg, beide großzügige Zahlmeister der CSU. Bei Grundig hatte Strauß persönlich um Geld für die Partei gebeten.

Mit seiner Behauptung, dass sich das Gefühl der Abhängigkeit einstellen konnte, weist Schreiber in die richtige Richtung. Es blieb wohl nicht nur bei dem Gefühl. Beim Schmieren ist das so. Elefanten sind immer von ihren Machern abhängig, auch wenn sie gelegentlich mal nicht parieren. Die Begünstigten konnten allerdings wählen, ob sie sich von Industriellen oder von Karlheinz Schreiber abhängig machen wollten.

In grundsätzlichen Finanzfragen gab es zwischen Schreiber und Strauß keine Streitereien. Bei den Abwicklungsmodalitäten von Geldtransfusionen konnte es aber schon mal zu Divergenzen kommen, vor allem dann, wenn Schreiber sein Geld am falschen Ort, zur falschen Zeit und in der falschen Umgebung loswerden wollte.

14. Februar 1980: Wien im Zeichen des Opernballs, »alles Walzer«. Alles drehte sich und der Rubel rollte. Strauß saß mit seinem Intimus, dem »Hendl-König« Friedrich Jahn vom Wienerwald, in einer großen Loge der Staatsoper. So eine Nacht konnte für Jahn alles in allem auf 200 000 Mark kommen. Der ehemalige Oberkellner Jahn hatte genügend Geld gemacht mit seinen Hendl-Bratereien, besaß einen Düsenjet, mit dem Strauß kostenlos fliegen durfte. Schreiber war auch in Wien, mit seinem Prokuristen Albert Birkner. Alles passte. Franz Josef genoss diesmal die besondere Aufmerksamkeit der »Bussi-Bussi-Gesellschaft«: Er war Kanzlerkandidat der Union. Schreiber hatte ein Geschenk für ihn mitgebracht, 100 000 Mark in einem Umschlag, Unterstützung für die weitere politische Karriere seines bewunderten Meisters.

Doch die Übergabe am Rande des Opernballs sei nicht gelungen, sagte Albert Birkner, der das Geld vor der Fahrt nach Wien von der

4. Die Unterwanderung der Politik

Bank geholt hatte, als Zeuge im Prozess gegen Schreiber vor dem Landgericht in Augsburg aus.[4] So klug und vorsichtig war Strauß schon noch, dass er sich von Schreiber bei Jahn an der schönen blauen Donau kein dickes Kuvert zustecken ließ. Er konnte ja nie wissen, wer zufällig zuschaute. Und außerdem schickte es sich nicht, sich so plump mit einem Haufen Geld bedienen zu lassen.

Strauß, so Birkner weiter, habe Franz Josef Dannecker als Anlaufadresse genannt. Rechtsanwalt Dannecker war über viele Jahre einer der engsten Vertrauten des CSU-Chefs, Syndikus der CSU, Mitglied der Satzungskommission und des Parteivorstands. Er kannte sich aus im Geldwesen der CSU. So habe er gewusst, wie er einem der Autoren einmal bei einem Treffen am Frankfurter Flughafen erzählte, dass nicht nur der Industrielle und Milliardär Friedrich Karl Flick Bargeld bei Strauß abgeliefert habe, sondern auch ein Münchner Großhändler. Zwei Wochen nach dem missglückten Opernball-Auftritt nahmen Schreiber und Birkner einen neuen Anlauf, um das Geld an den Mann zu bringen. Sie tauchten in Danneckers Anwaltskanzlei auf, wo Schreiber den dicken Umschlag ablieferte, während sein Prokurist Birkner im Vorzimmer saß. Die CSU dementiert heftig, je etwas von dieser Spende bekommen zu haben. Sie fand sich jedenfalls nicht in ihrem Rechenschaftsbericht. Nach Schreibers Darstellung ist das konsequent. Dannecker habe die Zahlung in kleinere Beträge gestückelt, damit sie nicht unter die Veröffentlichungspflicht nach dem Parteiengesetz gefallen sei.[5]

Feinheiten wie das Parteiengesetz interessierten Schreiber wenig. Er fragte auch nicht nach Quittungen für das Finanzamt. Dieser hemdsärmelige Typ machte, was gerade passte oder was er für passend hielt. Oder er machte das Beste aus dem, was gerade ging. In entscheidenden Augenblicken lief bei ihm die Uhr immer ein wenig anders als im Normalfall.

Karlheinz Schreiber begann sein Leben am 25. März 1934 als Frühgeburt auf dem Bauernhof seiner Großeltern, dem Elternhaus seiner Mutter, in Petersdorf im südlichen Harz. Aufgewachsen ist er im benachbarten Hohegeiß, wo seine Mutter eine Anstellung in der Küche eines Hotels gefunden hatte. Sein Vater war Polsterer und Tapezierer. Geschwister hat er keine.

Aus solch kleinen Verhältnissen stammend, hatte Schreiber früh gelernt, dass man zusammenhalten muss, wenn man überleben will, aber auch, dass man sich durchsetzen muss, um nicht unter die Räder zu kommen. Zu seiner Lektüre gehörte die anspruchsvolle Korrespondenz Friedrichs des Großen mit dem französischen Aufklärer Voltaire. Daraus entwickelte er sein geschäftsförderndes Gespür für Toleranz. Allerdings vermied er in seiner späteren beruflichen Laufbahn Übertreibungen, die mit seinem praktischen Verstand nicht zu vereinbaren waren:»Der Sinn für Toleranz hört in der Firma schon gelegentlich auf, wenn ich etwas geregelt kriegen will, dann werden die Toleranzgrenzen etwas verkürzt.«[6] Sinnsprüche von Theodor Storm liebte der junge Schreiber innig:»Wenn der Pöbel aller Sorten tanzet um die goldnen Kälber, halte fest: du hast vom Leben doch am Ende nur dich selber.« Stimmt.

Nach der Volksschule ließ er sich in einem Braunschweiger Modehaus zum Einzelhandelskaufmann ausbilden und sammelte Erfahrungen auf dem Schwarzmarkt wie viele andere auch in den Nachkriegsjahren. Kaufen und verkaufen, das sollte zu einer Leitlinie in seinem Leben werden. Das Handeln wurde für ihn zur Passion. Dem Kleidergeschäft war eine Teppichabteilung angegliedert. Die zog ihn an.»In mir reifte der feste Wille, Spezialist für Orientteppiche zu werden«, sagte Schreiber.[7] Ein Orientteppich sei für ihn die interessanteste aller Heimtextilien gewesen. Er fragte Freunde und Bekannte, wo er denn am besten in den Teppichhandel einsteigen könne. Einer gab ihm den Tipp, in München seien hervorragende Spezialgeschäfte zu finden. Das war 1955. Karlheinz Schreiber, damals 21 Jahre alt, machte sich auf in die bayerische Metropole und blieb. Damit nahm das Schicksal seinen Lauf.

Schreiber fand einen Platz in einem renommierten Münchner Teppichgeschäft und lernte in dieser Zeit einen reichen Iraner kennen. Dieser feine Herr, der aus der Region Täbris stammte, handelte mit Perserteppichen und hatte Zugang zum kaiserlichen Hof in Teheran. Schreiber freundete sich mit ihm an und ließ sich in die höchsten Kreise des Hofstaats einführen. Der Gipfel für ihn war, dass er eines Tages im Winterurlaub in St. Moritz zusammen mit Schah Reza Pahlevi über die Skipisten der Oberengadiner Bergwelt rauschte.

Der Kaufmann aus Täbris hatte einen derartigen Narren an dem kontaktfreudigen Schreiber gefressen, dass er ihm anbot, ein eigenes

4. Die Unterwanderung der Politik

Teppichlager mit Verkauf für ihn einzurichten. Als Geschäftswagen bekam Teppichspezialist Schreiber einen blauen Chevrolet Bel Air. Das war Ende der 1950er-Jahre eine Sensation. »Man stelle sich das mal vor: der Karlheinz im Chevrolet«, wunderte sich Schreiber.[8] Und er gab Gas, auch geschäftlich. Das gesamte Bundesgebiet überzog er mit einem Vertriebsnetz. Dabei bekam er Kontakt mit zwei Unternehmern, die Einkaufszentren aufbauten. Von dieser Liaison inspiriert, gründete er in München den erfolgreichen Großmarkt für Verbraucher, den »Profikauf«. Als Bundesgenossen und Kundenschlepper zog der gewiefte Schreiber die Gewerkschaften in sein Boot. Gewerkschaftsmitglieder bekamen Spezialausweise, konnten damit billiger und außerhalb der normalen Geschäftszeiten einkaufen.

Auch kommunalpolitisch machte er sich Freunde. München ist rot. Es war die Zeit des Oberbürgermeisters Hans Jochen Vogel.[9] Da Parteien für Wahlkämpfe immer viel Geld verpulvern, freuen sie sich über jeden, der ihnen etwas gibt. Schreiber machte sich das zunutze. So ließ er, wie er sagt, für die SPD Plakate drucken. Er habe eben mal 50000 Plakate »für den Profikauf« in Auftrag gegeben. 5000 waren für die Firma, und für die übrigen 45000 hatte nach seiner Darstellung damals die Münchner SPD die Vorlagen geliefert. Die Rechnung für alles zahlte der Profikauf.[10]

Diese Art der verdeckten Parteienfinanzierung war schon immer sehr beliebt – auch bei den Unionsparteien und der FDP, bundesweit. Für Geschäftsleute hat das den Vorteil, dass sie sich die in den Rathäusern dominierenden politischen Kräfte gewogen halten, selbst nicht in Erscheinung treten und nichts aus der eigenen Tasche bezahlen müssen. Die Kosten, die aus der Firmenkasse beglichen werden, gelangen auf diesem Weg in den Werbeetat, der von der Steuer abgesetzt wird. So finanzieren die Steuerzahler unfreiwillig die Gefälligkeiten gegenüber Parteien mit.

Der Profimarkt brummte. Da meldete sich eines Tages ein junger Mann bei Schreiber und bat um einen Termin. »Ein großer Kerl« stand vor ihm und »hat eine glühende Rede gehalten«: Es war Wilfried Scharnagl, der ihn für das CSU-Parteiblatt *Bayernkurier* um Anzeigen anging. Nebenbei klärte er den Marktprofi auf, wie wichtig die CSU als regierende Partei in Bayern und was für eine politische Kanone ihr Vorsitzender Franz Josef Strauß sei. Schreiber hatte verstanden: »Selbstverständlich kriegt der ein Inserat, habe ich mir gedacht. Das ist der Weg zur CSU.«¹¹ Die SPD wurde am Ort gebraucht, die CSU im Land. Eine weitsichtige Entscheidung. Außerdem fühlte sich Schreiber bei dem politischen Programm der CSU und der Art, wie Strauß Politik machte, gut aufgehoben. Der Partei trat er später bei, zunächst ließ er sich von einigen Freunden dazu überreden, sich dem Wirtschaftsbeirat der Union anzuschließen.

Über den Gastronomieeinkauf, der seinem Großmarkt angeschlossen war, bekam Schreiber Kontakt zu Vertretern der internationalen Gourmetorganisation »Confrérie de la Chaîne des Rôtisseurs« und wurde Mitglied. Er lernte Henri François-Poncet, den legendären »Monsieur Champagne« kennen. François-Poncet, Vertreter der Marke Moët & Chandon, dessen Werbestrategie dem Champagner in deutschen Restaurants einen festen Platz verschaffte, ist der Sohn des französischen Hohen Kommissars im Nachkriegsdeutschland, André François-Poncet. Als sich Schreiber in späteren Jahren in St.Tropez an der Côte d'Azur eine Wohnung zulegte, wurde er Nachbar des Champagner-Papstes. Und nicht weit entfernt, in Les Issambres, hatte Strauß sein Feriendomizil aufgeschlagen. Über Geschäftsfreunde aus dem Gourmetverein hatte Schreiber den Weg zu Strauß gefunden. Und so wie es geschäftlich und gesellschaftlich bergauf ging, kamen auch die standesgemäßen Autos als Statussymbole: Jaguar, Porsche und dann der goldmetallic lackierte Mercedes 600.

Vom Profikauf verabschiedete sich Schreiber, als einer seiner Freunde tödlich verunglückt war. Ferdinand Heinrich hieß der Mann, den Schreiber schon als Kunde für Orientteppiche kennengelernt hatte. Er betrieb Unternehmen für Straßenbau und -markierung. Schreiber kaufte die Unternehmen und machte sich im Jahr 1967 selbstständig. Straßenbau ist eine öffentliche Angelegenheit. Um erfolgreich zu sein, braucht man gute Kontakte zu kommunalen und staatlichen Behörden. Anbandeln, das war eine Stärke Schreibers. »Straßen sind etwas Verbindendes zwischen Menschen« – diesen Spruch Ferdinand Heinrichs wusste Schreiber intelligent in seiner Doppeldeutigkeit auszulegen. Bald tauchte er in bayerischen Amtsstuben und im Wirtschaftsministerium auf, wo seine CSU-Kontakte erste Früchte trugen. Ob es um Streitereien mit der Bundesanstalt für Straßenwesen, den Einsatz von speziellen Farben bei Markierungsarbeiten, Methoden der Erneuerung von Straßenbelägen oder die Modalitäten von Ausschreibungen ging: Schreiber hatte die Helfer an seiner Seite.

Mit großem Vergnügen erzählt er von einer heftigen Auseinandersetzung mit dem Bundesverband der Bauindustrie. Da habe sich der Hauptgeschäftsführer des Verbandes der Bayerischen Bauindustrie eingeschaltet und den Herren aus dem Bundesverband gedroht, falls sie weiter auf Schreiber herumhackten, bekämen sie es mit der CSU-Spitze zu tun. Wer wollte da noch weiter herumhacken?[12]

Menschen wie Schreiber sind geschickte Rechner, sie rechnen aber nicht nur mit Geld. Eine ebenso große Bedeutung hat ihre Fähigkeit, Kontakte zu knüpfen und Freundschaft zu schließen. Wo es nur geht. Karlheinz Schreiber wurde sogar Freimaurer, Mitglied der Münchner Loge »Zur Kette«. Bedingungen für die Aufnahme sind persönliche Unabhängigkeit und Freiheit sowie ein untadeliger Ruf. Das brachte er damals mit. Die Logen interessierten ihn, weil er bei seinen Aktivitäten, insbesondere für seine internationalen Geschäfte, in ihnen Anlaufstellen sah, um Informationen zu sammeln und Verbindungen aufzubauen. Das betrachtete er jedoch keineswegs als Einbahnstraße. Auch er half Freimaurern aus dem Ausland, wo er konnte.

»Ich bin ein Amigo«, sagte Schreiber in aller Offenheit. Amigo bedeute nichts weiter als Freund. Er erinnerte an die Amigo-Affäre der CSU, ein klassischer Fall von Spezlwirtschaft, die Anfang 1993 durch Recherchen von Michael Stiller, Hans Holzhaider und Klaus Ott in der *Süddeutschen Zeitung* aufgedeckt wurde und zum Sturz des Ministerpräsidenten Max Streibl führte. Streibl hatte sich von dem Flugzeugbauer Burkhard Grob aus Mindelheim, für den er staatliche Subventionen herausgeschlagen hatte, zweimal zu Brasilien-Reisen einladen lassen. So was ist für Schreiber eine Quantité négligeable.

Denn das war gar nichts gegenüber Streibls Nachfolger Edmund Stoiber. Der steckte viel tiefer im Amigo-Sumpf, hatte sich von dem Rüstungs- und Raumfahrtkonzern Messerschmitt-Bölkow-Blohm (MBB) und dem Strauß-Spezi, dem niederbayerischen Bäderkönig und Steuerflüchtling Eduard Zwick, zum Teil kostenlose Flüge organisieren sowie Autos von der Mercedes-Niederlassung in München bereitstellen lassen. Gratisurlaube verbrachte Stoiber in Monaco bei dem Multimillionär und speziellen Strauß-Freund Dieter Holzer, einer schillernden Figur mit Zugang zu Regierungen im zentralafrikanischen Gabun, in China, Indonesien, Taiwan, Thailand, Libanon und Frankreich. Insbesondere auch zur Regierung Kohl und zum französischen Präsidenten Jacques Chirac.

Valentin Argirov, der aus Bulgarien stammende Millionär und ehemalige Leibarzt von Strauß, gewährte Stoiber sorgenfreie Tage in seiner Villa in dem sündteuren, mondänen St. Jean Cap Ferrat an der Côte d'Azur. Argirov, über dessen Flucht in den Westen nach unseren Recherchen im Freundeskreis von Strauß unterschiedliche Darstellungen kursierten, hatte Kliniken in Bayern und war dafür mit öffentlichen Subventionen bedacht worden. Freunde, die Strauß vor Argirov warnten, wie etwa der Münchner Klinikbesitzer Michael Schreiber sen., wies der CSU-Chef ab, der mehrmals mit dem Pkw und mit einem Privatflugzeug ins kommunistische Bulgarien gereist war. Mindestens zweimal war auch der »geflüchtete« Argirov als Reisebegleiter dabei. Strauß ging es um den Ausbau der Handelsbeziehungen zwischen Bulgarien und Bayern. Mitglieder der ehemaligen Regierung unter dem Chef der Bulgarischen Kommunistischen Partei, Todor Schiwkow, nannten uns noch einen anderen Grund für die Strauß-Visiten: »Es ging darum, Geschäfte einzufädeln, die teils über die Türkei in afrikanischen Staaten abgewickelt wurden.« Worum es sich handelte, sagten sie lieber nicht. Wer in Bulgarien zu viel plaudert, lebt gefährlich. Der frühere Ministerpräsident Andrej Lukanov, mit dem Strauß verhandelt hatte, war im Oktober 1996 vor seinem Haus erschossen worden, nachdem er einem befreundeten Politiker angekündigt hatte, er werde die Korruption in den höheren Etagen der Verwaltung aufdecken.

Ein halbes Jahr vor dem Tod Lukanovs war Edmund Stoiber beim amtierenden kommunistischen Ministerpräsidenten Jan Widenow aufgetaucht, einem erklärten Gegner Lukanovs, hatte in dem von einer tiefen politischen und sozialen Krise erschütterten Land demonstrativ an Widenows Seite die bayerisch-bulgarische Freundschaft beschworen und dem Regierungschef wirtschaftliche Unterstützung zugesichert. Widenow war ein machthungriger kommunistischer Dilettant, dem Andrej Lukanov vorgeworfen hatte, Kräfte der Staatssicherheit gegen innerparteiliche Gegner einzusetzen. Als Stoiber im Frühjahr 1996 nach Sofia kam, war schon klar, dass die himmelschreiende Misswirtschaft Widenows bei der bevorstehenden Parlamentswahl die Kommunisten die Macht kosten werde. Im Februar 1997 war es so weit.

Strauß pflegte seit Ende der 1970er-Jahre gute Beziehungen zum bulgarischen Regime. Es war auch ein Wunsch des CSU-Chefs in Erfüllung gegangen, als zur Intensivierung des Güterverkehrs mit Bulgarien in München 1987 die Bayerisch-Bulgarische Handelsbank gegründet wurde, an der die staatliche Bulgarische Außenhandelsbank mit 49 Prozent und die Bayerische Vereinsbank mit 51 Prozent beteiligt waren.

Über die Münchener Bulgaren-Bank wurden vor der Wende nach Informationen aus dem früheren Ministerium für Außenhandel in Sofia nicht nur »normale« Transaktionen für den kontrollierten Güterverkehr, sondern auch Geldgeschäfte verdeckt operierender Staatsfirmen in Westeuropa abgewickelt. Es ging um Staatsfirmen, die sich im Westen hinter den Namen von Privatpersonen versteckten, die in den Handelsregistern als Gesellschafter auftauchten. Nach der Wende in Bulgarien 1989/90 wurde das Bankwesen neu geordnet, und in München fusionierte die Bayerische Vereinsbank mit der Bayerischen Hypotheken- und Wechselbank zur HypoVereinsbank. Die Folge davon war, dass die Bayerisch-Bulgarische Handelsbank 1998 in der HypoVereinsbank Bulgaria aufging.

Stoiber, der sich ganz wie sein politischer Ziehvater Strauß ebenfalls von Valentin Argirov medizinisch behandeln ließ, hatte sich nach Max Streibls Rücktritt 1993 zu seinen Sumpfgeschichten bekannt, Besserung gelobt und sich damit aus der politischen Schusslinie zu retten versucht, was merkwürdigerweise auch gelang.

In den dunstigen Niederungen des CSU-Paradieses für Amigos boten sich geradezu labormäßige Bedingungen für Karlheinz Schreiber, seine Philosophie von Freundschaft auszutesten, die auf den einfachen Nenner gebracht werden kann: Du musst geben, dann kannst du umso leichter nehmen.

Schreiber, der sich jahrzehntelang in der Grauzone zwischen Wirtschaft und Politik bewegte, hatte seit Anfang der 1970er-Jahre versucht, über den Arbeitskreis »Junge Unternehmer« im Verband der bayerischen Bauindustrie ideologisch und praktisch den Weg zu bereiten für ein gedeihliches Zusammenwirken von Politik und Unternehmern. Schreiber dachte daran, Vorsorge für die Zukunft zu treffen, und begann seine Aufbauarbeit beim politischen Nachwuchs. Junge Unternehmer aus der Bauindustrie wollte er mit jungen aussichtsreichen Politikern aus den Unionsparteien zusammenbringen. Es ging ihm darum, eine Riege von Willigen aufzubauen, die für »unsere Vorstellungen von gesellschaftlicher Ordnung und von vernünftigem wirtschaftlichem Verhalten« zugänglich waren. Die Überlegung entsprach Schreibers Kaufmannslogik: Wenn die Politiker Geld brauchten, standen sie sowieso immer vor den Türen der Unternehmer.

Ein offenes Ohr fand er zeitweise bei Franz Ludwig Schenk Graf Stauffenberg, dem Sohn des Hitler-Attentäters. Graf Stauffenberg war stellvertretender Bundesvorsitzender der Jungen Union und rückte 1976 für die CSU in den Bundestag ein. Aber zu Theo Waigel, der von 1971 bis 1975 Vorsitzender des CSU-Nachwuchses in Bayern war, führte für Schreiber kein Weg. Waigel und die Leute neben ihm hätten für seine Überlegungen kein Gespür gehabt. Er gab die Nachwuchsarbeit auf und hielt sich an Franz Josef Strauß, einen Praktiker, wie ihn sich Schreiber vorstellte. Und an Ludwig Huber, der auch ein großes Rad gedreht hatte: Er war in Bayern Kultusminister (1964–1970), dann Finanzminister (1972–1977) und schließlich, 1977, Chef der Landesbank geworden.

Alleskönner Schreiber expandierte permanent. Mit seinen Straßenbau- und Markierungsfirmen erschloss er sich internationales Terrain, bearbeitete in der Schweiz, in der Sowjetunion und in Kanada Verkehrswege. Er suchte nach Öl und Benzin für freie Tankstellen in Rumänien, Jugoslawien und Mexiko. Und beinahe wäre es ihm gelungen, zusammen mit der italienischen Engineering-Firma Vianini Lavori Spa., bei der sich laut *Time Magazine* der Vatikan finanziell engagiert hatte,[13] in Libyen ins Geschäft zu kommen. Schreibers gute Kontakte zum Bundesnachrichtendienst (BND), wo er einige Jahre unter dem Decknamen Hunne geführt wurde, waren ihm vor allem bei Verbindungen in Mittelamerika, Mexiko und Costa Rica, hilfreich. Sein Zugang zum BND war einer alten Freundschaft mit dem Gründer des Dienstes, Reinhard Gehlen, zu verdanken.

4. Die Unterwanderung der Politik

Immer auf der Suche danach, wo sich Geld machen lässt, organisierte er über Costa Rica verbotene Kaffeegeschäfte mit den kommunistischen Sandinisten in Nicaragua. In Mexiko versuchte er Airbusse zu verkaufen, nachdem er durch Ludwig Huber, der als bayerischer Finanzminister im Aufsichtsrat des Ottobrunner Airbus-Unternehmens MBB gesessen hatte, dort eingeführt worden war. Und bei einem Stopp in Los Angeles kam es am Flughafen – wie es der Zufall im Leben will – zu einer Begegnung, die ungeahnte Folgen haben sollte, wie an anderer Stelle noch zu berichten ist: Der Strauß-Spezi lernte den für Wehrtechnik zuständigen Vorstand des Thyssen-Konzerns, Winfried Haastert, kennen. Haastert ist SPD-Mann, aber das sollte sich für den Umgang der beiden aus so verschiedenen politischen Lagern nicht als hinderlich erweisen. Pecunia non olet – Geld stinkt nicht. Oder: Es gibt kein linkes und rechtes Geld, sondern nur eins, das zum Zahlen taugt.

Systematisch baute Schreiber seine Beziehungen nach allen Seiten aus und immer gab ihm Franz Josef Strauß Rückhalt. Mit Familie Strauß stieg er sogar in Kanada ins Grundstücksgeschäft ein. Mit dabei auch der Strauß-Intimus Franz Josef Dannecker. Als Finanzier stand Ludwig Hubers Landesbank zur Seite. Das Abenteuer endete allerdings mit einer Millionenpleite. Dafür blühte an anderer Stelle das Geschäft auf.

Bei MBB, einem Unternehmen, an dem der bayerische Staat beteiligt war, ging Schreiber ein und aus, vermittelte mit der Unterstützung durch Strauß, der 1978 aus Bonn zurückgekommen und bayerischer Ministerpräsident geworden war, Airbusse und Hubschrauber nach Kanada. Mit Winfried Haastert und einem weiteren Thyssen-Manager, Jürgen Maßmann, versuchte er in Kanada einen großen Rüstungskomplex für gepanzerte Fahrzeuge, das »Bear Head Projekt«, auf die Beine zu stellen. Thyssen wollte sich dadurch aus den Fesseln des deutschen Kriegswaffenkontrollgesetzes mit seinen Restriktionen bei Rüstungsexporten herauswinden. Insbesondere erhoffte sich die Konzernführung Zugang zum abgeschotteten Rüstungsmarkt der USA sowie eine leichtere Erschließung der Märkte in Ostasien, Südamerika und den arabischen Staaten. Der Export von Kriegsgerät aus Kanada war nur geringen Beschränkungen unterworfen. Auch der Zugang zu den US-Streitkräften war wegen der engen nachbarschaftlichen Beziehungen von Kanada aus viel unkomplizierter zu finden als von Europa aus.

Karlheinz Schreiber hatte, wie könnte es anders sein, schnell Fuß gefasst in der kanadischen Politik. Um ins Geschäft zu kommen war es notwendig, den zögerlichen Führer der konservativen Partei, Joe Clark, abzusägen und Brian Mulroney ans Ruder zu bringen. Schreiber bot seine Hilfe an. Eine Gruppe um Mulroney sorgte dafür, dass der Wahlparteitag im Juni 1983 in dem abgelegenen, unattraktiven Winnipeg über die Bühne ging. Clark hatte Schwierigkeiten, genügend »sichere« Delegierte zur Fahrt nach Winnipeg zu bewegen. Schreiber aber finanzierte Flüge für Mulroneys Anhang. Der Coup gelang, Mulroney eroberte den Parteivorsitz und wurde danach auch Ministerpräsident. Bei Thyssen stieg Schreibers Ansehen, und die Pläne für den Bau der Rüstungsfabrik gediehen.

Ein Typ wie Schreiber hatte seinen Preis. Für seine Dienste wurde er fürstlich entlohnt. In Kaufering baute er sich »ein kleines Schloss« für fast zehn Millionen Mark, wie Schreibers Prokurist Albert Birkner vor Gericht erzählte. Dort gab es ein eigenes Gästehaus, eine Kellerbar und eine Bowling-Bahn. Das brauchte Schreiber für die Gesellschaft, die bei ihm aufkreuzte: Neben Franz Josef Strauß, mit dem er auf die Jagd ging, kamen die Söhne Max und Franz Georg, der Strauß-Vertraute und spätere Staatssekretär im Bundesverteidigungsministerium Holger Pfahls, der gern mit einer von Schreibers Limousinen Spritztouren machte, dann Ludwig Huber, außerdem der Staatssekretär im Wirtschaftsministerium, Erich Riedl, der CDU-Haushaltsexperte im Bundestag und Jagdfreund Jochen Borchert, dessen SPD-Kollege Helmut Wieczorek, vormals Thyssen-Manager und mit Riedl befreundet. Wieczorek war, bevor er bei der SPD landete, der Jungen Union in Bayern beigetreten, wie Schreiber weiß. Zu Besuch nach Kaufering kamen auch die CDU-Schatzmeisterin Brigitte Baumeister und der Mann, auf den Strauß größte Stücke hielt, Otto Wiesheu, CSU-Generalsekretär, bayerischer Wirtschaftsminister, später Bahn-Vorstand. Kanadische Minister und hochrangige Saudis rundeten Schreibers VIP-Reigen in der oberbayerischen Provinz passend ab.

Sein Aktionsradius reichte weit. Er wurde, wie vorliegende Einladungskarten belegen, von der amerikanischen und der saudischen

Botschaft zu Empfängen gebeten. Schreiber drang bis zu Kanzler Helmut Kohl vor und Premierminister Mulroney wurde einer seiner besten Freunde.

Neben Walther Leisler Kiep und Wolfgang Schäuble fanden sich in seinen Kalendern und Telefonbüchern weitere Prominente: Wolfgang Gröbl (Staatssekretär in verschiedenen Bundesministerien, alter Strauß-Spezi, gehörte zu der in der CSU scherzhaft als Tegernseer Mafia bezeichneten Gruppe besonders enger Vertrauter von Franz Josef Strauß), Wolfgang Held (ehemals Büroleiter von Strauß, dann Amtschef des bayerischen Justizministeriums, stand bei Schreiber auf der »Lachs-Liste«, worauf sich Amigos befanden, die zu Weihnachten mit Lachs oder anderen Geschenken bedacht wurden), Michaela Geiger (CSU-Bundestagsabgeordnete, Staatssekretärin im Verteidigungsministerium), Thomas Goppel (Ex-CSU-Generalsekretär, Minister in verschiedenen bayerischen Kabinetten, sagte, die CSU habe von Schreiber Spenden bekommen, die ordentlich verbucht worden seien), Rudi Walther (SPD-Bundestagsabgeordneter, elf Jahre Vorsitzender des Haushaltsausschusses im Bundestag).

Der Junge aus dem Harz, der auszog, die Welt zu erobern, konnte vor Kraft kaum noch laufen. Er hatte viel Kundschaft, die auf sein Geld gierig war. In seinem Haus herrschte große Gastfreundschaft. Die bot er auch milliardenschweren Freunden an, die seiner CSU-Klientel bei gemeinsamen Feiern mit der Übergabe von großen Scheinen gefällig sein wollten. Wie musste sich einer fühlen, bei dem die so Beschenkten dann verschämt auf der Toilette verschwanden, um die Tausender nachzuzählen, die ihnen gerade zugesteckt worden waren? Schreiber kann sich als Elefantenmacher gefühlt haben, und er hat allen Grund dazu gehabt.

Knapp 2,1 Millionen Mark, sagte Schreiber der Abordnung aus dem Parteispenden-Untersuchungsausschuss, die ihn im Mai 2002 in Toronto befragte, habe er der CSU in den Jahren 1991 und 1992 in sieben unterschiedlich großen Tranchen zukommen lassen. Die Beträge seien letztlich aus dem »Fonds« gekommen, den er in Absprache mit Strauß Mitte der 1980er-Jahre eingerichtet habe und von dem der CSU-Chef bis zu seinem Tod im Oktober 1988 habe Geld abrufen können. Die 2,1 Millionen seien auf Schweizer Nummernkonten eingezahlt worden und von dort an die CSU abgeflossen. Franz Josef

Dannecker habe das in Telefonanrufen bestätigt. Etwa so:»Das Päckchen ist angekommen.« Zweimal habe er Dannecker damals auch »kleinere Beträge« direkt zukommen lassen. Die Partei hatte, wie der frühere Generalsekretär und Ministerpräsident Edmund Stoiber vor dem Spenden-Untersuchungsausschuss aussagte, zwischen 1990 und 2000 keine Spenden von Schreiber verzeichnet. Ein lückenloser Beweis ist das allerdings nicht. Der Prüfer kann nur bestätigen, was er in den Büchern gefunden hat oder eben auch nicht. Stoiber hatte aber zugleich eingeräumt, dass ihm Dannecker als Spendensammler »nicht völlig unbekannt« war.[14]

Vor Gericht in Augsburg 2010 ließ Schreiber seine Anwälte alles nochmals vortragen. Doch die Staatsanwaltschaft und das Gericht zweifelten die Ausführungen an, waren überzeugt, dass es sich zumindest in großen Teilen um Schutzbehauptungen gehandelt habe mit dem Ziel, die Steuerschuld zu mindern. Über seine Liechtensteiner Briefkastenfirmen »Kensington Anstalt«, »International Aircraft Leasing« (IAL) und die in Panama registrierte »ATG« habe er in den Jahren 1988 bis 1993 etwa 65 Millionen Mark Provisionen kassiert und nicht versteuert. Statt in Deutschland seiner Steuerpflicht nachzukommen, habe er sich 1999 nach Kanada abgesetzt und mit juristischen Tricks bis August 2009 seine Auslieferung verhindert. Das Geld habe er als Vermittler für den Verkauf von Flugzeugen des Airbus-Konzerns nach Thailand und Kanada, von Helikoptern an die kanadische Küstenwache und von ABC-Spürpanzern nach Saudi-Arabien kassiert. Die vielen Millionen seien auf seinen Konten gelandet; für die Verteilung etwa an die CSU und weitere Empfänger habe er keine Beweise vorgelegt. Strauß und Dannecker seien tot, es gäbe keine Zeugen und keine Dokumente. Noch von Kanada aus habe er Bomben angekündigt. Aber was er geboten habe, seien nicht einmal Rohrkrepierer gewesen.[15]

Wie hätte Schreiber Bargeldübergaben an Politiker oder ihre Boten beweisen können, die unter vier Augen abliefen? Sicher waren sich Staatsanwaltschaft und Gericht nicht, als sie Schreiber vorhielten, er habe aus »grobem Eigennutz« gehandelt und »aus Raffgier, die ihresgleichen sucht«. Sie genehmigten dem Angeklagten einen Betriebsausgabenbonus von 50 Prozent, weil er Geld »an Dritte weitergeleitet« habe, »um sie sich gewogen zu halten«. Dadurch redu-

zierte sich Schreibers Steuerschuld von 14,6 Millionen Euro auf die
zur Verurteilung herangezogenen 7,3 Millionen.

Die Staatsanwaltschaft frohlockte trotz aller Mängel bei der juristischen Aufarbeitung des Falles, Schreibers »Lügengebäude« in
»einem der größten Schmiergeldskandale« sei »durchschaut«. Steuerhinterziehung ist das eine, die politische Dimension das andere.
Schreiber hat geschwiegen. Wen er über die wenigen bekannten Figuren hinaus geschmiert hat, ist im Dunkel geblieben. Er war nicht
einfach der raffgierige Schmutzfink, als den ihn die Justiz hingestellt
hat. Schreiber hat Politik gekauft – für sich und andere. Er hielt die
Fäden in der Hand zwischen Politik und Wirtschaft. Ohne korrupte
Politiker und raffgierige Manager hätte es ihn nicht gegeben. Für die
angemessene Orchestrierung dieses Leitmotivs im Falle Schreiber
sorgten weder die Staatsanwälte noch das Gericht.

Das Netzwerk Thyssen

Was ist normal? »Glaubst du wirklich, dass die Welt noch normal ist,
mir solche Beträge zu zahlen?«

Karlheinz Schreiber erinnert sich an ein Gespräch mit seiner Mutter, nachdem er zum ersten Mal eine Rechnung über 1,35 Millionen
Mark an den Thyssen-Konzern geschickt hatte. Seine Mutter, sagte er,
habe schon lange Zweifel daran gehabt, dass »die Welt normal« sei.

»Aber du scheinst ziemlich normal zu sein, wenn du solche Hono-
rare machen kannst«, habe sie ihn gelobt. Ein »eigenartiges Gefühl«
beherrschte ihn. Schreiber konnte noch nicht richtig fassen, in welcher Welt er angekommen war. Aber er wuchs schnell hinein, dafür
war er prädestiniert.

»Wenn ein Geschäft eine Million abwirft, dann ist das eine Sache.
Etwas ganz anderes ist es aber, wenn man praktisch als Ein-Mann-
Unternehmen durch eine Beratung eine Rechnung schreiben kann:
Für Beratung erlaube ich mir zu berechnen im Zusammenhang
mit ... 1,35 Millionen oder so.« Sein höchstes Einzelhonorar belief

sich auf sechs Millionen.»Da muss ich sagen, war ich selber richtig beeindruckt, wie so was geht. Man muss sich darüber im Klaren sein: Niemand bezahlt etwas umsonst. Da muss schon immer eine Leistung und eine Gegenleistung sein.«

Aber Thyssen war nicht geizig bei den Gegenleistungen. Das konnte auch die ehemalige Parlamentarische Staatssekretärin Agnes Hürland-Büning, CDU, an ihrem Kontostand ablesen. Nach ihrem Ausscheiden aus dem Amt ließ sie sich von Thyssen als eine Art Multi-Lobbyistin anheuern. 500 000 Mark kassierte sie von dem Konzern für ihren Einsatz zur Verhinderung des Baus einer Pipeline von Wilhelmshaven zur Raffinerie Leuna. Als die Bundesregierung die marode DDR-Raffinerie nach der Wende privatisierte und an den französischen Erdöl-Giganten Elf Aquitaine verkaufte, war Thyssen mit im Boot. Schon anfangs gab es Streit darüber, ob es notwendig sei, die Öl-Pipeline zu bauen. Thyssen und Elf waren daran nicht interessiert. Sie wurde auch nicht realisiert, angeblich dank des Einsatzes von Frau Hürland-Büning bei ihrem Parteifreund und Ministerpräsidenten von Sachsen-Anhalt, Werner Münch. Der bestritt allerdings, dass seine Entscheidung von der Lobbyistin beeinflusst worden sei.

Offensichtlich war man bei Thyssen von den Künsten der Exstaatssekretärin aber so begeistert, dass sie gleich fünf Millionen Mark lediglich für die Abklärung von Besitzverhältnissen eines Grundstücks in Berlin bekam, an dem Thyssen interessiert war. Und nochmals 2,5 Millionen machte die Thyssen Handelsunion locker für ihren Einsatz beim Postministerium und beim Postausschuss des Bundestages. Die Thyssen-Tochter bemühte sich damals – mit Erfolg – beim Postministerium um die Zuteilung der Lizenz für das E-Plus-Mobilfunknetz.

Den überraschten Mitgliedern des Untersuchungsausschusses gestand die geschäftige Dame allerdings, dass sie die Hälfte der insgesamt 7,5 Millionen Mark an Dieter Holzer abgeben musste.

»Dieter Holzer ist der Unfassbare. Er entzieht sich der Öffentlichkeit, scheut den Auftritt vor der Kulisse und zieht mit Geschick die Fäden hinter der Bühne. Sein Geschäft ist es, Kontakte so zu knüpfen, dass große Geschäfte zum Big Deal werden. Sein Kapital ist sein guter Name in den Top-Etagen dieser Welt. Könige und Präsidenten bitten ihn zum Gespräch, er besitzt die Telefonnummern von Wirtschaftsführern und einflussreichen Politikern. Diskretion ist sein Credo, die Aura des Mysteriösen umgibt ihn.« So schwärmte Peter Schmalz in der Welt vom 3. Februar 2000 über den mit ihm befreundeten Holzer, der in den folgenden Jahren noch für einige Schlagzeilen sorgen sollte, und zwar nicht gerade für positive. Denn so unfassbar war der Geschäftsmann aus dem saarländischen Quierschied dann doch nicht. Weder für die französische noch für die deutsche Justiz, wie sich noch erweisen sollte. Die kümmerte sich diesseits und jenseits der Grenze um die Aufarbeitung eines speziellen Big Deals aus Holzers Geschäftswelt: Es ging um das Schmiergeschäft beim Verkauf der Raffinerie Leuna und der früheren DDR-Tankstellenkette Minol Anfang der 1990er Jahre an ein Konsortium aus dem staatlichen französischen Mineralölkonzern Elf Aquitaine und der Thyssen Handelsunion. 1,4 Milliarden Mark an Subventionen aus den Kassen des Bundes, des Landes Sachsen-Anhalt und der EU wurden ausgeschüttet. Das große Geld förderte nicht nur die Ingenieurleistungen, sondern weckte auch Begehrlichkeiten. Obwohl sich die Bundesregierung mit der französischen Regierung einig war über das Engagement und in allen möglichen Amtsstuben daran gearbeitet wurde, ließ sich auf dem Projekt ein Heer von überflüssigen Beratern, Vermittlern, Geschäftemachern und Gaunern nieder wie die Schmeißfliegen im Hochsommer auf einem toten Fuchs.

Da tauchte nicht nur Frau Hürland-Büning auf, sondern auch Kiep oder etwa der ehemalige FDP-Bundeswirtschaftsminister Hans Friderichs, eine Reihe französischer Geldsucher und Dieter Holzer an der Seite von Pierre Lethier, einem ehemaligen Vize-Chef des Geheimdienstes Direction de la Surveillance du Territoire. Der soll Holzer bei Elf ins Leuna-Geschäft geschoben haben. Elf Aquitaine war eine Schlangengrube, die Christine Deviers-Joncour in ihrem Buch *La putain de la République* (Die Hure der Republik) ausgiebig beschrieb. Durchsetzt von Geheimdienstleuten und korrupten Seilschaften mit ihren Hintermännern aus der Politik, ob bürgerliche oder sozialistische. Präsident Charles de Gaulle nannte Elf einmal »la caisse d'état« (die Staatskasse). Gemeint war die Kasse der Parteien.

Hier war Holzer am Drücker und er kassierte rund 50 Millionen Mark Provision für das Vermitteln von Kontakten und Terminen im Regierungsapparat von Kohl und darüber hinaus. Eine echte Leistung konnte die Pariser Justiz nicht entdecken. Es ging immer nur um das eine – Geld, Geld, Geld. Holzer wurde im Jahr 2005 wegen Untreue und Beihilfe zur Untreue rechtskräftig zu 15 Monaten Gefängnis, 1,5 Millionen Euro Geldstrafe und Schadensersatz gegenüber Elf verurteilt. Die Gefängnisstrafe hat Holzer inzwischen verbüßt. Aber der geschädigte Öl-Konzern wartet noch heute auf sein Geld. Beim Oberlandesgericht in Saarbrücken ist ein Verfahren anhängig, das nach unseren Recherchen unter dem Aktenzeichen 5W132/09 geführt wird. Einen Termin gab es bis zur Drucklegung des Buches noch nicht. Nach vertraulichen Informationen verlangt die französische Öl-Gesellschaft 15 Millionen Euro von Holzer, was der in außergerichtlichen Verhandlungen stark nach unten drücken möchte. Noch bleiben die Franzosen hart.

Frankreich war so etwas wie eine zweite Heimat für den Jungen aus dem Grenzland, aus der väterlichen Tierkadaver-Verwertung in Quierschied. Genauso wie Schreiber hatte er verstanden, dass die Kombination aus Politik und Geschäft das Optimum ist. Und am besten auf internationaler Ebene. Noch eine Parallele zu Schreiber. Konsequent nach dem Erfolgsrezept: Einen Finger breit gehandelt ist besser als ellenlang gearbeitet. Holzer zog es in jungen Jahren nach Paris, er heiratete in die frankophile libanesische Präsidenten-Familie der Gemayels ein, Folge einer Studentenbekanntschaft, er stieg in den lukrativen Handel mit Palmöl ein, nahm sich Domizile in Monaco, New York und im Wintersportparadies Lech am Arlberg.

Ein Weltbürger, comme il faut. In Frankreich suchte er mit Erfolg die Verbindung ins gaullistische Lager zu Jacques Chirac. So erinnerte sich Kiep noch daran, wie ihn Holzer ins Rathaus von Paris führte zu einem Essen mit Chirac, der vor seiner Zeit als Präsident schon 18 Jahre Bürgermeister der französischen Hauptstadt war.[16] Und als Chirac erste Vorbereitungen traf, um im Jahr 1995 als Präsident in den Élysée-Palast einziehen zu können, war Holzer frühzeitig für ihn unterwegs, um Spenden zu sammeln. Auch in Deutschland wollte er Hilfe rekrutieren. Mit zwei Millionen Mark sollte die CDU nach seinen Vorstellungen dem Franzosen auf den Thron helfen. Kohl wurde nach Informationen aus dem Konrad-Adenauer-Haus eingeschaltet. Was aus der angeforderten Geldtransfusion geworden ist, konnte nicht mehr mit Gewissheit aufgeklärt werden. Da ließ sich Kohl nicht reinschauen. Möglichkeiten, verdeckt mit Geld in den französischen Wahlkampf einzugreifen, hatte die CDU. Millionen von Schwarzgeld, das Kohl gesammelt hatte, lagen auf diversen Konten herum, man musste ja nur zugreifen. Was auch immer passierte – Chirac gewann die Wahl.

Bei der Klärung von Geldproblemen ließ sich Holzer auch noch eine andere politische Gruppierung aus dem bürgerlichen Lager in Frankreich ans Herz wachsen, die UDF des Ex-Präsidenten Valérie Giscard d'Estaing. Die Partei hatte Ende 1995 Beratungsbedarf in Sachen Finanzierung, die nach einigen Skandalen auf eine neue gesetzliche Grundlage gestellt werden sollte. Holzer brachte die der CDU nahestehende Konrad-Adenauer-Stiftung als Ratgeber ins Spiel. Der Ideen-Export war für die Schatzmeisterei der UDF sicher nicht von Nachteil, konnten die Franzosen doch bei Bedarf gleich in die Gefahren und auch Schlupflöcher des deutschen Regelwerks eingeweiht werden. Die Skandale um das Geld für Politiker und die parallel praktizierte Selbstbereicherung der politischen Klasse rissen in Frankreich jedenfalls nicht ab, wie man in dem 2009 erschienenen Buch *L'argent des politiques* (Das Geld der Politiker) ausführlich nachlesen kann.

Was Holzer mit den 25 Millionen Euro trieb, die er bei Elf kassiert hatte, ist nie aufgeklärt worden. Der Untersuchungsausschuss scheiterte. In komplizierten Diagrammen versuchten die Abgeordneten Geldflüsse, die zwischen Konten in Liechtenstein, der Schweiz und Luxemburg hin und her liefen, nachzuzeichnen. Treuhänder tauchten auf und verschwanden, Briefkastenfirmen wurden kreiert, mit Millionen bestückt, die zum Teil abgehoben wurden, während der Rest wieder an die ursprünglichen Adressen zurückfloss. Wozu das alles?

Mit dieser Frage beschäftigte sich auch der Generalbundesanwalt, der ebenso kapitulierte wie der Ausschuss: »Die wirtschaftlich zum Teil nicht nachvollziehbaren Transaktionen, die sich vielfach als bloße Kreisläufe darstellen, ungewöhnlich hohe Bargeldabhebungen und die Überweisung großer Summen an Dritte ohne erkennbaren wirtschaftlichen Hintergrund lassen eine strafrechtlich relevante Finanzierung Dritter im Zusammenhang mit dem Leuna-Geschäft ebenso wenig ausgeschlossen erscheinen wie sie eine solche belegen.«[17]

Der Durchlass für Holzers Millionen von Elf war der Liechtensteiner Briefkasten mit dem edlen Namen »Nobleplac«, der dem in Genf lebenden Franzosen André Guelfi gehörte. Guelfi, verheiratet mit einer Nichte des ehemaligen gaullistischen Präsidenten Georges Pompidou, war in vielen Branchen zu Hause, fuhr in jungen Jahren Autorennen, hatte einen Pilotenschein. Zu seinem Bekanntenkreis gehörten der frühere Präsident des Internationalen Olympischen Komitees, Juan Samaranch, und der Ex-Chef von Adidas, Horst Dassler. Für Elf – er war mit einem der Gründer des Unternehmens befreundet – arbeitete er auf Provisionsbasis. Schmieren gehörte nach Guelfis Kenntnissen bei dem Mineralölkonzern zur Unternehmenskultur.[18]

Holzer war bei Guelfi in guter Gesellschaft. Ein Geschäft mit dessen »Nobleplac« benutzte auch die Thyssen-Handelsunion, um im Juni 1993 den stattlichen Betrag von 13 Millionen Mark aus der Kasse zu holen: für eine von dieser Firma im Einvernehmen mit Elf organisierten Machbarkeitsstudie zum Leuna-Projekt. Man braucht keine kriminalistischen Fähigkeiten, um darauf zu kommen, dass es sich um wertlose Papiere handelte. Die Kosten dafür wurden allerdings als »Konzeptionskosten« steuerlich geltend gemacht. In Wirklichkeit sei es um »nützliche Aufwendungen«, Schmiergelder, gegangen, sagte ein Thyssen-Manager bei seiner Befragung durch den Untersuchungsausschuss. Das habe er aber erst bei einem Gespräch mit Vertretern von Elf in Paris erfahren.[19] Wo die 13 Millionen, die Thyssen von Elf zurückverlangte, letztlich gelandet sind, blieb dem Ausschuss verborgen.

Immer wieder meldeten sich Vertreter und Berater von Elf mit Behauptungen zu Wort, auch deutsche Politiker und Parteien, insbesondere Kohls CDU, hätten Schmiergeld aus dem Leuna-Geschäft kassiert. Bewiesen wurde das nie. Aber die brodelnde Gerüchteküche sorgte in den Parteibüros für Unruhe. Dass die sich nicht so schnell legte, war auch der Aktivität der Pariser Justiz zu verdanken. Holzer hatte, nachdem er in erster Instanz verurteilt worden war, Berufung eingelegt. Damit hatte er keinen Erfolg. Das Gericht garnierte seinen Spruch mit einigen bemerkenswerten Sätzen. Für die Zahlung des Elf-Konzerns an Holzer gebe es keine Rechtfertigung, weil der Lobbyist keine bedeutende Rolle beim Leuna-Geschäft gespielt habe. Für das von Holzer kassierte Geld lasse sich keine andere Erklärung finden

»außer der Hypothese der Bestechung von politischen Entscheidungsträgern«. Dabei stützten sich die Richter auf die Darstellung eines Elf-Managers, der mitbekommen habe, dass es bei den Zahlungen um die »Finanzierung politischer Parteien« gegangen sei. Außerdem legten sie Holzer zum Nachteil aus, dass er sich geweigert hatte, den weiteren Verbleib der Zuwendungen aus dem Hause Elf zu dokumentieren.

Eine wesentliche Rolle spielte bei der Einschätzung des Gerichts aber auch der Umgang zwischen Holzer und dem ehemaligen Rüstungsstaatssekretär im Bundesverteidigungsministerium, Holger Pfahls. Zwischen 1992 und 1996 habe Pfahls über Briefkastenfirmen von Holzer Zahlungen in zweistelliger Millionenhöhe kassiert.[20] Holzer hatte Pfahls in sein Leuna-Kontaktnetzwerk eingewoben.

Die Spur über Pfahls führt zur CSU. Holzer pflegte beste Kontakte zu Franz Josef Strauß, der sich wie viele seiner Amigos an der Côte d'Azur ein Domizil eingerichtet hatte. Zur Förderung der Wirtschaft, sagte Holzer, sei er bei Strauß zuständig gewesen für den Kontakt zu französischen Ministerien. Auch die Strauß-Kinder legten Wert auf gute Beziehungen zu Holzer, besonders Max. An Frankreichs Südküste saßen neben Strauß und Holzer auch die Skandal-Größen Schreiber und Zwick. Edmund Stoiber, damals noch abhängiger Strauß-Adlatus, kam sechsmal mit Frau und Kindern angereist, um bei Holzer Urlaub zu machen, auch Bayerns ehemaliger Wirtschaftsminister Otto Wiesheu war da. Und Pfahls, den Holzer etwa 1982 als Leiter des Strauß-Büros in der bayerischen Staatskanzlei kennengelernt und in sein Herz geschlossen hatte, bekam von Holzers französischer Stiftung »Formatione« den Ausbau eines Landhauses am blauen Mittelmeer finanziert. Angeblich handelte es sich dabei aber nur um ein Darlehen in Höhe von knapp 500 000 Mark, von dem aber ungewiss ist, ob es zurückgezahlt wurde.

Für Pfahls hat Holzer viel getan. Er ebnete ihm den Weg aus dem Verteidigungsministerium in die Privatwirtschaft, zum Weltkonzern Daimler-Benz AG. Dort war Holzers Freund Jürgen Schrempp Chef. Zuerst wurde Pfahls in Brüssel eingesetzt, dann wechselte er nach Singapur, wo ihm einer von Holzers Söhnen als Assistent zugearbeitet hat. Zugleich verschaffte ihm Holzer einen Beratervertrag für Ölgeschäfte in Asien, wobei Pfahls ein schönes Nebeneinkommen von 500 000 Mark einstreichen konnte.

Im Jahr 1999 brach die Welt des Holger Pfahls explosionsartig zusammen. Die Augsburger Staatsanwaltschaft hatte einen Haftbefehl ausgestellt, weil sie bei der Auswertung der Unterlagen, die im Fall Schreiber sichergestellt worden waren, seine Spuren gefunden hatte. 3,8 Millionen Mark, so die Ermittler, habe Schreiber für die Mithilfe bei der Anbahnung von U-Boot- und Panzergeschäften, darunter auch den Verkauf der Fuchs-Panzer des Thyssen-Konzerns an die Saudis, auf einem Treuhandkonto für Pfahls deponiert. Das Geld habe Pfahls aber nicht versteuert. Und da er für die Gefälligkeiten seine Stellung als beamteter Staatssekretär ausgenutzt habe, sei neben der Steuerhinterziehung auch noch der Tatbestand der Vorteilsnahme erfüllt.

Pfahls tauchte ab zu einer fünf Jahre langen Flucht. Er setzte sich zunächst nach Taiwan ab, wurde von dort mit geheimdienstlicher Unterstützung über Hongkong und London nach Paris geschleust, wo er mit einer Freundin aus Moldawien, die später seine Frau wurde, lebte. Holzer ließ für die Betreuung auf der Flucht sorgen und weitgehend auch für das benötigte Geld. 2004 wurde der erkrankte Pfahls in Paris festgenommen und ausgeliefert.

Um bald aus dem Gefängnis zu kommen, ließ sich Pfahls auf einen Deal mit der Augsburger Justiz ein. Ganz nach den öffentlich geäußerten Vorstellungen des Gerichts, gestand er, was die Staatsanwaltschaft ermittelt hatte und bekam dafür im September 2005 zwei Jahre und drei Monate Haft. Wenige Wochen nach dem Ende des Prozesses wurde er auf Bewährung entlassen. Nach der Urteilsverkündung ging der Vorsitzende Richter am Augsburger Landgericht, Maximilian Hofmeister, auf Pfahls zu, schüttelte ihm die Hand und machte eine tiefe Verbeugung vor ihm. Eine wohl einmalige Demonstration in einem deutschen Gericht. Die Fotos davon erregten öffentliches Aufsehen.

Was Pfahls gestanden hatte, war alles andere als zweifelsfrei. So behauptete er, die 873 000 Mark, die ihm Schreiber in den Jahren 1991/ 92 bar ausgezahlt habe, jahrelang über Länder und Kontinente mit sich herumgetragen und erst auf der Flucht aufgebraucht zu haben. Da sonst der Deal geplatzt wäre, gestand er sogar, von Schreiber Geld für ein Geschäft angenommen zu haben, an dem der edle Sponsor überhaupt nicht beteiligt war. Die Zuordnung von Teilbeträgen aus den 3,8 Millionen Mark passte nicht. Welche Art von Treuhandverhältnis soll denn hier geherrscht haben? In einer zum Augsburger Verfahren parallel laufenden Klage vor dem Finanzgericht München ließ Pfahls denn auch vortragen, dass es kein Treuhandkonto gegeben habe. Dennoch schrieb das Gericht in das Urteil unter dem Thema Beweiswürdigung:»Die tatsächlichen Feststellungen beruhen im Wesentlichen auf dem in allen zentralen Punkten glaubwürdigen und auf seine Richtigkeit überprüften Geständnis des Angeklagten.« Und weiter:»Trotz seiner prozessualen Situation (Haft seit 13.7.2004) hat der Angeklagte kein taktisches, den Wünschen von Gericht und Staatsanwaltschaft angepasstes Geständnis abgelegt, um seine baldige Haftentlassung zu erreichen.« Pfahls nahm das Urteil sofort an. Wozu das gut sein sollte, kann wohl nur ein Richter verstehen, der sich vor einem solchen Angeklagten verbeugt. Die Augsburger Justiz hatte jedenfalls im Rahmen der Verfahrensserie gegen Schreiber und seine Mitangeklagten ein Geständnis bekommen. Und was für eins. Der Fall Pfahls war damit juristisch abgeschlossen. Politische Ausweitungen gab es nicht. In der Öffentlichkeit herrschte Zufriedenheit, weil es endlich auch mal einen CSU-Mann erwischt hatte. Auf die wichtigen Details achtete kaum jemand.

Was war nicht aufgeklärt worden? Was blieb verdeckt? Für die Klärung der finanziellen Verhältnisse zwischen Pfahls und Holzer und mögliche politische Hintergründe, die das Pariser Berufungsgericht angesprochen hatte, entwickelte die Augsburger Justiz wenig Eifer. Pfahls zog sich mit Behauptungen aus der Affäre, er kenne die Schmiergeldfirmen nicht, über die Geld von Holzer an ihn geflossen sein solle. Und Holzer wusste auch von nichts. Was denn sonst? Damit war das Thema erledigt. Potenzielle politische Hintermänner und andere Profiteure konnten sich beruhigt zurücklehnen.

Die Sache mit der Luxemburger INVALL SA hätte pikant werden können. Für deren Konto bei der Bank Paribas war ein Treuhänder zuständig, der auch für Holzer tätig war. Er hatte angegeben, dass der wirtschaftliche Nutznießer Holger Pfahls sei. Bei der Bank war eine Pass-Kopie von Pfahls hinterlegt. Die Firma verfügte über ein Aktienvermögen von mehr als 100 Millionen Mark. Über ihr Konto liefen Dividenden-Ausschüttungen in hohen zweistelligen Millionen-Beträgen. Und bei den Luxemburger Finanzkontrollbehörden war sie in Geldwäscheverdacht geraten. Aber Pfahls wusste von allem nichts und hatte mit der INVALL nichts zu tun. Das gab er an. Damit war der Fall in Augsburg von der Tagesordnung. Selbst Holzer musste sich nicht weiter dekuvrieren. Auch er machte seinen Frieden mit der Augsburger Staatsanwaltschaft und dem Landgericht durch einen Deal im Jahr 2008: Als Sühne der Fluchthilfe für Pfahls (Strafvereitelung) akzeptierte er eine Verurteilung zu neun Monaten Gefängnis auf Bewährung und eine Zahlung von 250 000 Euro. Es dürfte den Multimillionär nicht sehr geschmerzt haben. Hatte doch die korrupte Geschäftsleitung von Elf nicht viel weniger für seine weitgehend wertlosen Umtriebe aus der Kasse geholt wie Thyssen für den Lobby-König Schreiber.

In Karlheinz Schreiber und in Firmen, für die er zeichnungsberechtigt war, hat Thyssen nach einer internen Aufstellung, die uns vorliegt, in zehn Jahren gut 50 Millionen Mark an Honoraren, Provisionen und Bürokosten investiert. Dabei ging es um Fuchs-Spürpanzer von Thyssen-Henschel für die Saudis, um den von dem Konzern geplanten Rüstungskomplex Bear Head in Kanada, um Projekte in Kuwait und Thailand, aber auch um U-Boote aus den Thyssen-Werften in Emden und Kiel. Allein für die Beteiligung am Fuchs-Panzer-Geschäft, bei dem über Thyssen aus der saudischen Staatskasse 220 Millionen Mark Schmiergeld verteilt wurde, bekam Schreiber zusammen mit der ihm durch die Augsburger Justiz zugeschriebenen Firma ATG 26,8 Millionen Mark.

Als Schreiber ins Schwerkraftfeld von Thyssen geriet, beackerte er schon den halben Globus: Europa, asiatische Länder, Nordamerika, Mittelamerika. Schon 1985 besaß er einen von Costa Rica ausgestellten Diplomatenpass, versehen mit der Empfehlung des Ministers für Export und Investitionen: »Hiermit erlaube ich mir mitzuteilen, dass Herr Karlheinz Schreiber der Repräsentant der Regierung von Costa Rica auf den Gebieten der Exportförderung und der Beschaffung von Investitionen für unser Land ist.«[21] Er arbeitete auf Linien, die er sich aufgrund der Beziehungen zu seinem Jagdfreund, dem international gut vernetzten CSU-Chef und Ministerpräsidenten Franz Josef Strauß, erschloss, auch als Kontaktmann des Bundesnachrichtendienstes oder als wendiger Geschäftsmann, der verstanden hatte, wie man sich selbst Türen öffnet oder von anderen öffnen lässt: am besten mit Geld, das die Freundschaft erhält und die Geschäfte beflügelt.

Die internationale Vermarktung des Airbus, ein Herzensanliegen von Strauß, baute Schreiber konsequent zu seinem Geschäftsmodell aus. Strauß wollte unabhängig von den dominierenden USA eine europäische Luft- und Raumfahrtindustrie aufziehen, in deren Zentrum das in Ottobrunn bei München ansässige Hochtechnologieunternehmen für Rüstung und Flugzeugbau Messerschmitt-Bölkow-Blohm (MBB) stand, an dem der Freistaat Bayern beteiligt war. Der Markt war äußerst schwierig für einen Newcomer. Überall hatte die US-Flugzeugindustrie die Plätze besetzt. Das Projekt Airbus stand, kaum dass es die Flügel gehoben hatte, schon wieder vor dem Absturz.

Ein Fall für den Verkäufer Schreiber. In Mexiko versuchte er es und in Thailand. In Kanada kam er ins Geschäft, auch mit Hubschraubern. Die Provisionen flossen vor allem an eine in Liechtenstein domizilierte Firma »IAL« (International Aircraft Leasing), die das Augsburger Landgericht Schreiber zugerechnet hat. Summa summarum sollen es über die Jahre etwa 20 Millionen Mark aus den Kassen von MBB gewesen sein, wie einer der Zeugen beim Prozess gegen Schreiber vor dem Augsburger Landgericht 2010 unter Berufung auf frühere Informationen durch den Angeklagten ausgesagt hat.

Über MBB war Schreiber zu Thyssen gekommen. Es könnte 1983 gewesen sein, erinnert sich Schreibers Frau Bärbel noch, als ihr Mann mit einem MBB-Manager in den USA und Mittelamerika unterwegs war. Und es war wieder einer dieser Zufälle, die im Leben öfter vorkommen und neue Horizonte öffnen. Im Flughafen von Los Angeles ging der MBB-Vertreter plötzlich auf einen Herrn zu, den Schreiber nicht kannte. Händeschütteln und gegenseitige Vorstellung folgten. Es war der bereits erwähnte Winfried Haastert, Vorstand der Thyssen Industrie AG, engagiert in der Wehrtechnik (Panzer und U-Boote). Haastert war auf dem Rückweg von einer Präsentation beim mexikanischen Verteidigungsminister. Der Thyssen-Manager hatte viel zu tun in Mittel- und Südamerika. Argentinien war öfter sein Ziel. Neben der Markterschließung kümmerte er sich damals auch um die Eintreibung von annähernd 100 Millionen Mark, Geld, das die argentinische Marine einer Thyssen-Werft für die Lieferung von U-Booten und das Heer für den Bezug einer Spezialversion des Panzers »Marder« schuldete. Durch eine komplizierte Operation über eine Bank in Uruguay hatte das Unternehmen einen großen Teil des Geldes erhalten. Ein nicht geringer Rest soll in korrupten Kanälen zwischen Buenos Aires und Montevideo verschwunden sein.

Aus der Begegnung in Los Angeles wuchs eine Freundschaft und Geschäftsbeziehung, die erst abriss, als die Augsburger Staatsanwaltschaft von Mitte der 1990er-Jahre an Schreiber verfolgte. Über Haastert hatte Schreiber den Weg in die Beletage des Weltkonzerns gefunden. Der CSU-Mann Schreiber und der alte, aus dem Gewerkschaftsbereich kommende Sozi Haastert wurden ein Gespann, das durch dick und dünn ging. Und bei einer privaten Geburtstagsfeier im Hause Haastert lernte das Ehepaar Schreiber ganz große SPD-Prominenz kennen: den früheren hessischen SPD-Vorsitzenden, Ministerpräsidenten und späteren Bundesfinanzminister Hans Eichel.

Welchen Vorteil hatte Thyssen von Schreiber? Jürgen Maßmann, der als Bereichsvorstand bei Henschel unter der Regie von Haastert nach Absatzmärkten suchte, konnte bald erfahren, was Schreiber im Marschgepäck hatte:»Wir hatten immer Probleme in Bonn, weil sich Strauß für Krauss-Maffei einsetzte und sich durch seinen Einfluss auf die Bundesregierung auch durchsetzte. Uns fehlte der Zugang zu Strauß. Durch Schreiber bekamen wir ihn«, sagte er uns. Für das Thyssen-Management öffnete sich eine neue Welt, als Haastert durch Schreibers Vermittlung von Strauß zu einem Gartenfest und dann auch noch zu einer Reise nach Saudi-Arabien eingeladen wurde. Maßmann:»Das war schon was wert.« Insbesondere auch deshalb, weil der CSU-Chef den Waffenexport in das Königreich anschieben wollte, während Kohl und sein Außenminister Hans-Dietrich Genscher mit Rücksicht auf israelische Interessen bremsten.

Schreiber schlug immer Wurzeln, wo eine Geschäftsoase ins Blickfeld geriet. Und Strauß-Sohn Max assistierte ihm oft dabei. Über Strauß und dessen Kontakte ins saudische Königshaus schloss Schreiber Freundschaft mit dem einflussreichen Geschäftsmann Sami Jadallah, der seine europäische Operationsbasis in Genf hatte. Ein kluger Schachzug. Als Thyssen das Fuchs-Panzer-Geschäft mit den Saudis anbahnte, trafen sich Maßmann und Jadallah bei Schreiber in Kaufering, um die Weichen zu stellen.

Bei Jadallah kreuzten sich zwei Linien, auf denen Thyssen den Saudi-Markt bearbeitete. Neben Schreiber pflegte auch Rolf Wegener, Geschäftspartner des FDP-Skandalpolitikers Jürgen Möllemann,

Kontakte zu Jadallah. Für Thyssen hieß das: Von guten Sachen kann man nicht genug haben. Maßmann traf wegen der Fuchs-Panzer für die Saudis mehrmals auch mit Wegener zusammen. Als das Geschäft Anfang 1991 reif geworden war und es darum ging, durch eine Exportgenehmigung des Bundessicherheitsrats die Panzer ins Rollen zu bringen, trat Möllemann, damals Wirtschaftsminister, als Antreiber im Regierungsapparat auf. Genscher gab danach sein Zögern auf.

Und Möllemanns Freund Wegener konnte, obwohl er für den Deal kaum etwas leisten musste, Kasse machen: Über seine in Panama angesiedelte Schmiergeldfirma Great Aziz kassierte er 8,93 Millionen Mark – zwei Prozent des Geschäftsvolumens. Wegener hatte mit Thyssen-Henschel schon zehn Jahre zuvor eine Vereinbarung getroffen, wonach ihm damals von jedem Geschäft des Konzerns mit den Saudis diese zwei Prozent zustanden. Wie gut, wenn man mit allen kann.

Nach dem Tod von Strauß im Jahr 1988 orientierte sich Schreiber neu. Er sah sich auf der Bonner Regierungsebene nach Hilfe für seine Projekte um. In Kanada hatte er im Auftrag von Thyssen das milliardenschwere Bear-Head-Projekt für eine neue Panzerproduktion angeschoben, das aber nach einem flotten Start ins Stocken geraten war. Auf der Thyssen-Seite waren Winfried Haastert und Jürgen Maßmann seine Partner, die auf Erfolge warteten. Unerwartet gab es in Kanada jedoch politische Schwierigkeiten. Die hoffte Schreiber mit Unterstützung der Bundesregierung und gezielter Kontakte zu CDU-Politikern zu beseitigen. Er wurde Mitglied der Atlantik-Brücke e. V. Dort war als Vertrauter von Helmut Kohl der CDU-Schatzmeister Walther Leisler Kiep Vorsitzender.

Dieser noble Verein zur Pflege der deutsch-amerikanischen und deutsch-kanadischen Freundschaft war ein ideales Feld für Lobbyisten. Dort trafen sich viele mit Rang, Namen und Geld: Spitzenmanager von Banken und Industrie, Publizisten und Politiker. Von Kiep über Helmut Schmidt, Otto Graf Lambsdorff, Hans-Dietrich Genscher bis zu Nato-Generalsekretär Manfred Wörner spannte sich der Bogen. Alfred Herrhausen von der Deutschen Bank war dabei, auch Friedrich Karl Flick oder Jürgen Schrempp von Daimler-Benz. Ebenso waren Vertreter von Rüstungs- und Stahlunternehmen mit so klangvollen Namen wie Diehl, Krupp oder Mannesmann vertreten. Heute führt der CDU-Mann Friedrich Merz den Verein, und Angela

Merkel wurde schon mal mit einem Ehrenpreis belohnt.[22] Für Kiep war die Atlantik-Brücke ein Dorado für die Spendenakquisition, und für Schreiber war Kiep ein Tor zur CDU und zur Bundesregierung. Schreiber verfasste Wunschbriefe an Kiep, und der speiste sie in den Bonner Regierungsbetrieb ein, wie er in Augsburg als Zeuge in einem Prozess aus dem Schreiber-Komplex aussagte.

Thyssen und die Tochterfirmen spannten nicht nur Leute wie Schreiber politisch und kommerziell ein. Der Konzern verfolgte seine Strategie, Einfluss auf die Politik zu nehmen, auch keineswegs nur über die CDU-Schiene, wie der ehemalige Chef der Rechtsabteilung des Konzerns, Hans-Joachim Klenk, vor dem Untersuchungsausschuss offenbarte: »Wir hatten bei uns eigene Bundestagsabgeordnete ... Das sind SPD-Mitglieder gewesen. Sie versuchten dann, auf irgendeinen Menschen der Verwaltung einzuwirken, damit der Auftrag hierher ging. Gut, diesen Wünschen wurde Rechnung getragen.« Was dann folgte, kann man sich leicht selbst ausmalen. »Das führte dazu, dass sich die Firmen verpflichtet fühlten, sich auch den Parteien durch Spenden oder Ähnliches erkenntlich zu zeigen. Das ist noch nichts Besonderes«, meinte Klenk.[23] Dort, wo Korruption zum Alltagsgeschäft gehörte, wohl nicht.

Klenk nannte als »eigenen Bundestagsabgeordneten« ausdrücklich »Herrn Wieczorek«. Helmut Wieczorek war dem Konzern schon allein durch sein früheres Arbeitsverhältnis verbunden. Er saß bis 1994 in der Geschäftsführung der Thyssen Engineering. Seinen Namen brachten Schreibers Anwälte auch im Prozess vor dem Augsburger Landgericht zur Sprache, ohne sich jedoch zu Geldzahlungen zu äußern. Wieczorek war von 1982 bis 1994 Obmann der SPD im Haushaltsausschuss des Bundestags, danach vier Jahre Vorsitzender. Nach der Bundestagswahl 1998 wurde er Vorsitzender des Verteidigungsausschusses. Mit Schreiber verband ihn eine lange, intensive Freundschaft. Die Ehepaare feierten miteinander, trafen sich im Urlaub am Tegernsee, wo sich auch Erich Riedl mit Ehefrau hinzugesellte. Riedl stammte aus dem alten Stall von Franz Josef Strauß, war auf dessen Betreiben Staatssekretär im Bundeswirtschaftsministerium geworden und als solcher Koordinator für Luft- und Raumfahrt. Mit Riedl waren Schreiber und Wieczorek gut verbandelt. Gegen den ehemaligen Staatssekretär ermittelte die Staatsanwaltschaft Augsburg, weil ihn Schreiber mit 500 000 Mark geschmiert haben soll. Sie stützte sich dabei auf einen Kalendereintrag Schreibers. Das Verfahren wurde jedoch eingestellt. Es war nichts nachzuweisen.

Der Haushaltsausschuss, in dem Wieczorek saß, war für Thyssen eine Schatztruhe. Dort wurde frühzeitig über mögliche militärische Anschaffungen der Bundeswehr oder über Subventionen für Entwicklungs- und Forschungsprojekte verhandelt. Informationen darüber waren für das Unternehmen Gold wert. Man konnte sich frühzeitig darum kümmern und mit der Lobbyarbeit auf allen möglichen Ebenen beginnen. Und, wie Hans-Joachim Klenk sagte, womöglich mit Geld nachhelfen. Es kam auch vor, dass CDU-Mitglieder aus dem Haushaltsausschuss von der Konzernführung zur Jagd eingeladen wurden. Dann stellten sich Lobby-Sendboten ein, die ihnen sagten, welchen für die Firma nützlichen Posten aus dem Bundesetat sie zustimmen sollten. Alles natürlich zur Erhaltung der Arbeitsplätze.

Als im November 1999 im Zusammenhang mit Schreibers Geldzahlungen an die CDU auch dessen spezielle Beziehung zu Wieczorek bekannt wurde, brach in der SPD-Fraktion im Bundestag Nervosität aus. Fraktionschef Peter Struck wollte Klarheit. Er bekam von Wieczorek einen am 22. November 1999 verfassten viereinhalb Seiten langen Brief, der uns vorliegt. Darin erklärt Wieczorek alles Mögliche über seine Arbeit für den Thyssen-Konzern und gibt zu, seit Mitte der 1980er-Jahre Schreiber zu kennen. Nachdem absehbar gewesen sei, dass es mit Bear Head nichts werde, habe er in Kanada mit Hilfe Schreibers sondiert, ob Thyssen Engineering im Umweltschutz aktiv werden könne. »Wir merkten ... sehr schnell, anhand unserer Submission, dass uns die Firma Bear Head, deren Chairman Herr Schreiber war, nicht so weiterhelfen konnte, wie man es in einem Land, in dem man noch nicht durch eigene Aktivitäten vertreten ist, unbedingt haben muss.«

Weshalb so abwertend? Gab es etwas zu verbergen? Kein Wort von den über die Maßen freundschaftlichen privaten Beziehungen. Der Fall schlief wieder ein. Aber was hätte Struck wohl unternommen, wenn ihm sein Kollege Wieczorek die Kopie eines Briefes übermittelt hätte, den er am 28. Juni 1994 an Schreiber abschickte und der hier erstmals veröffentlicht wird:

»Sehr geehrter Herr Schreiber, lieber Karlheinz,
am letzten Wochenende im August wird, ungeachtet des
beginnenden Wahlkampfes, wieder eine Arbeitstagung der
Finanzpolitiker der SPD-Bundestagsfraktion in Duisburg
stattfinden. Zu dieser Tagung habe ich auch eine Reihe von
Kollegen eingeladen, die nicht mehr dem Haushalts- oder
Finanzausschuss angehören, die aber auf allen anderen
wichtigen Politikfeldern eine gewisse Rolle spielen.
Am Sonntag, dem 28. August, möchte ich in meinem Hause
Wirtschaft und Politik zum Gespräch zusammenführen.
In der Vergangenheit haben sich nach meiner Erinnerung
immer für beide Seiten gute Gespräche ergeben. Wahrschein-
lich wird auch der eine oder andere aus der SPD-Führungs-
crew – je nachdem, wie die Wahlkampftermine liegen – an
dieser Veranstaltung teilnehmen ...
Ich wollte Sie auf diesem Wege vorab informieren. Wenn Ihre
Terminplanung eine Teilnahme an diesem Tag erlaubt, wäre
ich für einen kurzen Hinweis dankbar. ... Mit freundlichen
Grüßen. Helmut Wieczorek.«

Geschrieben hat Wieczorek den Brief als »Obmann der Fraktion der
SPD im Haushaltsausschuss«.

Hier geht es um nichts anderes, als dass Wieczorek seinen Freund
Schreiber, von dem er wusste, wofür ihn Thyssen brauchte, bei seinen
SPD-Freunden in die gewünschte Position brachte. Schreiber konnte
es nur recht sein.

Auf die Frage, was sein Nervenkostüm am meisten strapazierte,
antwortete uns Ex-Henschel-Vorstand Jürgen Maßmann: »Termine
zu bekommen mit Entscheidungsträgern aus Politik und Militär und
das Warten auf höchste Würdenträger im Ausland. In Hotels herum-
sitzen, Ausschau halten, mit den Leuten zum Essen gehen – irgendwann hängt einem das oben raus.«

Mag sein. So ist das Leben eines Unternehmensführers aus der
Rüstungsbranche. Im Auftrag seiner Firma war Maßmann in das Netz
eingebunden, das Schreiber und Wieczorek webten. Er hatte einen
Ausweis für den Bundestag, konnte dort jederzeit ein und aus gehen,
wie er wollte. Sein Bearbeitungsfeld waren die beiden Ausschüsse für

Haushalt und für Verteidigung: Hören, was läuft – Einfluss mobilisieren. Da bekam dann der eine oder andere Bundestagsabgeordnete aus der Konzernkasse von Thyssen oder einem Tochterunternehmen zur Unterstützung im Wahlkampf auch mal eine Spende. Ohne Bezug auf ein konkretes Projekt. Die Herausstellung einer direkten Geld-Geschäft-Koppelung war auch nicht notwendig. Die wussten schon, was sie zu tun hatten. Folgt man Klenk, dann geschah die Geldverteilung manchmal sogar direkt auf Initiative der Konzernleitung. Es war aber nichts anderes als das, was die Konkurrenz auch machte.

Wie sagte doch Eberhard von Brauchitsch so schön:»Wir können heute sagen, dass die Lage unserer Wirtschaft und am Arbeitsmarkt immer dann am besten war, wenn es zwischen Wirtschaft und Politik ein vertrauensvolles Verhältnis gab. Für manche ist ein solch enges Verhältnis verwerflich. Aber dieses Miteinander bedeutet noch nicht, dass man sich gegenseitig korrumpiert, sondern dass man von der Denkweise des andern lernt.«[24] In diesem Sinne lernte Maßmann etwa von Manfred Opel, SPD, ehemaliger Luftwaffenoffizier, Verteidigungsausschuss; Rudi Walther, SPD, ehemals Vorsitzender des Haushaltsausschusses; Jochen Borchert, CDU, haushaltspolitischer Sprecher zwischen 1989 und 1993, dann Landwirtschaftsminister; Hermann Otto Solms, FDP, Bundesschatzmeister der FDP 1987 bis 1999 und dann wieder ab 2004, von 1991 bis 1998 Vorsitzender der FDP-Bundestagsfraktion, Bundestagsvizepräsident; Jürgen Koppelin, FDP, seit 1990 im Bundestag, zurzeit stellvertretender Fraktionsvorsitzender; Wolfgang Gerhardt, FDP, Fraktionsvorsitzender im hessischen Landtag, später im Bundestag, Exparteichef. Sie alle waren seine Kontaktleute.

In Wolfgang Gerhardts Internetauftritt vom 4. Juli 2010 findet sich ein Zitat, das in seiner Art kaum zu toppen ist:»Diejenigen, die zu klug sind, um sich in der Politik zu engagieren, werden dadurch bestraft werden, dass sie von den Leuten regiert werden, die dümmer sind als sie selbst.« Der Spruch stammt von dem griechischen Philosophen und Staatstheoretiker Platon. Wer will das auf sich sitzen lassen? Von den Leuten, die hinter den Kulissen die Strippen ziehen, hat Platon nämlich nichts gesagt. Vielleicht sind das die Allergescheitesten.

Unter diesem Aspekt könnte man das Engagement von Moritz Hunzinger betrachten. Dieser PR-Mann und Lobbyist, der im Magazin der *Süddeutschen Zeitung* einmal als der »einflussreichste Politik-Kommunikator im Land« beschrieben wurde, tauchte, wie könnte es anders sein, auch bei Thyssen auf. Hunzinger, der sie alle als Kunden hatte, ob die Grünen Cem Özdemir und Joschka Fischer, Christian Wulff, den neuen Bundespräsidenten, oder Richard von Weizsäcker, den alten Bundespräsidenten, ob den Ex-Außenminister Klaus Kinkel oder Rudolf Scharping, den früheren Verteidigungsminister von der SPD. Er war auch Stilberater von Eckhard Rohkamm, dem Vorstandsvorsitzenden von Thyssen Industrie.

Und nicht zu vergessen: Zu Hunzingers Klientel gehörte Herbert Batliner, Inbegriff des Liechtensteiner Treuhänders und Duzfreund von Helmut Kohl. Mit Batliner gründeten die beiden CDU-Finanzexperten Weyrauch und Lüthje die berüchtigte Norfolk Stiftung, um für die Partei Millionen zu waschen.

Mit all dem hatte Jürgen Maßmann nichts zu tun, ihm wies Hunzinger einen ganz anderen Weg. 1993 machte er den Thyssen-Manager in Frankfurt mit Brigitte Baumeister, damals Schatzmeisterin der CDU, bekannt, die ein Jahr später im Kauferinger Heim des Thyssen-Mitarbeiters Karlheinz Schreiber die berüchtigten 100 000 Mark für Schäuble abholte.

Bei Thyssen war es nicht unüblich, dass Manager, die sich im besonderen Einsatz fühlten, auch Wert auf außerordentliche Bezahlung legten. Gab Schreiber schon Politikern Geld, das aus Thyssens Schatulle stammte, weshalb sollte er nicht auch an einen etwas zurückgeben, der ihm die Konzernkasse geöffnet hatte? Winfried Haastert etwa wurde wegen Untreue und Steuerhinterziehung rechtskräftig zu einer Bewährungsstrafe verurteilt, weil er von Schreiber 1,4 Millionen Mark eingesteckt hatte. Wie überrascht waren die Augsburger Landrichter, als er in einem anderen Prozess aus dem Schreiber-Komplex als Zeuge auftreten musste: Da erzählte er, dass er Schreiber noch mehrmals zur Übergabe hoher Beträge getroffen habe. Dabei wechselten noch viele Hunderttausend den Besitzer, und eine Wohnung in Lugano, gestand er, habe ihm Schreiber auch finanziert. Als »Freundschaftsdienst« wertete Haastert Schreibers Zahlungen. »Kauf dir was Schönes«, habe Schreiber gesagt. Einfach mal so ein paar Hunderttausend und das noch als Kickback aus der Firmenkasse, aus der Schreiber sein Geld bezog – da blieb den Richtern der Atem weg. Es

4. Die Unterwanderung der Politik

habe sich um Geschenke gehandelt, für die es keine Gegenleistung gegeben habe, behauptete Haastert unter dem Gelächter der Zuhörer im Gerichtssaal. Vielleicht nicht direkt. Aber dass Vorstand Haastert ein Darlehen über sechs Millionen, das der längst schon zum Multimillionär aufgestiegene Schreiber von Thyssen bekommen hatte, als uneinbringlich ausbuchen ließ, ist auch nicht zu verachten. Da wurde einfach mit dem Geld der Firma gespielt und Beute verteilt. Was für eine Klasse von Managern ist das? Aber dieses Umverteilungs- und Selbstbereicherungssystem reichte noch weiter nach oben: Er wisse, sagte Haastert vor Gericht in Augsburg, dass Schreiber dem früheren Vorstandsvorsitzenden von Thyssen Industrie, Werner Bartels, eine 500 000 Mark teure Jacht an der Côte d'Azur finanziert habe. Das Geld hatte an den Ursprung zurückgefunden, der Thyssen-Kreislauf des Gebens, Nehmens, Kaufens und Schmierens war geschlossen. Die Manager und ihr Lobbyist, das Geschäft und die Politik waren eins geworden.

Nochmals Eberhard von Brauchitsch: »Dieses Miteinander bedeutet noch nicht, dass man sich gegenseitig korrumpiert, sondern dass man von der Denkweise des anderen lernt.«

Wann haben die alle endlich ausgelernt?

Der große Öl-Deal

1980. Es war wieder Aschermittwoch. Sein Aschermittwoch. Franz Josef Strauß, Kanzlerkandidat der Unionsparteien, war unter den Klängen des Bayerischen Defiliermarsches in die Passauer Nibelungenhalle eingezogen. Tausende seiner Fans jubelten ihm zu. Er lächelte und nickte zufrieden. Ein Heer von Journalisten aus dem In- und Ausland beobachtete jeden seiner Schritte und legte jedes Wort dieser Ausnahmegestalt eines Politikers auf die Goldwaage. Was würde aus der Bundesrepublik, falls er die Bundestagswahl gewinnen sollte?

Strauß blieb niemandem etwas schuldig. Gegen die SPD-Regierung unter Helmut Schmidt versuchte er das Wahlvolk mit einer Mischung aus Radikal-Rhetorik und geradezu kabarettreifen Wortschöpfungen zu mobilisieren: Den Kanzler verhöhnte er als »Heldenmaskenträger«, der sich gegen die Linken in seiner eigenen Partei nicht durchsetzen könne, unter seiner Regierung sei ein Saustall in Deutschland angerichtet worden. An diesem Aschermittwoch bot die im Jahr zuvor ausgebrochene Ölkrise dem CDU-Vorsitzenden und bayerischen Ministerpräsidenten die willkommene Vorlage, um seinem politischen Gegenspieler etwas am Zeug zu flicken. Schmidt, polterte Strauß an jenem 20. Februar 1980 los, kümmere sich nicht um »die Versorgung unserer Wirtschaft mit Energie und lebenswichtigen Rohstoffen zu bezahlbaren Preisen«.[25] Der Kanzler vernachlässige elementare deutsche Interessen. Als lebenswichtigen Rohstoff hatte Strauß an diesem Tag etwas ganz Spezielles im Visier, wovon seine Zuhörer aber keine Ahnung hatten.

Während dem schwer kämpfenden Energiebündel Strauß die Hitze in der Nibelungenhalle die Schweißperlen auf die Stirn trieb, fuhren am Flughafen München-Riem schwere Mercedes-Limousinen vor. Bodyguards bezogen zur Absicherung Position. Karlheinz Schreiber, der alte Strauß-Spezi, erwartete den Botschafter des Königreichs Saudi-Arabiens, Seine Exzellenz Ibrahim Nuri. Pünktlich war der Diplomat aus dem Land des schwarzen Goldes eingeflogen, und los ging's in das 200 Kilometer entfernte Passau, wo sich Franz Josef Strauß weiter abmühte, seinem inzwischen schon durch einigen Bierkonsum angeheiterten Publikum zu erklären, dass es bei der bevorstehenden Bundestagswahl eine schicksalhafte Entscheidung zu treffen habe: »Freiheit statt Sozialismus«.

Darum ging es aber nicht mehr, als sich Strauß nach seinem Auftritt mit Botschafter Ibrahim Nuri und Karlheinz Schreiber zum Essen in ein Separee zurückzog: Die drei Herren sprachen nicht über politische Zukunftsmusik, sondern über Öl und Geld. Bei einem gigantischen Deal, dessen Hintergründe zum ersten Mal durchleuchtet werden können, sollten für alle Beteiligten Millionen an Provisionen fließen, sagte uns Schreiber. Er ging am Ende aber leer aus.

Die Unionsparteien hatten im Wahlkampf 1980 einige Schwierigkeiten, genügend Geld einzusammeln, weil ein Teil der Wirtschaft bei

4. Die Unterwanderung der Politik

der Unterstützung des oft derb auftretenden Strauß zurückhaltend war. Der CSU-Chef monierte denn auch schon mal öffentlich, dass die Herren aus der Industrie »Helmut Schmidt umschwänzeln«, während sie von der Union die Durchsetzung der von ihnen gewünschten Politik erwarteten.[26] Von einem Bekannten aus der CSU war Schreiber gebeten worden mitzuhelfen, das Ölgeschäft mit Saudi-Arabien an Land zu ziehen.

Der CSU-Mann stand bereits in Kontakt zu drei Mitstreitern aus Köln, die das Geschäft anschieben wollten, dann aber Hilfe aus Bayern benötigten, weil die Saudis eine politische Absicherung verlangten. Er brachte das Trio mit dem umtriebigen Schreiber zusammen, und der setzte, wie bei ihm nicht anders zu erwarten, alle Hebel in Bewegung. Schließlich war es ihm gelungen, den Botschafter Ibrahim Nuri und den CSU-Chef Franz Josef Strauß in Passau an einen Tisch zu bringen.

Karlheinz Schreiber, der zwar noch sein Unternehmen für Fahrbahndeckenerneuerung und Straßenmarkierung führte, sich aber mit der Unterstützung durch Strauß in das einträglichere Lobbygeschäft für die Flugzeug- und Rüstungsindustrie vorgewagt hatte, verfügte nicht nur über Verbindungen zu Mittelsleuten mit Kontakten zum saudischen Militär. Er hatte auch seine Helfer in der vom saudischen Königshaus kontrollierten Ölbranche. Die Saudis hatten ein Herz für einen möglichen Kanzler Strauß, weil sie sich von ihm eine Lockerung der harten Beschränkungen für deutsche Rüstungsexporte erhofften. Sie wollten vor allem den legendären Kampfpanzer Leopard 2 von der Münchner Firma Krauss-Maffei. An der Rüstungsschmiede hatte sich der Freistaat Bayern beteiligt, als Strauß-Freund Friedrich Karl Flick sich von dem Unternehmen trennte. Um die 80 Millionen Mark habe Bayern damals zu viel gezahlt, behauptet Schreiber. Auch als Dank dafür, dass Flick Bargeld bei Strauß abgeliefert habe. Im Flick-Untersuchungsausschuss des Bundestages kam Mitte der 1980er-Jahre jedenfalls heraus, dass der reiche Unternehmer dem CSU-Chef 950000 Mark allein per Koffer ins Haus getragen hatte.

»Bei Strauß waren Geschäft und Politik eins«, sagte einmal der frühere Leiter der Münchner Mercedes-Niederlassung, Karl Dersch, einer der besten Freunde und Kenner von FJS, wie sie den CSU-Chef meist kurz nannten.[27]

Jetzt ging es um das Thema Panzer für Öl. Wie es Strauß mit dem Rüstungsgeschäft hielt, legte er unverblümt in einem Interview mit der *Süddeutschen Zeitung* offen:»Der Waffenexport muss moralisch verantwortbar im Einklang mit unseren Interessen vorgenommen werden. Diese angeblichen Enthüllungen, als ob Waffenexport eine unmoralische kriminelle, mysteriöse Verhaltensweise sei, an der gewissenlose Geschäftemacher, skrupellose Lobbyisten, blutgierige Politiker beteiligt seien, sind doch reiner Blödsinn ... Das habe ich auch Prinz Sultan gesagt, dem für die Rüstung Saudi-Arabiens zuständigen fast allmächtigen Minister.«[28]

Unter den eigenen Interessen verstand FJS »die Sicherung des Bezugs von Rohstoffen wie Edelmetalle oder Öl«.

Und folgt man Schreiber, waren die Wüstensöhne nicht kleinlich, wenn es darum ging, ihren Freunden zu helfen:»Der Botschafter hatte zugesagt, dass die Saudis im bevorstehenden Wahlkampf etwas für die CSU und Strauß tun wollten. Strauß sollte einen Dollar pro Barrel Öl bekommen und ich auch.« Dabei war schon damals die Finanzierung deutscher Politiker durch das Geld von Ausländern illegal.

Schreibers Auskunft deckt sich aber mit den Ausführungen in der eidesstattlichen Versicherung, die einer seiner Mitstreiter verfasst hat. Unter Berufung auf ein Gespräch am 30. Januar 1980 in der saudischen Botschaft in Bonn heißt es in dem Dokument: Der »bevollmächtigte Minister«, Youssuf Mottabakani, habe erklärt,»dass Saudi-Arabien bereit sei, über Ölverträge und damit zu machende Kommissionen der CSU und Strauß finanziell zu helfen, um die Wahl für Strauß zu gewinnen«.[29] Offensichtlich war im saudischen Regierungsapparat die Wahlkampfhilfe für den Kanzlerkandidaten der Union fester Bestandteil der außenpolitischen Aktivitäten.

Das Passauer Rendezvous am Aschermittwoch 1980 weckte bei Schreiber große Hoffnungen. Alles sollte wie geschmiert laufen. Es war wie im Märchen. Zufrieden ließ der Lobbyist seinen Gast aus dem Orient wieder zum Flughafen chauffieren. Dann wartete er.

Was Schreiber nicht ahnen konnte: Als er mit dem CSU-Vorsitzenden und Ibrahim Nuri in Passau zusammensaß, wurde in Riad ein sensationeller Vertrag zwischen der staatlichen saudischen Ölgesellschaft Petromin und der deutschen Ölhändlerorganisation AVIA mit Sitz in München unterschrieben. Damit war Schreiber aus dem Spiel.

4. Die Unterwanderung der Politik

Nicht aber Strauß. Der hatte auch an dem AVIA-Vertrag maßgeblich mitgestrickt. Der »Alte«, wie er von Freund und Feind gern tituliert wurde, hatte oft mehrere Eisen im Feuer. Und bei den Verhältnissen an orientalischen Höfen war das auch gut so. Man konnte nie wissen, wer gerade wann und wo zum Zug kam. Politische Ziele waren das eine, die richtigen Pipelines anzubohren war das andere. Wer wusste schon im Voraus, wie es die Söhne der Wüste haben wollten und – noch wichtiger – wer von ihnen wie stets bei solchen Geschäften auch mitprofitieren sollte.

Der Kontrakt sah die Lieferung von 100 000 Barrel Öl täglich für drei Jahre vor, insgesamt etwa 15 Millionen Tonnen. Vom 1. April 1980 an wurden die Tankschiffe befüllt. Aber aufgrund der nach gut einem Jahr einsetzenden Ölschwemme auf dem Weltmarkt und den sinkenden Preisen erfüllte die staatliche saudische Petromin den Vertrag nicht ganz. Dennoch fiel bei der reduzierten Liefermenge und den in der Folge abgespeckten Provisionen ein gigantisches Schmiergeld an, das unter mehreren Partnern aufgeteilt wurde: Etwa 270 Millionen Dollar, das entsprach nach dem damaligen durchschnittlichen Umrechnungskurs etwa 550 Millionen Mark. Das meiste Geld wurde über Liechtensteiner, Schweizer und panamesische Briefkastenfirmen abgezogen. Zu den Begünstigten gehörte nach den vorliegenden Akten auch die CSU.

Was in Riad besiegelt worden war, sprengte alle Usancen des Öl-marktes, der bei Vertragsabschluss wegen der angespannten Lage nach der Machtübernahme des Ayatollah Khomeini im Iran in einer Krise steckte. Öl war knapp geworden. Was die AVIA damals geschafft hatte, war so verrückt, dass »in der Ölwelt die Augenbrauen hoch-gezogen wurden«, wie das renommierte *Wallstreet Journal* kommen-tierte.[30] Einer der größten Erdölproduzenten der Welt hatte der auf dem Ölmarkt völlig unbedeutenden Firma AVIA, der damals 26 Groß-händler für Treibstoff und Heizöl angehörten, einen Kontrakt über rund 15 Millionen Tonnen Rohöl gegeben. Das für Insider geradezu Unfassbare war die Tatsache, dass die Saudis bei dieser Vereinbarung auch noch mit ihrer lange praktizierten Geschäftspolitik brachen. Sie verkauften ihren Rohstoff zuvor nur an staatliche Ölgesellschaften oder die internationalen Multis wie Shell, BP oder Esso, die über ei-gene Raffinerien zur Verarbeitung verfügten. Die staatliche Ölgesellschaft Petromin wollte verhindern, dass sich Händler am saudischen Öl bedienen und durch den Weiterverkauf profitieren. Die AVIA hatte keine Raffinerie, aber Strauß im Rücken.

Wie außergewöhnlich das AVIA-Geschäft war, zeigt sich auch dadurch, dass sich der bei den Saudis eingeführte Ölkonzern Veba mit einem kleineren Abschluss begnügen musste, BP Deutschland kam überhaupt nicht zum Zug. Der Multi bekam nun saudisches Öl über die AVIA.

Das Zauberwort Strauß hatte es möglich gemacht. Der beste Beleg dafür, wie radikal sein Auftreten die Verhältnisse geändert hatte, ist die AVIA selbst. Sie hatte sich eine Absage eingehandelt, als sie über die Regierung Helmut Schmidt an die Saudis herangetreten war. Schmidt hatte sich nach einigen positiven Signalen letztlich geweigert, den Leopard-2-Panzer zu liefern. Das kam in Riad nicht gut an. Der damalige Staatssekretär im Wirtschaftsministerium, Detlev Karsten Rohwedder, war es, der am 15. Juli 1977 den saudischen Ölminister Zaki Yamani um den begehrten Rohstoff aus der Wüste gebeten hatte. Er wurde mit der kurzen Antwort abgewiesen:»Noch nicht möglich.« Auch der bayerische Wirtschaftsminister Anton Jaumann holte sich eine Abfuhr, als er am 4. Mai 1979 an Yamani herantrat. Die zweite politische Garnitur in Bayern – das war nicht die Ebene, auf der das Königshaus verhandelte.

Bei den Geschäften mit den Saudis ging es zu wie im Sport: Viele waren am Ball, aber nur einer konnte das Tor treffen. Die Tanker mit dem Öl für die AVIA fuhren längst über das Meer, als sich Schreiber zu Botschafter Ibrahim Nuri nach Bonn auf den Weg machte. Besorgt fragte er nach der weiteren Entwicklung. Er erfuhr aber nichts. Niemand hatte Schreiber darüber informiert, was passiert war. Der Ministerpräsident hatte ihm unter dem Datum des 16. Juli 1980 sogar noch einen Empfehlungsbrief für Kronprinz Fahd geschrieben, den Schreiber in Riad abgab, wie er bei seiner Vernehmung in Toronto im Jahr 2002 dem Parteispenden-Untersuchungsausschuss sagte. In dem Schreiben bittet der Ministerpräsident »seine königliche Hoheit« darum, Schreiber anzuhören und ihm »Gelegenheit zu geben, seine Pläne darzulegen«. Ein Ölgeschäft wird zwar nicht ausdrücklich erwähnt. Ob Strauß aber dennoch heimlich auf einen weiteren Deal spekulierte?

Als Schreiber zum zweiten Mal bei Nuri in Bonn vorsprach, wies ihn der Botschafter kühl ab. Hier ging auch mit Empfehlung von Strauß nichts mehr weiter. Mal wieder ein Flop, nichts Neues für Lobbyisten. Merkwürdig kam Schreiber nur vor, dass ihn Strauß nie mehr nach dem Geschäft fragte. So kannte er ihn nicht.»Ich habe alle Geschäfte mit Strauß abgestimmt, und er hat sie gutgeheißen. Ich musste immer ganz genau berichten, was daraus geworden ist«, sagte uns Schreiber.

Diesmal war es anders. Außer Spesen nichts gewesen. Pech für den Freund, der offenbar zur falschen Zeit mit den falschen Mittelsleuten ins Spiel geschickt worden war. Das erklärt auch, weshalb Botschafter Nuri sich zurückgezogen hatte. Im Königshaus waren die Pipelines für die Geldflüsse anders gelegt worden.

In den Zeiten der Ölkrise gab es viele, die versuchten, über echte und eingebildete Beziehungen mit Saudi-Arabien ins Geschäft zu kommen. Es war ein buntes Volk aus Vermittlern, Aufschneidern, Trittbrettfahrern, Kriminellen, Geheimdienstlern, alten Nazis, hinzu kamen aber auch Politiker, seriöse Kaufleute und Rechtsanwälte, die alle darauf aus waren, bei dem lukrativen Geschäft je nach Interessenlage nicht zu kurz zu kommen. Ein gutes Dutzend dockte bei der AVIA an, wollte helfen oder auch nur Provisionsansprüche geltend machen für den Fall des Falles. Und die meisten beriefen sich auf einen, der einen kannte, der einen kannte ...

Welche Rolle Franz Josef Strauß bei der Anbahnung des AVIA-Deals wirklich zugefallen war, erzählen Prozessakten, die uns vorliegen. Über die Verteilung der horrenden Schmiergelder war es nämlich zu diversen juristischen Auseinandersetzungen – auch vor Münchner Zivil- und Strafgerichten – gekommen, die sich noch bis Ende der 1990er-Jahre hinzogen.

Einer, der im Jahr 1983 zu Gericht ging, weil er sich übers Ohr gehauen fühlte, war der Leiter des Münchner Büros der Vermittlungsfirma Middle East Oil Consultants (MEOC) mit Sitz in Beirut. Der MEOC-Manager verfügte über ausgezeichnete Verbindungen zur bayerischen Regierung, während das Beiruter Hauptquartier Zugang zum saudischen Ölproduzenten Petromin hatte. Ein beim Münchner Oberlandesgericht vorgelegtes Schreiben vom 24. September 1990 über die Aktivitäten des MEOC-Managers gibt einen aufschlussreichen Einblick in das bunte Treiben, das stattfand, um das schwarze Gold für die AVIA flüssigzumachen: Mahmoud Malhas, persönlicher Referent des damaligen saudischen Kronprinzen Fahd, habe ihm mitgeteilt,»dass ein solcher Vertrag nur aus politischen Gründen heraus vertretbar sei. Petromin benötige daher einen Empfehlungsbrief vom bayerischen Ministerpräsidenten Franz Josef Strauß, aus dem hervorgehen solle, dass ein solcher Lieferungsvertrag politisch notwendig und entsprechend begrüßt würde.«[31]

Der MEOC-Mann sei mit dieser Information von Riad nach München geflogen,»wo er in der Staatskanzlei in Gegenwart von Herrn Ministerialdirektor Dr. Pfahls einen englischsprachigen Brief formulierte, und zwar an Kronprinz Fahd. Diesen ... Brief unterschrieb dann Ministerpräsident Strauß nach einem 40-minütigen Gespräch.« Ludwig-Holger Pfahls war damals Büroleiter von Strauß.

Mit dem Strauß-Brief, heißt es in dem Schreiben vom 24. September 1990, das dem Münchener Oberlandesgericht vorgelegt wurde, weiter, sei der MEOC-Vertreter nach Marbella in Spanien geflogen, wo Kronprinz Fahd eine Residenz besaß. Dort habe er dessen persönlichen Referenten Mahmoud Malhas wieder getroffen und ihm das Schreiben überreicht. Etwa zwei Wochen später habe ihn Malhas informiert, dass Petromin die AVIA vom 1. März 1980 an auf drei Jahre mit 100 000 Barrel Öl pro Tag beliefern werde. Tatsächlich lief der Vertrag dann vom 1. April an.

Das Gericht hatte sich zwar von der Richtigkeit des Vortrags überzeugen können, lehnte aber weitere Provisionsansprüche ab. Der Vermittler sei nur ein Glied in einer längeren Kette gewesen und habe für seine Bemühungen ausreichend Schmiergeld bekommen. Es waren Hunderttausende Mark. Die Vergütung, stellte das Gericht fest, hänge vom»Stellenwert« des Vermittlers ab.[32]

Was der MEOC-Mann nicht wusste: Als er mit dem Strauß-Brief in Aktion trat, war die wesentliche Arbeit schon geleistet, sein Stellenwert gesunken. So geht es im Ölgeschäft zu. Die einen tun nichts und werden dennoch über Nacht zu Multimillionären, die anderen glauben, alles getan zu haben, und müssen bei der Abrechnung feststellen, dass sie nur von geringem»Stellenwert« waren. Die AVIA hatte hinter den Kulissen starke Akteure ins Spiel geschickt, die diskret schon die Öl- und Geldquelle gefasst hatten, als der MEOC-Manager zum ersten Mal mit dem persönlichen Referenten des Kronprinzen sprach und die Regieanweisungen entgegennahm. Und Strauß war auch hier wieder dabei.

Die AVIA hatte bereits einen Lobbyisten aus Bonn mobilisiert, mit dem sie schon früher zusammengearbeitet hatte. Der Spezialist kontaktierte den mit ihm bekannten deutschen Honorargeneralkonsul Hans Hoffmann in Malaga. Der Ehrendiplomat hatte eine bewegte Vita. Er gehörte zur Vorzeigegarde des bei den Nürnberger Prozessen zum Tode verurteilten Reichsaußenministers Joachim von Ribbentrop und war während der Naziherrschaft zeitweilig der starke Mann an der Madrider Botschaft. Dieser Strippenzieher passte ausgezeichnet zur Führungsriege der AVIA, die auch aus dem braunen Sumpf stammte: An der Spitze der AVIA stand Helmut von Hummel, NSDAP-Mitglied, SS-Sturmbannführer und Adjutant des Reichsjugendführers und Hitler-Sekretärs Martin Bormann.

Die Adresse Hans Hoffmann passte auch zu Strauß. Mitte der 1950er-Jahre hatte der CSU-Politiker über einen gemeinsamen Freund den Kontakt zu Hoffmann gefunden. Die beiden wurden unzertrennlich, was sich für Hoffmann auch auszahlte. Strauß, der im Kabinett Adenauer von 1956 bis 1963 Verteidigungsminister war, setzte durch, dass sein neuer Freund zum Konsul bestellt wurde. Bei ihm verbrachte er viele Urlaubstage.

Dort, an der Sonnenküste Spaniens in und um Marbella, hatten sich viele Schöne und Reiche, auch arabische Superreiche niedergelassen. In der neuen Residenz von Kronprinz Fahd, dem späteren König, hatte Konsul Hans Hoffmann stets offene Türen. Auch Strauß kannte den Saudi. Er hatte ihn 1977 in Riad getroffen. Ein Jahr später – es war das Jahr, als Strauß bayerischer Ministerpräsident wurde – kam Fahd zum Gegenbesuch nach München. So schloss sich der Kreis. Die Saudis wollten Waffen made in Germany, und Strauß wollte die heiße Ware verkaufen.

In der bayerischen Landeshauptstadt fühlten sich viele reiche Saudis in jenen Jahren wie zu Hause. Ungezählte Dollar-Millionen hatten sie über das Bankhaus Merck Finck & Co investiert, das dem Strauß-Freund August von Finck gehörte. Der mit der Familie Strauß eng verbandelte Hermann Graf Pückler führte die in Saudi-Arabien tätige Firma Eurotechnik, hinter der Finck stand. Die Eurotechnik operierte im Anlagenbau-Consulting. Pücklers Name tauchte im Jahr 1990 während der Anbahnung des spektakulären Fuchs-Panzer-Geschäfts des Thyssen-Konzerns mit Saudi-Arabien auf. Der Adelige wurde von Jürgen Maßmann wegen seiner Verbindungen in dem islamischen Königreich kontaktiert.

Nachdem Hans Hoffmann bei Kronprinz Fahd die Wünsche der AVIA vorgetragen hatte, bekam er bald grünes Licht. Der Kronprinz erwarte einen Brief von Strauß, konnte Hoffmann nach München melden. Alles brauchte seine Ordnung, wenn die Nachfahren des Propheten schon bereit waren, heilige Grundsätze ihres Ölgeschäfts außer Kraft zu setzen und den Bayern ausnahmsweise den Schmierstoff zu liefern. Strauß, der alte Fuchs, wusste also schon Bescheid, als der MEOC-Mann auftauchte, um ihm seine Botschaft als etwas ganz Neues zu verkaufen. Die Türen für den Mittelsmann standen schon offen.

»Seit unserem sehr angenehmen Treffen während Ihres letzten Besuches in München ist die Lage bezüglich der Öllieferungen an die unabhängige bayerische Ölgruppe AVIA Mineralöl AG München äußerst kritisch geworden«, säuselte der CSU-Vorsitzende dem Kronprinzen vor. »Aus diesem Grund wäre ich sehr dankbar, wenn Ihre Königliche Hoheit das Ersuchen, das durch die AVIA Mineralöl AG München vorgetragen worden ist, unterstützen würde, bis zu 100 000 Barrel saudisches Rohöl pro Tag zu liefern, das für unsere bayerische Energiewirtschaft lebensnotwendig ist.« Strauß konnte bei so perfekter Vorarbeit sicher sein, dass das »außergewöhnliche bayerische Ansinnen« in Erfüllung geht, und versprach dem saudischen Königssohn untertänigst: »Ich bin wie immer bereit, Ihre Königliche Hoheit in jeder mir möglichen Art und Weise zu unterstützen.«[33]

Der MEOC-Vertreter durfte nun noch den Postboten spielen. Am 6. Oktober 1979 händigte er das Schreiben mit dem Briefkopf »Der Bayerische Ministerpräsident« dem Referenten des Kronprinzen in Marbella aus. Eine Woche zuvor war Strauß zum Kanzlerkandidaten der Union gekürt worden.

Ein halbes Jahr danach drehten die Saudis den Ölhahn für Bayern auf. Und die AVIA öffnete den Geldhahn für die Schmiere. Sie verpflichtete sich, fünf Dollar pro Barrel an Provisionen zu zahlen. Das waren täglich 500 000 Dollar bei der vertraglich vereinbarten Liefer-

4. Die Unterwanderung der Politik

menge von 100 000 Barrel. In einem Jahr summierte sich das auf den Betrag von 182,5 Millionen Dollar, damals rund 370 Millionen Mark. Die Saudis hielten allerdings die vereinbarte Vertragslaufzeit von drei Jahren nicht ein. Die Lieferungen endeten im Februar 1982. Inzwischen hatte sich die Lage auf dem Ölmarkt wieder entspannt, die Preise waren gefallen. Die AVIA musste Gewinneinbußen hinnehmen, weil die Spanne zwischen Einkaufs- und Verkaufspreis geringer wurde. Entsprechend dieser Entwicklung fuhr sie von Juli 1981 an auch die Schmiergeldzahlungen zunächst um 40 und ab Dezember um 90 Prozent herunter.

Die Verteilung der Schmiergelder lagerte die AVIA aus. Sie bediente sich dabei der Gruppe Goldhofer/Jensen. Das waren erfahrene Geldschleuser, die sich gerade erst bei einem Ölgeschäft mit der staatlichen libyschen Ölgesellschaft Breganaft durch einschlägigen Sachverstand ausgezeichnet und wertvolle Dienste geleistet hatten. Die Libyer hatten der AVIA ein Jahr lang 40 000 Barrel pro Tag geliefert. Allerdings waren dabei die Provisionen bei weitem geringer ausgefallen als bei dem Deal mit den Saudis. Sie lagen im Centbereich.

Hermann Goldhofer aus Grünwald bei München, der schon während des Dritten Reichs im Ölhandel aktiv war, hatte sich 1968 mit dem Hamburger Jens-Jürgen Jensen zusammengeschlossen. Jensen handelte damals mit Möbeln, war mit saudischen Kunden im Geschäft und pflegte daneben Kontakte zu Verbindungsleuten des Bundesnachrichtendienstes und der amerikanischen CIA. Goldhofer war der Drahtzieher in dem Duo, während sich Jensen als eine Art Schatzmeister verdient machte.

Jensen fiel die Aufgabe zu, die Millionen so aufzuteilen, dass alle Gruppen und Grüppchen, die irgendwie mit ihren Kontakten und Fürsprachen bei den Saudis für die AVIA – ob mit oder ohne Erfolg – tätig waren, zufriedengestellt wurden. Das ist in diesem Gewerbe so Sitte. Man weiß ja nie, ob man nicht auf einen, der gerade mal keinen Erfolg hat, beim nächsten Mal angewiesen ist.

Manche der Begünstigten wussten kaum noch, was sie mit dem Dollarsegen anfangen sollten. Einer der großen Abkassierer, ein Kaufmann aus München, der wegen Betrugs schon im Gefängnis gesessen hatte, kassierte mit seiner Entourage pro Barrel 1,81 Dollar. Der Mann kaufte sich Monat für Monat eine Millionenimmobilie, darunter eine Villa an der Côte d'Azur, eine Bungalowanlage auf Jamaika, ein Luxushotel in Griechenland und eine Fabrik im Schweizer Luzern. Andere wurden mit Centbeträgen bedient, was auch nicht schlecht war: So steckte ein Mitarbeiter aus der Panzerproduktion von Krauss-Maffei 20 Cent pro Barrel ein. Das machte 20 000 Dollar am Tag aus – ein schöner Bonus fürs Zuschauen.

Der Löwenanteil des Schmiergeldes ging an eine Liechtensteiner Briefkastenfirma namens Terlano Anstalt, die inzwischen liquidiert wurde. 2,40 Dollar pro Barrel Öl – 240 000 Dollar pro Tag – landeten laut Betriebsprüfungsbericht des Finanzamtes München bei dieser »Anstalt«. Wer sich hinter der Terlano verbarg, wurde nie offiziell geklärt. Nach Informationen eines Anwalts, der die Finanzindustrie der Liechtensteiner Briefkastenfirmen kennt, gehörten zu den Profiteuren des an die Terlano gezahlten Geldes die in das Ölgeschäft involvierten Saudis, darunter ein Sohn von Kronprinz Fahd, und als Unterbeteiligter auch ein Zuträger des Bundesnachrichtendienstes.

Da die Lieferungen im Februar 1982 endeten und die Provisionszahlungen wegen des gefallenen Ölpreises auf dem Weltmarkt von der AVIA ab Juli 1981 gekürzt wurden, ist davon auszugehen, dass an die Terlano insgesamt etwa 125 Millionen Dollar gezahlt wurden.

Und dann ist in Jens-Jürgen Jensens Unterlagen – und keineswegs mehr überraschend – unter dem Datum des 23. August 1980 die Notiz zu finden:»Parteispende über Hoffmann 200 000 DM«. Auf einem anderen, undatierten Blatt, auf dem er Schmiergeldanteile von diversen Mitkassierern festhielt, findet sich der Eintrag:»CSU 0,01«. In Jensens Buchführung über die Verteilung der Provisionen bedeutet diese Schreibweise, dass es sich um einen Anspruch von einem Cent pro Barrel handelte. Das wären 365 000 Dollar im ersten Jahr der Öllieferungen gewesen, gut 700 000 Mark. Die CSU antwortete auf unsere Anfrage, in den Jahren 1980 bis 1983 gäbe es in ihren Unterlagen und in den Rechenschaftsberichten»keinerlei Hinweise auf Spenden« von Hoffmann, Jensen oder der AVIA.

Für die beiden Schmiergeldverteiler der AVIA war gut gesorgt: Nach Aktenlage des Finanzamtes bekamen sie als»Erfolgsprovision« zunächst 41,5 Cent je Barrel, von der zweiten Tankerladung an gaben sie sich mit 36,5 Cent zufrieden. Bei der Untersuchung der Zahlungsflüsse stießen die Finanzbeamten auf eine Merkwürdigkeit: Sie fanden heraus, dass die »Gruppe Goldhofer/Jensen« einen Gewinn-abführungsvertrag mit der in Panama ansässigen Briefkastenfirma Longterm Capital Fund Inc. (LCF) abgeschlossen hatte. Die Hälfte des Nettoerlöses der beiden Schmiergeldexperten ging an diese Adresse. Wer waren die heimlichen Mitkassierer, die sich hinter der LCF versteckten?

Als Jensen aufgefordert wurde, die Hintermänner der LCF und der Terlano aufzudecken, weigerte er sich. Er war nur bereit, eidesstatt-lich zu versichern, keine Kenntnis davon zu haben, dass von den »aus-ländischen Provisionsempfängern« Geld an Firmen oder Personen weitergeleitet worden sei, »die der deutschen Besteuerung unterlie-gen«, und dass in Deutschland steuerpflichtige Personen oder Firmen an den ausländischen Firmen beteiligt seien. Die Verbindung zur LCF sei »unabdingbare Voraussetzung für einen erfolgversprechenden Ab-schluss von Rohölgeschäften mit arabischen Staaten«. Die Verpflich-tungen gegenüber der LCF müssten »auf jeden Fall erfüllt werden«. Diese Versicherung war nicht das Papier wert, auf dem sie stand.³⁴

Der Zufall brachte ein wenig Licht ins Dunkel, als sich im Jahr 1984 zwei Leute aus der Schar der Anbahner und Mitkassierer, die sich von Jens-Jürgen Jensen bei dem Libyen-Geschäft der AVIA aus-getrickst fühlten, an AVIA-Vorstand Helmut von Hummel wandten und aufdeckten, Goldhofer und Jensen seien an der LCF beteiligt. Die AVIA erstattete Anzeige wegen Betrugs gegen Jensen – Hermann Goldhofer war inzwischen verstorben –, weil er über die Provisionen hinaus noch eine Sonderzahlung von fünf Millionen Mark aus der Ölhandelsfirma herausgepresst hatte, mit der Behauptung, die hin-ter der LCF stehenden arabischen Kontaktleute würden andernfalls nicht mehr mitspielen.

Bei den folgenden Ermittlungen der Staatsanwaltschaft Mün-chen gab es eine Überraschung: Zwei neue Firmen mit dem Namens-bestandteil LCF tauchten auf: Die LCF Energie AG im schweizeri-schen Zug und eine LTCF Panama. Alle zeichneten sich durch zwei Merkmale aus: Jensen war daran beteiligt. Die kassierten Schmiergel-der wanderten so lange von einer LCF zur anderen, bis für den Fiskus, ob in Deutschland oder in der Schweiz, nichts mehr nachvollziehbar war. Jensen wurde für seine Betrügereien zu einer mehrjährigen Haft-strafe verurteilt. Er starb danach verarmt an Krebs in den USA.

Wo das viele Geld geblieben ist, das er im Ölgeschäft verdient hatte, ist nie geklärt worden. Trotz seines über Jahre sehr aufwendigen Lebensstils mit Hochseejacht und Schloss in England war wohl nicht alles von ihm aufgebraucht worden.

Das Tollste aber war, dass bei den LCF-Briefkastenfirmen ein weiterer Gesellschafter und Profiteur auftauchte, der bei Ölgeschäften noch nirgendwo aufgefallen war: Dieter (genannt Norman) Leiser aus Strande bei Kiel mit Wohnsitz im Schweizer Wintersportparadies Engelberg. Leiser war allerdings in Geheimdienstkreisen kein unbeschriebenes Blatt. Er war zusammen mit Jens-Jürgen Jensen in ein fehlgeschlagenes Waffengeschäft mit dem Iran verwickelt und hatte geschäftliche Kontakte in die ehemalige DDR.

Als die Münchner Staatsanwaltschaft hinter Jensen her war, wurde Leiser in der Schweiz aktiv. Er tauchte bei einem in der Nähe von Luzern ansässigen zweifelhaften Treuhänder auf und trug ihm an, die LCF Energie in seine Obhut zu nehmen. Das geschah auch. Dann gab es ein Bäumchen-wechsle-dich-Spiel mit der inzwischen leeren Firmenhülse LCF Energie, die schließlich unter dem neuen Namen Zekom AG in Konkurs ging und 2001 von Amts wegen gelöscht wurde.

Als der Treuhänder im Rahmen des Konkursverfahrens vom Konkursamt des Kantons Nidwalden zur LCF Energie/Zekom befragt wurde, gab er zu Protokoll, er sei ahnungslos »in eine Firma gekommen, die hohe Politik machte, Handel mit Gaddafi trieb, Raketen nach Iran liefern wollte und eine sehr gewagte Steuerproblematik einfädelte«. Vorsichtig drückte er sich zur Problematik der Hintermänner aus: »Meines Wissens, was ich nur vom Hörensagen weiß, waren die Gründer Norman Leiser, Engelberg, Franz Josef Strauß, München ...«[35]

Schriftliche Belege dafür, dass Strauß mit der Briefkastenfirma zusammenhing, gibt es jedoch nicht. In den Akten des Konkursgerichts findet sich kein Hinweis darauf, wer die Quelle für die Aussage des Treuhänders ist, der in seinem Büro eine Strauß-Büste aus Bronze stehen hatte. So war es auch nicht möglich, die Seriosität der Behauptung zu überprüfen. Nach seiner Beziehung zu Strauß befragt, sagte Leiser, er habe den CSU-Chef nicht gekannt. Lediglich bei einer Veranstaltung mit Schweizer Bankern in München, zu der er eingeladen gewesen sei, sei er Strauß einmal begegnet.

Dass der CSU-Chef am Firmenkonglomerat der LCF beteiligt gewesen sei, bestreitet Leiser. Was sein Treuhänder dem Konkursamt gesagt habe, sei falsch:»Der lügt. Franz Josef Strauß war kein Gesellschafter von mir. Dem kam es doch nur auf die Kohle an.«[36] Um verdeckt Provisionen zu kassieren, benötige man keinen Treuhänder, das könne bei einer Bank über»Unterkonten« geregelt werden.

Über das von Franz Josef Strauß in der Schweiz deponierte Geld machten seine Erben nie genaue Angaben.»Immerhin gaben sie – standesgemäß im Bayernkurier (Mitgliederblatt der CSU/d. Verf.) – die Existenz von Schweizer Konten zu, die der ›reinen Vermögensanlage‹ gedient hätten.« ...»Zuflüsse von Dritten« habe es nicht gegeben, zitiert der Spiegel in seiner Ausgabe vom 11. April 1994 weiter. Es habe»keine Konten mit immensen, gar dreistelligen Millionensummen in der Schweiz« gegeben, sagten die Strauß-Kinder. Das Hamburger Magazin schreibt unter Berufung auf Strauß-Sohn Max, die Beträge auf den Konten hätten sich»so an der Millionengrenze« bewegt. Es könnten auch»ein paar Millionen« gewesen sein, habe er eingeräumt. Max Strauß habe erklärt, er wisse, dass seine Eltern nicht nur bei den Banken Pictet und Vontobel, sondern auch bei der Deutschen Bank in der Schweiz Kunden gewesen seien. Allerdings habe er nicht gewusst, dass sein Vater auch beim Bankhaus Julius Bär eingeführt worden sei. Das, schreibt der Spiegel, habe Walter Schöll ausgeplaudert. Schöll war einer der engsten Vertrauten von Franz Josef Strauß und Partner bei Geschäftsanbahnungen.

Vielleicht hat Strauß ab und zu etwas von dem Schatz hinter den Bergen zurückgeholt. Seiner Lebensgefährtin Renate Piller, die in den Jahren nach dem Tod seiner 1984 verunglückten Frau Marianne an seiner Seite war, fiel auf, dass Franz Josef Strauß oft Bündel von Schweizer Franken bei sich hatte. Von seinen eidgenössischen Devisen kaufte er ihr einmal eine Kette bei einem Münchner Juwelier in einem kleinen Geschäft nahe des Münchner Hauptbahnhofs.

Auf unsere Fragen nach Schweizer Bank-Konten, nach möglichen bulgarischen Geschäftskontakten, nach der Flucht des Leibarztes Valentin Argirov und nach einer an dem Öl-Deal beteiligten Person reagierte Max Strauß äußerst gereizt:»Ihre Angaben sind zum Teil in ihren faktischen Behauptungen erlogen, zum Teil zusammenfantasiert. Sie werden daher verstehen, dass ich auf eine Beantwortung wie auf ein Treffen mit Ihnen verzichte.« Bei den Fragen nach den Schweizer Banken zum Beispiel ging es auch um Institute, die Max Strauß laut Spiegel selbst genannt hatte und die auch uns aus anderen Quellen bekannt geworden sind.

5. Immer in Versuchung: die FDP – eine Partei für alle Fälle

Versuch einer Übernahme: die Gründung der NS-FDP

Im Januar 1949 tritt der Mülheimer Industrielle Hugo Stinnes jun. eine Reise nach Dänemark an. Er will einen alten Bekannten besuchen: Werner Best, während der Nazidiktatur zunächst Leiter der Rechtsabteilung im Reichssicherheitshauptamt und Stellvertreter Reinhard Heydrichs, bis November 1942 Chef der Kriegsverwaltung im besetzten Paris, danach Reichsbevollmächtigter für Dänemark. Hugo Stinnes und der NS-Funktionär kennen sich schon seit den 1930er-Jahren. Als Werner Best 1942 nach Kopenhagen geht, vergisst er seinen alten Freund nicht: Er sorgt dafür, dass Stinnes für seine Reederei umfangreiche Transportaufträge erhält.

Die Verhältnisse haben sich nach dem verlorenen Krieg dramatisch geändert. Der Industrielle ist gerade dabei, sein Unternehmen wieder flottzumachen, während der ehemalige NS-Funktionär im Gefängnis sitzt. Ein Kopenhagener Gericht hat Werner Best 1946 zum Tode verurteilt, ein Revisionsverfahren steht Anfang 1949 noch aus. Der Besuch von Stinnes ist für Best ein gutes Zeichen. Er ist nicht vergessen worden, einflussreiche Hilfe naht.

Seit den frühen Nachkriegsjahren engagiert sich Stinnes – zwar nicht auf offener Bühne, aber durch finanzielle Unterstützung entsprechender Initiativen – im Umfeld der nordrhein-westfälischen FDP für die Freilassung der deutschen Kriegsverbrecher. Best steht auf seiner Liste ganz oben. Stinnes beauftragt seinen Vertrauten, den Essener Rechtsanwalt und FDP-Politiker Ernst Achenbach, Werner Best und seine dänischen Anwälte zu unterstützen.[1]

Das Netzwerk der alten Kameraden funktioniert auch in diesem Fall reibungslos: Von 1940 bis 1943 war Gesandtschaftsrat Ernst Achenbach an der »Deutschen Botschaft in Paris« Leiter der Politischen Abteilung und politischer Berater des Botschafters Otto Abetz. In dieser Position war Achenbach, seit 1937 NSDAP-Mitglied, tief in die »Judenpolitik« im besetzten Frankreich verstrickt und hatte »maßgeblichen Anteil an der Deportation französischer Juden«.[2] Ende Februar 1941 waren Botschafter Abetz, der Referent für Judenfragen an der Botschaft, Carltheo Zeitschel und Ernst Achenbach mit dem Judenbeauftragten des Befehlshabers der Sicherheitspolizei in Paris, Theodor Dannecker, übereingekommen, auf den Militärbefehlshaber einzuwirken, »dem SD [Sicherheitsdienst] Vollmachten zur Inhaftierung aller Juden zu geben«.[3]

Bei dieser Sitzung trug Dannecker die Ergebnisse einer Zählung aus dem Herbst 1940 vor, die in Paris 65 000 jüdische Haushalte ermittelt hatte, sodass man von 200 000 Juden allein in Paris ausging. Dannecker fügte hinzu, im unbesetzten Gebiet seien bereits 40 000 Juden in Konzentrationslagern interniert worden und weitere kämen hinzu. Carltheo Zeitschel schrieb in seiner Aufzeichnung für Ernst Achenbach: »Ein Argument, das man neben der Sicherheit der Besatzungsarmee infolge der jüdischen Propaganda ins Feld führen kann, um den Militärbefehlshaber in Frankreich zu veranlassen, mit sofortiger Wirkung dem SD Vollmachten zur Inhaftierung aller Juden zu geben und darüber hinaus bei einem etwa schlagartigen Einsatz für einige Tage entsprechende Truppen zur Verfügung zu stellen.«[4]

Anfang März 1942 wurde auf einer Konferenz der Judenreferenten in Berlin unter Leitung Adolf Eichmanns beschlossen, am 24. März die ersten 1000 französischen Juden nach Auschwitz zu deportieren, 5000 sollten noch im selben Jahr folgen, und für 1943 hatte Reinhard Heydrich weitere größere Deportationen angekündigt. »Um die Stigmatisierung der Juden in der französischen Öffentlichkeit weiter zu verstärken, war zudem zwischen Best und Achenbach die

sofortige Einführung des ›Judensterns‹ im besetzten Gebiet vereinbart worden.«[5] Die Deutsche Botschaft war in die Entscheidung über
die Deportationen einbezogen und hatte ihr Einverständnis an das
Auswärtige Amt nach Berlin übermittelt.[6]
Als im Februar 1943 in Paris ein Attentat auf zwei deutsche Of-
fiziere verübt wurde, telegrafierte Achenbach:

»CITISSIMME[7]!

Am 13.2.43 gegen 21.10 Uhr wurden Oberstleutnant Winkler und
Major Dr. Nussbaum vom Stab Luftwaffenkommando III auf dem
Wege von ihrer Dienststelle nach ihrer Unterkunft Paris, Hotel Louvre
kurz nach Passieren des Louvre-Durchgangs an der Seine von hinten
beschossen ... Beide verstarben noch in der Nacht nach Einlieferung
in ein Lazarett ... Die Ermittlungen gegen den oder die Täter sind
noch im Gange. Als einstweilige Sühnemaßnahme ist geplant, 2000
Juden zu verhaften und nach dem Osten zu verbringen.
        Achenbach.«[8]

Im September 1943 wurde Ernst Achenbach Referatsleiter in der
kulturpolitischen Abteilung des Auswärtigen Amtes in Berlin – gefördert vom Abteilungsleiter, SS-Oberführer Franz Alfred Six. Stellvertreter von Six war Rudolf Schleier, auch ein ehemaliger Mitarbeiter
der Pariser Botschaft.[9] Die Tatsache, dass Achenbach bereits 1944
nach Querelen im Amt wieder ausschied, verbrämte er nach Kriegsende mit der von ihm erfundenen Legende, er sei letzten Endes ein
Gegner des Regimes gewesen.[10] Nach dem Krieg trat Achenbach
beim IG-Farben-Prozess als Verteidiger vor einem amerikanischen
Militärgericht in Nürnberg auf und agierte auch in anderen Kriegs-
verbrecherprozessen als Schutzpatron alter Nazis, etwa beim »Wilhelmstraßen-Prozess«, der sich gegen Mitglieder des in der Berliner
Wilhelmstraße ansässigen Außenministeriums richtete sowie gegen
Mitarbeiter verschiedener anderer Ministerien und der Reichskanz-
lei, aber auch gegen Banker und Industrielle. Angeklagt und zu einer
mehrjährigen Gefängnisstrafe verurteilt wurde damals auch Ernst
von Weizsäcker, SS-General, Staatssekretär in Ribbentrops Außenministerium und Vater des späteren Bundespräsidenten Richard von
Weizsäcker. Während der Gerichtsverhandlungen tauchte das von

Achenbach unterzeichnete Pariser Telegramm vom 15.2.1943 auf, das den Verteidiger schwer belastete. Der Altnazi entzog sich einem Haftbefehl der US-Behörden, indem er sich in die britische Zone absetzte und sich in Essen unbehelligt als Rechtsanwalt niederließ.[11] Unterstützung erhielt Ernst Achenbach von dem Strafrechtsprofessor Friedrich Grimm, der ebenfalls im besetzten Frankreich aktiv war, einem in konservativen und nationalistischen Kreisen angesehenen Anwalt, der während des NS-Regimes auch der Anwalt Konrad Adenauers war und sich nun vor allem der Verteidigung ehemaliger NS-Funktionäre sowie dem Kampf um eine Generalamnestie für NS-Täter widmete. In diesem Bestreben hatte er in Achenbach einen treuen Gesinnungsgenossen. Achenbach wurde, so die Hamburger *Zeit,* »in wenigen Monaten der Modeanwalt der Ruhrmetropole und paukte die einstigen Verantwortlichen der Industrie vor den Entnazifizierungsausschüssen durch«.[12] Gleichzeitig machte Achenbach in der FDP in Nordrhein-Westfalen Karriere, nicht zuletzt wegen seiner »unentbehrlichen Parteidienste bei der Erschließung von Geldquellen in der Schwerindustrie des Ruhrgebiets«.[13] 1950 zog er als FDP-Abgeordneter in den Düsseldorfer Landtag ein, von 1957 bis 1976 wird er für die FDP im Bundestag sitzen.

Ernst Achenbach, ehemals Geschäftsführer der »Adolf-Hitler-Spende der deutschen Wirtschaft, Industrieausschuss«, eines Vereins, der für die Unterstützung des »Führers« in der Industrie Geld einsammelte, stand in der FDP an Rhein und Ruhr für einen strikten Rechtskurs. Damit sympathisierte auch der Landesvorsitzende Friedrich Middelhauve. Dieser Kurs führte die Partei innerhalb weniger Jahre in den Skandal und an den Rand des Abgrunds.

Für den Kampf um Werner Bests Freilassung aus dänischer Haft und seine Amnestiekampagne für Naziverbrecher nutzte Achenbach seine guten Kontakte zu Bundesjustizminister Thomas Dehler, FDP. Bests Todesurteil war inzwischen in eine zwölfjährige Haftstrafe umgewandelt worden. Achenbach schlug die Propagandatrommel für seinen Klienten bei den deutschen und dänischen Behörden und scheute dabei vor keiner Polemik zurück. So schrieb er im Dezember 1950 an Bests dänischen Anwalt Poul Christiansen: »Darum muss in Europa unter die Vergangenheit ein radikaler Schlussstrich gezogen werden, wenn sich nicht eines Tages dänische Widerstandskämpfer und deutsche Nationalsozialisten vor dasselbe Schicksal gestellt sehen wollen, nämlich gemeinsam im Ural Sklavenarbeit zu verrichten.«[14]

Am Ende war es vor allem die Änderung der amerikanischen Politik gegenüber verurteilten NS-Straftätern, von denen seit Anfang der 1950er-Jahre mehr und mehr aus der Haft entlassen wurden, wodurch auch die dänische Haltung beeinflusst wurde. Dazu kam Druck aus der deutschen Regierung, die einen Abgesandten nach Kopenhagen schickte, um über die Begnadigung der »verurteilten deutschen Kriegsgefangenen in Dänemark« zu verhandeln. Am 29. August 1951 kam Best frei. Er dachte ernsthaft daran, erneut eine Anstellung im Auswärtigen Amt oder in einer anderen Ministerialverwaltung anzustreben, aber zunächst trat er ohne offizielle Funktion in die Kanzlei Ernst Achenbachs ein, um sich von dort aus um die Organisation und Koordination der Kampagne für eine Generalamnestie für verurteilte NS-Verbrecher zu kümmern.

Die Haltung der FDP zu den Entnazifizierungsprogrammen und zum Umgang mit verurteilten Kriegsverbrechern war von Ablehnung einerseits und Nachsicht andererseits geprägt. Schon auf dem Bremer Parteitag im Frühsommer 1949 wandte sich die Partei gegen die Praxis der Entnazifizierung. Diese hatte sich nach ihrer Ansicht als völliger Fehlschlag erwiesen, weil sie sich nicht darauf konzentriert habe, nur die wirklich Schuldigen zur Verantwortung zu ziehen, und so Millionen Menschen dem demokratischen Staat entfremdet habe.[15] Auf Betreiben des hessischen Landesvorsitzenden August-Martin Euler verlangte die FDP, die Entnazifizierung unverzüglich »durch einen Amnestieakt zu beenden und die kriminell Schuldigen dem Strafrichter zu überweisen«.[16] Im September 1949 veröffentlichte dann der Achenbach-Konfident, Strafrechtsprofessor Friedrich Grimm, eine Denkschrift, in der er eine »Generalamnestie« forderte.

Im nationalistischen Flügel der Partei, zu dem auch der NRW-Landesvorsitzende Friedrich Middelhauve gehörte, gab es aber auch Stimmen, die noch mehr verlangten und offen für eine FDP als Sammlungsbewegung ehemaliger Nationalsozialisten warben. Für August-Martin Euler waren »die ehemaligen Nazis oft bessere Mitkämpfer gegen den Totalitarismus von der anderen Seite als diejenigen, die sich einbilden, schon immer Demokraten gewesen zu sein«.[17] Und

Middelhauve forderte im Juli 1952 auf einer Gesamtvorstandssitzung der FDP, »die Tore weit genug zu öffnen«: »Wir haben nicht danach zu fragen, ob jemand früher einmal, so bedauerlich es ist, Schulungsbriefe der NSDAP geschrieben hat. Es ist nicht wesentlich, was der Betreffende 1934 gewesen war, sondern was er heute ist.« Und wenig später: »Ich bin der festen Überzeugung, dass wir als FDP, als liberale Partei, so stark sind, dass wir das Einströmen der Leute, die vor zehn Jahren einen Standpunkt einnahmen, den wir verurteilt haben, als Mitarbeiter ohne Schaden für die Partei hinnehmen können.«[18]

Nicht alle Teile der FDP vertraten derart weitgehende Ansichten. Man kann sogar sagen, dass die Partei tief gespalten war. Auf der einen Seite standen die nationalistischen Landesverbände von Nordrhein-Westfalen, Hessen und Niedersachsen, auf der anderen die liberaldemokratischen Landesverbände des Südwestens und der Hansestädte im Norden. Auf dem Essener Parteitag von 1952 trat dieser Riss besonders zutage, als die drei rechten Verbände ihr »Deutsches Programm« einbrachten, mit dem sie sich endgültig von den alliierten Urteilen gegen deutsche Kriegsverbrecher distanzierten. Demgegenüber stand das »Liberale Manifest« der anderen Landesverbände. Keines der beiden Programme kam aber zur Beschlussfassung.

Der rechte Parteiflügel machte immer mehr Druck, um eine Generalamnestie durchzusetzen und warb in der Öffentlichkeit für Unterstützung. Friedrich Grimm trug im Februar 1951 seine Überlegungen zur Generalamnestie vor dem Düsseldorfer Industrie-Club vor, der dem rechten Flügel der FDP eng verbunden war. Die finanzstarke und spendenbereite Klientel zollte den Ideen Grimms viel Respekt und Beifall und war auch durchaus bereit, sich finanziell für die Sache zu engagieren.[19] Auch die Idee Friedrich Middelhauves, die FDP zu einer nationalen Sammlungspartei zu machen und als dritte Kraft neben CDU und SPD zu etablieren – eben auch unter Heranziehung anderer nationalistischer Gruppierungen und des ehemalig nationalsozialistischen Personals –, fiel hier auf fruchtbaren Boden, den auch Ernst Achenbach mit seinen exzellenten Beziehungen zu westdeutschen Industriekreisen und Verbänden nach Kräften beackerte. Achenbachs Nähe zum Geld sollte sich für seine eigene politische Karriere noch einmal als entscheidend erweisen.

Als Werner Best im August 1951 aus der dänischen Haft entlassen wurde und seine Arbeit in Achenbachs Anwaltskanzlei aufnahm, gewann der Kampf um die Generalamnestie weiter an Fahrt. Anfang Oktober wurde in Essen der »Vorbereitende Ausschuss zur Herbeiführung der Generalamnestie« gegründet, der keine reine FDP-Veranstaltung war, sondern dem auch Vertreter der Kirchen, Unternehmer und einzelne CDU-Politiker angehörten. Die Bearbeitung des politischen Raumes durch Propaganda, publizistische Aktivitäten und Lobbyarbeit lag allerdings weiterhin ganz in den Händen von Achenbach und Best, der sich weiterhin guter Kontakte auf verschiedenen Hierarchieebenen des Justizministeriums und des Auswärtigen Amtes erfreute und versuchte, hier seinen Einfluss geltend zu machen.

Werner Best selbst hatte allerdings an einer anderen Front noch mit erheblichen Schwierigkeiten zu kämpfen. Im Juni 1951 ermittelte die Staatsanwaltschaft München gegen Best wegen der Morde am 30. Juni 1934, dem Tag der sogenannten Röhm-Aktion, in Bad Wiessee am Tegernsee und in München. Damals hatte Hitler auf Druck von Hermann Göring und Joseph Goebbels dem homosexuellen Stabschef der NSDAP-Schlägertruppe SA und einer Reihe seiner Getreuen eine Falle stellen und sie ermorden lassen. Best und der spätere Höhere SS- und Polizeiführer in Paris, Carl-Albrecht Oberg, galten den Ermittlungsbehörden als Hauptverantwortliche für die Mordtaten.

Ernst Achenbach suchte sofort nach Wegen, das Verfahren zu stoppen, und wandte sich schließlich am 6. September 1951 an den Parteifreund und Bundesjustizminister Thomas Dehler. In seinem Schreiben fasst er zusammen: Wie der Justizminister ihm mündlich bereits bestätigt habe, werde die Durchführung des in München geplanten Prozesses gegen Best »die gemeinsamen Bemühungen der Herbeiführung einer Generalamnestie« stark beeinträchtigen. Das Ganze gipfelt in der Aufforderung, Dehler möge dafür sorgen, »dass das Bayerische Justizministerium von der Münchner Staatsanwaltschaft die Akten anfordert und sie im Ministerium lediglich unter historischen Gesichtspunkten weiterbearbeiten lässt«.[20]

Der Best-Biograf Ulrich Herbert urteilte: »Dieser Vorschlag Achenbachs war nichts weiter als eine Aufforderung zum Rechtsbruch. Gleichwohl wurde der von der Argumentation seines Parteifreundes sichtlich beeindruckte Dehler in dieser Sache sogleich tätig. Und ließ sowohl im eigenen Ministerium als auch im Bayerischen Justizministerium in dieser Sache nachfragen. Aus München kam dann auch der geeignete Hinweis: Zwar sei Best wohl der ›örtliche Leiter der Mordaktion in München‹ und ›allein im Besitz der sogenannten Mordliste‹ gewesen. Gleichwohl sei eine Einstellung des Verfahrens aus Rechtsgründen oder wegen unüberwindbarer Beweisschwierigkeiten möglich, da ohne ein Geständnis Bests eine Verurteilung angesichts der Beweislage nicht ganz sicher sei; eine Anklage jedoch, ›die auch nur mit halber Wahrscheinlichkeit ein freisprechendes Urteil befürchten ließe, wäre kaum gerechtfertigt‹.«[21]

Anfang Februar 1953 wurde das Verfahren gegen Best eröffnet, dieser erneut vernommen und schließlich die ganze Angelegenheit durch Einstellung still und leise beerdigt.

Letztlich blieb der Kampf Achenbachs und Bests um eine Generalamnestie, den sie propagandistisch mit der Diskussion um die Ratifizierung der Westverträge der Regierung Adenauer verknüpften –»kein Generalvertrag ohne Generalamnestie« –, erfolglos. Zunächst intervenierte der amerikanische Hohe Kommissar John McCloy öffentlich und erklärte, es werde auf keinen Fall eine Generalamnestie geben, dann lehnte der Bundestag im September 1952 in einer Debatte über die»Kriegsverbrecherfrage« ebenfalls eine solche Generalamnestie ab. Das änderte aber nichts an der Tatsache, dass man stattdessen auf schnelle und umfassende Begnadigungen von verurteilten NS-Verbrechern durch die inzwischen mit Zustimmung der USA eingerichteten»Gemischten Ausschüsse« setzte, die sich mit der Überprüfung aller Einzelfälle befassten.

Doch die Rechtsfronde der FDP arbeitete auch an anderen Fronten. Und hier ging es um nichts Geringeres als um eine regelrechte Unterwanderung der FDP durch ehemalige Nationalsozialisten. Einen öffentlichen Erfolg feierte der nationalistische Parteiflügel im November 1952, als der persönlich unbelastete nordrhein-westfälische Landesvorsitzende Friedrich Middelhauve zum stellvertretenden Bundesvorsitzenden gewählt wurde. Nun schienen»die Verschwörer ihrem Ziel, aus der FDP den Kern einer ›nationalen Sammlung‹ zu machen, nahe zu kommen«.[22] Die Lage war weit dramatischer, als es der Öffentlichkeit bekannt war.

Mitte Januar 1953 platzte dann die Bombe, als der britische Hohe

Kommissar Sir Ivone Kirkpatrick auf eigene Initiative die national-sozialistische Unterwanderung der FDP in Nordrhein-Westfalen stoppte: In der Nacht zum 15. Januar ließ Kirkpatrick in Düsseldorf, Solingen und Hamburg sieben frühere Nazis verhaften, darunter den ehemaligen Staatssekretär im Ministerium für Volksaufklärung und Propaganda, Dr. Werner Naumann, den Hitler in seinem Testament zum Goebbels-Nachfolger bestimmt hatte. Außerdem wurden inhaftiert der ehemalige Reichsstudentenführer Gustav Scheel, der vormalige SS-Brigadeführer und Mitarbeiter der SS-Wirtschafts- und Verwaltungsabteilung, Paul Zimmermann, der einstige Führer des NS-Studentenbundes in Hamburg, Dr. Heinrich Haschnayer, der ehemalige NSDAP-Landrat Heinz Siepen und Dr. Karl Scharping aus dem Reichspropagandaministerium. Später musste auch noch der ehemalige Hamburger Gauleiter Karl Kaufmann den Weg ins Gefängnis antreten. Vorgeworfen wurde ihnen, den Sturz der Bundesregierung und die Gefährdung der Sicherheit der alliierten Streitkräfte geplant zu haben.[23]

Einer der Dreh- und Angelpunkte dieser Unterwanderungsbewegung war wieder einmal Ernst Achenbach, der sich schon 1950 mit Werner Naumann in Verbindung gesetzt und diesen zur politischen Zusammenarbeit eingeladen hatte. Naumann hielt Achenbachs Äußerungen in seinem Tagebuch fest. So war Achenbach der Überzeugung, dass für ein Volk »ohne nationale Souveränität, von Hohen Kommissaren regiert« ein Bundeskanzler Konrad Adenauer »derzeit nicht die schlechteste Lösung« sei. Aber: »Um den Nationalsozialisten unter diesen Umständen trotzdem einen Einfluss auf das politische Geschehen zu ermöglichen, sollen sie in die FDP eintreten, sie unterwandern und ihre Führung in die Hand nehmen. An Einzelbeispielen erläuterte er, wie leicht das zu machen wäre. Mit nur 200 Mitgliedern können wir den ganzen Landesvorstand erben. Mich will er als Generalsekretär o. ä. engagieren.«[24]

Vor allem durch die Besetzung hauptamtlicher Parteiämter durch »alte Kameraden« versuchte Achenbach, die NS-Seilschaften in der FDP zu stärken. Hierzu gehörte der auf sein Betreiben hin verpflichtete Landesgeschäftsführer Heinz Wilke, ehemals hauptamtlicher HJ-Führer und Chefredakteur der HJ-Zeitung *Wille und Macht*. Ernst Achenbach und Werner Naumann kreisten auch

Friedrich Middelhauve erfolgreich mit alten Nazis ein. So wurde der ehemalige SS-Standartenführer und Leiter der Abteilung Rundfunk im Propagandaministerium, Wolfgang Diewerge, von Middelhauve als persönlicher Referent akzeptiert, und Chefredakteur der von Middelhauve herausgegebenen Wochenzeitschrift *Die Deutsche Zukunft* wurde der ehemalige SS-Obersturmführer und Mitarbeiter der Reichsjugendleitung, Dr. Siegfried Zoglmann. Hinter diesem düsteren Netzwerk steckte als einer der wichtigsten Finanziers wieder der Mülheimer Industrielle Hugo Stinnes. Aber auch andere Industrielle spendeten fleißig und stärkten damit Achenbachs Einfluss in der Partei und die Bedeutung seines Landesverbandes innerhalb der Bundespartei, weil aus Nordrhein-Westfalen drei Viertel aller Einnahmen der Bundespartei stammten.[25]

In der Bundesvorstandssitzung der FDP am 24. Januar 1953 wurden schwere Vorwürfe gegen den Landesverband Nordrhein-Westfalen und dessen Vorsitzenden Friedrich Middelhauve erhoben, worauf eine parteiinterne Untersuchungskommission, die aus Thomas Dehler, Fritz Neumayer und Alfred Onnen bestand, eingesetzt wurde, die ihren Ermittlungsbericht dem Bundesvorstand und dem Vorstand des Landesverbandes vorlegen sollte. Über einen Antrag, Ernst Achenbach vom Vorsitz des Außenpolitischen Ausschusses der FDP abzulösen, wurde auf Wunsch Middelhauves nicht abgestimmt. Middelhauve wollte Achenbach immer noch einen ordentlichen Abgang verschaffen und damit auch weiteres öffentliches Aufsehen vermeiden.[26]

Die Beharrungskräfte innerhalb des rechten FDP-Flügels waren beachtlich. Gegen – allerdings erheblichen – Widerstand wurde Middelhauve auf dem Landesparteitag im März 1953 in seinem Amt als Landesvorsitzender bestätigt, und selbst Achenbach, der auch noch die Verteidigung des braunen Exstaatssekretärs Werner Naumann übernommen hatte, wurde auf Initiative der Kreise Aachen und Ruhr in den Geschäftsführenden Vorstand gewählt. Für viele »liberale« Delegierte ein Affront.[27]

Auch in der Bundesregierung beobachtete man die Entwicklung der nordrhein-westfälischen FDP genau. Schon Anfang Dezember war das Kabinett vom britischen Hochkommissar Kirkpatrick über die Ermittlungen informiert worden und hatte wenige Wochen später auch Zugang zu britischen Geheimdiensterkenntnissen erhalten. Konrad Adenauer war über»diese Verhaftung Naumanns und Konsorten« alles andere als unglücklich, wie er kurz nach den spektakulären Festnahmen vor dem Bundesvorstand der CDU zu Protokoll gibt.[28] Doch Adenauer war auch Taktiker genug, um die Vorteile einer Einhegung der rechten Elemente in der parteipolitischen Landschaft zu sehen. Das änderte nichts daran, dass noch im Wahljahr 1953 die Angst vor dem Wiedererstarken der rechtsnationalistischen oder gar nationalsozialistischen Kräfte existierte.

Adenauer betrachtete die Entwicklung seines Koalitionspartners FDP mit Sorge und mit der Angst, aus ihr könne sich eine neue»große schwarz-weiß-rote[29] Partei« entwickeln. So ist auch der Sarkasmus zu verstehen, mit dem er sich ein paar Monate später gegenüber dem nordrhein-westfälischen CDU-Ministerpräsidenten Karl Arnold äußerte:»Wenn man staatspolitisch die Sache durchdenkt, dann ist mir ... eine FDP mit schwarz-weiß-roten Streifen noch lieber als eine große schwarz-weiß-rote Partei ohne demokratische Streifen.«[30]

Durch die FDP ging nach den Vorstandswahlen in Nordrhein-Westfalen im Jahr 1953 weiterhin ein tiefer Riss. Während der in Bonn tagende Bundesvorstand schon im Januar auf Abstand zu Ernst Achenbach gegangen war, ansonsten aber eine vermittelnde Haltung einnahm, distanzierten sich die Landesverbände Berlin und Hamburg nach den Düsseldorfer Ergebnissen vom NRW-Landesvorsitzenden Friedrich Middelhauve. Landesverbände wie Rheinland-Pfalz und Schleswig Holstein waren eher auf der Linie des FDP-Bundesvorstands.

Am 5. Juni 1953 legten Thomas Dehler, Fritz Neumayer und Alfred Onnen ihren Untersuchungsbericht vor. In ihm listeten sie neben den bereits erwähnten eine ganze Reihe weiterer Funktionäre mit eindeutiger NS-Belastung und zum Teil hohen SS-Rängen auf und zitierten, wie zufrieden Werner Naumann mit den Unterwanderungsbestrebungen war:»Er erklärte, dass es in der FDP Gruppen gebe, welche als rein nationalsozialistisch angesprochen werden können, bei anderer Gelegenheit, dass der Landesverband Nordrhein-Westfalen der FDP sehr stark von Nationalsozialisten durchsetzt sei. Diese These bezog sich nach dem Zusammenhang besonders auf den Stab der hauptamtlich tätigen Personen. Von ihnen erklärte er: ›In dieser

Partei (FDP), auch im BHE [die Vertriebenenpartei Bund der Heimatlosen und Entrechteten, d. Verf.], sind, zum Teil angelockt durch sehr namhafte Monatsgehälter, viele ehemalige Weggenossen von uns tätig, welche in ihren Gesprächen immer betonen, sie seien auf dem besten Wege, diese Organisation von innen zu erobern.«[31] Trotz der alles in allem niederschmetternden Untersuchungsergebnisse spricht der Bericht die politische Führung der Partei in Nordrhein-Westfalen frei, während für die ehemaligen nationalsozialistischen Kader in den hauptamtlichen Parteiämtern – allen voran Ernst Achenbach – personelle Konsequenzen und Parteiausschluss gefordert werden:

»Der Landesverband Nordrhein-Westfalen der FDP ist nicht ›unterwandert‹. Kein führendes Mitglied der FDP hat eine belastende Verbindung zum Naumann-Kreis unterhalten. Im Übrigen wird festgestellt:

1. Herr Dr. Ernst Achenbach hat der Gesamtpartei durch sein Verhalten schwer geschadet. Er hat nach seiner Grundhaltung niemals zu uns gehört. Sein Ausscheiden aus der FDP ist unabweislich.

2. Herr Dr. Middelhauve hat durch sein Verhalten eine Gefahr für den Bestand und das Ansehen unserer Partei gesetzt. Der gute Glaube kann ihm nicht abgesprochen werden.

3. Es besteht der Verdacht, dass der Hauptgeschäftsführer Döring es an der erforderlichen Loyalität gegenüber dem Landesvorstand und an Aufrichtigkeit in seinen Angaben hat fehlen lassen. Es ist Sache des Landesvorstands Nordrhein-Westfalen, sein Verhalten zu würdigen.

4. Diewerge, Drewitz und Brandt haben schwer gegen die Grundsätze der FDP verstoßen. Sie sind aus der Partei auszuschließen. Ihre hauptamtliche Tätigkeit in der Partei ist, soweit noch nicht geschehen, zu beendigen.

5. gez. Neumayer, Dehler, Onnen»[32]

Inzwischen hatte der FDP-Bundesvorstand britische Agentenberichte, Niederschriften abgehörter Telefonate und Briefe zur Einsicht erhalten. Das Bild, das sich ergab, war eindeutig und ließ keine andere Konsequenz zu, als Achenbachs Parteiausschlussverfahren einzuleiten. Doch selbst jetzt mochte der NRW-Landesverband keine Einsicht zeigen, der Achenbach sogar noch als Direktkandidaten für den Bundestag nominierte. Das aber brachte endgültig das Fass zum Überlaufen. Der FDP-Bundesvorsitzende Franz Blücher drohte mit seinem Rücktritt, der zur Spaltung der Partei geführt hätte. Ernst Achenbach, der bereits am 6. Juli ein Ehrengerichtsverfahren gegen sich selbst eingeleitet hatte, verlor seinen Landeslistenplatz und den Vorsitz des Auswärtigen Ausschusses der Partei. Über seinen Ausschluss war damit noch nicht entschieden. Und erst recht nicht – kaum zu glauben – über das Ende seiner politischen Karriere.[33]

Wieder gab das Geld der Industrie die Richtung vor. Die Elefantenmacher mögen es nicht, wenn ihre Protegés ihr Image zu beschädigen drohen. Im Zuge der öffentlichen Aufarbeitung der Naumann-Affäre war Achenbach bei seinem Förderer Hugo Stinnes in Ungnade gefallen und verlor seinen Aufsichtsratsposten bei dem zum Stinnes-Konzern gehörenden Unternehmen Feldmühle. Das war auch für andere Spender ein Signal, sich zurückzuhalten. Doch dies war nicht von langer Dauer.

Schon im Frühjahr 1954 gelang es Ernst Achenbach erneut, bei der westdeutschen Industrie 35 000 Mark Parteispenden für die FDP einzusammeln, über deren Verwendung er selbst entscheiden durfte. Nicht zuletzt durch dieses Geld gelang es ihm, den Weg zur Rehabilitation zu ebnen. Friedrich Middelhauve, der auf dem Wiesbadener Parteitag im März 1954 zu einem von drei stellvertretenden Parteivorsitzenden gewählt worden war, unterstützte Achenbach dabei. Am Ende musste auch der neue Parteivorsitzende Thomas Dehler einsehen, dass die Karriere Achenbachs so leicht nicht zu beenden war, und seiner Reintegration zustimmen.

1957 wurde Achenbach in den Bundestag gewählt und 1964 ins europäische Parlament. 1974 sollte seine Karriere als profilierter Außenpolitiker gar mit seinem Aufstieg zum Kommissar der Europäischen Gemeinschaft gekrönt werden. Doch diesmal verhinderten die vehementen öffentlichen Proteste, vor allem auch aus Frankreich, die in der Besetzung seiner Essener Anwaltskanzlei durch französische Aktivisten, darunter Beate Klarsfeld, gipfelten, diesen letzten Karrieresprung. Auf Druck der sozialliberalen Bundesregierung musste Achenbach seine Kandidatur aufgeben.[34]

Es kann an dieser Stelle nicht die Aufgabe sein, einen vollständigen Abriss über die Geschichte der FDP zu geben oder gar über den politischen Liberalismus in Deutschland. Die Entwicklung der FDP-Gliederungen in den einzelnen Bundesländern war durchaus disparat und mal eher von nationalistischen und mal eher von liberaldemokratischen Tendenzen geprägt, die jeweils ihre Anknüpfungspunkte in der Vorkriegszeit hatten. Aber die Vorgänge im wirtschaftlich mächtigsten FDP-Landesverband, die auch ihre Entsprechungen in den nationalistisch orientierten Verbänden wie Niedersachsen hatten, belegen das erschreckende Ausmaß der revisionistischen Bestrebungen in den ersten Jahren der Bundesrepublik, eine Entwicklung, die sich vor allem im Umgang mit der Frage der Amnestie für verurteilte NS-Verbrecher und der auch in der Öffentlichkeit weithin akzeptierten Wiedereingliederung ehemaliger NS-Funktionäre in den politischen und wirtschaftlichen Betrieb erkennen lässt.

Die historische Forschung ist sich heute einig, dass die Affäre um Werner Naumann und Ernst Achenbach ein Wendepunkt in der parteipolitischen und öffentlichen Wahrnehmung war: Fortan wurde das offene Bekenntnis zum Nationalsozialismus nicht mehr toleriert und zumindest eine verbale Abkehr von dessen weiterer Präsenz im öffentlichen und politischen Leben gefordert.[35] Der parteipolitisch organisierte Nationalsozialismus und Rechtsradikalismus hatten in der Bundesrepublik zunächst einmal keine Chance mehr. Bei den Bundestagswahlen im September 1953 verloren die rechts außen stehenden Parteien, Adenauers CDU war der große Sieger. Dass auch die FDP Stimmen- und Mandatsverluste hinnehmen musste, war nicht zuletzt wohl auch der Außendarstellung in der Naumann-Affäre geschuldet.

Um die Außendarstellung wurde weiter gerungen. Viele Funktionäre wie Werner Best werden einen großen Teil ihres Lebens damit verbringen, die Folgen der nun in der Bundesrepublik einsetzenden juristischen Aufarbeitung der unter ihrer Beteiligung im In- und Ausland begangenen Greueltaten während der Nazizeit abzuwehren und an ihrer moralischen Rehabilitation und gesellschaftlichen Wiedereingliederung zu arbeiten. Die fortgesetzte Politkarriere Achenbachs ist eines der beredtsten Beispiele, wie erfolgreich diese Abwehr sein konnte:

Schon im März 1953 gab Elmar Michel, der ehemalige Chef der Abteilung Wirtschaft beim Verwaltungsstab des Militärbefehlshabers in Frankreich, dem Vizekanzler und FDP-Bundesvorsitzenden Franz Blücher vertrauliche Hinweise:»Dass Achenbach 1944 aus Paris abberufen worden sei, sei auf seine Opposition gegen Ribbentrop zurückzuführen gewesen – nicht auf Opposition gegen das NS-Regime, wie Achenbach nach dem Kriege kolportierte.

Es sei allgemein bekannt gewesen, dass es Achenbach gewesen sei, der jenes von Abetz unterzeichnete Telegramm verfasst habe, wonach gegen die Deportation von 4000 französischen Juden nach Auschwitz keine Bedenken bestünden. Auf dieses Telegramm, so Michel, sei ›auch die Tatsache zurückzuführen, dass sich A. seinerzeit schleunigst aus Nürnberg zurückgezogen habe‹.«[36] Mit»Nürnberg« ist der»Wilhelmstraßen-Prozess« gemeint, der in der Frankenmetropole nach den Todesurteilen gegen die NS-Macht- und Militärelite lief. Achenbach war dort, wie an anderer Stelle schon beschrieben, als Verteidiger aufgetreten.

Die Regierung war also über den massiven Verdacht informiert, dass Achenbach eine maßgebliche Rolle bei der Deportation der französischen Juden gespielt hatte, was folgenlos blieb. Und als Achenbach 1960 in der Illustrierten *Revue* massiv für seine Aktivitäten angegriffen wurde – die Redakteure bezogen sich auf das oben bereits zitierte Telegramm vom Februar 1943, in dem er selbst dem Auswärtigen Amt die Deportation von 2000 Juden als»Sühnemaßnahme« angekündigt hatte –, erstattete Achenbach in München Strafanzeige gegen die Journalisten wegen Verleumdung und war erfolgreich. Fortan ging er mit diesem»Freispruch« hausieren und drohte anderen Journalisten ebenfalls mit Verfahren. Er selbst überstand weitere Anzeigen, galt als nicht belangbar und setzte sich selbst erfolgreich für ehemalige NS-Funktionäre wie den SS-Führer Franz Alfred Six ein.[37]

Eine große Anzahl ehemaliger NS-Funktionäre, denen eine weitere Teilhabe am politischen und öffentlichen Leben unmöglich war, fand ein Auskommen in der westdeutschen Wirtschaft. Werner Best, dessen Bestreben, wieder im diplomatischen Dienst Fuß zu fassen, aussichtslos war – er hatte bislang nicht einmal ein Entnazifizierungsverfahren durchlaufen –, verließ die Kanzlei Achenbachs 1953 und wechselte zur Stinnes-Gruppe, wo auch gleich der ehemalige

FDP-Landesgeschäftsführer Heinz Wilke in Lohn und Brot kam. Der ebenfalls zum FDP-Umfeld gehörende ehemalige Botschafter in Italien, Rudolf Rahn, wurde Generalsekretär von Coca Cola in Essen. Der ehemalige Befehlshaber der Sicherheitspolizei in Belgien, Konstantin Canaris, ein Neffe des legendären Abwehrchefs Wilhelm Canaris, kam bei den Henkel-Werken in Düsseldorf unter. Der ehemalige Einsatzgruppenführer und Ausländer-Referent im Reichssicherheitshauptamt, Bernhard Baatz, ergatterte einen Direktoren-Posten bei Mannesmann in Duisburg. Best-Biograf Ulrich Herbert nennt diesen »politischen Ausgrenzungsprozess der einstigen NS-Eliten ein Abdrängen in den Wohlstand«.[38]

Wie lang der Schatten und der Arm der industriellen Netzwerke und der alten NS-Funktionäre immer noch waren, zeigte sich spätestens in der zweiten Hälfte 1955 und im Jahr 1956, als die Konflikte über die Ost-, Deutschland- und Bündnispolitik unaufhaltsam auf einen Bruch Adenauers und der CDU mit ihren Koalitionären von der FDP hinsteuerten. Adenauer witterte eine Fronde gegen seine Außenpolitik, in deren Zentrum er Thomas Dehler und den nordrhein-westfälischen Landesverband der FDP sah. Die bekamen aber ihrerseits Unterstützung durch die linksliberale Presse und Teile der interessierten Industrie.

Verstärkt wurden Adenauers Befürchtungen, als sein Staatssekretär Hans Globke ihn am 29. Oktober 1955 in einem Vermerk über einen vorgeblich strategischen Plan in der deutschen Presse informierte. Globke vermeldete einen Schulterschluss zwischen dem *Spiegel*-Verleger Rudolf Augstein und Thomas Dehler, die angeblich beim *Spiegel*-Verlag die Herausgabe einer neuen Wochenzeitschrift der FDP planten. Mit Hans Tüngel von der *Zeit* als Chefredakteur und Paul Sethe von der *Frankfurter Allgemeinen Zeitung* als politischer Kommentator, notierte Hans Globke, stünden auch schon das publizistische Spitzenpersonal bereit. Die nordrhein-westfälischen FDP-Politiker Ernst Achenbach und Hans-Wolfgang Rubin, wahrscheinlich auch Ex-NS-Botschafter und Coca-Cola-Chef Rudolf Rahn hätten für die Realisierung des Plans zwei Millionen Mark aufgebracht.

Als Mitspieler erwähnt wurde auch der Schatzmeister der FDP in Nordrhein-Westfalen, Walter Scheel. Friedrich Middelhauve, Hans-Wolfgang Rubin und Wolfgang Döring hätten Kontakt zu Augstein und dem *Spiegel* geknüpft. Ihr Ziel:»eine schärfere Kampfstellung« gegen Adenauer. Das werde von Thomas Dehler gebilligt. Dörings Vorbild für ein großes liberales Wochenmagazin sei in etwa die NS-Zeitschrift *Das Reich*. Als Gegenleistung erhalte Rudolf Augstein einen sicheren FDP-Listenplatz in Nordrhein-Westfalen für die kommenden Bundestagswahlen.[39]

Das wäre in der Tat eine formidable politisch-publizistische Kampfgruppe vor dem Hintergrund des FDP-Widerstandes gegen die Adenauer'sche Außenpolitik und Augsteins Kampagne für eine koalitionspolitische Öffnung der FDP gewesen. Es war aber auch eine auf den ersten Blick merkwürdige Koalition, die sich hier angeblich gefunden hatte, wie stark nationalistisch auch immer Augstein in seinem politischen Denken geprägt war, wie stark auch die Angst vorherrschte, die Bündnis- und Außenpolitik Adenauers mache eine Wiedervereinigung Deutschlands, wie sie das Grundgesetz verlangte, unmöglich.

Ganz aus der Luft gegriffen war Adenauers Befürchtung nicht. Die weitere Entwicklung produzierte eine für damalige Verhältnisse zunächst verblüffende politisch-ideologische Konstellation. Je stärker Adenauer sein außenpolitisches Konzept der Westintegration und der Einbindung der Bundesrepublik in die von den USA dominierten militärischen Strukturen der Nato vorantrieb, desto stärker trieb er die nationalistisch orientierten Kräfte seiner FDP-Koalitionäre in die entgegengesetzte Richtung, wo sie zumindest in dieser Schicksalsfrage auf Gleichgesinnte einer ganz anderen Couleur stießen, auf linke und pazifistische Kräfte, die schon ihre Positionen abgesteckt hatten. Die FDP musste Farbe bekennen, und sie drückte sich nicht.

1957 stimmten die Liberalen gegen die Römischen Verträge zur Gründung der Europäischen Wirtschaftsgemeinschaft, aber auch die Bewegung der FDP hin zur»Anerkennungspartei« gegenüber der DDR wurde weiter forciert. Damit wurden die außenpolitischen Grenzen – nicht die wirtschafts- und ordnungspolitischen – zur SPD durchlässiger. Da die Frage des Umgangs mit der DDR auch die gesellschaftspolitische Verfassung der Bundesrepublik tangierte, rückte die FDP, getragen von nationalistischen Überlegungen, nolens volens ein Stück weit ins linksliberale Spektrum.

Ein Vorreiter dieser Entwicklung war der Augstein-Freund und FDP-Landesgeschäftsführer in Nordrhein-Westfalen, Wolfgang Döring, den Arnulf Baring als »Landsknechtstyp« charakterisierte, dessen schönste Erinnerung war, als Besatzungsoffizier im griechischen Saloniki sämtliche Flaschen einer Bar vom Regal geschossen zu haben.[40] Döring hatte auch Kontakte zum sogenannten Gauleiter-Kreis um Werner Naumann, wie der parteiinterne Untersuchungsbericht von Dehler, Neumayer und Onnen gezeigt hatte.[41]

Zum Fanal für die große Krise zwischen CDU und FDP und deren politische Entfremdung wurde der sogenannte Jungtürken-Aufstand[42] der FDP in Düsseldorf. Bundespräsident Theodor Heuss, selbst FDP-Mann, spürte, was kam, und fürchtete zugleich, dass das Gespenst des Nationalsozialismus wieder umgehen könnte: »Ewige Ungewissheit über Dehlers Wankelmut und Koketterie. Tolle Wirrnis: In Nordrhein-Westfalen wollen die Nazi-FDP mit den Soz.-Dem. und Zentrum den CDU Arnold stürzen, der einen ausgezeichneten (protestantischen) Kultusminister hat; dieser Gruppe von Personalehrgeizigen scheint das Außenbild, das sie damit schaffen, ziemlich Wurst zu sein.«[43]

Zwei Wochen nach Heuss' Aufzeichnungen war es so weit: Am 21. Februar 1956 wurde der Düsseldorfer Ministerpräsident Karl Arnold durch den nationalistischen Flügel der FDP gestürzt und eine Koalitionsregierung aus SPD, FDP und Zentrum unter SPD-Ministerpräsident Fritz Steinhoff gebildet. Neben Wolfgang Döring spielten der stramm rechte Siegfried Zoglmann, aber auch Willy Weyer und Walter Scheel entscheidende Rollen.

Das blieb nicht ohne Auswirkungen auf die Bundesebene. Immer wieder tauchten Spekulationen über eine SPD-FDP-Koalition in Bonn auf. Noch war es dafür viel zu früh. Mag es in der Deutschland-Politik große Gemeinsamkeiten gegeben haben – Adenauer wurde damals unterstellt, er wolle die Wiedervereinigung der Anbindung an den Westen opfern –, wirtschafts-, sozial- und ordnungspolitisch konnten SPD und FDP im Bund nicht miteinander. Die FDP lag auf diesen Feldern ganz nahe bei der CDU.[44]

Die Düsseldorfer Revolution war strategisch groß angelegt, zielte letztlich auch auf die Regierung Adenauers in Bonn – und scheitere fürs Erste. Bis zur sozialliberalen Koalition auf Bundesebene sollte es noch mehr als ein Jahrzehnt dauern, aber die FDP zeigte der Union, dass es für sie auch andere Koalitionsoptionen geben könnte. Die Liberalen hatten viel Appetit, wie sie zeigten, und einen großen Magen, aber die neue Beweglichkeit in ihren Reihen machte doch noch zu große Verdauungsbeschwerden.

Es kam zur Spaltung. Vier Bundesminister und 16 von 52 Abgeordneten hielten Adenauer die Treue und erklärten während der Fraktionssitzung am 23. Februar 1956 ihren Austritt aus der FDP. Thomas Dehler hielt sich an der Spitze der Partei und der reduzierten Fraktion, die einen Tag später beschloss, in die Opposition zu gehen. Adenauers Versuch, Dehler unter bestimmten Bedingungen wieder ins Kabinett zu holen und die FDP-Fraktion wieder zu vereinigen, hatte keine Chance.

Gewichtige Stimmen in Politik und Publizistik sprachen von einer Verschwörung, hinter der letztlich die alten industriegestützten NS-Seilschaften um Werner Best, Ernst Achenbach und Rudolf Rahn stünden. Marion Gräfin Dönhoff verdächtigte diese Leute in der *Zeit* als die eigentlichen Drahtzieher des Koalitionsbruchs:»In Wirklichkeit sind sie die bedrohlichen Gestalten, obgleich sie in zweiter Reihe stehen und daher ein Stück weit vom Schuss sind.«[45] Wie weit vom Schuss sie wirklich in dieser für die Bundesrepublik entscheidenden Phase waren, ist heute schwerlich noch zu beweisen. Fakt ist, dass auch Adenauer nicht abgeneigt war, zumindest deutliche Schuldzuweisungen zu verteilen, die auch den finanziellen Aspekt nicht außen vor ließen. So sagte er am 10. März 1956 vor dem CDU-Bundesvorstand, Best, Rahn, Achenbach und Döring hätten es »in einer an die nationalsozialistischen Methoden erinnernden Weise verstanden, den Parteiapparat der FDP in die Hand zu bekommen«, und würden dabei »von gewissen Industriellen finanziell unterstützt. Ich betone ausdrücklich von gewissen Industriellen.«[46]

Wie nah zumindest Werner Best an seinen Parteifreunden nach wie vor »dran« war, belegt eine Aktion in eigener Sache, ein Hilfeersuchen an Wolfgang Döring im Zuge eines Entnazifizierungsverfahrens, dem er in Berlin unterworfen worden war. Best musste befürchten, dass eine gegen ihn ausgesprochene Geldstrafe im Amtshilfeverfahren durch die Finanzverwaltung in Nordrhein-Westfalen eingetrieben würde. Das gefiel ihm nicht. Er schlug Döring vor, auf den Düsseldorfer FDP-Finanzminister Willy Weyer einzuwirken, damit der per Erlass die nordrhein-westfälische Finanzverwaltung daran hindere, »Bütteldienste« für die Berliner »Amokläufer« zu leisten. Best hatte Erfolg. Dem Fiskus in Nordrhein-Westfalen wurde verwehrt, weiter Amtshilfe in Entnazifizierungsverfahren zu leisten.[47] Zwar ließ sich ein direkter Einfluss Bests auf den Koalitionswechsel in Düsseldorf nicht beweisen, aber wer mag den von Adenauer deutlich vorgetragenen Verdacht hinsichtlich »gewisser Industrieller«, die sich in den ersten Jahren der Bundesrepublik so sorgsam um wichtige Kreise der FDP »kümmerten«, und ihrer politischen Handlanger für abwegig halten?

Am Ende triumphierte Adenauer: 1957 errangen CDU/CSU bei der Bundestagswahl die absolute Mehrheit. Hinter der Union standen die stärkeren Bataillone der Elefantenmacher. Und dass die finanzstarken, spendenfreudigen Kreise aus Wirtschaft und Industrie auch ungeniert diesen Wahlerfolg für sich reklamierten, ist bereits hinreichend gewürdigt worden (siehe Seite 48).

Konkurs oder Machtwechsel: die Methode Lambsdorff und die Folgen

Die Zeit für einen Kurswechsel hin zu einer sozialliberalen Koalition, die von einem Gemisch aus alten nationalistischen und nationalsozialistischen sowie linksliberalen Kräften in der FDP getragen worden wäre, war Ende der 1950er-Jahre noch nicht heraufgezogen. Weder in der parteipolitischen Arithmetik noch in den Augen der Wähler. Was damals noch keiner wusste: Der FDP stand vor einem Bund mit den Sozialdemokraten noch eine weitere Häutung bevor.

Bei der nordrhein-westfälischen Landtagswahl am 7. Juli 1958 präsentierten die Wähler ihre Rechnung für die Machtspiele der Düsseldorfer Koalitionäre und die radikal-pazifistische Generalmobilmachung der SPD gegen die Atomrüstungspläne Adenauers. Die CDU erhielt 50,4 Prozent der Stimmen, die FDP 7,1 Prozent. Damit verlor die FDP über vier Prozentpunkte und zehn ihrer 25 Landtagsmandate. Die pazifistischen Gruppierungen der SPD waren damit innerparteilich diskreditiert. Die Reformer-Realos um Fritz Erler, Willy Brandt, Helmut Schmidt, Karl Schiller und Heinrich Deist atmeten trotz des Wahldesasters auf.

Aber auch für die politische Ausrichtung der FDP hatte das Wahlergebnis ernste Konsequenzen. Die Jungtürken um Willy Weyer, Wolfgang Döring und Walter Scheel verloren innerparteilich an Gewicht. Der Fraktionsvorsitzende Erich Mende, ein ausgewiesener rechtslastiger Opportunist, der bei der Bundestagsdebatte im März 1958 noch vehement Adenauers Rücktritt gefordert und ein »Programm des nationalen Notstands« propagiert hatte, schwenkte um und nahm nun wieder Kurs auf eine Erneuerung der bürgerlichen Koalition.[48] Das Machtspiel fand seine Fortsetzung, denn für die FDP war es finanziell und damit existenziell unabdingbar, wieder an die Regierung zu kommen. Und das erschien nun wieder nur an der Seite der Adenauer-CDU möglich zu sein.

Bei den Bundestagswahlen 1961 und 1965 ging die Rechnung noch einmal auf, doch es wurde zuletzt eng für die FDP. Die CDU verpasste 1965 in Bonn nur knapp die absolute Mehrheit, während die FDP mehr als drei Prozentpunkte verlor. Das neuerliche Bündnis aus CDU und FDP, zu dem auch Adenauers Nachfolger, Bundeskanzler Ludwig Erhard, keine Alternative sah, sollte nicht lange halten, und das lag auch an der FDP. Vor den Wahlen waren »großzügige Steuersenkungen beschlossen, zahlreiche Wahlgeschenke verteilt und damit der Weg in die Gefälligkeitsdemokratie beschritten worden«.[49] Die ersten Anzeichen eines von der Wählerschaft nicht mehr gewohnten wirtschaftlichen Abschwungs – von einer wirklichen Krise konnte man nicht sprechen – zwangen Erhard, den Vater des Wirtschaftswunders, zu einer Änderung seiner Politik, die ihn teuer zu stehen kommen sollte.

Als dem Wundertäter die Wundertüte abhanden gekommen war, suchte das Volk Ersatz. Der Sieg der SPD bei den Landtagswahlen in Nordrhein-Westfalen am 10. Juli 1966 besiegelte Erhards Schicksal. Nur wenige Monate später wurde er von den eigenen Leuten – und mit maßgeblicher Unterstützung der FDP, deren Minister aus der Regierung ausschieden – gestürzt. Erhard hatte nicht nur Probleme mit der Wirtschaft. Er hatte mit seiner Idee von der »formierten Gesellschaft« für enormen gesellschaftspolitischen Zündstoff gesorgt. Ihm wurde zugetraut, einen neuen Obrigkeitsstaat etablieren zu wollen, und das verstörte viele, gerade auch in der FDP.

Der mächtige Mann der FDP war zu dieser Zeit Willy Weyer, der stellvertretende Parteivorsitzende, ein »westfälischer Strauß«, wie er auch tituliert wurde. Ohne die FDP lief im wirtschaftlich wichtigsten Bundesland zwischen Rhein und Weser nichts. Das passte manchem Sozialdemokraten nicht ins Konzept. Helmut Schmidt erklärte am 12. Juli 1966: Die FDP sei eine opportunistische Partei und »das Grundübel der politischen Strukturen der Bundesrepublik«. Wer die FDP wähle, gebe seine Stimme in die Hände von Taktikern, »die um fast jeden Preis mit dabei sein wollen«.⁵⁰

In Bonn war die FDP nach Erhards Sturz erst mal draußen. Herbert Wehner, der schon lange zuvor seine Fühler zur CDU ausgestreckt hatte, wurde zum Architekten der großen Koalition unter Bundeskanzler Kurt Georg Kiesinger und Außenminister Willy Brandt. Die FDP wurde für drei Jahre von der Teilhabe an der politischen Macht ausgeschlossen, ja die beiden großen Parteien kamen überein, sich die FDP vom Hals zu schaffen und dafür ähnlich wie in Großbritannien das Mehrheitswahlrecht einzuführen. Dort gab es damals auch nur Labour und die Tories. Die FDP als Mehrheitsbeschafferin und »Zünglein an der Waage« sollte ganz nach dem Geschmack von Helmut Schmidt aus dem Parteiensystem der Bundesrepublik eliminiert werden. Schon der vorläufige Ausschluss von der Regierungsbeteiligung brachte die FDP an den Rand ihrer Existenz, da ihr der finanzielle Kollaps drohte.

Mit ihrer Beteiligung am Sturz Ludwig Erhards und ihrem Verschwinden aus der Regierungsverantwortung hatte die FDP für ihre zahlungskräftige Stammklientel aus der Industrie erheblich an Wert verloren. Der Geldstrom ebbte merklich ab. In dieser Situation legte FDP-Bundesschatzmeister Hans Wolfgang Rubin – zehn Jahre zuvor bereits am Jungtürken-Aufstand in Nordrhein-Westfalen beteiligt, der mit der Bildung der sozial-liberalen Koalition in Düsseldorf endete – seine Schrift *Die Stunde der Wahrheit* vor. Darin warb er für eine neue Ostpolitik und innenpolitische Reformen. Das war ein öffentliches Signal für eine mögliche Annäherung der FDP an die SPD. Die

Signale der FDP wurden verstanden. Die SPD rückte von ihren Absichten zur Wahlrechtsänderung ab.

Dafür gab es aber auch noch andere Gründe. In der Bonner Koalition trübte sich das Klima ein. Kurt Georg Kiesinger holte seine braune Vergangenheit ein: Er musste sich von der Journalistin Beate Klarsfeld ohrfeigen lassen, während sie »Nazi, Nazi« rief. Mit Willy Brandt verstand er sich nicht richtig, misstraute ihm. Brandts Optionen für eine Änderung des Umgangs mit der DDR und den Staaten des Warschauer Paktes entsprachen nicht Kiesingers Vorstellungen. Die Öffnung Richtung Osten war mit der Union nicht zu machen. Hans Wolfgang Rubins Papier passte dagegen der SPD. Und diesmal auch der Industrie, die im Osten neue Märkte sah, die mit finanziellem Beistand der Bundesregierung, also der Steuerzahler und der Banken, erschlossen werden könnten. Die FDP war dabei, sich bei ihrer Finanzklientel in den Sekt- und Hummeretagen der Großunternehmen wieder lieb Kind zu machen.

In der Partei bereiteten auch personelle Änderungen einen Kurswechsel vor. 1968 übernahm Walter Scheel den Parteivorsitz von Erich Mende, Hans-Dietrich Genscher wurde sein Stellvertreter. Das wurde von der Öffentlichkeit zwar zu Recht nicht als Linksruck der FDP wahrgenommen, war aber eine entscheidende Voraussetzung für Zukünftiges. Die Taktiker hatten das Heft in die Hand genommen. Unter dem nationalistisch eingestellten Erich Mende wäre eine sozialliberale Koalition nicht möglich gewesen.

Eine Vorentscheidung für eine Regierungskoalition mit der SPD traf die FDP mit ihrer Bereitschaft, im Frühjahr 1969 den SPD-Kandidaten Gustav Heinemann zum Bundespräsidenten zu wählen. Das geschah nicht unentgeltlich. Die SPD musste erst einmal darauf achten, dass die neue Braut finanziell hochgepäppelt wurde, da die Gelder aus der Industrie erst beim Einzug der FDP in die Bundesregierung wieder stärker fließen würden. Es ist ausgerechnet die gewerkschaftseigene Bank für Gemeinwirtschaft, die der FDP einen Kredit über zehn Millionen Mark bei ihrer Tochter in Basel verschafft. Die FDP war auf dem Weg zum Standesamt. Nach der Bundestagswahl im Herbst 1969 sollten die Ringe getauscht werden: Es reichte für eine Mehrheit von SPD und FDP. Doch noch erhob einer Einspruch: Der alte Partner CDU, für den die Koalition mit der SPD eine immer unbeliebtere Zwischenlösung geworden war. Die CDU wollte sich mit der endgültigen Trennung von der FDP und der – nach einer in der Union weit verbreiteten Meinung – Spaltung des bürgerlichen Lagers nicht abfinden. Die CDU hatte mehr Stimmen als die SPD geholt und sah sich als der stärkere und damit rechtmäßige Bräutigam. Ihre Führung wusste nicht, dass die FDP die Brautprämie bereits kassiert hatte und damit eingekauft war. Das sickerte erst viele Jahre später, nach dem Bruch der sozialliberalen Koalition, in einem Bericht der *Frankfurter Rundschau* vom 6. Juli 1988 in der Öffentlichkeit durch.

Die CDU versuchte noch einmal alles. Am Montagabend nach der Wahlnacht versammelten sich die »Rechtsabweichler« in der FDP zu einem konspirativen Treffen bei Erich Mende, um sich gegen eine sozialliberale Koalition zu stemmen: Siegfried Zoglmann, Fritz Logemann, Carlo Graaf, Josef Ertl, Heinz Starke, Knut Freiherr von Kühlmann-Stumm. Um Mitternacht platzten der stellvertretende CDU-Vorsitzende und rheinland-pfälzische Ministerpräsident Helmut Kohl und CDU-Generalsekretär Bruno Heck hinein. War noch etwas zu retten?

»Die nationalliberale Gruppe um Mende wurde in den folgenden Tagen mit zum Teil recht hemdsärmeligen Methoden umworben. Die Union offerierte Posten in Bund und Ländern. ... Auch wurde der hochverschuldeten FDP finanzielle Hilfe versprochen. Zum Zuckerbrot gab es die Peitsche des BDI, der für den Fall einer sozialliberalen Koalition angeblich mit der Stornierung eines Zuschusses an die FDP in Höhe von 500 000 Mark drohte.«[51] Die Drohung kam von BDI-Chef Fritz Berg, der allerdings in seinem Verband schon abgehängt war. Aber auch die SPD soll sich weiter an dem Schacher beteiligt und das Brautgeschenk noch einmal erhöht haben: Helmut Kohl äußerte im Bundesvorstand der CDU, einige Freidemokraten seien zu »Höchstmarktpreisen« eingekauft worden. Ernst Achenbach sei versprochen worden, ihn vor den Angriffen von Beate Klarsfeld zu schützen, die ihm seine Mitverantwortung für Judendeportationen aus Frankreich vorwarf.[52]

Walter Scheel, Hans-Dietrich Genscher, Herbert Wehner und Willy Brandt schlossen den Bund. Es wurde eine Lebensabschnittspartnerschaft. Mende verließ die Partei ebenso wie der Altnazi Siegfried Zoglmann, der gleich an den rechten Rand der CSU wechselte.

Die FDP hatte durch die Bildung der sozialliberalen Regierung ihr politisches Überleben gesichert und mithilfe der SPD die ärgsten Geldsorgen gelindert. Doch letztlich war es zum Leben zu viel und zum Sterben zu wenig. Der Kredit über zehn Millionen Mark erwies sich als Mühlstein am Hals der Partei. Schon bald drohte die Zinslast die FDP zu erdrücken. 1974 stand die Partei wieder so miserabel da wie schon 1968. Um Handlungsfreiheit zu bekommen, war es Zeit, sich um kräftige Geldquellen zu kümmern. Also zurück zu den alten Freunden, den alten Elefantenmachern. Zurück in die Abhängigkeit von der Industrie und vor allem in die Arme von Flick. Otto-Graf Lambsdorff, inzwischen FDP-Schatzmeister in Nordrhein-Westfalen und damit einer der wichtigsten und mächtigsten Männer der Partei, Heinz Herbert Karry, der neue FDP-Bundesschatzmeister, Hans Friderichs und Hans-Dietrich Genscher starteten die »Aktion Frieda«, die Entschuldung der FDP durch die Industrie.[53]

Aber wie sollte das große Geld in die Kassen der kleinen Partei geschleust werden, ohne dass es allzu viel Aufsehen erregte? Als Otto Graf Lambsdorff 1968 die für die FDP wichtigste Schatzmeisterei in Düsseldorf übernahm, war ein Höchstmaß an Kreativität gefordert. Sein Vorgänger Walter Scheel hatte ihm eine finanziell ausgeblutete Partei hinterlassen. Eine zuverlässige und kontinuierliche Finanzierung war nicht mehr garantiert. Vor 1968 war der Geldfluss – so er denn von bereitwilligen Zahlern kam – zu großen Teilen über den Spendenverein Wirtschaftspolitische Vereinigung e.V. mit dem Umweg über die Liberale Internationale in London verschleiert und abgesichert worden. Diese verdeckte Transferschiene war von der Finanzverwaltung aufgedeckt und abgeschnitten worden.[54] Daraufhin wurde die Wirtschaftspolitische Vereinigung liquidiert. Der FDP fehlte somit eine bequem zu führende, zentrale Fördergesellschaft zur Schleusung von Geldern einer Klientel, die zwar ihre Namen nicht gern in Rechenschaftsberichten der Partei lesen, aber ihre hohen Zahlungen dennoch steuerlich absetzen wollte.

Lambsdorff musste für ein neues Fundament der Parteifinanzierung sorgen und verfiel dabei doch nur wieder auf die alten Methoden. Er setzte auf nicht weniger als neun Vereinigungen, zwei davon waren Neugründungen. Diese Organisationen unterhielten Geschäftssitze in unterschiedlichen europäischen Ländern. Neben

Deutschland gab es Büros in Belgien, Großbritannien, Liechtenstein und der Schweiz.

Anfang der 1970er-Jahre bekam Lambsdorff durch Vermittlung deutscher Unternehmer Kontakt zum Schweizerischen Gewerbeverband (SGV), der stärksten Wirtschaftsvereinigung in dem Nachbarland. Der SGV betreibt laut Eigenwerbung eine aktive und erfolgreiche parlamentarische Lobbyarbeit, um die besten politischen Konditionen für die Wirtschaft herstellen zu können. Das bekam schon damals Klaus Golombek mit, der sich über seine PR-Firma Markt + Meinung GmbH in Meerbusch bei Düsseldorf an der Finanzierung vieler FDP-Wahlkämpfe beteiligte – teils unter Verstoß gegen das Parteiengesetz, denn die Finanzierung einer deutschen Partei durch ausländische Spender war durch das 1968 beschlossene Parteiengesetz verboten. Laut Golombek wollten Schweizer Wirtschaftskreise sowohl dem wachsenden Einfluss sozialistisch gefärbter Politik in Westeuropa als auch einem Beitritt der Schweiz zu einer sich womöglich rot einfärbenden Europäischen Union entgegentreten. In Deutschland hätten sie auf Lambsdorff und die FDP als Korrektiv gesetzt und den Liberalen mit massiver finanzieller Unterstützung geholfen. Wobei sie nicht enttäuscht wurden. Lambsdorff war entscheidend daran beteiligt, die FDP aus der Koalition mit der SPD herauszulösen und Helmut Kohl zum Kanzler zu machen.

Klaus Golombek, der auch mit Filmrechten handelte, produzierte die vom FDP-Landesverband Nordrhein-Westfalen herausgegebene Mitgliederzeitung *Forum Liberal*. Sechs der von Lambsdorff für Geldtransfers benutzten Vereinigungen dienten seit 1970 ausschließlich dazu, Zahlungen an Golombeks PR-Gesellschaft zu leisten. Dieses Geld wurde insbesondere für Werbemaßnahmen ausgegeben, die der Landesverband in Auftrag gab. Geld floss dem im FDP-Hintergrund wirkenden Golombek auch aus der Steuerkasse zu. Seine PR-Firma bekam zu Zeiten der sozialliberalen Koalition in Düsseldorf auffällige Staatsaufträge, an deren Zustandekommen auch die im Kabinett vertretene Parteiriege der FDP diskret ihren Anteil hatte. Den Gewinn steckte Golombek dann in die Parteiarbeit.

Sicher nicht von Nachteil war, dass Golombek persönlich in vielen Töpfen rührte, auch bei den jetzt mit der FDP verbündeten Sozialdemokraten. Gute Geschäftsleute von seinem Schlag haben selten Berührungsängste. Er sorgte für gute Kontakte zu Johannes Rau, der in den Zeiten der sozialliberalen Koalition in Düsseldorf die Landtagsfraktion der SPD führte, 1970 Minister für Wissenschaft und Forschung und 1978 Ministerpräsident in Nordrhein-Westfalen und 1999 Bundespräsident wurde. Mit Rau verband Golombek ein außerordentlich intensives Engagement für Israel, im Speziellen die Beziehung zur israelischen Arbeiterpartei von Itzhak Rabin und Shimon Peres, die aus den Parteikassen der SPD Millionen an Unterstützung erhielt. Sie trafen sich bei deutsch-israelischen Veranstaltungen. Beide hielten Kontakt zu Ignatz Bubis, der auch der israelischen Arbeiterpartei verbunden, zugleich aber Mitglied und Sponsor der Liberalen war. Bubis wurde 1992 zum Vorsitzenden des Zentralrats der Juden in Deutschland gewählt und hatte in der für dubiose Finanzgeschäfte bekannten FDP-Spitzenkraft Jürgen Möllemann einen guten Freund gefunden, worauf später noch zurückzukommen ist.

Golombek, in den Jahren 2002 und 2003 wegen schwarzer Geldtransfers aus Möllemanns Kasse an seine Firma ins Visier der Staatsanwaltschaft geraten, erklärte uns damals unumwunden:»Die roten und gelben Stränge aus Deutschland führen zur Arbeiterpartei in Israel. Das hat mit der Finanzierung und der Politik der Parteien hier und dort zu tun. Die CDU hat das anders geregelt.«

Die beiden wichtigsten Institutionen der FDP zur Geldschleusung waren die Gesellschaft für europäische Wirtschaftspolitik in Düsseldorf und Neuwied und der Internationale Wirtschaftsclub e.V. mit Sitz in Bonn. In beiden Vereinigungen saß Lambsdorff im Vorstand, und beide wurden geleitet von einem alten Bekannten: Wolfgang Diewerge, einst Referent bei Goebbels im Reichspropagandaministerium. Diewerge hatte in der Folge des Naumann-Skandals zwar seinen Job bei der FDP aufgegeben, aber nie den Kontakt verloren, was sich nun auszahlte.

So erschloss die FDP – neben den Finanzquellen, die die Staatsbürgerliche Vereinigung wie beschrieben bereits seit Ende der 1950er-Jahre in der Schweiz und Liechtenstein nutzte – neue Quellen, die nur für sie sprudelten. Lambsdorff hatte für die Spendenakquisition eine Zwei-Klassen-Gesellschaft eingerichtet. Für sich selbst hatte der Adelige den Wirtschaftsadel reserviert und sammelte bei Commerzbank, Flick-Konzern, Klöckner, Mannesmann, Veba und Otto Wolff von Amerongen höchstselbst. Das Fußvolk der »Außendienstler« seiner Spendensammelvereine – der Gesellschaft für europäische Wirtschaftpolitik und des Internationalen Wirtschaftsclubs – durfte beim industriellen Bürgertum kassieren.

Die Fürsten unter den Wirtschaftsbossen waren der FDP am liebsten. Im Beisein von Ignatz Bubis erklärte einmal FDP-Bundesschatzmeister Heinz Herbert Karry seinem Parteifreund, dem langjährigen FDP-Funktionär Fritz Goergen: »Immer, wenn es viel Geld braucht, spätestens vor Wahlkämpfen, kriegt man das nur von den wenigen ganz Großen in der Wirtschaft. Die aber stellen eine Bedingung: Ich will nicht genannt sein.‹ ›Und deshalb‹, versicherte mir Karry, ›wird es nie eine legale Spendenregelung geben.‹ Bubis nickte zustimmend und bestätigte mir, dem in diesen Kreisen der deutschen Gesellschaft gänzlich Unerfahrenen, das sei so.«[55]

Als Lambsdorff 1977 ins Amt des Bundeswirtschaftsministers berufen wurde, gab er den Posten des FDP-Landesschatzmeisters in Nordrhein-Westfalen auf und das von ihm geschaffene verdeckte Finanzierungssystem an seinen Nachfolger Hans Gattermann weiter, der sich dieser Aufgabe als würdig erweisen sollte. Die Gattermann-Mitarbeiterin Johanna Gertrud Rech notierte in ihren Aufzeichnungen, dass Lambsdorff zunächst nur nach außen hin nicht mehr mit dem Amt des Schatzmeisters belastet sein wollte: »Er ließ es sich jedoch nicht nehmen, vornehmlich in der ersten Zeit dem in diesen Bereichen unerfahrenen Gattermann persönlichen Geleitschutz zu geben. Denn schließlich standen Gespräche mit den Topvertretern der deutschen Wirtschaft an. Das Format und die Beredsamkeit eines Graf Lambsdorff besaß er nicht. Er ist Anwalt und Notar, aber auch ›Westfale‹. Nach einem guten Jahr meinte Dr. Patterson [Friedrich Karl Patterson als einer der Nachfolger Wolfgang Dierweges Geschäftsführer der Geldwaschanlage Gesellschaft für europäische Wirtschaftspolitik, d. Verf.] einmal: ›Wir haben einen guten Fang gemacht. Er wird zwar nie den Grafen voll ersetzen können, aber wir konnten keinen besseren Nachfolger finden, er ist sehr rührig, und die Zusammenarbeit mit ihm ist hervorragend und die Summen, die er heranschafft, sind erstaunlich.‹«[56]

Neben der Schiene der verdeckten Parteifinanzierung über die steuerbegünstigten Vereinigungen existierte noch eine weitere beliebte Methode, Geld für die FDP zu vereinnahmen, ohne dass das Finanzamt es mitbekam und die Namen der Spender bekannt wurden. Privatpersonen kassierten Spenden in Form von Bargeld oder Schecks, ließen diese auf ihren privaten Konten gutschreiben und leiteten das Geld an die Partei weiter.

Ein Paradebeispiel für diese Praxis ist Johanna Gertrud Rech, eine umtriebige, kontaktfreudige Person mit Beziehungen in höchste Wirtschaftskreise. Sie war aber auch befreundet mit dem Waffenhändler Gerhard Mertins und hatte Zugang zu Ministern, auch von der SPD. Sie akquirierte in allen Himmelsrichtungen sowohl für Gattermanns Landesverband als auch für den FDP-Bundesschatzmeister Heinz Herbert Karry. Frau Rech notierte in ihren Kalendern die ungezählten Termine bei Wirtschaftsunternehmen, Industrie- und Branchenverbänden oder Banken, die sie aufsuchte, um Geld für die Partei zu sammeln. Gegen Geld vermittelte sie auch Kontakte zwischen Unternehmensvertretern und Abgeordneten oder Ministern der FDP.

Ein Beispiel dafür, wie es im wirklichen Leben einer FDP-Geldeintreiberin zuging, schilderte Frau Rech anhand eines Ansuchens des »sensiblen« Waffenherstellers Heckler & Koch im Sommer 1980: »Herr Stevens vom Bonner Büro der Firma Heckler & Koch, Oberndorf/Neckar, Chef Herr Lamp, übergab mir einen Verrechnungsscheck über DM 20 000,--, den ich für Herrn Gattermann in Empfang nahm. ... Die Problematik dieser Unternehmen ist bekannt. Herr Stevens, der Branche entsprechend ein sehr zurückhaltender Mann, der jedes Wort wohl überlegt, ganz im Schatten seines Chefs, Herrn Lamp, steht ... fragte äußerst vorsichtig an, ob es Möglichkeiten gebe, einmal ein Gespräch zwischen Herrn Lamp und Graf Lambsdorff zu vermitteln. Gesprächsgründe waren hinreichend bekannt. In einem separaten Gespräch unterrichtete ich Herrn Gattermann über die Wünsche der Firma Heckler & Koch. Kurze, präzise Antwort von Herrn Gattermann: ›No Problem, kann er haben, wir – gemeint waren Graf Lambsdorff, die F.D.P. als Partei mit ihrem Außenminister – werden dem Herrn Lamp schon helfen.‹ Ein Gespräch sollte, wenn alles gut ginge, nach der Wahl stattfinden. Die Firma hatte Verständnis ...«

Für gute Freunde hatte die FDP auch etwas im Angebot, um deren Eitelkeiten zu befriedigen: zum Beispiel Herr Imhoff von der Firma

Stollwerck:»Herr Imhoff wollte unbedingt Konsul werden und bat Herrn Gattermann um Unterstützung durch Graf Lambsdorff. Eine kurze, absolut vertrauliche Mitteilung schrieb ich im Auftrag von G., der diese persönlich Graf Lambsdorff übergab. Herr Imhoff spendete nach Angaben von Herrn Gattermann regelmäßig relativ hohe Beträge.«

Es kam vor, dass etwa ein Kurztrip von Bonn in die Metropole mit dem großen gotischen Dom auch ohne anschließende Ministergespräche die Kasse der FDP klingeln ließ:»25. Juni 1980. 15.00 Uhr Termin bei Wolff von Amerongen in Köln. Abfahrt 14.30 mit Bundeswagen. Bei Rückkehr ›hat sich wirklich gelohnt‹. Spende, nach Angabe von Gattermann 50000 DM.«

Manchmal gab Frau Rech das in einem verschlossenen Umschlag verpackte Geld direkt an Gattermann weiter und erfuhr erst hinterher, wie erfolgreich sie gewesen war, wie viele Scheine sie»nach Hause« gebracht hatte. So auch im folgenden Fall:»7. Juni 1979. 11.30 Termin Firma Flick, Gespräch mit Herrn von Brauchitsch. Nach Rückkehr erzählte Herr Gattermann mir, dass er 100000 DM erhalten habe.«

Es konnte aber auch um viel mehr Geld gehen, das die Begehrlichkeiten weckte. Frau Rech notierte:»Die holländische Bauträgerfirma Bredero trat an mich 1979 heran ... Diese Firma hat in Hannover riesige Gebäudekomplexe im Bahnhofsviertel, Fußgängerzone errichtet und wollte eine Lizenz zum Betrieb eines Spielkasinos. Man bot als Provision eine Million Mark. Ich sprach mit Gattermann über dieses Anliegen. Er sagte, dass hier nur der Abg. [Abgeordnete] und Jurist Detlev Kleinert helfen könne. Kleinert wurde angesprochen. Sagte spontan zu. Während der Verhandlungen zu diesem Objekt kam Gattermann ständig und fragte i. A. Kleinert, wie weit ich wäre, Kleinert mahne ständig. Er könne das Geld gut gebrauchen.«

Die Liste der Unternehmen und Verbände, die Frau Rech mit ihrem Besuch beglückte, war lang. Sie notierte: Die Rüstungsschmiede Diehl in Nürnberg zahlte 50000 Mark, der Essener Stromerzeuger Steag machte 100000 Mark locker, Berthold Beitz vom Stahlgiganten Krupp holte ebenfalls 100000 Mark aus der Schatulle, Rheinmetall war auch mit 100000 dabei. Letztere Spende stand im Zusammenhang mit einem außergewöhnlichen Rüstungsgeschäft.

»Rheinmetall« plante, eine komplette Fabrikationsanlage für das Maschinengewehr MG 3 an das Königreich Saudi-Arabien zu verkaufen. Ein Projekt mit einem Volumen von 530 Millionen Mark, aber auch eine politisch höchst brisante Angelegenheit angesichts der deutschen Exportrestriktionen im Hinblick auf Israels Sicherheitsbedürfnis und der angespannten Situation im Nahen Osten.

Rheinmetall ließ eigens ein Gutachten darüber erstellen, ob es einen Anspruch auf die Erteilung einer Ausfuhrgenehmigung gebe. Darin wurde vor allem auch eine mögliche Beeinträchtigung der Sicherheitsinteressen Israels diskutiert. Doch der Gutachter kam zu dem Ergebnis, dass es keine Hinderungsgründe geben sollte, da auch die USA Waffen an Saudi-Arabien lieferten, ohne dass Israel Einsprüche erhoben hätte. Hinsichtlich der deutschen Sonderbeziehungen zu Israel verwies der Gutachter auf die Tatsache, dass die Bundesregierung die Lieferung ähnlicher Anlagen an Pakistan und Iran genehmigt hätte und auch die Firma Heckler & Koch ihr Infanteriesturmgewehr G 3 in Saudi-Arabien produzieren dürfe. Das Geschäft konnte anlaufen. Verglichen mit einem Projektpreis von 530 Millionen Mark erscheint eine 100 000-Mark-Spende eher gering, allerdings sah ein Provisionsvertrag die Zahlung von weiteren 200 000 Mark vor, die nicht mehr gezahlt wurden, weil das Projekt nur zum Teil fertiggestellt wurde. So weit die Dokumente. Schatzmeister Heinz Herbert Karry soll jedoch noch direkt Schmiergeld für die FDP-Kasse abgezogen haben, mehr als eine Million Mark. Elefanten an der Tränke.

Zum Verhängnis für die Spendensammlerin Rech wurde ihr guter Kontakt zu dem Frankfurter Bauunternehmer Herr. Dessen Firma spendete 200 000 Mark, aber mittels Scheck, der für Karrys Bundespartei gedacht war. Doch mit Schecks hatte es Bundesschatzmeister Karry nicht so. Schecks waren ihm zu heiß. Von Karry wurde der Spruch kolportiert: »Ich will keine Schecks sehen, nur Bares.« So war es auch in diesem Fall. Gertrud Rech bekam die Schecks zurück und wollte sie nun auf bewährte Art und Weise selbst einlösen. Doch siehe da: Herr hatte das Konto sperren lassen. Wütend beschwerte sie sich bei dem Unternehmer. Schließlich erschien dessen Sekretärin bei ihr im Büro Gattermanns in Düsseldorf und übergab am 21. Dezember 1978 die 200 000 Mark in bar.

Es war nicht die einzige großzügige Spende, die das Frankfurter Bauunternehmen der FDP zukommen ließ. Und es waren die Spenden von Herr, die Gertrud Rech ins Visier der Steuerfahnder brachten. Bei einer Betriebsprüfung des Finanzamtes Frankfurt tauchte kurz vor der Bundestagswahl 1980 in den Herr-Unterlagen der Name Rech auf. Weitere Nachforschungen ergaben, dass Frau Rech – was ihr von Gattermann zugestanden worden war – von den durch sie eingetriebenen Spenden eine Provision von zehn Prozent abgezweigt hatte, manchmal auch ein paar Prozent mehr. Ihr Pech war, dass sie dieses Geld auf das Konto ihrer Tochter einzahlte und dem Finanzamt verschwieg. Nun sah sie sich Steuernachforderungen von mehr als 300 000 Mark ausgesetzt. Sie hoffte, die Partei, der sie so oft geholfen hatte, würde sie stützen. Doch das war Wunschdenken, und sie hätte es wissen müssen. Hatte sie doch selbst einmal notiert, »dass man in diesem Haus zu schlachten versteht«.

Doch Ende September 1980 kam aus heiterem Himmel Hilfe von ihr unbekannter Seite. Sie erhielt einen Anruf ihres Anwalts, der sie in sein Büro bat. Dort traf sie auf den renommierten Steuerrechtler Dr. Günter Felix aus Köln, den sie aber nicht kannte. Dieser wiederum befand sich in Begleitung eines Unbekannten, der sich als »Dr. Peters« vorstellte und auch auf Nachfrage nicht bereit war, seine wahre Identität preiszugeben. »Dr. Peters« machte Frau Rech ein Angebot. Er sei bereit, 480 000 Mark zu zahlen unter einer Bedingung: Sie solle eine eidesstattliche Versicherung aufsetzen, in der sie alle FDP-Spenden auflisste, die über sie selbst gelaufen waren oder von denen sie Kenntnis hatte. Um zu zeigen, dass er es ernst meinte, legte er sofort 100 000 Mark auf den Tisch. Der mysteriöse »Dr. Peters« hatte es sehr eilig. Gertrud Rech, verlangte er, solle sofort ihre eidesstattliche Versicherung niederschreiben. Da sie keinen Ausweg aus ihrer finanziellen Notlage sah, tat sie, wie ihr geheißen, nachdem sich ihr Anwalt für die Seriosität von Dr. Felix verbürgt hatte.

Frau Rech schrieb bis spät in die Nacht hinein alles auf, was sie wusste. Und sie bekam dafür auch die ausstehenden 380 000 Mark. Nur zwei Tage später erschienen Auszüge aus ihrer eidesstattlichen Versicherung in der *Welt*, und zwar ausgiebig die Passage, in denen die Verwicklungen des Bundesschatzmeisters Heinz Herbert Karry in den Deal um die Maschinengewehrfabrik in Saudi-Arabien zur

Sprache kamen. Johanna Gertrud Rech wollte jetzt erst recht wissen, wer sich hinter dem mysteriösen Namen »Dr. Peters« verbarg und wer ihn geschickt hatte. Doch Dr. Felix blockte ab: »Lassen Sie das ruhen. Es ist besser so. Wir beide bilden jetzt eine Schicksalsgemeinschaft.« Rechs Schicksalsgemeinschaft mit der FDP war da längst zerstört. Ihr Arbeitsvertrag, der zum Ende des Jahres 1980 auslief, wurde entgegen bestehender Zusagen nicht mehr verlängert. Schlimmer noch: Otto Graf Lambsdorff stellte sie öffentlich als Lügnerin hin. Ihre Darstellungen über die Spendenpraxis bei der FDP seien falsch.

Acht Monate später, am frühen Morgen des 11. Mai 1981, wurde der Bundesschatzmeister der FDP und hessische Wirtschaftsminister Heinz Herbert Karry im Bett mit sechs Schüssen getötet. Drei Wochen danach übernahmen die »Revolutionären Zellen« die Verantwortung für das Attentat. In einem Bekennerschreiben wurde versichert, dass Karry nur eine Warnung erhalten und nicht getötet werden sollte. Wer wirklich hinter dem Mord steckte, wurde bis heute nicht geklärt.

Nachdem die Staatsanwaltschaft festgestellt hatte, dass die Mordwaffe früher einem in Butzbach stationierten US-Soldaten gehört habe, brachte sie ein Rechtshilfeersuchen an die Regierung in Washington auf den Weg, um weitere Abklärungen machen zu können, sagte uns Karrys Sohn Ronald. Denn die Waffe war als gestohlen gemeldet worden. Bei dem Vorstoß der Justiz sei jedoch nichts herausgekommen. Aus den USA sei mitgeteilt worden, man wisse nicht, wo sich der inzwischen zurückgekehrte Soldat aufhalte, es gäbe keine Meldepflicht. Dass es der US-Army allerdings nicht möglich sein sollte, den Aufenthaltsort eines ihrer ehemaligen Angehörigen bei gutem Willen festzustellen, bezweifelt Ronald Karry.

Der Steuerrechtler Dr. Felix hielt die Unterlagen über seinen mysteriösen Mandanten »Dr. Peters« unter Verschluss. Er war nie bereit, dessen Identität oder Auftraggeber preiszugeben: »Er kam wie vom Himmel gefallen, seine Herkunft kenne ich auch nicht genau. Ich weiß nur: Das war eine einmalige Operation. Ich hab ein Gelübde abgelegt, dass die Unterlagen erst zehn Jahre nach meinem Tod für die zeitgeschichtliche Betrachtung zur Verfügung gestellt werden.«[57] Obwohl diese Frist inzwischen verstrichen ist, war es bislang nicht möglich, die entsprechenden Unterlagen einzusehen. Dr. Günter Felix hielt sich bedeckt. Drei Jahre vor seinem Tod im Jahr 1997, sagte er, dass die Enthüllung der Identität des »Dr. Peters« die politische Landschaft in Deutschland erschüttern könnte, dass es weiterhin besser sei, dieses Geheimnis zu bewahren.

Johanna Gertrud Rech, die bei der SPD angefangen hatte, bevor sie bei der FDP einstieg, pflegte zeitlebens intensive Kontakte zu israelischen Generälen, Geschäftsleuten und Mossad-Informanten, deren Visitenkarten sie stolz zeigte. Das Schicksal der Juden unter den Nazis hat sie ihr Leben lang nicht losgelassen. Sie vermutete, dass »Dr. Peters« einen israelischen Hintergrund habe. Er hatte in den Gesprächen mit ihr und Felix einmal beiläufig erwähnt, dass er einen Fonds für holocaustgeschädigte Kinder verwalte.

Nach der Ermordung Heinz Herbert Karrys stand die FDP vor einem großen Problem: Der Schatzmeister hatte seiner Partei ein millionenschweres Erbe hinterlassen. Auf einem Konto der in den oberen FDP-Etagen wohlbekannten Genossenschaftsbank in Basel lagen jetzt 5,5 Millionen Mark, deren Herkunft in der Partei angeblich niemandem bekannt war. Dieses Geld war längst verbraucht. Die FDP-Granden des Präsidiums wussten zunächst nicht, wie sie mit Karrys Schatz umgehen sollten. Der Druck war groß. Zweieinhalb Jahre dauerte es, dann wurde ein undurchsichtiges Versteckspiel organisiert.

Im Herbst 1983 überraschte Walter Scheel urplötzlich das Präsidium mit der Nachricht, ein Spender, dessen Namen er nicht nennen dürfe, wolle die Partei mit einer zweistelligen Millionensumme bedenken. Die FDP hatte damals offiziell etwa zehn Millionen Mark Schulden. In Zürich ließ die Partei im Dezember 1983 für Scheels großen Unbekannten ein Sonderkonto einrichten, auf dem entgegen Scheels Ankündigung aber nur ein einstelliger Millionenbetrag einging, sechs Millionen, die dann nach Luxemburg weitergeschleust wurden. Wie aber sollte das Geld in das normale Rechenwerk der Partei gebracht werden?

Unter Richard Wurbs, dem Nachfolger Karrys als Bundesschatzmeister, wurden die Millionen ohne weiteren Nachweis ihrer Herkunft anonym in den Rechenschaftsbericht für 1983 eingestellt. Wurbs, ein solider Unternehmer aus Kassel, erkannte aber die Brisanz. Ihm wurde das Ganze zu heiß. Er weigerte sich, seinen Namen unter den Rechenschaftsbericht zu setzen und trat als Schatzmeister zurück. Ein in der Geschichte der Bundesrepublik einmaliger Vorgang.

Aber Ersatz war schnell gefunden: Irmgard Adam-Schwaetzer. Sie hatte keine Skrupel und unterschrieb. Als der Bericht mit der anonymen Spende im Jahr 1984 an die Öffentlichkeit kam, brach ein Sturm der Entrüstung los. Niemand glaubte, dass ein Unbekannter der FDP die Millionen geschenkt habe. Die FDP war in Erklärungsnot. Wie gut, dass es für solche Fälle wohltätige Steuerflüchtlinge gibt. Kaufhaus-Milliardär Helmut Horten war längst dem deutschen Fiskus davongelaufen und hatte sich in der Schweiz niedergelassen. Er war nun auserkoren, die Ehre der FDP zu retten: Die Millionenspende stand im Flick-Untersuchungsausschuss auf der Tagesordnung, als Hans-Dietrich Genscher vorgeladen war. Von ihm wurde erwartet, dass er eine korrekte Erklärung für die Herkunft des Geldes gab. Aber Genscher fehlten noch die richtigen Informationen. Erst wenige Stunden vor seinem Auftritt bekam er einen erlösenden Anruf von Frau Schwaetzer:»Gleich meldet sich Walter Scheel und wird die Herkunft der Spende aufklären.«

Als Genscher vom Ausschuss zu der Spende gefragt wurde, verschwieg er zunächst die Quelle. Nebulös seine Erklärung:»Die Annahme hat gegen kein Gesetz verstoßen.« Erst ganz am Schluss seiner Befragung, nachdem ein Bestätigungsfax von Horten eingetroffen war, gab Genscher den Namen des Kaufhaus-Milliardärs als Geldquelle bekannt.[58] Die Frage, wer tatsächlich in der Partei wann was gewusst hat und welche Informationen wann an wen weitergegeben wurden, ging in den folgenden Wochen in einem Wust widersprüchlicher Aussagen und Interviews unter.

Walter Scheel, der die Spende beschafft haben wollte, strickte für die Öffentlichkeit die Legende, er habe Horten im Sommer 1983 zufällig auf den Salzburger Festspielen getroffen und ihm die finanzielle Lage der Partei als beängstigend geschildert. Seine dramatische Begegnung mit dem Milliardär beschrieb er in einem Interview der *Bild-Zeitung*:»Herr Horten sagte zu mir:›Herr Scheel, ich helfe Ihnen. Ich gebe Ihnen eine Spende.‹ Ich schaute ihn verblüfft an. Herr Horten lächelte:›Machen Sie sich keine Sorgen, das Geld ist versteuert.‹ Herr Horten stellte zwei Bedingungen: Das Geld sollte direkt an die Partei gelangen; sein Name sollte nicht genannt werden. Mehrere

Wochen lang bemühte ich mich um ein Sonderkonto der FDP. Ich begreife bis heute nicht, warum das so lange dauerte. Schließlich konnte ich Herrn Horten Anfang Dezember mitteilen, dass er das Geld überweisen könne. Ich habe mit niemandem über den Spender gesprochen. Auch nicht mit Herrn Genscher. Ich hoffe, meine Parteifreunde verstehen das. Ich hatte nämlich Herrn Horten mein Wort gegeben. Erst als die Diskussion ins Kraut schoss, fragte ich Herrn Horten, ob ich seinen Namen nennen dürfe. Er war einverstanden.«[59] Das erste Ehrenwort für Millionen. Kohl hat nicht das Urheberrecht darauf.

Walter Scheel legte noch Wert darauf zu betonen, dass deutsche Abgeordnete und Regierungsmitglieder nicht bestechlich seien. Er unterstrich die Wirksamkeit »der Kontrollmechanismen unserer Demokratie«. Die bei der FDP allerdings gerade versagt hatten, denn einen lückenlosen Beweis für die Behauptungen über den Spendenfluss gab es nicht. Warum benötigte man ein »Sonderkonto« in Zürich, wenn alles ordentlich gelaufen war? Warum das Weiterschleusen nach Luxemburg? Es hätte doch das normale Konto der FDP genügt. Und warum kein Wort zu Genscher über den angeblichen Spender des Millionensegens? Misstrauen? Das kann es doch nicht gewesen sein. Zumal es von vornherein klar war, dass die horrende Summe mit Spendername veröffentlicht werden musste. Und: Wo ist Karrys Schatz geblieben? Geklärt ist der Fall bis heute nicht.

Dass es zum Chaos um die Millionen kam, wird dann verständlich, wenn der gesamte Vorgang um die Karry-Millionen/Horten-Spende sich anders abgespielt hat, als von den Beteiligten dargestellt. Fritz Goergen, bis 1983 Bundesgeschäftsführer der FDP, gab 2004 in seinem Buch *Skandal FDP* eine ganz andere Erklärung für die Herkunft der Millionen in der Schweiz. Gestützt auf ein Gespräch mit Rechtsanwalt Joachim Stancke, einem seiner Vorgänger im Amt des Bundesgeschäftsführers und erfolgreicher Spendensammler, schreibt er: »Stancke jedenfalls versicherte, dass es sich erstens um keine Spende von Horten handele und zweitens nicht um sechs, sondern um zehn Millionen. Er war sich des weiteren ganz sicher, dass ihm 20 Prozent der zehn Millionen nach seinem alten Vertrag mit Karry zuständen und dass die ›Horten Saga‹ zwei Fliegen mit einer Klappe erledigte. Die FDP verbarg die wahre Herkunft der großen Summen aus einem

Provisionsgeschäft und die Differenz von vier Millionen zwischen den wirklichen zehn Millionen und den angeblichen sechs Hortens. Ein anderer statt ihm hat das Doppelte seiner Provision eingesteckt, sagte Stancke. Ich konnte nicht prüfen, ob Stanckes Geschichte stimmte. Genscher verweigerte seine Mitwirkung bei einem Aufklärungsversuch ... Welches hochmögende Mitglied der FDP die vier Millionen kassiert hat? Ich denke, es gibt nur zwei Möglichkeiten. Da ich die richtige nicht beweisen kann, möchte ich nicht spekulieren. Wir werden es noch erfahren.«[60]

Bislang herrscht Schweigen. Aber Joachim Stancke wusste, wovon er redete. Ihn hatte Richard Wurbs eingeweiht und um Rat gefragt. Dann trat er zurück. Und Gerhard Baum flüchtete sich ins Literarische:»Wir wandern durch einen Tunnel, aber wo ist das Licht am Ende des Tunnels?«[61]

Der Erbe: Möllemann auf Lambsdorffs Spuren

Licht am Ende des Tunnels? Eher: Gibt es denn einen Weg, der aus dem Tunnel zum Licht führen könnte? Mit das Beste in dem Buch von Fritz Goergen ist ein Zitat des römischen Stoikers Seneca, der im Selbstmord die Vollendung menschlicher Freiheit sah:»Wer das Ziel nicht kennt, für den ist kein Weg der richtige.«

Was ist das Ziel? Was ist liberal? Rechtsliberal, linksliberal, sozialliberal, christlichliberal, wirtschaftsliberal, neoliberal oder vielleicht liberalliberal? Der pure Wille zur Machtteilhabe ist als Ziel zu wenig. Daraus ergeben sich noch nicht die inhaltlichen Markierungen für den erfolgreichen Weg. Da die spezifischen politischen Inhalte weitgehend fehlen, gerät die Suche nach der Positionierung der Partei in der FDP immer auch zu einem Prozess der privaten Selbstfindung und Selbstdarstellung ihrer jeweils repräsentativen Figuren. Ein Prozess, der nicht enden wird.

Nur in einer Partei, die permanent nach einem Ziel und den Geldgebern dafür suchen muss, können Leute wie Guido Westerwelle oder Jürgen Möllemann zu Pfadfindern werden. Sie sind so verschieden und kommen sich in ihrer egomanen Grundstruktur und im Missbrauch der Partei als Container der Selbstverwirklichung doch so nah. Wer bin ich?

Möllemann, Jahrgang 1945, war ein »liberaler Quereinsteiger«. Von 1962 bis 1969 war der Jungpolitiker Mitglied der CDU, dann wechselte er zur FDP, für die er 1972 als 27-Jähriger erstmals in den Bundestag einzog. Ab 1975 gehörte er dem Landesvorstand der nordrhein-westfälischen FDP an. Unmittelbar mit der Regierungsübernahme der christlichliberalen Koalition unter Helmut Kohl im Oktober 1982 berief ihn Außenminister Hans-Dietrich Genscher zum Staatsminister im Auswärtigen Amt. Da war der gelernte Grund- und Hauptschullehrer längst fest etabliert in dem von Genscher und Graf Lambsdorff konstituierten »Wirtschaftssystem FDP«.

Möllemann muss einen allgemeinen Grundsatz des politischen Lebens bereits mit der Muttermilch eingesogen haben: In der Politik geht nichts, wenn die Kasse nicht stimmt. Schon früh hatte er erkannt, dass auf dem heiklen Sektor der Waffen- und Rüstungsgeschäfte am einfachsten Provisionsgewinne zu erzielen waren. Möllemann entwickelte dafür unternehmerische Initiative, um sowohl sich als auch der Partei bei der Einkommensentwicklung zu helfen. Er gründete 1980 eine eigene Firma, die im Lobbygeschäft mitmischen und dafür Provisionen kassieren sollte. Dabei kam er aber mit seiner unbedachten und ziemlich nassforschen Herangehensweise den Interessen der Profis, die das Geschäft seit Jahrzehnten praktizierten und um die notwendige Diskretion in dieser Branche wussten, schnell in die Quere.

»Der Abg. [Abgeordnete] Möllemann gründete gemeinsam mit dem früheren Abg. Rudi Opitz eine Gesellschaft. Den genauen Firmentitel weiß ich leider nicht mehr. Sie verfassten ein Rundschreiben, das einem ganz bestimmten Kreis von Unternehmern zugesandt wurde mit der Bitte um finanzielle Unterstützung. Herr Stevens von der Fa. Heckler & Koch erschien in meinem Büro und fragte, wie er denn dieses Schreiben verstehen solle. Ob es [er] jetzt, vorausgesetzt man spende entsprechend, Exportgenehmigungen über Herrn Möllemann, Mitglied des Verteidigungsausschusses, bekommen könne. Weder der geschäftsführende Landesvorstand noch die für Spendenabwicklung zuständigen Büros in Köln und Düsseldorf wussten von dieser Aktion. Ich legte das Schreiben sofort Herrn Gattermann vor. Buddenbrock, der dem Industrieclub vorsteht, rief Lambsdorff an, drohte, sofort alle Ämter niederzulegen, da er sich praktisch schon im Gefängnis sitzen sah. Waffenhandel, Unterstützung bei der Beschaffung von Exportgenehmigungen, verbunden mit der Bitte, wenn auch verblümt, um finanzielle Unterstützung, das war zu viel. Nicht wegen der Moral, mehr noch wegen der Steuerfahndung ...«, schreibt Frau Rech in ihren Kalendernotizen.[62]

Lambsdorff und Gattermann sahen schwere Gefahren heraufziehen für die Partei, heißt es in ihren Aufzeichnungen. Und sie fährt fort:»Der Steuerberater und Wirtschaftsprüfer Dr. Hofmann aus Köln wurde beauftragt, die Firma [Möllemanns, d. Verf.] sofort aufzulösen. Möllemann wurde wegen dieses Alleingangs gemaßregelt. Später sagte Gattermann:›Ein Glück für uns, dass wir das früh genug erfahren haben ...‹«

Mag Möllemann auch zu dick aufgetragen haben, seine Provisionsidee hatte Zukunft. Mitte der 1980er-Jahre – im Gefolge mehrerer Parteispendenskandale, darunter der Fall Flick – begann sich die klandestine Welt der Parteienfinanzierung von Grund auf zu ändern:»Nach dem Flick-Prozess verwandelte sich der Vorgang, Großspenden zu besorgen, auch im Selbstverständnis der Handelnden endgültig zum Provisionsgeschäft ... Man macht den Weg für eine Großinvestition frei, hilft, ihn abzukürzen, ermöglicht hier eine Bau- und dort eine Betriebsgenehmigung, die Ausfuhrgenehmigung von heiklen Industrieanlagen und Großwaffen nicht zu vergessen. Das honoriert jedes Großunternehmen. Natürlich mit Bargeld, denn es darf vor allem im eigenen Unternehmen nicht bekannt werden.«[63]

Um dieses Geschäftsprinzip optimal ausnutzen zu können, hatte sich die FDP über viele Jahre strategisch klug positioniert, indem sie die beiden dafür unerlässlichen Ministerien, das Wirtschaftsministerium und das Auswärtige Amt, okkupierte: das Wirtschaftsministerium wegen seiner Zuständigkeit für den Vollzug des Außenwirtschaftsgesetzes und damit für Exportgenehmigungen, das Auswärtige Amt, weil es nach politischen Kriterien zu entscheiden hatte, in welchen Fällen die Ausfuhr brisanter Güter die auswärtigen Beziehungen der Bundesrepublik stören könnte, und eine von der Sache her vertretbare Exporterlaubnis somit nicht infrage komme. Da war dem freien

Ermessensspielraum Tür und Tor geöffnet. Besonders beim Dual-Use-Gerät, das sowohl zivil als auch militärisch genutzt werden kann. An beiden Ministerien kam niemand vorbei, der in Krisengebieten mit sensiblen Gütern Geschäfte machen wollte. Die Ressorts konnten nach den politisch vorgegebenen Regeln ihrer Chefs die Türen offen und die Geldsammler der FDP die Hände aufhalten.

Der regulär laufende Export von sensiblem Gerät bedarf eines langen Vorlaufs von politischen Sondierungen, technischen Voranfragen und vertraulichen Gesprächen auf der Beamtenebene, bevor die Unternehmen in die konkrete Planung eines Engagements eintreten. Die Filterarbeit auf Regierungsebene leistet stets das Wirtschaftsministerium. Dort herrschten Sitten, zu denen Jürgen Möllemanns Geschäftstüchtigkeit lückenlos passte.

Was da getrieben wurde, ist in einem Aktenvermerk aus dem Verteidigungsministerium zu finden, der im Zusammenhang mit dem spektakulären Fuchs-Panzer-Geschäft des Thyssen-Konzerns mit Saudi-Arabien Anfang der 1990er-Jahre angefertigt wurde, bei dem 220 Millionen Mark Schmiergeld gezahlt worden waren. Bei der Sondierung der für den Export von Rüstungsgerät nach dem Kriegswaffenkontrollgesetz (KWKG) verantwortlichen Abteilung im Wirtschaftsministerium machte ein Beamter aus dem Verteidigungsressort eine verblüffende Entdeckung:»Zuständig für KWKG ist (merkwürdigerweise) nicht die außenwirtschaftspolit. Abt. V, sondern das Referat IV C 6 in der industriepolit. Abteilung IV«, schrieb er in einem Aktenvermerk vom 19. Februar 1991 nieder.[64] Die industriepolitische Abteilung kümmerte sich um die Exportförderung, während das KWKG gerade das Gegenteil intendierte. Was unter Rüstungsgüter fiel, war im Wirtschaftsministerium über die Industriepolitik weitgehend zu einer Definitionsfrage degeneriert, was die Gefahr in sich barg, dass sie nach Gutdünken beantwortet werden konnte. Ein großer Spielplatz für Gefälligkeiten war eröffnet worden. Da die für die Organisation des Hauses verantwortliche politische Spitze sich lange im Voraus über die Pläne der Unternehmen informieren konnte, war es nicht schwer, eine für beide Seiten nützliche »politische Beratung« anzuschieben.

Als die Düsseldorfer Staatsanwaltschaft nach der Bundestagswahl 2002 begann, sich für Möllemanns Wahlkampffinanzierung zu interessieren, stieß sie auf Fritz Goergen. Die Ermittler fanden heraus, dass Goergen im selben Jahr zwei Mal Schwarzgeld von einem unbekannten Konto Möllemanns bei der Bank BNP Paribas in Luxemburg abgehoben und nach Düsseldorf gebracht hatte. Über dieses und andere Konten bei der Paribas waren in acht Jahren insgesamt rund elf Millionen Mark geflossen. Einen Teil davon hatte Möllemann an Briefkastenfirmen in Liechtenstein und der Schweiz weitergeleitet, mehrere Millionen an die Liechtensteiner Curl AG, für die ein gewisser Rolf Wegener zeichnete. Aufgefüllt worden waren Möllemanns Luxemburger Konten zum einen Teil durch Bareinzahlungen, zum anderen durch Überweisungen, die von der Frankfurter Niederlassung der Paribas weitergeleitet worden waren. Vier Millionen hatte Möllemann selbst eingezahlt. Bis heute ist unbekannt, aus welcher Quelle das Geld stammt. Die Staatsanwälte standen vor einem Rätsel, weil sich die Beträge weder aus Möllemanns Einkommen als Abgeordneter noch aus nachvollziehbarer eigener Geschäftstätigkeit erklären ließen.

Nachdem die FDP dank Möllemanns Einsatz nach der Landtagswahl des Jahres 2000 in Nordrhein-Westfalen wieder ins Parlament eingezogen war – auch damals wurden Hunderttausende Mark Schwarzgeld von ihm eingesetzt –, drehte der FDP-Politiker weiter auf. Mit seinem Vordenker Fritz Goergen, der schon Anfang der 1990er-Jahre als Geschäftsführer der FDP-nahen Friedrich-Naumann-Stiftung Strategiemodelle für die Partei entwarf, hatte er sich für die Bundestagswahl dem »Projekt 18« verschrieben. Der Star wollte zum Superstar werden. Die 18 stand für 18 Prozent Wählerstimmen. Aus der Nischenpartei FDP sollte nach diesem Plan Schritt für Schritt eine »Volkspartei« werden.

Voraussetzung für den Durchbruch war, dass Guido Westerwelle mitmachte und bei seiner ersten Bundestagswahl als Parteivorsitzender das beste FDP-Ergebnis aller Zeiten einfahren konnte. Dem zum Kanzlerkandidaten gekürten Westerwelle – allein das schon ein Stück fürs politische Kabarett – war dafür kein Klamauk zu dümmlich. Westerwelle ließ sich die »18« auf die Schuhsohlen prägen, setzte sich in den Big-Brother-Container von RTL und fuhr im gelb-blauen Guidomobil, dem Papamobil des Papstes nachempfunden, auf Stimmenfang. Und alle fanden das spitze: seine Generalsekretärin Cornelia

Pieper, Hans-Dietrich Genscher und Walter Scheel. Beim Wahlparteitag 2002 in Mannheim trat die FDP per Beschluss in die Ideenwelt Goergen/Möllemann ein. Westerwelle wurde Teil des Systems Möllemann und akzeptierte Fritz Goergen als Berater. Alle waren im politischen Sinnenrausch Möllemänner geworden. Und alle waren wie von Sinnen. Zumindest für ein paar Monate.

Zu einem neuen Schub trug der Probelauf bei der Landtagswahl in Sachsen-Anhalt im April 2002 bei, wo Cornelia Pieper – neben ihrer bundespolitischen Aufgabe an der Seite Westerwelles – als FDP-Landesvorsitzende amtierte. Möllemann trat zu einem schonungslosen Einsatz an, und das Ergebnis war sensationell: Die FDP wuchs um 7,1 auf 13,1 Prozent. Angeblich hatte Möllemann 300 000 Euro illegal für den Wahlkampf ausgegeben. Die Zahl korrespondiert mit einer Barabhebung von Möllemanns Luxemburger Schwarzgeldschatz am 17. Januar 2002 durch seinen treuen Gefolgsmann Fritz Goergen.

Wahlkämpfe sind teuer. Woher das Geld für die aufwendigen Aktionen kam, die Möllemann nun zur Bundestagswahl im Herbst 2002 in Nordrhein-Westfalen durchzog – wer fragte nach seinen Erfolgen danach? Aber die Profis in der FDP hätten leicht feststellen können, dass das, was lief, nicht alles aus dem offiziellen Wahlkampfetat bestritten werden konnte. Wenn nur einer gewollt hätte. Seinem Frankfurter Anwalt Eberhard Kempf erklärte Jürgen Möllemann die Lage ganz offen:»Nach allen Vorentscheidungen auf Parteitagen und in Vorständen wurde mir dabei immer schneller klar, dass das äußerst ehrgeizige Projekt 18 nur unter Mobilisierung aller Kräfte und mit größtmöglichem Einsatz zu realisieren sein würde. Angesichts der relativen Finanzschwäche der F.D.P. bedeutete dies auch besondere Anstrengungen zur Mobilisierung von Spenden und Eigenmitteln.«[65]

Und zu seiner Motivation offenbarte er:»Als Vater der Strategie 18 habe ich mich entgegen früherer Planung entschieden, doch noch einmal mit aller Kraft einen Bundestagswahlkampf zu führen, obwohl ich im Jahr 2000 nach 28-jähriger Mitgliedschaft im Deutschen Bundestag im Anschluss an die Wahl zum nordrhein-westfälischen Landtag 2000 eigentlich aus der Bundespolitik ausscheiden wollte. Das Ziel aber, das Projekt 18 zu verwirklichen und gleichzeitig Rot-Grün im Bund wie im Land abzulösen, motivierte mich noch einmal neu. Bereits im Frühjahr 2002 war mir klar, dass ein zusätzlicher Sonderwahlkampf in Nordrhein-Westfalen notwendig werden würde, um das gesetzte Ziel zu erreichen, was ich auch parteiintern und öffentlich angekündigt habe.« Möllemann, dessen Leben in Politik und Geschäft aufging, verstand sich wohl als die Verkörperung der FDP. Und die hing nun nicht nur ideologisch, sondern auch finanziell bei ihm am Tropf.

Für diesen Sonderwahlkampf in Nordrhein-Westfalen kurz vor dem Wahltag wurde besonders viel Geld benötigt. Fritz Goergen machte sich wieder auf den Weg nach Luxemburg und holte diesmal eine Million Euro. Damit das große Geld nicht im offiziellen Parteikreislauf auftauchen musste, bediente sich Möllemann einer Methode mit Tradition. Er ließ eine Summe von 840 000 Euro »stückeln«. Fast 140 Beträge, alle unterhalb der Veröffentlichungspflicht von 10 000 Euro, wurden von FDP-Landesgeschäftsführer Hans-Joachim Kuhl und anderen Parteimitgliedern unter ihrem Namen oder unter Fantasie-Namen bei verschiedenen Banken auf ein von Möllemann beim Düsseldorfer Bankhaus Lampe errichtetes Sonderkonto eingezahlt. Mit dem Geld wurde der berühmt-berüchtigte antiisraelische Wahlkampf-Flyer Möllemanns bezahlt, mit dem der gerissene FDP-Politiker am Ende des Wahlkampfs unter richtiger Einschätzung eines latent antisemitischen Publikums in Nordrhein-Westfalen punkten konnte. Der Rest ging für den Postversand drauf.

Der Flyer musste es richten. Denn Möllemann lief mit seiner Strategie 18 Gefahr, vom politischen Gegenwind weggeblasen zu werden. Je näher der Wahltag rückte, desto stärker holte die in den Umfragen zurückgefallene rot-grüne Koalition unter Kanzler Gerhard Schröder wieder auf. Der Kanzlerkandidat der Union, Edmund Stoiber, war durch seine rhetorische Unbeholfenheit und einige taktische Ungeschicklichkeiten ins Stolpern geraten. Schröder hatte ihm durch sein zupackendes Auftreten beim katastrophalen Elbehochwasser in den neuen Bundesländern Anfang August 2002 die Schau gestohlen. Und schließlich bestimmte die Auseinandersetzung um eine deutsche Beteiligung am bevorstehenden Einmarsch der Amerikaner im Irak die Diskussion. Schröders Nein entsprach der Neigung der meisten Deutschen. Stoiber verscherzte sich mit seinem Lavieren, das eigentlich als Zustimmung verstanden wurde, viele Sympathien. Was letztlich auch den Wahlsieg kostete.

Auch die FDP steckte mit ihrem Kanzlerkandidaten in der Flaute. Die Partei und Westerwelle, von dessen politischem Vermögen Möllemann enttäuscht war und der nach Möllemanns Meinung das ihm angetragene Wahlkampfkonzept gar nicht richtig verstanden hatte, zeigten weder bei der Flut noch beim Irak-Thema spürbar Präsenz. Der wache Taktiker Möllemann reagierte auf die abnehmende Zugkraft Westerwelles und seines Wahlkampfs sowie auf das daraus folgende Absinken der Umfragewerte auf seine Art: Er eröffnete einen neuen Kriegsschauplatz. Dafür nahm er sich nicht den Irak-Konflikt vor, aber er blieb im Nahen Osten. Im Wissen um die Aversion vieler Deutscher gegen die Politik Israels im Umgang mit den Palästinensern ließ er einen Flyer entwerfen, in dem der seit einem Jahr regierende israelische Ministerpräsident Ariel Sharon vom rechten Likud-Block und dessen prominenter Verteidiger in Deutschland, Michel Friedman, heftig angegriffen wurden. Sharon hatte seinen Amtsvorgänger Itzhak Rabin von der Arbeiterpartei wegen des Schulterschlusses mit Yassir Arafat im Jahr 1993 nach geheimen Verhandlungen in Oslo massiv kritisiert. Rabin war zwei Jahre später, am 4. November 1995, in Tel Aviv von einem fanatisierten Israeli ermordet worden.

Möllemann bezieht in dem Flyer klar Position: Er setze sich »seit langem beharrlich für eine friedliche Lösung des Nahost-Konfliktes ein: mit sicheren Grenzen für Israel und einem eigenen Staat für die Palästinenser«. Ein Bild Sharons garnierte er mit dem Text: »Israels Ministerpräsident Ariel Sharon lehnt einen eigenen Palästinenser-Staat ab. Seine Regierung schickt Panzer in Flüchtlingslager und missachtet Entscheidungen des UNO-Sicherheitsrates.« Und unter einem Foto Friedmans kritisiert Möllemann: »Michel Friedman verteidigt das Vorgehen der Sharon-Regierung. Er versucht, Sharon-Kritiker Jürgen W. Möllemann als antiisraelisch und antisemitisch abzustempeln.«

Unterschwellig schürte Möllemann noch diffuse Ängste der Deutschen, in einen Nahost-Krieg verwickelt zu werden, der seinen Grund in den fortgesetzten Auseinandersetzungen zwischen Israel und Palästinensern habe: »Von diesen Attacken unbeeindruckt, wird sich Jürgen W. Möllemann auch weiterhin engagiert für eine Friedenslösung einsetzen, die beiden Seiten gerecht wird. Denn nur so kann die Gefahr eines Krieges im Nahen Osten gebannt werden, in den auch unser Land schnell hineingezogen werden könnte.«[66]

Das war geschickt gemacht. Die Formulierungen waren als Meinungsäußerung unangreifbar. Aber jeder wusste, wie sie bei der damaligen außen- und sicherheitspolitischen Lage gemeint waren und welche Wirkung sie erzielen sollten. Möllemann hatte gerade noch rechtzeitig ein mit starken Emotionen besetztes Thema okkupiert, ohne jedoch die USA als klassische Schutzmacht Israels direkt ansprechen zu müssen. Damit vermied er es, sich und seiner Partei im Wahlkampf eine Antiamerikanismus-Diskussion aufzuladen, der sich Schröder wegen seiner Irak-Politik noch stellen musste.

Es ist anzunehmen, dass bei »Jürgen von Arabien«, wie er gern genannt wurde, neben seinen politischen Absichten mit dem Flyer auch noch der Geschäftssinn seinen Platz hatte. Als Operationsbasis seiner Geschäftstätigkeit hatte er sich die »islamischen Länder« ausgesucht, wie er seinem Freund und Parteifreund aus Kiel, Wolfgang Kubicki, anvertraute. Dass mit seinem spektakulären Flyer auch das Klima für seine Geschäftsanbahnungen im Nahen Osten angewärmt werden konnte, dürfte er als angenehmen Nebeneffekt billigend in Kauf genommen haben. Sein alter Bekannter und Türöffner in arabischen Ländern, Yassir Arafat, konnte auch zufrieden sein.

Der Schwarzgeldeinsatz für den Flyer in der Schlussrunde vor dem Wahltag hatte sich ausgezahlt: Möllemann wurde mit einem Ergebnis von fast zehn Prozent in Nordrhein-Westfalen belohnt. Damit riss er die FDP mit dem weitgehend inhaltslosen »Spaßwahlkampf« ihres Kanzlerkandidaten Westerwelle aus dem Abwärtssog heraus, sodass sie bei 7,4 Prozent im Bundesgebiet landete. Das waren 1,2 Prozent mehr als bei der Abwahl der christlichliberalen Koalition unter Helmut Kohl vier Jahre zuvor. Ohne das gute Abschneiden in Nordrhein-Westfalen wäre die FDP wieder bei der Überlebensfrage angelangt. Möllemann hatte mit seinen Flyer-Parolen gegen Sharon und Friedman, über die Westerwelles Büroleiterin informiert war, die Säle wieder gefüllt, Beifallsstürme ausgelöst und den Parteikarren durch sein Spitzenergebnis zumindest auf Kurs gehalten. Dass die FDP mit Westerwelle von den Wählern nicht demontiert wurde, war den dubiosen politischen und finanziellen Praktiken Möllemanns zu verdanken.

Die Staatsanwälte gruben tiefer in Möllemanns finanziellem Schattenreich und stießen auf einen seltsamen Ringverkehr bei den Geldtransaktionen. Von Möllemanns Luxemburger Kontensystem waren Millionen an die Liechtensteiner Curl AG geflossen, die von der Staatsanwaltschaft Rolf Wegener zugeschrieben wurde. Von dort wanderte das Geld an die im Sommer 1993 von Möllemann in Düsseldorf gegründete Firma WEB/TEC, wie Dokumente, die uns vorliegen, belegen. Von dieser Firma wurden auch Fritz Goergens Hilfsdienste für die Umsetzung von Möllemanns und Westerwelles parteipolitischen Visionen bezahlt, wie die Staatsanwaltschaft feststellte. Eine besondere Art von verdeckter, illegaler Parteienfinanzierung.

Über den Zweck seiner Firma hatte Möllemann bei der Gründung allerdings etwas ganz anderes geschrieben:»Die WEB/TEC unterstützt deutsche und ausländische Unternehmen bei der Lösung praktischer Probleme in ihren Wirtschafts- und Exportbeziehungen.« Als juristischen Berater in sensiblen Exportfragen empfahl Möllemann den Kunden der WEB/TEC die Kanzlei Büsing, Müffelmann und Theye in Bremen, in der auch schon Hans-Dietrich Genscher Sozius war. Dort kreuzten sich die Wege mit anderen Bekannten wie die des diskret auf verschiedenen politischen Ebenen agierenden Medienzars Leo Kirch, der nicht nur Möllemann, sondern auch Helmut Kohl auf seiner Payroll hatte. Etwa 4,9 Millionen kassierte Möllemann über die WEB/TEC von Firmen aus Leo Kirchs Medienimperium.

In der Öffentlichkeit erweckte der FDP-Landesvorsitzende von Nordrhein-Westfalen den Eindruck, seine WEB/TEC sei eine im Consulting für das Exportgeschäft höchst erfolgreiche Firma, die ihn wirtschaftlich von der Politik völlig unabhängig mache. Er müsse »auf niemanden Rücksicht nehmen ... Es läuft glänzend. Ich könnte mich mit meiner Firma dumm und dusselig verdienen«, prahlte er. Seine Geschäfte mache er in Pakistan, Kasachstan, Turkmenistan, im Iran und in den arabischen Ländern, sagte er nach einem Bericht der *Wirtschaftswoche* vom 26. September 2002. Von Kirch erzählte er nichts.

Bei einer Durchsuchung von WEB/TEC nach der Aufnahme der Ermittlungen Anfang 2003 fanden die Staatsanwälte tatsächlich millionenschwere Consulting-Verträge für arabische Länder. Doch sie konnten nicht feststellen, dass die WEB/TEC hier in bemerkenswertem Umfang unternehmerisch tätig geworden wäre und viel Geld aus diesen Verträgen eingenommen hätte. Syrien zum Beispiel. Am 23. Dezember 1993 schloss Möllemann für seine WEB/TEC einen Vertrag mit MAN Gutehoffnungshütte AG in Oberhausen.[67] Danach sollte seiner Firma eine Provision in Höhe von drei Millionen Mark zustehen, falls MAN innerhalb von sechs Monaten im Rahmen eines internationalen Konsortiums am Bau eines Stahlwerks und einer Stranggießanlage samt Hafenumschlaganlagen im syrischen Hama beteiligt wird. Gesamtwert des Projekts: 700 Millionen Dollar. Herausgekommen ist nichts.

Möllemanns früherer WEB/TEC-Geschäftsführer Klaus Geerdts kennt sich im Nahen Osten aus. Bevor er bei dem schnauzbärtigen FDP-Auftreiber in Dienst trat, war der Oberst im Generalstab Militärattaché an der deutschen Botschaft in Saudi-Arabien und gehörte damit offiziell auch zu Hans-Dietrich Genschers Frontsoldaten. Wenn es um Öl ging, hielt Möllemann seinen Experten für ölreiche arabische Länder auf Distanz. Geerdts:»Möllemann wollte nicht, dass Geschäftspartner aus Ölgeschäften irgendwo bekannt werden. Auch nicht geschäftsintern.« Es seien Rechnungen für Beratungsleistungen geschrieben worden,»ohne dass ich wusste, welcher Gesprächspartner dahinterstand«. Auch an die Curl AG gingen Rechnungen,»die sowohl von mir als auch von Möllemann geschrieben wurden«, sagte uns Geerdts.»Ich wusste aber nicht, wer hinter der Curl stand.« Verfolgt man die Geldflüsse von Möllemanns Luxemburger Schwarzgeldkonto zu Wegeners Curl und von dort zur WEB/TEC, dann scheint hier das Muster eines klassischen Geldwäschekreislaufs durch. So flossen nach Feststellungen der Ermittler zwischen 1995 und 1999 von der Curl AG 5,2 Millionen Mark aus Liechtenstein nach Düsseldorf. Direkt von Rolf Wegener, dem geheimen Finanzier Möllemanns, kamen noch knapp zwei Millionen hinzu. Wegner und die Curl waren für Möllemann so etwas wie eine Privatbank.

Für die Staatsanwaltschaft war Rolf Wegener immer das»Phantom«. In der Sache Möllemann wurde er als Zeuge in den Akten geführt, aber erfahren haben die Ermittler von ihm nichts. Wegener hat viele Spuren hinterlassen, doch der Mann, der Möllemann und die FDP alimentierte und nach Aussagen einer seiner ehemaligen Mitarbeiterinnen vor Wahlen schon mal seine Leute aufforderte, den

Liberalen die Stimme zu geben, war für niemanden zu fassen. Für Leute, die mit ihm in geschäftlicher Verbindung standen, war der Umgang mit ihm nicht selten kompliziert. Ein Thyssen-Manager, der Wegener aus Aktivitäten in arabischen Staaten kannte, sagt:»Er benahm sich wie ein Geheimdienstmitarbeiter.«

Auch Wolfgang Kubicki, Chef der FDP-Landtagsfraktion in Schleswig-Holstein, konnte sich ein Bild von Wegeners Allüren machen. Als er nach dem Tod seines Freundes Möllemann mit Wegener über ein noch laufendes Geschäft der beiden verhandeln wollte, musste er feststellen, wie schwer es ist, überhaupt einen Termin zustande zu bringen. Bei Anrufen im Büro bekommt man Wegener nur selten an den Hörer. Er ruft zurück. Das dauert. Ein Termin wird vereinbart und wieder abgesagt. Dann geht das Spiel von vorn los. Ein Geschäftspartner schrieb verzweifelt an Wegener:»Leider ist unser Kontakt wieder einmal abgebrochen, obwohl wir fest vereinbart hatten, die Sache voranzutreiben.«[68] Steht der Termin für ein Meeting endlich, beginnt das Theater um den Treffpunkt. Am liebsten nicht in einem Lokal. Und wenn doch, soll es möglichst klein sein und eine schummrige Ecke haben.»Und dann sieht der sich noch ständig nach allen Seiten um«, sagte uns Kubicki. Wegener ist ein harter Geschäftsmann, der nicht lange um die Sache herumredet. Seine Termine dauerten nicht lange, dann verschwand er so schnell, wie er getaucht war.

Geboren wurde Rolf Simon Erich Wegener am 20. Mai 1946 in Detmold. Er wurde Handelsvertreter, heiratete und bekam einen Sohn. Wegener stieg früh ins Grundstücksgeschäft ein. Mit viel Geschick gelang es ihm, in Düsseldorf ein Immobilienimperium aufzubauen, im Mittelpunkt die Delphi Vermögens- und Verwaltungs GmbH. 1975 übernahm Wegener zusammen mit einem Manager der gemeinnützigen Baugesellschaft Bremer Treuhand (BT) die Liechtensteiner Fundationsanstalt Hawerk AG. Diese Briefkastenfirma ließ Wegener dann bei der Abwicklung eines 400 Millionen Mark schweren Wohnungsbauprojekts in Algerien auftreten, das er zusammen mit der BT, einer Tochter der gewerkschaftseigenen Bauträgergesellschaft Neue Heimat, hochziehen wollte. Die Sache ging schief, und die BT rutschte mit einem Verlust von mehr als 100 Millionen Mark in die Pleite. Wegeners Hawerk aber machte nach verschiedenen Medienberichten satt Kasse: 20 Millionen Mark. Da hatte der Geschäftsmann schon ein 250 Quadratmeter großes Appartement in der Nähe des Kasinos von Monte Carlo bezogen.

Dem Multitalent Wegener war die Immobilienbranche viel zu eng, gute Geschäftsfelder boten sich auch anderswo an. Die Firma Tekotex aus dem österreichischen Graz schrieb Rolf Wegener am 13. August 1984, sie habe seine Adresse von einem »langjährigen Partner« erhalten. Tekotex trieb Handel mit Jugoslawien, verschiedenen Staaten des Warschauer Blocks und arabischen Ländern im Nahen Osten, auch mit dem Irak Saddam Husseins. Zum Programm der Firma gehörte eine Schlafdecke, »die in erster Linie für das Militär interessant ist«. Offensichtlich war dem Grazer Unternehmen signalisiert worden, dass Wegener in diesem Bereich über potente Kontakte verfügt. »Wir ... wären Ihnen sehr dankbar, wenn Sie gelegentlich diese Decke den maßgeblichen Einkäufern verschiedener Militärdienststellen vorzeigen könnten«, heißt es in dem Schreiben.[69] Und falls Wegener selbst nicht weiterhelfen könne, dann möge er doch die Adresse des Waffenhändlers Adnan Kashoggi mitteilen.

Den Grazern ging es aber nicht nur um den guten Schlaf der Soldaten, sondern auch um den richtigen Durchblick im Wachzustand: »Wir wären auch in der Lage, sehr interessante optische Militärgeräte anzubieten, und legen Ihnen entsprechende Prospekte bei.« Und Wegeners Hawerk war immer dabei. Eine Kopie des Schreibens ging nach Monte Carlo, wo sie auch eine Adresse hatte. An die Hawerk schrieben auch die Eisenwerke Kaiserslautern Göppner GmbH, als es bei einem gemeinsamen »Projekt gepanzerte Sanitätsfahrzeuge« für Saudi-Arabien hakte. Kontakte hatte Wegener zu den besten Adressen der deutschen Rüstungsindustrie wie Krauss-Maffei (Panzer Leopard 2), Messerschmitt-Bölkow-Blohm (Raketentechnik, Hubschrauber, Streubombe MW 1) oder Thyssen – insbesondere zu Thyssen-Henschel in Kassel (Marder und Spürpanzer Fuchs).

Mit der Hawerk war Wegener auch bei Dynamit Nobel, einer Tochter des Flick-Konzerns, am Ball. Da ging es um Sprengstoff, leichte Panzerabwehrsysteme, Minen, Minenwerfer und Artillerieraketen. Als Kunde kam das Emirat Abu Dhabi infrage. Bei Wegener waren aber auch so harmlose Artikel wie Gasmasken im Angebot, die nach Nigeria verkauft werden sollten.

Am 12. September 1984 hatte Wegener seinen Namen bei der Hawerk im Liechtensteiner Handelsregister löschen lassen. Seine Verbindung mit dieser Domizilgesellschaft im damaligen Steuerparadies Liechtenstein war durch Veröffentlichungen der Magazine *Stern* und *Spiegel* in die Öffentlichkeit geraten. Publizität ist für die Welt, in der sich Rolf Wegener bewegt, nicht besonders förderlich. Ob das aber der wirkliche Grund für das Wegtauchen war, ist Spekulation. Um ein Wegtauchen handelte es sich allerdings, weil Wegener der Hawerk tatsächlich nicht abhanden gekommen war. Noch Anfang der 1990er-Jahre suchte er einen Mitarbeiter für ein schwarzafrikanisches Land, dem er einen Anstellungsvertrag bei der Firma anbot. Das Papier trägt seine Unterschrift.[70] Wegener hatte bei seiner Wahl eine Art sechsten Sinn. Der Angesprochene hätte ausgezeichnet zu seinen persönlichen und geschäftlichen Umtrieben gepasst: Er arbeitete für den Bundesnachrichtendienst in Pullach und war in diskreten Geschäftsanbahnungen firm. Bei Wegener heuerte er aber nicht an, weil er anderswo bessere Angebote hatte.

Wann und wo sich die Wege von Jürgen Möllemann und Rolf Wegener erstmals kreuzten, ist nicht bekannt. Auch nicht, ob der Kontakt zufällig oder von gemeinsamen Bekannten arrangiert war. Gelegenheiten hätte es ausreichend gegeben. Möllemann arbeitete Ende der 1970er-Jahre als Assistent der Direktion bei der »Projektierung Chemische Verfahrenstechnik«, wie Dynamit Nobel eine Tochter des Flick-Konzerns. Auch er pflegte Beziehungen zu Krauss-Maffei und versuchte, bei MBB zu landen. Beide hatten geschäftliche Beziehungen zur West LB und vor allem zum Thyssen-Konzern. Dieses Unternehmen verfügte über exzellente Beziehungen ins Auswärtige Amt. Volker Schlegel, FDP-Mitglied, Botschafter a. D., einst unter Hans-Dietrich Genscher und dann unter dessen Nachfolger Klaus Kinkel auch mit der für die Firmen wichtigen Exportkontrolle befasst, war ein von Thyssen-Mitarbeitern gern kontaktierter Gesprächspartner. Der Mann wusste, worum es ging. Er war mehrere Jahre in der Industrie tätig und dabei auch im Iran eingesetzt.

Spätestens seit Helmut Kohls erstem Besuch als Bundeskanzler in Saudi-Arabien lassen sich nach einer Darstellung des Magazins *Der Spiegel*[71] Kontakte zwischen Möllemann und Wegener nachweisen. Kohl war in der zweiten Oktoberwoche 1983 auf Staatsvisite beim damaligen König Fahd. Und Möllemann, seit 1982 Staatsminister bei

Genscher im Auswärtigen Amt, war auch dabei. Gestützt auf die Auskünfte einer Mitarbeiterin Wegeners schreibt der *Spiegel*:»Ungefähr eine Woche nach dem Besuch von Bundeskanzler Kohl und Staatsminister Jürgen Möllemann in Saudi-Arabien rief Staatsminister Möllemann zum ersten Mal ... an und verlangte nach Herrn Wegener ... Ich leitete den Anruf an Herrn Wegener weiter.« Am nächsten Morgen habe Wegener angerufen, sich die Koffer packen und einen Flug nach Riad buchen lassen. Fortan hatte die Sekretärin den FDP-Politiker fast täglich am Telefon.

Kohl hatte zwar den Saudis gesagt, dass sie den heiß begehrten Leopard 2 von Krauss-Maffei mit Rücksicht auf Israels Sicherheitsinteressen nicht bekommen würden. Aber es gab auch anderes Kriegsgerät zu verkaufen. Man konnte es ja versuchen. Wegener kannte sich aus. Auftragsakquisiteuren von Thyssen-Henschel in Saudi-Arabien war der Lobbyist schon vor Helmut Kohls Besuch aufgefallen. Rolf Wegener konnte – wie Jürgen Maßmann, für den Vertrieb zuständiges Vorstandsmitglied von Thyssen-Henschel, uns sagte – bei den Saudis Türen öffnen wie kein anderer:»Er hatte direkten Zugang zum saudischen Verteidigungsminister Prinz Sultan. Das schaffte von uns niemand.« Nicht verborgen geblieben war auch, dass Wegeners Porsche öfter in Kassel vor dem Werkstor stand, seitdem Kohl mit den Liberalen regierte und Möllemann im Außenministerium saß.

Seit Adenauers Zeiten gehörte es zum Regularium der Bundesregierungen, dass Israel für Rüstungslieferungen in arabische Staaten nach Wunsch einen Ausgleich bekam. Dadurch sicherten sich die Regierungen gegen mögliche Proteste Israels, die den Beziehungen der Bundesrepublik insbesondere bei den westlichen Verbündeten hätten Schaden zufügen können. Es kam aber auch vor, dass die USA direkt bei der Bundesregierung zugunsten der Israeli intervenierten, wie Helmut Kohl als Zeuge im Prozess gegen seinen Staatssekretär Holger Pfahls vor dem Landgericht in Augsburg aussagte. Israels Regierung war immer gut darüber informiert, wo und wann etwas lief. Nicht nur über direkte Regierungskontakte, sondern auch über private Verbindungen zu Juden in Deutschland. Als der Thyssen-Konzern nach der Genehmigung der Regierung Kohl-Genscher im Jahr 1991 mit Saudi-Arabien den Vertrag über sein 447 Millionen Mark schweres Fuchs-Panzer-Geschäft abgeschlossen hatte, bekam

Israel zwei aus der deutschen Staatskasse finanzierte U-Boote zum Preis von rund einer Milliarde Mark. Die Boote der Dolphin-Klasse stammten aus Thyssens Unternehmensbereich Werften. Mitarbeiter der Firma waren wegen der Abhängigkeit vieler Projekte von politischen Entscheidungen oft auf Lobbytouren im Bundestag und außerhalb unterwegs und pflegten ihre Kontakte insbesondere zu den Regierungsparteien CDU/CSU und FDP. Auch zu Möllemann gab es Verbindungen aus dem Konzern. Als einer der Vertreter von Thyssen Industrie in Essen mal wieder das politische Terrain sondierte, kam ihm im Hotel ein sehr prominentes Mitglied der Liberalen in die Quere: Ignatz Bubis, damals stellvertretender Vorsitzender des Zentralrats der Juden in Deutschland.

Kaum waren ein paar Worte gewechselt, da fragte Bubis plötzlich: »Wann kommen meine Provisionen?« Der Thyssen-Mitarbeiter war umso verblüffter, als von dem Deal mit den Saudis und erst recht von den U-Booten damals noch nichts in der Öffentlichkeit war. Er wusste nicht, was er antworten sollte. Von wem hatte Bubis seine Informationen über das Geschäft? Von Möllemann? Der hatte als Wirtschaftsminister im Regierungsapparat die Wege für den Deal geebnet.

Bubis und Möllemann: Es war ein langer Weg, bis beide zusammenkamen.

Ignatz Bubis, Jahrgang 1927, stammt aus Breslau, seine Mutter starb an Krebs, sein Vater wurde ins Konzentrationslager Treblinka transportiert und dort von den Nazis ermordet. Auch zwei seiner Geschwister wurden Opfer der deutschen Vernichtungsmaschinerie. 1956 zog Bubis nach Frankfurt und investierte dort sein zuvor mit Edelmetallhandel verdientes Geld in Immobiliengeschäfte. Er lernte Heinz Herbert Karry kennen, der eine Firma hatte, die sich mit der Verwaltung von Immobilien beschäftigte, wozu auch Häuser von Juden gehörten, die im Holocaust umgekommen waren. Beide wurden dicke Freunde. Karry war nach Definition der Nazis »Halbjude«, sein Vater wurde von Hitlers Handlangern zuerst ins KZ gesteckt und dann zur Zwangsarbeit getrieben.

Im Jahr 1949 war Karry in die FDP eingetreten. Ignatz Bubis erst 20 Jahre später. In den 1970er-Jahren geriet Bubis in einen schweren Konflikt mit der Frankfurter Hausbesetzerszene. Mehrere seiner Immobilien wurden besetzt, er selbst als »skrupelloser Spekulant«

diffamiert. Da sich die Aktionen vorwiegend gegen jüdische Immobilienbesitzer richteten, sprach Bubis von einem »Antisemitismus aus Richtung der politischen Linken«. Er verlor viel Geld durch die Besetzeraktionen. In dieser Zeit engagierte er sich stärker in seiner Partei und wurde in den hessischen FDP-Landesvorstand gewählt. Ende der 1970er-Jahre bekam er sein Immobilienimperium und seine Finanzen wieder in den Griff, wandte sich auch Auslandsinvestitionen zu, insbesondere beteiligte er sich an Hotels in Israel und im Iran. 1987 übernahm er für fünf Jahre den Vorsitz im Rundfunkrat des Hessischen Rundfunks, 1992 wurde er Vorsitzender des Zentralrats der Juden in Deutschland und verschaffte sich einen Ruf als Mann des Ausgleichs zwischen Juden und Deutschen. Von ihm stammt der Satz: »Ich bin ein deutscher Staatsbürger jüdischen Glaubens.«

Bei Ignatz Bubis gab es aber noch eine andere Seite, die auch in jüdischen Kreisen Deutschlands zu Spekulationen führte: sein Verhältnis zum Präsidenten der palästinensischen Autonomiebehörde Yassir Arafat. Mehrmals trafen sich Bubis und Arafat, zuletzt am 20. September 1996 in Wiesbaden. Die beiden verstanden sich gut. *Die Zeit* zitierte dazu in ihrer Ausgabe vom 30. März 2010 den Holocaust-Überlebenden Max Mannheimer, der als Mitglied einer Delegation unter Führung des damaligen SPD-Vorsitzenden Rudolf Scharping im Jahr 1995 Israel und die Palästinensergebiete besucht hatte. Mit dabei auch Ignatz Bubis. Während eines Treffens mit dem Palästinenser-Präsidenten, erklärte Mannheimer, habe ihm Bubis anvertraut, dass Arafat zu ihm gesagt habe: »Wir sind Vettern.« Das spricht für einen sehr vertrauten Umgang der beiden.

War das nur die Folge der Versöhnungsbereitschaft, die Bubis offen zeigte, ganz auf der damaligen Linie der israelischen Arbeiterpartei mit ihren Galionsfiguren Itzhak Rabin, Shimon Peres und Ehud Barak? Oder gab es da noch andere Interessen? Arafat war neben seinen politischen Funktionen Geschäftsmann, und Bubis war es auch. »Doch vergessen wir es nicht: Bubis war zunächst einmal ein Geschäftsmann, ein ungewöhnlicher und ein leidenschaftlicher. Man kann ihn einen Virtuosen dieses Fachs nennen. So wurde er innerhalb von nicht vielen Jahren ein vermögender, ein reicher Mann: Das Geldverdienen war eine seiner Passionen – und das hat natürlich mit seiner Biografie zu tun«, schrieb Marcel Reich-Ranicki in seinem Nachruf auf den verstorbenen Bubis am 16. August 1999 in der *Frankfurter Allgemeinen Zeitung*. Bubis hatte beim Geschäft auch keine Berührungsängste gegenüber der arabischen Seite. Arafat hatte sich zwar offiziell vom Terror abgewendet, aber er blieb unberechenbar. Viel Kredit verspielte er, als er den Überfall Saddam Husseins auf Kuwait im Jahr 1990 verteidigte. Der Angriff des Diktators führte in letzter Konsequenz zum Einmarsch der Amerikaner in den Irak, auch wenn das nicht der unmittelbare Anlass war. Arafat war aber nicht nur auf der politischen Ebene eine erratische Figur. Für Fragen sorgten auch immer wieder sein Umgang mit Hilfsgeldern für die Palästinenser und sein zweifelhafter Vermögenszuwachs. Als er im Jahr 2004 starb, wusste keiner, wo Hunderte von Millionen Dollar geblieben waren, die aus den EU-Kassen und von Hilfsfonds an die Palästinenser gezahlt worden waren.

Schon seit Jahren verlangten die USA und Israel von der EU zu prüfen, was mit ihrem Geld in den Palästinensergebieten geschieht. 2002 warnte der Bundesnachrichtendienst, es sei nicht auszuschließen, dass die Europäer mit ihrem Geld auf dem Umweg über Arafat Terroristen finanzierten. Tatsache ist, dass die palästinensische Bevölkerung Jahr für Jahr weiter in Armut dahinvegetierte, während ihr Präsident und seine Klientel von der Fatah-Bewegung immer reicher wurden. Während die Verwaltung an Ineffizienz und Korruption zu ersticken drohte, ließ Arafat ungezählte Millionen außer Landes schaffen. Der Internationale Währungsfonds (IWF) deckte bei einer Überprüfung finanzielle Abgründe in Arafats Geldverwaltung auf. Schätzungen seines Vermögens schwankten nach einem Bericht der *Frankfurter Allgemeinen Zeitung* vom 10. November 2004 zwischen 200 Millionen und sechs Milliarden Dollar. Seine lukrativen Beteiligungen reichten nach amerikanischen Quellen von Abfüllanlagen für Coca Cola über Telefongesellschaften bis zu Hotels und Anlagefonds, alles gut verteilt in einem Areal, das von Frankreich, Spanien, Italien und der Schweiz bis Tunesien und von Syrien über Malaysia bis zu Steueroasen in der Karibik reichte.

Ariel Sharon misstraute Arafat schon in seiner Zeit als Oppositionspolitiker und wollte dessen Geldquellen trockenlegen. Bubis machte nie einen Hehl daraus, dass er kein Freund Sharons war. Er hielt es mit Sharons Gegnern von der israelischen Arbeiterpartei. In Deutschland bekam Bubis in seiner Zuneigung zu dem korrupten Arafat Unterstützung von seinem Parteifreund Jürgen Möllemann. Öffentlich wahrte Bubis zwar eine gewisse Distanz zu dem unkonventionellen Politiker. Wie nahe sie sich wirklich standen, war nur wenigen bekannt. Bubis gehörte zum engsten Freundeskreis Möllemanns. Als der mit drei Parteifreunden im Jahr 1995 seinen 50. Geburtstag feierte, saß der höchste Repräsentant der Juden in Deutschland mit am Tisch, und Arafats Geist könnte mitten unter ihnen gewesen sein.[72]

Möllemann hatte sich schon lange mit Arafat angefreundet. Am 6. August 1979 war er bei ihm zu Besuch in Beirut. Das war die Zeit, als Leute wie der Palästinenser-Chef oder der Libyer Gaddafi, der auch in Möllemanns Welt seinen Platz hatte, von westlichen Politikern gemieden wurden. Sie galten eher als Paten des Terrorismus denn als Staatsmänner. Wer Kontakte zu ihnen suchte und sie hielt, sorgte womöglich zu Hause für böse Kommentare, aber in der arabischen Welt kam das anders an. Dort war das fürs Geschäftsklima förderlich. Möllemann kannte das Spiel und hielt sich an die Regeln. Bubis auch. Neben Politik ging es allen immer auch ums Geschäft.

Wenn Bubis als Delegierter bei einem FDP-Parteitag auftauchte, erzählte uns einer seiner früheren Begleiter, »dann wurde die ganze Zeit nur über Geschäfte geredet. Die setzten sich immer in Grüppchen zusammen, und jeder fragte, geht da oder dort was. Was sich politisch auf der Veranstaltung abspielte, interessierte die nur am Rande.«

Fritz Goergen, der sie alle kannte, mit ihren Vorzügen und Schwächen, schreibt in seinem Buch *Skandal FDP* über Bubis und Karry: »1976 – mitten im Bundestagswahlkampf – ließ Karry die Bundesgeschäftsstelle aus dem Bonner Talweg in die Baunscheidtstraße umziehen. Die neue Bleibe war so trostlos wie ihre Umgebung mitten im Gewerbegebiet hinter der Adenauerallee. Der Glas- und Stahlbau hatte ursprünglich als Demonstrationsobjekt für den Bau von Atombunkern gedient.« Aus diesem Grund sei die Konstruktion FDP-intern auch als »Blechbüchse« beschimpft worden. Goergen weiter: »Die Blechbüchse kaufte Heinz Herbert Karry von einer Eigentümerfirma, die zu etwa gleichen Teilen Ignatz Bubis und einem von dessen arabischen Geschäftspartnern gehörte. Karry wäre nicht Karry, hätte er den Vorgang nicht mit einem weiteren Stück finanzieller Gesundung der FDP verbunden. Mit einem Immobiliengeschäft lassen sich leicht viele Vorteile aller Beteiligten miteinander verbinden.«[73] Fritz Goergen ist nach der Bundestagswahl 2002 aus der FDP ausgetreten. Er hat viele Höhen und Tiefen erlebt, kennt die Winkelzüge, Tricks und Umwege der direkten Finanzierung der Parteien und der indirekten etwa über die parteinahen Stiftungen. Wenn er als früherer Geschäftsführer der Friedrich-Naumann-Stiftung in seinem Buch schreibt, dass Millionen nicht nur bar oder über Spendenwaschanlagen direkt an die Partei gingen, sondern auch an die Stiftung, um sie mit deren Hilfe für die FDP nützlich zu machen, dann handelt es sich nicht um Spekulationen.[74] Ein direkter Geldtransfer an die Parteien ist zwar nicht möglich, und das Bundesverfassungsgericht hat die personelle, organisatorische sowie finanzielle Verflechtung der Parteien mit den unter ihrer Regie gegründeten Stiftungen verboten. Doch die Praxis sieht anders aus.

Die Schulung von Parteifunktionären lässt sich nach wie vor problemlos durch harmlos klingende Seminarthemen kaschieren. Wer kann kontrollieren, in welchem Umfang Mitarbeiter einer Parteistiftung in die Wahlkampfmaschinerie eingespannt werden und organisatorische Hilfsdienste leisten? Wie lässt sich abgrenzen, ob eine Wochenendtagung nur der Parteipolitik oder dem umfassenderen Bildungsauftrag einer Stiftung dient? Auf Letzterem basiert aber im Wesentlichen die Steuerbefreiung.

Besonders heikel ist das Thema, weil durch Beschluss des Bundestages in die Parteistiftungen auch viel Steuergeld fließt. Der unmittelbaren Selbstbedienung der Parteien aus der Staatskasse ist kaum ein Riegel vorzuschieben. 345 Millionen Euro wollen sich die Parteien im Jahr 2010 aus dem Staatssäckel für ihre Stiftungen holen, kritisiert der Bund der Steuerzahler. Das sind gut 20 Prozent mehr als im Jahr zuvor. 233 Millionen davon, so der Verein, seien allein für die Auslandsarbeit vorgesehen. Das klingt unverdächtig. Sicher wird ein großer Teil des Geldes auch sinnvoll eingesetzt, etwa für kulturelle, gesellschaftspolitische, bildungspolitische und humanitäre Projekte. Sicher wird hier auch viel für die internationale Verständigung getan. Aber über die Stiftungen wird eben auch Neben-Außenpolitik oder Neben-Wirtschaftspolitik und parteipolitisch-ideologischeFörderung betrieben. Für deren Finanzierung ist aber der Steuerzahler nicht zuständig.

Auch die FDP profitierte davon, dass Goergen im Dienst der Naumann-Stiftung ideologische Modellarbeit für den Weg der Liberalen zu Möllemanns Projekt-Partei hatte leisten können. Diese aus steuerlichen Gründen »nur« als parteinah geführten Stiftungen, in Wirklichkeit mit Steuergeldern teuer bezahlte parteiabhängige Stiftungen, sind ein Ärgernis, das nur deshalb nicht verschwindet, weil sich alle im Bundestag vertretenen Parteien einig darin sind, wie der Steuerzahler ausgenommen werden kann.

Wie kann es etwa angehen, dass ein Steuerpflichtiger für die Umtriebe der bei der Linkspartei angesiedelten Rosa-Luxemburg-Stiftung im Juli 2010 in Istanbul mitzahlen muss? Das dort organisierte Treffen unter dem harmlos klingenden Titel »Europäisches Sozialforum« richtete sich laut Mitteilung der Stiftung als »Labor des internationalen Widerstands« unter anderem gegen die »Festung Europa«, also gegen ein ideologisches Hirngespinst. Eine Agitprop-Veranstaltung, zu deren Mitfinanzierung der deutsche Steuerzahler nach geltender Gesetzeslage zwangsverpflichtet wird.

Von den Parteien eingerichtete Stiftungen sind außerdem auch Karriereschmieden und Anlaufpunkte, über die nützliche Netzwerke aus Politikern und Unternehmern aufgebaut werden können. Gut für große und kleine Elefanten. Hier bietet sich zur Illustration ein Seitenblick in die Gefilde der CSU an.

Legendär ist die Beziehung zwischen zwei Spezis, dem Rosenheimer Fleischhändler Josef März (Firma Marox) und Franz Josef Strauß. Im afrikanischen Togo wurden die der CSU verwandte Hanns-Seidel-Stiftung und März aktiv. Strauß sorgte für ein günstiges Investitionsklima bei Präsident Eyadema, ließ die Hanns-Seidel-Stiftung Projekte finanzieren, die dem Präsidenten gefielen, und März mit seiner Marox wurde in Togo Besitzer einer riesigen Rinderfarm, einer Brauerei und einer Baufirma. Und für Strauß erwies es sich nicht als schädlich, dass seine Frau Marianne an dem Rosenheimer Unternehmen von März »teilhat«, wie die *Süddeutsche Zeitung* am 21. Februar 1980 schrieb. Neben dem Geschäftlichen war die Repräsentanz der Stiftung in Togo auch eine Schaltstelle für die spezielle Außenpolitik, die Strauß nach eigenem Gusto in Schwarzafrika betrieb.

»Bei FDP (und CSU) wurde das Parteinützliche am direktesten und am weitesten getrieben. CSU und Hanns-Seidel-Stiftung, beide in der Münchner Lazarettstraße ansässig, erledigten ihre Geschäfte viele Jahre, ohne dass dem Außenstehenden aufgefallen wäre, dass es sich bei ihnen um zwei verschiedene Organisationen handelte«, schreibt Goergen.[75]

Wenn es galt, die parlamentarische Kontrolle der Parteifinanzen zu umgehen, waren CDU/CSU und FDP schon immer sehr kreativ. Im Jahr 1983 wurde in Zürich die Intermedia Service AG gegründet. In der Satzung heißt es unter Artikel 2: »Die Gesellschaft verfolgt den Zweck, durch geplante und koordinierte Maßnahmen der Öffentlichkeitsarbeit und Werbung Informations- und Serviceleistungen national und international anzubieten sowie agenturmäßig oder im Geschäftsbesorgungsvertrag die Abwicklung und Durchführung sowie alle im Zusammenhang stehenden Aufgaben zu übernehmen.« Die »Intermedia« war eine Treuhandgesellschaft, die der FDP zur Verfügung stand. Klaus Golombek, einer der Schattenmänner der FDP-Finanzierung, bekannte sich dazu, zusammen mit dem nordrheinwestfälischen FDP-Schatzmeister Hans Gattermann den Anstoß zur Gründung der Intermedia gegeben zu haben. Gattermann baute auf Lambsdorffs Finanzkünsten auf. Er hatte diese Art der Umwegfinanzierung nicht erfunden. Als Gattermann in die Schweiz ging, stand die FDP wegen der parlamentarischen Untersuchungen im Zusammenhang mit dem Flick-Skandal unter Druck und Graf Lambsdorff am Pranger. Es ging darum, für schwarzes Geld ein anderes Versteck zu suchen und über neue Kanäle nutzbar zu machen.

Nach unseren Recherchen waren die Aktivitäten der Intermedia Service AG in ein Geflecht weiterer Firmen eingebunden, die Büros in Genf, Brüssel und Miami/Florida hatten. Das Konstrukt diente laut Klaus Golombek dem Zweck, politische Vorfeldarbeit zu leisten, Beratung anzubieten und Multiplikatoren für liberale Ideen zu aktivieren. Dafür seien Werbeaktionen, Dokumentationen und Seminare finanziert worden wie etwa zu Fragen einer liberalen Gesundheitspolitik oder zur besseren Akzeptanz der Gentechnologie.

Die Intermedia Service AG hatte auch die Qualitäten, die für die klassische verdeckte FDP-Finanzierung im Einsatz waren. Am 31. Mai 2000 begann eine Aktion, die zeigt, wie problemlos und direkt die

Firma für Wahlkampfaktivitäten eingesetzt werden konnte. Möllemann überwies 500 000 Mark von seinem Luxemburger Schwarz-
geldbestand an die Intermedia in Zürich. Dann schickte Golombek
eine Rechnung über 400 000 Mark nach Zürich. Bei den Ermittlungen in Möllemanns Finanzdschungel deckte die Düsseldorfer
Staatsanwaltschaft im Jahr 2003 den Geldfluss auf. Klaus Golombek
konnte keinerlei Leistung für die Intermedia nachweisen, die der
Rechnung hätte zugrunde liegen können. Er hatte das gewaschene
Geld in Anzeigenkampagnen für die FDP im Landtagswahlkampf
gesteckt.

Möllemann und Golombek waren ein eingespieltes Team. Schon
im Bundestagswahlkampf 1998 hatte der liberale Werbeprofi im Auftrag Möllemanns eine 385 000 Mark teure Plakataktion gestartet, für
die er in Vorlage gegangen war. Die Rechnung dafür sollte er an die
Liechtensteiner Firma Curl AG schicken. Möllemann habe ihm versprochen, dass ihm der verauslagte Betrag bald ersetzt werde, wie
Golombek uns während der Ermittlungen sagte. Er wartete, und es
kam nichts. Auf die wiederholte Nachfrage, wann er sein Geld be-
komme, vertröstete ihn Möllemann jedes Mal.

Das Warten war dann doch nicht vergebens. Eines Tages, erzählte
Klaus Golombek, sei ein Betrag auf seinem Konto eingegangen, der
um etwa 15 000 Mark unter seinen Kosten gelegen habe. Beim nächsten Treffen mit Möllemann habe der ihn gefragt, ob das Geld angekommen sei. Bei ihm sei Geld von der Firma Curl eingegangen, das
allerdings seine Ausgaben für die Plakataktion nicht ganz abdecke,
habe er geantwortet. Mit den Worten: »Dann hast du ja dein Geld«,
habe Möllemann die Unterhaltung beendet.

Golombek wusste damals nicht, dass die Curl eine Briefkastenfirma des Möllemann-Partners Rolf Wegener war. Erst 2003, als die
Düsseldorfer Staatsanwaltschaft auch diesen Hintergrund aufdeckte,
habe er von dem Zusammenhang erfahren. Überrascht war er nicht.
Der Name Wegener sei ihm, wie er damals behauptete, seit Lambsdorffs Schatzmeisterzeiten bei der FDP in Nordrhein-Westfalen geläufig gewesen. Und in der Untergrundfinanzierung der FDP kannte
sich Klaus Golombek nun mal aus. Einen bereits vorbereiteten Straf-
befehl konnte die Staatsanwaltschaft aber nicht mehr vollstrecken,
weil Golombek schwer erkrankte und verstarb.

Wenn große Summen von einem Geldbeschaffer illegal verschoben und unter Umgehung der Entscheidungsgremien eingesetzt werden, kann eine Partei unter Druck geraten. Mehr noch: Sie gerät in die Gefahr, dass ihre politischen Konturen manipuliert werden. Möllemann hat das mit seinem und dem Geld seines Sponsors Wegener geschafft. Er hat die FDP beinahe aus den Angeln gehoben.

In den 1990er-Jahren war Möllemanns Verhältnis zu Wegener enger geworden. Nachdem Möllemann 1993 als Bundeswirtschaftsminister über eine private Werbeaktion zugunsten eines Verwandten auf dem Briefpapier seines Ministeriums (»Briefbogenaffäre«) gestürzt war, gründete er die bereits erwähnte Firma WEB/TEC, die ihren Sitz in der Achenbachstraße in Düsseldorf hatte – in einem Haus aus dem Immobilienpark Wegeners. Ein Jahr später gründete Wegener die gemeinsam genutzte Schatztruhe Curl AG. Und noch im Dezember 1994 riefen beide gemeinsam in Münster die MS Air Gesellschaft für Flug- und Luftbildservices mbH ins Leben. Die diente Möllemanns Leidenschaft, dem Fallschirmspringen. 1996 kehrte Möllemann auf den Stuhl des Landesvorsitzenden der FDP in Nordrhein-Westfalen zurück, den er 1993 wegen der »Briefbogenaffäre« hatte räumen müssen. Und noch im Jahr 1996 spendete Wegener über seine Immobilien-Firma Delphi Möllemanns FDP 300 000 Mark.

Möllemann wäre nicht Möllemann, hätte er zum Nutzen seiner Karriere nicht für alles gesorgt, was in der Öffentlichkeit Aufmerksamkeit garantiert. Was gäbe es da Besseres als Fußball! 1993 ließ er sich zum Aufsichtsrat des Traditionsvereins FC Schalke 04 bestellen und blieb es bis 2002. Und Möllemann wäre nicht Möllemann, hätte er dabei nicht auch geschäftliche Absichten verfolgt. Nicht nur, dass im Stadion groß das Logo seiner Firma WEB/TEC prangte – bei Schalke hatte er auch wieder Rolf Wegener an der Seite, der sich neben seinen vielen Aktivitäten mit einer neuen Variante ins Gespräch brachte: mit der Spielervermittlung. Wegener interessierte sich vorwiegend für Schwarzafrikaner – Ghanaer und Nigerianer –, in deren Heimat er auch anderweitige Geschäftsverbindungen hatte. An Schalke vermittelte er den nigerianischen Spitzenspieler Victor Agali.

Das Duo Möllemann/Wegener hatte bei dem Fußballverein große Pläne. Wo es etwas zu verdienen gab, waren die beiden dabei. Möllemann und sein Freund hatten sich entschlossen, im Rahmen einer

Kapitalgesellschaft zusammen mit einem in London lebenden Iraner, den Wegener kannte, das Geld für die neue Schalke-Arena zu besorgen. In einem Schreiben, das Möllemanns WEB/TEC-Geschäftsführer Klaus Geerdts am 5. März 1997 nach London schickte,[76] wird Schalke-Aufsichtsrat Möllemann als »verantwortlicher Manager für das Arena Projekt« charakterisiert, der auch schon »die attraktivste Lösung« für die Finanzierung präsentiert habe: Das Geld, das zum Aufpeppen von Schalkes Sportambiente investiert werden sollte, wollten Wegener, Möllemann und ihr Mann in London aus islamischen Quellen besorgen. »Islamic fund financing«, wie Geerdts schrieb. Kontakte gab es bereits zu drei arabischen Geschäftsleuten aus den Emiraten, die auch mal bei Möllemann auftauchten. Den profitablen Umgang mit reichen Arabern war der langjährige Präsident der Deutsch-Arabischen Gesellschaft gewohnt.

Mit seinen hochfliegenden Plänen bei Schalke betrat der Politiker und Sportsfreund aber Neuland. Auch die in Aussicht genommenen Investoren waren ihm noch nicht ganz vertraut, er war mit ihnen noch nicht richtig warm geworden. Möllemann war vorsichtig. Klaus Geerdts kannte ihn und warb dafür um Verständnis: »M. ist ängstlich, wenn er ein Geschäft mit einem neuen, unbekannten Partner beginnt. Er bevorzugt alte, bewährte Beziehungen. Daher würde er nie die Zusammenarbeit mit Wegener aufgeben, die in der Vergangenheit und in den letzten Wochen sehr erfolgreich gewesen ist.«[77] Wegener über alles. Er gab Geld, Halt und Zuversicht.

In den Iran und nach Turkmenistan

Möllemanns lukrative Arena-Pläne zerstoben wieder. Bei Schalke gab es keine Begeisterung dafür, sich in die finanzielle Abhängigkeit von Möllemanns Seilschaft zu begeben. Aber für den FDP-Mann zeichnete sich Ersatz ab. Der Iraner aus London hatte noch viel zu bieten: die Aussicht auf den Einstieg in ein Gas- und Ölgeschäft zwischen Turkmenistan und dem Iran mit dem Ausbau einer Pipeline sowie

Verteiler- und Kompressorstationen samt Infrastruktur, ein Milliardenprojekt, von dem auch deutsche Firmen – und ihre Vermittler – profitieren konnten.

Damit war der Iraner bei Möllemann und Wegener an der richtigen Adresse. Beide kannten sich in Turkmenistan und im Iran aus, und sie verfügten über Kontakte zur Industrie. Möllemann hatte auch die Beziehungen zur Berliner Politik, die notwendig waren, um die Pläne Realität werden zu lassen. Dass Gerhard Schröder Kanzler war und seine Regierung rot-grün, störte geschäftliche Belange nicht, wenn dabei die Richtung stimmte. Und die stimmte bei der turkmenisch-iranischen Mischung. Auch ein Möllemann von der FDP, der sich ansonsten dem Kampf gegen Rot-Grün verschrieben hatte, war kein Hindernis. Geschäft ist Geschäft. Mit Schröder war die deutsche Exportwirtschaft zufrieden, weil er die Zügel im Warenverkehr mit dem Iran nicht anzog, sondern lockerte. Ganz auf dieser Linie flog er im Februar 2009 auch wieder zu den Freunden in Teheran, wofür ihn die *Frankfurter Allgemeine Zeitung* am 22. Februar 2009 als »Sendbote investitionswilliger Exporteure« titulierte. Unter seiner Führung hatte die Bundesregierung für ausreichend viele Hermes-Bürgschaften zur Absicherung deutscher Unternehmen gegen Zahlungsausfall in dem Problemstaat Iran gesorgt. Darüber hinaus war Turkmenistan kein Problem. Und Gas – dafür hatte der Kanzler, heute Putins Gas-Mann, schon immer ein Faible. Alles für Deutschlands Energiezukunft. Und dann auch noch die Arbeitsplätze ...

Für Wegener und Möllemann konnten die Vorzeichen zur Jahrtausendwende nicht günstiger sein. Millionen von Provisionen rückten in Reichweite. Das hatte ihr iranischer Geschäftspartner in Aussicht gestellt. Falls nicht noch etwas Unvorhergesehenes dazwischen kam. Möllemann machte mobil. Er besann sich auf eine Adresse, bei der er schon einmal komfortabel untergekommen war: Ferrostaal in Essen. Die im Anlagenbau tätige MAN-Tochter hatte ihm, wie während des Flick-Skandals in den 1980er-Jahren beiläufig aufgedeckt wurde, einen Mercedes 500 als Dienstwagen finanziert. Mit Ferrostaal und einer Finanzierungsbewilligung der WestLB im Gepäck machte sich Möllemann Richtung Berlin auf den Weg. Es ging erst mal um die Hermes-Bürgschaft für eine Gaskompressorenanlage im turkmenischen Korpedje und ein Gasaufbereitungsprojekt im Iran.

Zunächst hakte es bei der Umsetzung. Die WestLB hatte Schwierigkeiten bei der Abstimmung ihrer Finanzierungsvorstellungen mit der turkmenischen Außenhandelsbank. Darüber beklagte sich die Düsseldorfer Bank in einem Fax vom 29. November 1999 bei Möllemanns und Wegeners Partnern von der staatlichen iranischen Ölgesellschaft NIOC. Sie bezog sich in dem Papier[78] auf Gespräche, die Rolf Wegener mit den NIOC-Vertretern geführt hatte, und lud die Iraner zu weiteren Verhandlungen über Finanzierungsalternativen nach Düsseldorf ein.

Die Blockaden ließen sich aber nicht so leicht aus der Welt schaffen, zumal es zwischen der iranischen und turkmenischen Seite auch noch Diskussionsbedarf über die Ausführung der Projekte selbst gab. Solange die Modalitäten der Finanzierung aber nicht geklärt werden konnten, war es für die Regierung Schröder nicht möglich, eine Hermes-Bürgschaft zu genehmigen. In einem Schreiben vom 19. April 2000 wandte sich Jürgen Möllemann an den Staatssekretär im Bundeswirtschaftsministerium, Dr. Axel Gerlach, und bat ihn, sich des Falles anzunehmen. Gerlach gehörte dem Interministeriellen Ausschuss (IMA) der Bundesregierung an, der über die Gewährung von Hermes-Bürgschaften entscheidet. Neben dem Wirtschaftsministerium sind in dem Gremium die Ministerien für Finanzen, für wirtschaftliche Zusammenarbeit und das Auswärtige Amt, damals von Joseph Fischer geleitet, vertreten.

Am 5. Mai 2000 antwortete Gerlach:»Lieber Herr Möllemann, ... Auch mir scheint es, dass es beim Gaskompressorenprojekt hakt. Allerdings ist mein Eindruck, dass dies nicht am IMA liegt. Ich habe MinDirig Dr. Burkhardt gebeten, in weiteren Gesprächen mit den Beteiligten zu versuchen, die Sache zu klären. Zum Gasaufbereitungsprojekt im Iran kann ich Ihnen mitteilen, dass das Projekt grundsätzlich deckungsfähig erscheint. Ferrostaal ist darüber informiert und sollte baldmöglichst einen Deckungsantrag stellen. Ich werde Sie über den Fortgang der beiden Projekte auf dem Laufenden halten. Mit freundlichen Grüßen, Ihr A. Gerlach.«[79]

Drei Wochen später löste Axel Gerlach sein Versprechen ein und informierte Möllemann:»Nach einer erneuten Befassung des Interministeriellen Ausschusses für Ausfuhrgewährleistungen mit diesem Projekt und Gesprächen mit der West LB und Ferrostaal ... besteht

Einvernehmen über die Projektstruktur und insbesondere das Besicherungskonzept bei dieser Geschäftskonstruktion. Jetzt kommt es darauf an, dass die turkmenische Seite vor allem in den gegenwärtigen Verhandlungen mit dem Iran über die Gasverträge die erforderlichen Voraussetzungen dafür schafft. West LB und Ferrostaal stehen in ständigem Kontakt mit den Turkmenen. Ferrostaal hat zuletzt am 12. Mai 2000 schriftlich die Notwendigkeit bestimmter Strukturelemente betont. Ich bin in dieser Situation, um zur Beschleunigung beizutragen, gerne bereit, zunächst unseren Botschafter in Turkmenistan zu bitten, gegenüber der turkmenischen Regierung unser Interesse an diesem Projekt und unsere grundsätzliche Bereitschaft zum Ausdruck zu bringen, bei einer entsprechenden Gestaltung insbesondere der turkmenisch-iranischen Gasverträge eine Hermes-Deckung zu gewähren. Sobald wir grünes Licht von Ferrostaal haben, werde ich meinen Kollegen im Auswärtigen Amt um seine Unterstützung bitten.«[80]

Es folgt noch ein handschriftlicher Glückwunsch zum »grandiosen Erfolg« Möllemanns bei der Landtagswahl 2000. Woran auch der Schwarzgeldeinsatz beteiligt war. Aber das konnte der SPD-Mann Gerlach nicht wissen. Man verstand sich über die Parteigrenzen hinweg im Geschäft mit Fernost. Dass ausgerechnet Rolf Wegener der entscheidende Mann im Hintergrund war, der schon durch Presseveröffentlichungen über dubiose Geschäftspraktiken und seine Kontakte zu Möllemann aufgefallen war, störte auch niemanden.

Der israelischen und der amerikanischen Regierung waren die Umtriebe ein Dorn im Auge. Möllemann wusste das. Israel und den USA gab er in seinem 2003 – kurz vor seinem Tod – erschienenen Buch *Klartext* die Schuld an den schwierigen außenpolitischen Verhältnissen mit dem Iran. Er malte Irans Zukunft dagegen in rosigen Farben: »Der Iran ist auf dem besten Wege, sich zu einem Brückenland des Ausgleichs zu entwickeln ... Der Iran (scheint) prädestiniert, im kommenden Jahrzehnt für Ausgleich und Sicherheit durch Zusammenarbeit in ganz Zentralasien eine führende und konstruktive Rolle zu übernehmen.«[81] Das war ein großer Irrtum. Aber der deutsch-iranisch-turkmenische Flirt nach dem Geschmack von Möllemann und Schröder kam voran. Noch fehlten die Verlobungsringe.

Anfang Juli 2001 passierte etwas, das wie ein Blitz in das feriengestimmte politische Berlin einschlug. Gerhard Schröder hatte sich mit Jürgen Möllemann getroffen. Die Spekulationen kochten hoch: Geht es um das Ende von Rot-Grün? Kommt jetzt Rot-Gelb? Die Frage war, weshalb Schröder das ausgerechnet mit Möllemann hätte verhandeln sollen, wo er sich doch bereits eine Woche später mit dem neuen FDP-Bundesvorsitzenden Westerwelle verabredet hatte. Während sich der Kanzler bedeckt hielt, nährte Möllemann ausgiebig die Spekulationen über eine mögliche neue Konstellation im Bund. Allerdings räumte er ein, dass tatsächlich nicht über Koalitionsspiele gesprochen worden sei. Das ist auch glaubhaft. Welchen Grund hätte Schröder gehabt, sich im Jahr vor der Wahl die Regierung kaputtreden zu lassen, zumal er ziemlich sicher sein konnte, dass Möllemann alles ausposaunen würde. Und sei es nur, um sich wichtig zu machen. Worüber sprachen die beiden wirklich? Möllemann gab ein Zeichen: Über vieles, über Wirtschafts- und Außenpolitik, sagte er. Da hätte auch das Gasgeschäft Platz gehabt, zumal es noch immer nicht ganz perfekt war.

Nach dem Sommertreffen jedenfalls lief alles glatt weiter. Die Ringe konnten getauscht werden. Eine neue Finanzierung stand, und die Bundesregierung hatte ihren Segen zu dem Ferrostaal-Engagement in Turkmenistan gegeben. Inzwischen sind die Bauarbeiten in Fernost abgeschlossen.

Wir wollten Ferrostaal Gelegenheit geben, aus seiner Sicht zu einem kompletten Bild der Vorgänge beitragen zu können, so etwa zur Hermes-Bürgschaft und zur finanzierenden Bank. Nach zwei Wochen des Insistierens auf eine Antwort kam am 7. Juli 2010 eine E-Mail des Pressesprechers: »Mittlerweile habe ich Feedback erhalten, kann Ihnen zu diesem Projekt jedoch keine Details nennen.« Weshalb nicht? Ferrostaal hatte Korpedje sogar als Musterprojekt in seinem Internetauftritt platziert. Gegen das Unternehmen laufen bei der Staatsanwaltschaft München I seit Juli 2009 Ermittlungen wegen Korruption. Die Ermittler bezweifeln, dass bei Beraterverträgen über insgesamt 180 Millionen Euro in den vergangenen Jahren alles legal gelaufen sei. Anfang Mai 2010 wurde Vorstandschef Matthias Mitscherlich gefeuert. Er soll eine Schmiergeldzahlung über elf Millionen Euro, die der Staatsanwaltschaft bei einer Hausdurchsuchung in die Hände fiel, eigenhändig unterschrieben haben. Das könnte zu Korpedje passen. Auf unsere Anfrage bei der Staatsanwaltschaft

München I erhielten wir die Antwort, mit Rücksicht auf die laufenden Ermittlungen könne keine Auskunft erteilt werden. Die WestLB und die Kreditversicherung Euler-Hermes lehnten eine Stellungnahme unter Hinweis auf den Datenschutz ab.

Möllemann und vor allem Wegener, der in Turkmenistan den Frontmann gespielt hatte, konnten ihre Kassen weit öffnen, damit von den in Aussicht gestellten Provisionen, die sie letztlich einem Abnicken der rot-günen Bundesregierung zu verdanken hatten, nichts daneben fiel. Zwölf Prozent, sagte uns ein sachkundiger Iraner, seien da schon drin. Zwei Prozent für die Politiker in Fernost und der große Rest für die Vermittler. Bei einem Auftragsvolumen von 114 Millionen Euro allein für die Station in Korpedje wäre das ein Betrag, mit dem sich gut leben ließe. Es sollte Möllemanns letzter großer Deal gemeinsam mit Wegener werden. Aber daran dachte damals noch keiner.

Möllemann war mit anderem beschäftigt, wofür er lange die Weichen gestellt hatte und viel Geld brauchte. Er organisierte die Endrunde zur Bundestagswahl 2002. In der Parteihierarchie war er auf Bundesebene inzwischen auch vorangekommen. Sein Ziel, Parteivorsitzender und Kanzlerkandidat zu werden, hatte er zwar nicht erreicht. Da war Westerwelle an ihm vorbeigezogen. Aber Möllemann hatte es geschafft, Westerwelles Vize zu werden. Er litt darunter, gab aber nie auf, denn er wusste um seine wirkliche Macht. Er trieb Westerwelle und die Partei vor sich her, und sie parierten. Möllemann selbstbewusst:»Ich will um die Meisterschaft spielen.« Westerwelle stand auf der Bühne, und Möllemann inszenierte.

Walter Döring, damals Landesvorsitzender der FDP in Baden-Württemberg, ahnte wohl schon lange, was kommen würde, und machte sich gegenüber der *Frankfurter Allgemeinen Zeitung* im April 2001 verärgert Luft: Möllemann glaube, er könne mit Absolutheit bestimmen, was die Partei zu tun habe. Möllemann, immer nur Möllemann. Er bestimmte alles und manipulierte alles. Er hatte das Geld dazu, und die anderen hatten keine Ideen.

Seine Gefolgschaft verschonte er nicht vor gewaltigen Zumutungen. Er beschuldigte Michel Friedman, durch sein Auftreten den Antisemitismus in Deutschland anzuheizen. Er zog den Deutsch-Syrer Jamal Karsli, der als Abgeordneter der Grünen im nordrhein-westfälischen Landtag saß und mit antiisraelischen und antisemitischen

Sprüchen aufgefallen war, in die Arme der FDP-Fraktion. Von »Nazimethoden« der Juden im Nahen Osten hatte Karsli gesprochen. Die Genschers, Lambsdorffs und Westerwelles liefen weiter vor dem Antreiber Möllemann her. Und die Umfragen bestätigten wieder einmal Möllemann: Die in der Politik und in den Medien aufbrandende Empörung schadete der FDP nicht. Viel mehr schadete ihr, dass Westerwelle das nicht darstellen konnte, was sich Möllemann für ihn ausgedacht hatte. Als Guido absackte, schickte Möllemann seinen Flyer gegen Michel Friedman und Ariel Sharon auf die Reise. Die Wahl 2002 hatte die FDP mit einem Stimmenzuwachs überstanden. Aber noch lange nicht Möllemann.

Ein Gewitter brach über die FDP herein. National und international. Sie musste sich entscheiden: Weiter so oder weiter ohne Möllemann. Dem wurde Antisemitismus vorgeworfen. Aus der Euphorie des Erfolgs bei der Wahl drohte die Partei in eine Katastrophe zu stürzen. Lambsdorff distanzierte sich als einer der Ersten und kanzelte seinen ehemaligen Lehrling als »Geisteskranken« ab. Genscher ging auf Distanz. Wie üblich. Man musste ihn kennen, um zu begreifen, wie er es meinte. Westerwelle hielt sich noch zurück. Ende 2002 fuhr er auf Einladung der israelischen Regierung zu einem lange geplanten Besuch nach Jerusalem. Möllemann, dem Westerwelle das Versprechen abgenommen hatte, kein Störfeuer zu schießen, hatte aber punktgenau im sozialistischen *Neuen Deutschland* den Erfolg rechter Parteien in Europa hochgejubelt.

Daraufhin kam es bei der Pressekonferenz nach einem Gespräch Westerwelles mit Sharon zu einem Eklat. Mit rotem Kopf stand der FDP-Vorsitzende da, als Sharon sich gegen die Töne verwahrte, die aus Deutschland zu hören seien. Westerwelle wusste, wer und was gemeint war. Shimon Peres von der Arbeiterpartei blieb gelassen und sagte, die FDP sei ein verlässlicher Partner Israels. Ein alter Bundesgenosse von Bubis hatte gesprochen. Aber das wurde überhört.

Nicht lange nachdem Westerwelle aus Israel zurückgekommen war, ließ er Möllemann fallen und betrieb dessen Parteiausschluss. In seinem Buch *Klartext* macht Möllemann die Israelis für Westerwelles Wende verantwortlich. Möllemann schreibt, Westerwelle habe ihm »unzählige Male« vorgejammert: »Herr Möllemann, Sie machen sich ja keine Vorstellung, was die mir da abverlangt haben.

Sie glauben ja gar nicht, was die mir zugemutet haben.« Was denn? Möllemann weiter:»Ein Mann ohne Namen hatte ihm [Westerwelle/ d. Verf.] beim langen Warten auf die Audienz bei Ariel Sharon in unmissverständlichen Worten knallhart gesagt, dass die israelische Regierung meinen politischen Kopf verlange. ›Wer war das?‹, fragte Dr. Westerwelle später dann einen seiner kundigen Begleiter. Der Mossad! erhielt er zur Antwort ...«[82]

Ein paar Sätze weiter fragt Möllemann hinterhältig:»Was hat der Mossad, der israelische Geheimdienst, gegen Dr. Westerwelle in der Hand, das ihn mit Entsetzen, Furcht und Schrecken erfüllt? Man muss nicht selbst Chef eines Geheimdienstes gewesen sein, um zu wissen, wie gnadenlos diese Dienste auch das Wissen um die privatesten Dinge einsetzen, wenn es geboten erscheint.«[83]

In der FDP kursierte noch eine andere Version über den unverhofften Auftritt des angeblichen Mossad-Agenten. Danach soll er zu Westerwelle gesagt haben:»Sorgen Sie dafür, dass Möllemann aus dem Verkehr gezogen wird. Oder wollen Sie demnächst in einer Zeitung lesen, aus welchen Quellen sich die FDP finanziert?«

Westerwelle hat die von Möllemann beschriebene Begegnung mit dem Unbekannten als Quatsch abgetan.

Schrieb Möllemann sich in seinem Buch eine Legende für den Abschied zurecht? Plante er in Wirklichkeit seinen Tod lange im Voraus als sogenannten Bilanzselbstmord, den er jedoch kaschieren wollte, indem er alles finsteren Kräften des Mossad zuschob, denen er nichts mehr entgegenzusetzen hatte? Jürgen Möllemann hatte verloren. Er war einem Parteiausschluss durch Austritt zuvorgekommen und hatte die Gründung einer neuen Partei angekündigt. Wer hätte da noch mitmachen wollen?

Am Morgen des 5. Juni 2003 ließ sich Möllemann von der einzigen Maschine seiner Fluggesellschaft MS Air in die Luft tragen und sprang mit dem Fallschirm ab. Das war zeitlebens seine Leidenschaft: Fallschirmspringen. In etwa 1600 Metern Höhe trennte er sich von dem Schirm. Ob es ein Unfall war oder Selbstmord, konnte nicht geklärt werden. Aber ein technischer Defekt wurde definitiv ausgeschlossen. Als Möllemann in den Tod sprang, standen die Staatsanwälte vor seinem Haus mit einem Durchsuchungsbefehl. Kurz zuvor war seine Immunität als Abgeordneter aufgehoben worden.

Dem Todesdrama voraus ging ein langsamer Abschied, der viele Rätsel aufgibt, die auch sein Freund Wolfgang Kubicki nicht auflösen kann. Kubicki berichtete uns von kuriosen Vorgängen: Einige Wochen vor seinem Tod habe ihm Möllemann anvertraut, dass er Rolf Wegener um einen Gefallen gebeten habe. Doch der sei zu nichts zu bewegen gewesen. Über dieses Verhalten sei er schockiert gewesen. Worum es ging, habe Möllemann nicht sagen wollen.

Etwa eine Woche nach dieser seltsamen Ansage sei Möllemann am Telefon gewesen und habe erklärt, er schicke ihm einen Umschlag zu, den er erst öffnen solle, wenn ihm etwas zustoße. Er fühle sich vom Mossad verfolgt und fürchte um sein Leben. Kubickis Entgegnung, die Israelis hätten es nicht nötig, ihn umzubringen, nachdem seine politische und bürgerliche Existenz schon vernichtet sei, habe er nicht gelten lassen. Wegen seiner Mossad-Angst habe Möllemann nur noch selten telefoniert, weil er glaubte, er werde abgehört.

Bei dem Umschlag handelte es sich um ein braunes DIN-A4-Kuvert, das eine an Wegener ausgestellte Rechnung, eine Telefonabrechnung aus Möllemanns Ferienvilla auf Gran Canaria und einen handgeschriebenen Brief an den »lieben Freund« Wolfgang Kubicki enthielt.

Die Telefonrechnung war kurios. Auf ihr war, so Kubicki, nur ein Betrag angegeben, aber keine Telefonnummer, anhand derer man Gesprächskontakte hätte nachvollziehen können. Ein Signal, aber wofür?

Die unter dem Datum des 15. Mai 2003 ausgestellte Rechnung lautete auf eine Million Euro. Sie beginnt mit der Anrede »Sehr geehrter, lieber Herr Wegener« und nimmt Bezug auf die »vereinbarte Provision« für das gemeinsame Turkmenistan-Geschäft. Möllemann, sagte Kubicki, habe ihm hinterlassen, dass er mit Wegener eine Provision über vier Millionen Euro vereinbart habe, die in vier Tranchen ausgezahlt werden solle.

In dem Brief an Kubicki, datiert auf den 17. Mai 2003, forderte Möllemann seinen Freund auf, die Million bei Wegener einzutreiben. In einem merkwürdig wirren Satz bat er ihn auch darum, sich um seine Frau und die beiden Töchter zu kümmern. Das Schreiben hatte Möllemann offensichtlich unter großem Stress abgefasst. Schon die Einstimmung klang beängstigend. Er werde von »innerer Unruhe«

getrieben, schrieb der Mann, der jahrelang die politische Klasse Deutschlands in Atem hielt. Der es liebte, andere vorzuführen. Trieb ihn diese Unruhe dazu, engste Vertraute zum Narren zu halten? Wollte er in seinem Tod zeigen, dass ein ganzes Leben voller Aktionismus, extremer Leistungsbereitschaft, Selbstüberschätzung, Selbstüberforderung, Selbstentfremdung, Selbstmitleid, Machttrieb und Eitelkeit, eben sein Politikerleben, gänzlich hohl ist? Oder hatte er kurz vor dem selbstgewählten Ende den Überblick völlig verloren?

Als Wolfgang Kubicki in dem Brief weiterlas, fand er einen Hinweis auf einen Koffer in den Geschäftsräumen von Möllemanns Firma WEB/TEC. Falls ihm etwas zustoße, schrieb Möllemann, solle Kubicki diesen Koffer öffnen. Was Möllemanns Freund darin fand, war »belanglos«, wie er sagte. »Kontoauszüge und Unterlagen über Projekte in arabischen Staaten.« Nichts, was gelaufen wäre. Ein Symbol für die Sinnlosigkeit?

Mit dem Mossad hatte das alles nichts zu tun.

Als Kubicki Rolf Wegener die Rechnung über eine Million präsentierte, lachte der nur. Das sei »Blödsinn«. Er solle die Sache am besten schnell vergessen. Möllemann habe schon 600 000 Euro im Voraus bekommen. Das Geld habe er verlangt, um Wahlkampfkosten zu bezahlen. Für die Erben war da nichts zu holen. Als Kubicki vorschlug, die MS Air aufzulösen und das Flugzeug zu verkaufen, erlebte er den nächsten Reinfall. Wegener sagte ihm kühl, das Flugzeug verkaufe er ganz allein. Möllemann habe daran keine Rechte mehr. Zum Beweis legte er Kubicki einen Darlehensvertrag vor, durch den Möllemann seinem Geschäftspartner Wegener die Maschine als Sicherheit übereignet hatte.

Das war für Kubicki aber noch nicht die Schlussrunde mit Wegener. Der tauchte im Büro der WEB/TEC auf und hängte vier Bilder von zeitgenössischen Malern ab. Die habe er Möllemann nur als Leihgabe überlassen, sagte er zur Begründung. Und keiner konnte ihm widersprechen.

Die Staatsanwaltschaft musste nach Jürgen Möllemanns Tod die Ermittlungen gegen ihn wegen illegaler Parteifinanzierung und Untreue zulasten der FDP einstellen. Möllemanns krumme Touren gingen aber nicht spurlos an den Liberalen vorbei. Sie haften dafür. Im Sommer 2009 verhängte die Bundestagsverwaltung eine Strafe von 4,5 Millionen Euro gegen die FDP. Dagegen hat die Partei Klage eingereicht, sodass über diesen Teil der unseligen Möllemann-Hinterlassenschaft Richter entscheiden müssen. Möllemann? Es gibt auch Tote, die keine Ruhe geben.

Das System pflegt seine Kinder

Die Aufdeckung illegaler Finanzpraktiken der Parteien ist ein mühseliges und meist unerquickliches »Geschäft«. Nur selten dringen Staatsanwaltschaften oder parlamentarische Untersuchungsausschüsse bis zur Wahrheit vor. Im Fall Möllemann erzwang der tragische Tod des Politikers die Einstellung der Ermittlungen. Aber selbst dann, wenn keine Ermittlungshindernisse existieren, bleiben die Motive für ungesetzliche Spenden und die Schmiergeldnetze von Politikern oft genug im Dunkeln. In den Berichten von Untersuchungsausschüssen wird die Präsentation erfolgreicher Arbeit häufig auch von Formulierungen des Scheiterns eingerahmt, die sich in der Feststellung erschöpfen: »konnte der Ausschuss nicht aufklären«. Die Selbstkontrolle der parlamentarischen Kontrolleure funktioniert mangelhaft. Bricht ein Skandal auf, bestimmen parteipolitisches oder koalitionspolitisches Taktieren und Finassieren den Aufklärungswillen.

Sehr schnell endet auch die Wahrheitssuche, falls es um gesetzeswidrige Praktiken geht, die alle Parteien benutzen, oder falls Spender betroffen sind, die sie mit namhaften Summen unterstützt haben. Der Bundestagspräsident, selbst Parteimann und zugleich oberster Wächter über die Parteifinanzen, gerät unter Rechtfertigungsdruck und in Glaubwürdigkeitsprobleme, sobald er Verfehlungen der eigenen Partei ahnden soll. So empfand es auch der amtierende Parlamentspräsident Norbert Lammert, als er gegen anrüchige Sponsoringumtriebe und Verschleierungstaktiken seiner CDU im Landtagswahlkampf 2010 in Nordrhein-Westfalen vorgehen sollte.

Der Grabenkrieg, der unter öffentlichem Druck in parlamentarischen Untersuchungsausschüssen aufgeführt wird, ist nicht immer so ernst gemeint, wie es der Krieg der Worte glauben machen will. Möllemann etwa wurde im letzten Parteispenden-Untersuchungsausschuss nicht vernommen. Ein möglicher Termin für seine Befragung wurde auch mit Zustimmung der SPD so weit nach hinten geschoben, dass die Zeit nicht mehr reichte, weil der Ausschuss wegen des bevorstehenden Endes der Legislaturperiode im Jahr 2002 seine Arbeit abschließen musste. Möllemann hätte nicht zum Flyer befragt werden können, den gab es noch nicht, aber zu Leuna und zum Schmiergeld aus dem Fuchs-Panzer-Geschäft des Thyssen-Konzerns mit den Saudis. Was hätte Möllemann dann auch noch über andere verraten können? Sicher eine ganze Menge. Denn bei den Elefantenmachern in der Wirtschaft kreuzen sich die Wege der Parteien. Man weiß voneinander und schweigt. Möllemann selbst deutete den Verzicht auf seine Vorladung als Persilschein.

»Unter dem öffentlichen Druck von periodischen Skandalen wird die Parteienfinanzierung immer mal wieder durch neue Gesetze eingegrenzt. Aber schon während ihrer Beratung wird ersonnen, wie sie danach auf neue Weise umgangen werden können ... Im Übrigen würde irren, wer meint, die Verschärfung der gesetzlichen Bestimmungen der Parteienfinanzierung würde jene stören, die das Geld für die Parteien berufsmäßig besorgen«, schreibt Fritz Goergen.[84] Er kennt sich aus. Er ist Mitwisser, Akteur und als Helfer Möllemanns ein von Strafmaßnahmen der Justiz Betroffener.

Es sind aber nicht nur die Spitzfindigkeiten bei der Umgehung der eigenen Gesetze, wodurch die Gesetzgeber in Verruf geraten. Es beginnt schon mit dem Zuschnitt der Gesetze: Ein Beamter wird wegen Vorteilsannahme bestraft, auch wenn er die Belohnung erst nach einer begünstigenden Entscheidung erhält. Eine Partei musste bis zum Jahr 2004 nur dann Strafe zahlen, wenn sie die entsprechende Zuwendung vor der Entscheidung erhalten hatte. Die Frage der Vorteilsannahme tauchte in der öffentlichen Diskussion wieder auf, als es um die rechtliche Bewertung des zuvor erwähnten Sponsorings bei der CDU in Nordrhein-Westfalen ging. Auch das neu gefasste Parteiengesetz grenzt das Problem nicht klar genug ein. Mit den durch die Gesetzgebung eingebauten Schlupflöchern wird dem Schmierenwesen aber Tür und Tor geöffnet.

Man darf sich nicht täuschen: Alle Parteien haben große Mägen, die viel Geld verdauen können. Unter den Schatzmeistern gibt es keine Verdauungsstörungen. Sie sind geübt in informellen Absprachen, von denen die Wähler nie etwas erfahren, oft nicht einmal die Abgeordneten.

Tritt der Staatsanwalt in Spendenskandalen auf, geht es meist um Steuerhinterziehung, Beihilfe zur Steuerhinterziehung, Untreue gegenüber der eigenen Partei oder Korruption. Exemplarisch hierfür sind die Urteile gegen die ehemaligen Wirtschaftsminister Hans Friderichs und Otto Graf Lambsdorff im Zuge des Flick-Skandals. Beide waren im Februar 1987 vom Landgericht Bonn zu Geldstrafen wegen Steuerhinterziehung verurteilt worden, weil sie nach Auffassung des Gerichts unrichtige Angaben gegenüber den Finanzbehörden über den wahren Zweck ihrer Zuwendungen insbesondere an die Staatsbürgerliche Vereinigung gemacht hatten und dadurch Steuern zu niedrig festgesetzt worden waren. Friderichs wie Lambsdorff wurden vom Vorwurf der Bestechlichkeit oder Bestechung freigesprochen, weil das Gericht nicht nachweisen konnte, dass es eine Verabredung gegeben hatte und der Flick-Konzern mit seinem Geld Regierungsentscheidungen beeinflussen oder kaufen wollte. Der ehemalige Flick-Manager Eberhard von Brauchitsch wurde ebenfalls wegen Steuerhinterziehung zu einer Haftstrafe auf Bewährung verurteilt.

Gegen den ehemaligen CDU-Schatzmeister Walther Leisler Kiep und seinen Generalbevollmächtigten Uwe Lüthje wurde wegen des Verdachts der gemeinschaftlichen Beihilfe zur Steuerhinterziehung ermittelt. Sie waren verdächtig, die Spender angehalten zu haben, ihre Zahlungen über die gemeinnützige Staatsbürgerliche Vereinigung, eine Spendenwaschanlage, abzuwickeln. Durch diese illegale Umleitung kamen Spender in den Genuss von Steuervorteilen, die sie bei ordnungsgemäßer Angabe des wahren Zuwendungsempfängers, also der Partei ihrer Wahl, nicht erhalten hätten. Im Mai 1991 wurde Kiep wegen fortgesetzter, teilweise gemeinschaftlich begangener Beihilfe zur Steuerhinterziehung zu einer Geldstrafe von 270 Tagessätzen zu je 2500 Mark, das heißt insgesamt zu 675 000 Mark, verurteilt. Das Verfahren gegen Uwe Lüthje wurde wegen Verjährung eingestellt.

Im April 2005 wurde der ehemalige Innenminister und hessische CDU-Vorsitzende Manfred Kanther vom Landgericht Wiesbaden wegen Untreue zum Nachteil des CDU-Landesverbandes Hessen zu einer Freiheitsstrafe von 18 Monaten auf Bewährung verurteilt. Kieps Wirtschaftsprüfer und Finanzberater Horst Weyrauch sollte eine Geldstrafe von 61 200 Euro bezahlen. Doch der Bundesgerichtshof hob das Urteil 2006 teilweise auf. Im September 2007 kam es zu einem zweiten Verfahren vor dem Landgericht Wiesbaden, das nun die Strafen erheblich reduzierte. Kanther wurde zu 300 Tagessätzen zu je 180 Euro, insgesamt 54 000 Euro Geldstrafe verurteilt, Weyrauch brauchte nur noch 45 000 Euro zu zahlen.

Als einziges Mitglied der Regierung Kohl wurde der ehemalige Rüstungsstaatssekretär Holger Pfahls, CSU, nicht nur wegen Steuerhinterziehung, sondern auch wegen Vorteilsannahme belangt. Es ging um 3,8 Millionen Mark Schmiergeld, das der Rüstungslobbyist Karlheinz Schreiber nach einem rechtskräftigen Urteil des Landgerichts Augsburg Pfahls zur Verfügung gestellt hat. Das Gericht verurteilte Pfahls im August 2005 zu einer Haftstrafe von zwei Jahren und drei Monaten. Vorausgegangen war diesem Urteil ein Deal mit Staatsanwaltschaft und Gericht, die Pfahls eine entsprechend milde Strafe bei einem Geständnis in Aussicht gestellt hatten.

Franz Josef Strauß wurde nie belangt.

Gegen Helmut Kohl, der bewusst das Parteiengesetz und das Transparenzgebot der Verfassung missachtet hatte, eröffnete die Bonner Staatsanwaltschaft 2000 ein Ermittlungsverfahren wegen des Verdachts der Untreue zum Nachteil der CDU. Es wurde schon im März 2001 wegen geringer Schuld gegen Zahlung einer Geldbuße von 300 000 Mark eingestellt. Die Richter attestierten ihm, dass er sich nicht persönlich bereichert habe, und hielten ihm seine politischen Verdienste zugute sowie die rasche Wiedergutmachung des Schadens. Der Altkanzler ist damit nicht vorbestraft. Er hatte Glück und »tüchtige« Helfer. Er wäre wohl nicht ohne eine empfindliche Strafe davongekommen, wäre es dem Parteispenden-Untersuchungsausschuss gelungen, Licht in den »Fall Ehlerding« zu bringen. Das Hamburger Investorenehepaar Ehlerding hatte der CDU die für eine Einzelspende außerordentlich hohe Summe von 5,9 Millionen Mark zukommen lassen. Wie es der Partei unter Kohls Erben – damals unter ihrem Bundesvorsitzenden Wolfgang Schäuble und der Generalsekretärin Angela Merkel – in dieser Causa gelang, einer hohen Strafzahlung zu entgehen, kann jetzt, nach zwölf Jahren, geklärt werden.

6. KOHLS MILLIONENCOUP: DIE EHLERDINGS BRECHEN IHR SCHWEIGEN

Angela Merkel war Teil des Systems, hat von allem profitiert und alle überlebt

War das die Lösung? Der Parteispenden-Untersuchungsausschuss gab sich in seiner Überzeugung sicher, als er im Jahr 2002 die Akten über dem Fall schloss: Das Hamburger Unternehmerehepaar Karl und Ingrid Ehlerding habe sich mit einer Zahlung von 5,9 Millionen Mark an die CDU im September 1998 den Zuschlag der Regierung Kohl bei der Privatisierung von 110 000 Eisenbahnerwohnungen erkaufen wollen. Unter diesem Vorzeichen wurde und wird die Superspende, die größte Zuwendung, die jemals aus einer einzigen Quelle an die Partei floss, auch in den Medien gehandelt. Doch der Nachweis gelang nicht. Die CDU, die sich dem Vorwurf ausgesetzt sah, durch eine »Einfluss-Spende« gekauft worden zu sein und sich der Vorteilsannahme schuldig gemacht zu haben, entging einer Strafzahlung von 17,7 Millionen Mark. Auch die Beteiligten, die den Geldtransfer durchgezogen hatten, kamen juristisch und finanziell ungeschoren davon.

Die spektakuläre Ehlerding-Spende blieb ein Mysterium, weil das Aufklärungsmuster des Ausschusses auf einer Fehleinschätzung der Motivlage beruhte, die hauptsächlich durch die CDU-Regie provoziert worden war. Dadurch ließ sich der Ausschuss den Weg verbauen, die

Tricks und die Manipulationen von Papieren und das dazu passende Lügengebäude aufdecken zu können. Und der Bundestagspräsident als oberster Kontrolleur der Parteifinanzen wurde so daran gehindert, die fällige Strafe zu verhängen. Die damals amtierende CDU-Parteiführung unter dem Bundesvorsitzenden Wolfgang Schäuble und der Generalsekretärin Angela Merkel konnte aufatmen.

Durch bislang unbekannte Dokumente und neue Aussagen der Ehlerdings sowie eines früheren Mitarbeiters der CDU-Schatzmeisterei wird die Partei von ihrer schwarzen Vergangenheit eingeholt. Der Fall Ehlerding, eine der spektakulärsten ungeklärten Parteispendenaffären, muss neu aufgerollt werden. Es geht um falsche Quittungen und falsche Rechenschaftsberichte, aber ganz anders, als damals irgend jemand ahnen konnte. Es geht um Dokumente, die unter dem Bruch der Parteisatzung fingiert wurden, um gesetzeswidrige Geldtransfers zu verschleiern. Die Ehlerdings hatten ein milliardenschweres Immobilienimperium aufgebaut, ohne einer Partei Geld zu geben. Sie wurden, wie sie uns sagten, von der CDU angestoßen, die Kasse aufzumachen, als die Regierung Kohl die Grundsatzentscheidung über den Verkauf der Eisenbahnerwohnungen gefällt hatte. Die Sitte, in großem Stil Geld zu verlangen, war bei der CDU nicht neu. Kohl hatte Ähnliches schon im Skandalfall Flick mit Erfolg praktiziert. Wie kam die CDU zum Ziel ihrer Begehrlichkeit und welche Mittel benutzte sie zur Vertuschung ihrer Absichten?

*

Je näher der Wahltag rückte, desto stärker wurden Gerhard Schröder und seine SPD. In den Umfragen zeichnete sich für Kanzler Helmut Kohl und die CDU bei der Bundestagswahl 1998 schon früh eine Niederlage ab. Erstmals nach dem Krieg lief eine Bundesregierung Gefahr, komplett abgewählt zu werden. Gerade in den neuen Bundesländern, wo die Landschaften noch nicht so blühten, wie Kohl es vorausgesagt hatte, musste sich die CDU auf einen Absturz einstellen, der auch Kohls »Mädchen«, Angela Merkel, die Lichtgestalt aus dem Osten, CDU-Landesvorsitzende in Mecklenburg-Vorpommern und Umweltministerin in seinem Kabinett, mitzureißen drohte. Um Schröders Höhenflug zu stoppen, fuhr die CDU ihre Wahlkampfwerbung hoch. Alle Geldreserven wurden mobilisiert – legale und illegale.

Kohl und Co. suchten Sponsoren, gut betuchte Unterstützer, die in handverlesenen Zirkeln mit dem Kanzler bei Tisch sitzen durften und denen er dann die Hand drückte.

»Er war gerührt«, sagte Ingrid Ehlerding, die zusammen mit ihrem Ehemann Karl von dem »schwarzen Riesen« einen Handschlag bekam.

Den hatte das Hamburger Unternehmerehepaar auch verdient: 5,9 Millionen Mark waren eine Menge Geld für die CDU, der in der Schlusskurve des Wahlkampfs finanziell die Puste ausging. Fünf Millionen leiteten Kohls Finanzakrobaten Hans Terlinden und Horst Weyrauch auf das Schwarzgeldkonto, auf dem das Geld von Spendern geparkt worden war, denen Kohl, wie er sagte, sein Ehrenwort gegeben habe, ihre Namen nie zu nennen. Seine heimlichen Elefantenmacher.

900 000 Mark gingen an Angela Merkels Landesverband. Das sei Kohls Wunsch gewesen, sagten uns frühere Mitarbeiter der CDU-Parteizentrale, dem Konrad-Adenauer-Haus. Kohl sei es immer darauf angekommen, die schwächelnde CDU in den neuen Bundesländern besonders zu fördern. Die 900 000 Mark für Merkels kleinen Landesverband waren unverhältnismäßig viel Geld im Vergleich zu den fünf Millionen für die gesamte Bundespartei.

Angela Merkel war tief beeindruckt und rief Karl Ehlerding an. Der erinnert sich heute zwar nicht mehr genau an den Tag, aber an ihre Worte: Dass sie mit Ehlerdings Geld ihre Leute auf Vordermann bringen könne, habe sie ihm vorgeschwärmt. Und: Ehlerding habe die CDU in Mecklenburg-Vorpommern gerettet.

Gut ein Jahr nach der Bundestagswahl, im Dezember 1999, hieß es jedoch: Rette sich, wer kann. Der parlamentarische Untersuchungsausschuss des Bundestags, der sich mit den schwarzen Kassen der CDU beschäftigte, nahm Kohl, Merkel und die Partei wegen der horrenden Ehlerding-Spende ins Visier, nachdem die Grünen den Fall auf die Tagesordnung gebracht hatten. Die Abgeordneten hatten Verdacht geschöpft, weil ein Konsortium unter Führung der Firma WCM AG im Juni 1998 von der Regierung Kohl den Zuschlag beim Verkauf von 110 000 Eisenbahnerwohnungen aus Staatseigentum erhalten hatte, obwohl das Angebot eines Konkurrenten um eine Milliarde

Mark höher lag. Das größte Aktienpaket der WCM hielten die Ehlerdings. Und kaum dass die Entscheidung der Bundesregierung gefallen war, tauchten auch schon Finanzagenten der CDU auf, die bei dem Hamburger Unternehmerehepaar Kasse machen wollten. Korruption sei im Spiel, argwöhnten die Ermittler aus dem Bundestag.

Als der Parteispenden-Untersuchungsausschuss im Dezember 1999 mit seinen Nachforschungen begann, hatte die CDU ein neues Gesicht. Kohl war nach der verlorenen Bundestagswahl vom Parteivorsitz zurückgetreten. Als Hoffnungsträger an den Kommandostellen im Konrad-Adenauer-Haus installierte sich die Partei eine jüngere Führungselite: Nach vorn rückten Wolfgang Schäuble als Parteivorsitzender, Angela Merkel als Generalsekretärin und Matthias Wissmann als Schatzmeister. Die Neuen hatten jedoch allesamt den Geruch von Kohls altem Stall.

Diese Erbengemeinschaft hatte etwas Pikantes: Wissmann war zuvor als Verkehrsminister im Kabinett Kohl zuständig für die Weichenstellung zum Verkauf der Eisenbahnerwohnungen an das Ehlerding-Konsortium. Und Angela Merkel war schon früh in den Verhandlungen über Ehlerdings außergewöhnlich hohe Zuwendung aufgetaucht. Zwei Spezis aus ihrer Umgebung hatten zusammen mit Kohls Finanzagenten Horst Weyrauch und Hans Terlinden die horrende Zahlung in Gang gebracht. Mit Terlinden, dem Spezialisten für heikle Finanztransfers, verständigte sie sich sogar über die Annahme des Geldes für ihren Landesverband. Ausgerechnet von Terlinden ließ sich Angela Merkel beraten, so als ob es ganz normal gewesen wäre, dass dieser Experte aus Kohls Reich der schwarzen Kassen auch als letzte Instanz für juristisch und moralisch einwandfreie Geldtransfers an die CDU hätte dienen können.

Die wendige Angela Merkel setzte sich jedoch schnell von ihrem politischen Ziehvater Kohl ab, als der die Partei und damit auch ihre neue Spitze wegen seines schwarzen Geldes und seines Ehrenworts für die anonymen Spender in die Tiefe zu reißen drohte. Eine Kohl-Blüte wie sie war, wollte sie nicht im Sumpf ihres Förderers untergehen. In einem moralisch aufgeladenen Beitrag für die *Frankfurter Allgemeine Zeitung* vom 22. Dezember 1999 forderte sie ihre Partei auf, sich von Kohl abzusetzen: »Die Partei muss ... laufen lernen, muss sich zutrauen, in Zukunft auch ohne ihr altes Schlachtross, wie

Helmut Kohl sich oft selbst gerne genannt hat, den Kampf mit dem politischen Gegner aufzunehmen. Sie muss sich wie jemand in der Pubertät von zu Hause lösen, eigene Wege gehen.« Seitdem gilt sie als eine Art Jeanne d'Arc der CDU. Moral? Machtinstinkt! Ein ausgeklügelter taktischer Schritt, um die Partei und damit das eigene politische Überleben abzusichern.

Angela Merkels eigene Wege verwandelten sich schneller, als sie erwarten konnte, in Straßen des Erfolgs. Schon wenige Monate nach ihrem Aufruf zum Abschied von Kohl fiel ihr der Parteivorsitz zu, und damit hatte sie die Bahn frei ins Kanzleramt. Wolfgang Schäuble hatte sich selbst zur Strecke gebracht. Er war über eine Lüge im Zusammenhang mit der Annahme einer 100000-Mark-Spende des Rüstungslobbyisten Karlheinz Schreiber gestolpert und als Parteivorsitzender nicht mehr tragbar. Merkel nutzte die Chance und bot sich ungeniert als Nachfolgerin an. Sie traf auf eine Marktnische. Die Sehnsucht der aus den Fugen geratenen CDU nach dieser Retterin war groß. Etwas anderes als Kohls Exministerin für reine Luft und eine schönere Umwelt hatte und hat die Partei nicht im Angebot – bis heute.

Eingeholt von der schwarzen Vergangenheit

Dass es so laufen würde, war keineswegs ausgemacht. Die Affäre Ehlerding war gerade erst heiß geworden. Als Kohl, Merkel und die CDU unter Druck gerieten, halfen die Ehlerdings aus. Durch sein Geld habe er mithelfen wollen, Kohl und die CDU an der Regierung zu halten, sagte Karl Ehlerding vor dem Untersuchungsausschuss. Einen Zusammenhang mit dem Wohnungsgeschäft gebe es aber nicht.

Das sah der Ausschuss ganz anders. An Zufälle glaubte er nicht. Sein Verdacht, dass sich die Ehlerdings mit ihrem Geld das Geschäft sichern wollten, war noch dadurch verstärkt worden, dass die Verbriefung des Wohnungsverkaufs erst nach der Bundestagswahl über die Bühne gehen sollte. Die fünf Millionen der Ehlerdings für die

Bundes-CDU seien eine »Dankeschön-Spende« für den Zuschlag und zugleich eine »Einfluss-Spende« wegen der erwarteten weiteren Unterstützung durch die Partei nach der Wahl, argwöhnten die Abgeordneten. Da der Wohnungsdeal noch nicht abgeschlossen war, als das Geld floss, kam für die Abgeordneten nach dem Parteiengesetz der Tatbestand der Vorteilsannahme durch die CDU infrage. Um Vorteilsannahme ging es dann, wenn gezahlt wurde, bevor die den Spender begünstigende Handlung abgeschlossen war.[1]

Zur Verschleierung der Zusammenhänge, so die Vermutung des Untersuchungsausschusses, seien die im September 1998 auf einen Schlag gezahlten fünf Millionen zunächst schwarz zwischengelagert worden. Bevor das viele Geld in das offizielle Rechenwerk der Partei geschleust worden sei, habe man es unter Verstoß gegen das Parteiengesetz in zwei Tranchen gesplittet. Um das illegale Splitten zu vertuschen, hätten die Ehlerdings mit ihren Freunden von der CDU einen fingierten Darlehensvertrag, ein »Scheingeschäft«, über gut die Hälfte des Geldes abgeschlossen. In Wirklichkeit habe es nur eine einzige Spende gegeben. Der Kredit habe nur auf dem Papier existiert. Die Darlehensfiktion habe nur dazu gedient, die gesetzliche Vorschrift zu umgehen, wonach die gesamte Zahlung im Rechenschaftsbericht der CDU für das Wahljahr 1998 hätte veröffentlicht werden müssen.[2] Einen Beleg für den Verdacht fand der Ausschuss nicht.

Ein Durchbruch der parlamentarischen Ermittler im Fall Ehlerding hätte die völlig verschuldete Partei, die nach Kohls Wahlschlappe 58 Millionen Mark Defizit in ihren Büchern hatte, finanziell in den Ruin treiben können. Der CDU standen aus anderen illegalen Finanzgeschäften Strafzahlungen von mehr als 40 Millionen Mark ins Haus. Bei erwiesener Vorteilsannahme in Sachen Ehlerding drohte der Partei eine weitere Bestrafung in doppelter Höhe der Spendensumme und obendrein deren Einzug: ein Schaden von insgesamt 17,7 Millionen Mark. Von möglichen juristischen Konsequenzen für die Beteiligten aus der Partei etwa wegen Untreue oder Beihilfe zur Steuerhinterziehung ganz zu schweigen.

Die Affäre Ehlerding hätte die CDU auch politisch zum Kippen bringen können. Sie war für die Partei lebensgefährlich, weil sie in die Gefahr geraten war, als käuflich entlarvt zu werden. Ade, du schön geschmierte Welt. Eine Kanzlerin Merkel und den von ihr als Minister wieder hoffähig gemachten Wolfgang Schäuble hätte es dann wohl nie gegeben.

Jetzt, acht Jahre nach dem Ende der Ausschussarbeit, lichtet sich das Dickicht, in dem die Aufklärer aus dem Bundestag damals hängen blieben. Uns liegen Dokumente und Aussagen vor, die dem Ausschuss nicht zur Verfügung standen. Erstmals gelang es uns, gestützt auf Informationen sachkundiger CDU-Mitarbeiter, die Ehlerdings dazu zu bewegen, über das zu sprechen, was sie bei ihren Befragungen durch die Abgeordneten im Untersuchungsausschuss für sich behielten. Aber auch darüber, wie sie aus Gutmütigkeit und Loyalität der CDU, die sie stets gewählt hatten, durch passende Aussagen halfen, sich den Verdächtigungen durch den Ausschuss zu entziehen. Auch darüber, wie feige Mitwisser aus der CDU zusahen, als sie ihren Ruf und ihre Glaubwürdigkeit aufs Spiel setzten. Dadurch wird klar, mit welchen Ablenkungsmanövern der Ausschuss in die Irre geführt wurde. Die bei unseren Gesprächen entscheidende Auskunft der Ehlerdings: Es habe eine einzige Spende gegeben. Die sei gesplittet worden, weil das die Emissäre der CDU verlangt hätten. Der dafür erforderliche Darlehensvertrag sei ihnen von den CDU-Vertretern vorgelegt worden. Diese Aussage vor dem Untersuchungsausschuss wäre für die Partei der GAU gewesen. Was da inszeniert wurde, war ein Bruch des Parteiengesetzes. Die Darstellung der Ehlerdings wird durch gewichtige Tatsachen gestützt, wie noch zu zeigen sein wird. Danach sind die vom damaligen Bundestagspräsidenten Wolfgang Thierse akzeptierten Rechenschaftsberichte der Partei für 1998 und 1999 falsch. Nicht nur das – auch die für die Ehlerdings ausgestellten Spendenquittungen. Hinweise darauf gab es schon damals.

Bei unseren Recherchen wurden uns Kopien bislang unbekannter Papiere aus der CDU-Schatzmeisterei zugänglich gemacht. Konfrontiert mit diesen Unterlagen und entsprechenden Informationen, räumte ein betroffener ehemaliger Mitarbeiter der Schatzmeisterei interne Aktivitäten ein, die notwendig waren, um den Untersuchungsausschuss zu täuschen. Nachdem sich Kohls Erben in der Parteizentrale etabliert hatten, war in den Büros des Konrad-Adenauer-Hauses eine Menge Arbeit nötig, um die krumme Tour mit den Ehlerdings zu vertuschen. Sogar vor dem eigenen Parteivorstand.

Angesichts der Fakten geraten Merkel, Schäuble und Wissmann unter Druck, sich neu zu erklären. Unsere Anfragen wollte keiner beantworten. Anders die Ehlerdings:

»Es ist ja gut, dass die Wahrheit mal ans Licht kommt. Selbst wenn wir jetzt wieder ans Licht der Öffentlichkeit gezerrt werden«, sagte uns Ingrid Ehlerding wenige Wochen vor Drucklegung des Buches.

Die im Folgenden detailliert geschilderten, neuen Erkenntnisse werden zeigen, wie falsch der Untersuchungsausschuss bei seiner Motivsuche die Rolle der CDU eingeschätzt hatte: Es ging nicht um eine »Einflussspende« der Ehlerdings. Die war nicht erforderlich. Schlimmer: Die CDU erwartete Geld nach der Entscheidung der Regierung Kohl über die Eisenbahnerwohnungen.

Chronik eines politischen Schmierenstücks

Wir schreiben das Jahr 1994, als die Regierung Kohl damit beginnt, die Privatisierung der Bundesbahn zu betreiben. Zwei Jahre später, im Juni 1996, wird die Deutsche Eisenbahn-Wohnungsgesellschaft mbH gegründet. Darin werden 110 000 Wohnungen zusammengefasst, um sie als »nicht bahnnotwendiges Vermögen« zu verkaufen. Als zuständiger Minister lässt Matthias Wissmann im Januar 1997 das Ausschreibungsverfahren zum Verkauf der Wohnungen einleiten. Zur internen Unterstützung wird das Finanzministerium unter Theo Waigel hinzugezogen. Zugeschaltet ist auch das Kanzleramt. Als externe, unabhängige Berater heuert Wissmann die Investmentbank Drueker & Co. und die Deutsche Bau- und Bodenbank an. Alles Profis in Privatisierungsfragen.

Juli 1997: Die Berater versenden Verkaufsunterlagen an 150 potenzielle Interessenten im In- und Ausland, darunter deutsche, regional positionierte Wohnungsgesellschaften wie die WCM AG von Karl Ehlerding. Auch die überregional aufgestellte Deutsche Annington Immobilien GmbH mit Sitz in Frankfurt/Main ist dabei. Diese Firma gehört zur englischen Annington-Gruppe mit dem Hauptgesellschafter Nomura International, einer Tochter des japanischen Bankhauses Nomura. Als wichtigsten Finanzier für den geplanten Wohnungskauf hat die Annington, die über ein deutsches Management verfügt, die Dresdner Bank an der Seite.

Oktober 1997: Das Wissmann-Ministerium, die Eisenbahnergewerkschaften, der Bahn-Hauptpersonalrat und der Gesamtbetriebsrat der Deutschen Bahn AG schließen eine »Wohnungsfürsorge-Vereinbarung«, um beim Verkauf der Wohnungen für die Mieter und Bahnmitarbeiter besondere Schutzbestimmungen durchzusetzen, die über die Vorschriften des Mietrechts hinausgehen. Somit steht fest, dass nur ein Käufer infrage kommt, der diese speziellen sozialen Auflagen garantieren kann.

Dezember 1997: Der Bundesrechnungshof weist das Verkehrsministerium auf die Pflicht zu einer sorgfältigen Dokumentation der bevorstehenden Verkaufsentscheidung hin und verlangt unter Hinweis auf die Bestimmungen der Bundeshaushaltsordnung, dass bei einem Verkauf von Bundesvermögen grundsätzlich der »volle Wert« anzusetzen ist.

Januar 1998: Die interessierten Immobilienfirmen erhalten die von dem Wissmann-Ministerium und seinen externen Beratern ausgearbeiteten Entwürfe der Kaufverträge für die Wohnungen. Darin sind das Verbot der Luxussanierung, Mietpreisbeschränkungen und »prohibitive« Strafen festgeschrieben, um einer vertragswidrigen Weiterveräußerung vorzubeugen.

Die Deutsche Annington bietet auf dieser Grundlage 8,1 Milliarden Mark, ein konkurrenzloser Preis. Die Berater empfehlen dem Ministerium, der Annington den Zuschlag zu geben, weil deren Angebot nicht nur nach dem Preis, sondern auch »in allen weiteren Konditionen das beste« sei. Die mit Annington verbundene japanische Nomura-Bank sei ein großer Gewinn, weil sie in puncto Eigenkapital zur Weltspitze unter den Banken gehöre und außerordentlich solide arbeite. Außerdem sei kein anderer Mitbieter bereit, den Vorstellungen des Ministeriums beim Mieterschutz so weit entgegenzukommen wie Annington.[3]

Wissmann verwirft den Rat seiner Experten. Später, vor dem Parteispenden-Untersuchungsausschuss, beruft er sich darauf, dass es während der sogenannten Asien-Krise im Jahr 1997 viele Firmenzusammenbrüche gegeben habe. Dabei sei auch das Bankgewerbe ins Wanken geraten. Das habe gerade auch bei Mietern Spuren hinterlassen. Die Verunsicherung sei »mit Händen zu greifen« gewesen. Und unter den betroffenen Finanzinstituten sei damals auch der Name Nomura aufgetaucht.

Der Name Nomura ist gefallen. Aber anders als Wissmann es vor den Abgeordneten darstellt. Von seinen Beratern war er informiert, dass gerade der Nomura-Aktienkurs während der Asien-Krise um 37 Prozent gestiegen war. Wissmann verlangt dennoch eine neue Konkursrisikoprüfung hinsichtlich »Nomura«. Sie läuft unter der Regie seines Ministerialdirigenten Michael Harting und endet – wie zu erwarten – positiv für die Bank.

Dennoch beauftragt Wissmann die Berater, mit Annington neu zu verhandeln und eine »konkursfeste Lösung« sicherzustellen.[4]

Damit sind die Vorbereitungen für ein verzinktes Spiel abgeschlossen. Wissmann hat dabei nicht freihändig agiert, sondern in enger Abstimmung mit Kohl, stellte der Untersuchungsausschuss fest. Der Verkauf der Eisenbahnerwohnungen ist eine der größten Privatisierungsaktionen der Regierung Kohl, ein Politikum von höchster Brisanz – und das vor einer entscheidenden Bundestagswahl, einer sogenannten Schicksalswahl, die es dann für die CDU auch wird. Als Kanzler und Parteivorsitzender hatte es sich Kohl gar nicht leisten können, dieses Projekt unkontrolliert laufen zu lassen, erklären die CDU-Leute. Dass bei dem geplanten Verkauf der Hamburger Immobilienkönig Ehlerding eine wesentliche Rolle gespielt habe, sei in der Parteizentrale frühzeitig bekannt gewesen. Geredet worden sei auch darüber, dass eine große Spende erwartet werde.

1. März 1998: Als Ergebnis ihrer Verhandlungen halten Wissmanns Experten fest, dass die Bundesregierung im Falle einer finanziellen Notlage der Nomura-Bank oder der internationalen Annington-Gruppe das Recht erhält, zu dem Spottpreis von weniger als 200 000 Mark die Anteile von Nomura oder der internationalen Annington-Gruppe an der Deutschen Annington zu kaufen. Damit würde der Bund wieder Miteigentümer der Eisenbahnerwohnungen, wodurch die Mieter abgesichert wären. Zusätzlich haben sich die Banken, die den Wohnungsverkauf finanzieren wollen, verpflichtet, im Falle eines Konkurses der Annington nur in Absprache mit dem

Wissmann-Ministerium von ihrem Pfändungsrecht Gebrauch zu machen. Besser geht es kaum.[5]

Matthias Wissmann passt die Entwicklung dennoch nicht. Laut Ministerialdirigent Michael Harting verlangt der Minister zu prüfen, ob man Annington an einen deutschen Partner koppeln könne. Auch das lässt sich machen. Die Thyssen Immobilien GmbH, die selbst 40 000 eigene Wohnungen betreut, steigt ein. Thyssen soll auch die Geschäftsführung in der geplanten neuen Gesellschaft für die Eisenbahnerwohnungen besetzen, um der Propaganda den Boden zu entziehen, deutsche Eisenbahnerwohnungen würden an »die Japaner« verkauft.

2. März 1998: In einem Schreiben an das Verkehrsministerium fassen die Berater zusammen, dass Annington mit seinem Angebot den Konkurrenten »in jeder Hinsicht überlegen« ist. Ein Verkauf an regional gestreute deutsche Immobilienfirmen sei »sowohl in preislicher als auch sozialer Hinsicht« nur die zweitbeste Lösung. Dass der Bund in diesem Fall auf einen Milliardenbetrag verzichten müsse, sei »politisch« nicht zu rechtfertigen.[6]

Verkehrsminister Wissmann will davon nichts wissen. Er drängt seine Berater jetzt offen zu einer »deutschen Lösung« und setzt durch, dass sie mit den Regionalanbietern neue Gespräche führen, für die er Vorgaben macht: Die Angebotspreise sollen erhöht und die sozialen Konditionen, die weit schlechter als bei Annington sind, verbessert werden. Jeder Regionalanbieter muss vor Wissmanns Staatssekretär Jochen Henke nochmals gesondert sein Angebot erläutern.

9. März 1998: Ehlerdings WCM ist bei Henke an der Reihe. Wegen eines Auslandsaufenthalts lässt sich Karl Ehlerding entschuldigen. Ihn vertreten sein Vorstandschef, Reinhold Schaaf, und der Aufsichtsratsvorsitzende, Professor Gerhard Wittkämper. Als Henke mit den Herren verhandelt, liegt ihm, so der Ausschuss, schriftlich ein sogenanntes Bieterprofil der Berater seines Hauses vor, in dem es heißt, dass die Familie Ehlerding 62,87 Prozent der WCM-Aktien besitzt und Karl Ehlerding für sämtliche Investitionsentscheidungen die Verantwortung trägt. Das Dokument ist aus dem Aktenbestand des Ministeriums verschwunden, als es der Ausschuss anfordert. Jochen Henke und Wissmann werden später zu Protokoll geben, dass sie von der Verbindung Ehlerding–WCM damals nichts gewusst hätten.

Die WCM und die anderen regionalen Bieter schaffen es nicht, an die 8,1 Milliarden von Annington heranzukommen. Das war schon vor den Gesprächen mit Henke abzusehen. Wissmanns Berater versuchen auf Druck des Ministers, in den folgenden Wochen eine geschlossene Gruppe aus den deutschen Regionalanbietern zu formen, um ein flächendeckendes Angebot zu bekommen, das sich im Preis mit Annington vergleichen lässt. Der Zusammenschluss gelingt.

19. Mai 1998: Die Berater des Verkehrsministeriums treffen mit den Vertretern der Eisenbahnergewerkschaft zusammen und fahren mit folgendem Ergebnis nach Hause: Der Verkauf der Wohnungen an eine regionale Bietergruppe wird von den Gewerkschaftern verworfen, weil die soziale Absicherung geringer ist als bei Annington, die Landesentwicklungsgesellschaften regionalen politischen Einflüssen ausgesetzt sind und die regionale Aufteilung zu einem unerwünschten Flickenteppich von unterschiedlichen Eigentümern führt.[7]

20. Mai 1998: Staatssekretär Jochen Henke spricht mit der neu gebildeten regionalen Bietergruppe: Es sind die Landesentwicklungsgesellschaften von Niedersachsen, Baden-Württemberg, Nordrhein-Westfalen, Hessen und Saarland, die Industriebau Doblinger München, die Berlin-Haus GmbH und die WCM AG. Sie bringen nur sieben Milliarden Mark zusammen. Der größte Anteil in Höhe von 2,7 Milliarden (37,9 Prozent) liegt bei der WCM.

Wesentliche soziale Verpflichtungen, die Annington eingegangen ist, werden nun aber auch von diesem Konsortium akzeptiert.

28. Mai 1998: Die Berater weisen das Wissmann-Ministerium in einem Schreiben ausdrücklich darauf hin, dass die WCM nun das größte Stück vom Kuchen bekommen hat: »Der Schwerpunkt liegt damit nicht mehr bei den Landesentwicklungsanstalten.«[8]

Obwohl das Angebot der neuen Gruppe noch immer um eine Milliarde unter dem von Annington liegt, wird es von Wissmann favorisiert. Der Minister setzt sich damit weiter von den Fachleuten ab. Im Beamtenapparat der Regierung wächst der Widerstand gegen seine Linie. Gerade auch in seinem eigenen Ministerium. Die Experten suchen vordringlich nach einer Lösung, die für die Staatskasse und die betroffenen Mieter günstig ist.

29. Mai 1998: In einer Vorlage für Kanzleramtschef Friedrich Bohl

plädieren seine Mitarbeiter – unter Bezug auf die Kollegen in der Fachabteilung des Verkehrsministeriums – für Annington.

Die Weichen für den Zug mit den Eisenbahnerwohnungen werden aber von der politischen Führung des Verkehrsministeriums anders gestellt – koste es, was es wolle. Wissmanns Staatssekretär Jochen Henke hat die Sache für den Minister in die Hand genommen, um die Opposition aufs Gleis zu heben, die über die konkreten Ergebnisse der Verhandlungen mit Annington nicht informiert ist. Henke spannt den Geschäftsführer der niedersächsischen Landesentwicklungsanstalt, Wilhelm Gehrke, ein. Darüber schreibt Gehrke an den damaligen Chef der niedersächsischen Staatskanzlei Frank-Walter Steinmeier: »Staatssekretär Henke, der nach unserem Eindruck ein Anhänger eines Verkaufs an den regionalen Bieterkreis ist, traut sich zu, diese Entscheidung gegen das höhere Angebot von Nomura (Annington) durchzusetzen. Er hat uns jedoch wissen lassen, dass hierzu politische Unterstützung aus den Ländern erforderlich ist, und bittet um eine entsprechende Darstellung auch des Landes Niedersachsen gegenüber seinem Minister.«[9]

29. Mai 1998: Steinmeier, rechte Hand von Gerhard Schröder, damals noch niedersächsischer Ministerpräsident, reagiert prompt. Er schickt den gewünschten Unterstützungsbrief, den ihm Wilhelm Gehrke vorformuliert hat, an Wissmann. Ein ähnliches Schreiben verfasst Wolfgang Clement, damals Wirtschaftsminister in Nordrhein-Westfalen. Aus den noch roten Ländern Hessen und Saarland sowie aus dem schwarzen Baden-Württemberg, der Heimat Wissmanns, kommt telefonisch Zuspruch.[10]

Wissmann beruft sich später vor dem Parteispenden-Untersuchungsausschuss darauf, dass ihn verschiedene SPD-Politiker dazu veranlasst hätten, sich gegen Annington zu entscheiden.[11] Die raffinierte Clique um Kohl hat die Sozis mithilfe bestellter Schreiben ins Boot gezogen.

Hätten Steinmeier, Clement und andere ablehnen sollen, den Wohnungsbestand ihrer Landesentwicklungsanstalten zu günstigsten Konditionen zu mehren? Was sich wirklich abspielt, wissen sie nicht. So werden sie als Alibi instrumentalisiert, ohne es zu merken.

5. Juni 1998: Referatsleiter Arnim-Hellmut Preußner aus dem Finanzministerium schreibt in einem Vermerk für Minister Theo

Waigel, dass von einem Verkauf der Eisenbahner-Wohnungen an die regionale Bietergruppe definitiv abgeraten werde. Der Minister solle darauf hinwirken, dass Annington den Zuschlag erhält. Das Haushaltsrecht und die Haushaltslage »zwingen zur Realisierung des Bestangebots«.[12]

8. Juni 1998: Nach einer weiteren Bewertung der Angebote sprechen sich Wissmanns Berater erneut für Annington aus.

Wissmann weigert sich hartnäckig. Eine Lösung wider alle wirtschaftliche Vernunft wird vorbereitet.

Am selben Tag kommt es zur entscheidenden Besprechung im Kanzleramt. Kohl und Wissmann sind sich einig in der Entscheidung für das Konsortium mit dem Schwergewicht WCM. Waigel, der ursprünglich der Lösung mit Annington zuneigt, wird geschickt auf Linie gebracht. Wissmann, sagt Waigel später vor dem Untersuchungsausschuss, habe erklärt, dass nur der Verkauf an die regionale Bietergruppe von den Betroffenen, dem Hauptpersonalrat der Bundesbahn und den Gewerkschaften, akzeptiert werde.

Tatsächlich hat sich die Eisenbahnergewerkschaft für die Annington ausgesprochen; der Hauptpersonalrat war nicht gegen diese Firma, sondern grundsätzlich gegen die Privatisierung der Wohnungen.

19. Juni 1998: In einem Vermerk für Waigel warnt Preußner nochmals eindringlich vor einem Verkauf der Eisenbahnerwohnungen an die WCM-Gruppe. Doch noch am selben Tag lässt Waigel dem Verkehrsministerium sein endgültiges Einverständnis mitteilen.

23. Juni 1998: Wissmann trifft die Verkaufsentscheidung zugunsten der WCM-Gruppe, nachdem Kohl grünes Licht gegeben hat.

24. Juni 1998: In einer von Wissmanns Sprecher Veit Steinle herausgegebenen Erklärung steht nichts davon, dass die WCM jetzt den Löwenanteil der Wohnungen – fast 40 Prozent statt 25 Prozent nach der ursprünglichen Planung – erhalten soll. Ehlerdings Firma wird gar nicht erwähnt. Steinle sagt vielmehr, die Federführung der Transaktion liege bei den Landesentwicklungsgesellschaften von Niedersachsen und Baden-Württemberg. Er bleibt Wissmann treu und wechselt mit ihm 1998 in die CDU-Schatzmeisterei.

Der Hauptpersonalrat der Bundesbahn kündigt an, dass er die nach dem Mitbestimmungsgesetz notwendige Zustimmung verweigern werde.

Was von Wissmanns und Kohls Entscheidung zu halten ist, sagt der Bundesrechnungshof. In einem Prüfbericht vom 10. Januar 2000 rügt er, dass ein Verkauf an das regionale Bieterkonsortium statt an die Annington nicht nur eine Milliarde weniger in die Staatskasse gespült, sondern auch keine besseren sozialen Konditionen für die Mieter gebracht hätte, die das Geschäft hätten rechtfertigen können. Das bedeutet nichts anderes, als dass Kohl und Wissmann auf dem Weg waren, Staatseigentum zu verschleudern, wie es später auch nicht wenigen Abgeordneten im Untersuchungsausschuss aufstieß.

15. Juli 1998: Während der Hauptversammlung der WCM AG in Hamburg informiert der Vorstand die Aktionäre über Wissmanns Entscheidung. Obwohl er keine Aktien bei der WCM hat, ist auch Ulrich Born erschienen. Er kennt Ehlerding seit zwei Jahren, hat sich aber zur Hauptversammlung von einem Jagdfreund aus dem Vorstand einladen lassen, erinnert sich Ingrid Ehlerding.

Ulrich Born kommt aus Kohls Partei- und Regierungsapparat, kennt sich wohl auch im Schmiergeldsumpf aus: Er war Mitarbeiter der CDU-Bundestagsfraktion im Flick-Untersuchungsausschuss zu illegalen Parteispenden, Rechtsreferent in der Bundesgeschäftsstelle und Leiter des Büros von Kohls früherem Regierungssprecher Friedhelm Ost. Nach der Wende fährt der wendige Parteimann nach Osten, dorthin, wo Angela Merkel nach Kohls blühenden Landschaften Ausschau hält. Er wird für zwei Jahre Justizminister in Schwerin, stellvertretender Fraktionschef der CDU-Fraktion im Landtag von Mecklenburg-Vorpommern, dem er noch bis 2006 angehört.

Am Rande der WCM-Hauptversammlung habe Born ihn auf eine Spende angesprochen, sagt uns Karl Ehlerding. Er erinnert sich noch, »wie Born auf mich eingeredet hat«, die CDU und Helmut Kohl finanziell zu unterstützen. Der Hamburger Kaufmann widerspricht nicht: »Der rannte offene Türen bei mir ein.« Aber Born habe noch einen speziellen Wunsch gehabt, sagt Ehlerding. Der Politiker habe ihn gedrängt, zusätzlich für Merkels Landesverband die Kasse aufzumachen. Auch das sagt er zu. In den Spendensachen wolle er sich aber noch mit seiner Frau Ingrid abstimmen.

»Ich habe Herrn Ehlerding erklärt, dass die CDU für die bevorstehenden Wahlkämpfe dringend auf Spenden angewiesen sei, und gefragt, ob er grundsätzlich bereit wäre, die CDU durch eine Spende zu unterstützen«, schreibt Born über das Zusammentreffen mit Ehlerding in einem Brief vom 20. Januar 2000 an Kohl. »Besonders die angespannte Lage« des Landesverbandes Mecklenburg-Vorpommern habe ihn dazu bewogen, noch um eine Extraspende nachzusuchen, schreibt Born. Ehlerding habe positiv reagiert und darum gebeten, eine Verbindung zur CDU auf Bundes- und Landesebene herzustellen, weil er über keinerlei politische Kontakte verfüge. Letzteres wird sich bei den Befragungen durch den Ausschuss als falsch erweisen. Das Schreiben ist ein aufschlussreiches Dokument, weil es, wie sich noch zeigen wird, auch in anderen Punkten im Kontrast zu Aussagen steht, die später dem Ausschuss serviert werden. Born verfasste den Brief, nachdem der Fall Ehlerding in die Öffentlichkeit und in die Schlagzeilen geraten war. Kohl stand wegen der Millionenspende unter Druck und musste sich auf eine Befragung durch den Ausschuss vorbereiten. Da sollte durch den Brief, der in Kopie auch an andere Mitspieler im Spendentheater ging, wie der Ausschuss herausbrachte, offenbar zur internen Orientierung und weiteren Abstimmung eine Grundlage geschaffen werden.

Auffällig an Ulrich Borns Schreiben ist auch der Umgang mit dem Datum des Treffens. Die Begegnung mit Ehlerding habe »etwa Mitte Juli 1998« stattgefunden. Dass sich die Herren am 15. Juli bei der WCM-Hauptversammlung getroffen haben, wobei den Aktionären ganz frisch die Entscheidung der Regierung Kohl zugunsten des Ehlerding-Konsortiums mitgeteilt wird, erwähnt Born nicht. Kann man das bei all den Implikationen so schnell vergessen?

Der gerade Weg eines Parteispenders führt normalerweise in die Schatzmeisterei. Born sucht für Ehlerding aber einen anderen aus. Für den Geldtransfer in die Kassen der CDU avisiert er ihm Hans Terlinden, Kohls alten Weggefährten und Finanzfachmann. Terlinden, in der CDU-Zentrale Chef der Hauptabteilung Verwaltung und Finanzen, bildet damals zusammen mit Horst Weyrauch, Fachanwalt für Steuerrecht und zugleich Schwarzgeldhüter des Kanzlers, ein unschlagbares Team: Terlinden nimmt mit Kohls Segen unter Umgehung der Schatzmeisterei die Spur des Geldes auf, sammelt die Beute ein und legt sie Weyrauch auf den Tisch. Der deponiert sie, den damaligen Sitten in der Partei angemessen, auf einem Sonderkonto, das nicht im Rechenwerk der CDU erfasst ist.

Dass es auch diesmal Hans Terlinden geworden ist, haben die Ehlerdings nach Borns Darstellung einem Mitglied aus Merkels engerer Entourage zu verdanken: Hubert Gehring, dem Generalsekretär ihres CDU-Landesverbandes Mecklenburg-Vorpommern. Obwohl auch Ulrich Born Terlinden und dessen Nähe zu Kohl kennt, spricht er das weitere Vorgehen erst mal mit Hubert Gehring ab. Der ist auch kein Anfänger. Wie Born kommt er aus Kohls Bonner Equipe, kennt Terlindens Qualitäten und hat als Referent im Kanzleramt gedient, bevor er sich als Helfer bei Angela Merkel verdingt. Auch Gehring weiß über den Zusammenhang zwischen Ehlerding und der WCM Bescheid.

In den Substrukturen des Finanzsystems seiner Partei ist er ebenfalls verankert: Einen Teil seines Gehalts bezieht er in den Jahren 1997 und 1998 aus Weyrauchs dunklem Finanzgeflecht, von einem Konto, das nicht im Rechenschaftsbericht der CDU erfasst ist. Auf diesem Konto sammelt sich ein kurioses Gemisch, Geld, das vom Landesverband Mecklenburg-Vorpommern kommt, und Bareinzahlungen Terlindens. Die Einzahlungen des Landesverbandes werden jeweils im entsprechenden Parteietat verbucht.

Wie das funktioniert, habe sie allerdings nicht gewusst, behauptet Merkel vor dem Untersuchungsausschuss. Sie habe mit Kohl über die Bezahlung Gehrings gesprochen, und der habe ihr gesagt, es könne so weiterlaufen wie schon zuvor. Sie habe also eine frühere Regelung übernommen. Merkel:»Die Bundespartei hatte gesagt, dass sie es für richtig empfinden würde, wenn die Arbeitsverträge oder die Abmachungen und das jeweilige Konto auch bei Weyrauch & Kapp (Firmenname von Weyrauchs Kanzlei/d. Verf.) liegen. Das habe ich für vernünftig gehalten, zumal Weyrauch & Kapp in Frankfurt am Main saß und sich auch mit der Frage rentenrechtlicher Ansprüche vernünftig auskannte ...«[13]

Wo da die Vernunft ist, erschließt sich wohl auch nur einer promovierten Atomphysikerin wie Angela Merkel. Sie schob die Verantwortung anderen zu.»Ich habe mir aber keine Gedanken darüber gemacht, in welcher Art und Weise das Konto von der Bundespartei gespeist wird ...«

Es hätte ihr zum Beispiel auffallen können, dass das von Weyrauch geführte Konto, auf das sie von ihrem Landesverband Geld für das Gehalt ihres Generalsekretärs überweisen ließ, im Rechenschaftsbericht der CDU nicht vorkommt. Ein Qualitätsnachweis zur Befähigung für Spitzenpositionen ist Merkels Verhalten nicht, falls sie die Wahrheit gesagt hat. Und falls nicht, dann erst recht nicht.

Von Hubert Gehring sei die Empfehlung gekommen, in der Spendensache mit Hans Terlinden Kontakt aufzunehmen, sagt Born. Für die Einnahmen sei zwar nach dem Parteistatut allein die Schatzmeisterei zuständig, aber in diesem Fall sei Terlinden eingeschaltet worden.[14] Und dagegen hat dann ja auch Angela Merkel nichts einzuwenden.

11. August 1998: Karl Ehlerding trifft sich in seinem Hamburger Büro mit Born, Gehring und Terlinden. Nach Borns Darstellung hat er gefragt, wie eine Spende an die CDU nach den gesetzlichen Vorschriften abgewickelt werden müsse. Seine Gesprächspartner hätten ihn darüber aufgeklärt, dass die Summe mit seinem Namen im Rechenschaftsbericht der Partei veröffentlicht werden müsse.[15]

In dieser Zeit will sich Karl Ehlerding intensiv darum bemüht haben, in seinem Freundeskreis Leute zu finden, die mit ihm zusammen die CDU finanziell unterstützen.

24. August 1998: Das Trio trifft wieder bei den Ehlerdings in Hamburg ein. Der Anlass sei die Finanzierung einer Anzeigenkampagne in der letzten Septemberwoche unter dem Motto »Prominente für Kohl« gewesen. Dabei sei er davon ausgegangen, dass Terlinden seine Aktivität mit Kohl abgesprochen habe, sagt Born. Gehring soll ein eigenes Konzept für den Wahlkampf in Mecklenburg-Vorpommern vorgestellt haben. In jenen Augusttagen habe Karl Ehlerding zugesagt, im Freundeskreis um weitere Spenden zu werben, schreibt Born in seinem Brief an Kohl vom 20. Januar 2000.

Etwas anders liest sich eine entsprechende Auskunft Borns und Gehrings vor dem Ausschuss. Danach habe Karl Ehlerding bereits bei dem Treffen am 24. August bekundet, dass seine Freunde als Spender nicht mehr zur Verfügung stünden. Dazu passt eine Aussage von Ingrid Ehlerding, wonach schon im August klar gewesen sei, dass aus dem Freundeskreis keine Spenden kommen.[16] Karl Ehlerding bestreitet diese Darstellungen vor dem Ausschuss.

Gehring und Born gehen nach diesem Treffen davon aus, dass es einen Millionenregen für die Bundes-CDU und 900 000 Mark für

Mecklenburg-Vorpommern geben wird. Generalsekretär Hubert Gehring informiert seine Landesvorsitzende Angela Merkel über das Ergebnis.[17]

28. August 1998: Merkel unterrichtet den Landesvorstand darüber, dass aufgrund einer Großspende im Wahlkampf noch eine Menge möglich sei.[18]

Wo ein Wille ist, ist auch ein Weg

Angela Merkel ist nach Feststellungen des Parteispenden-Untersuchungsausschusses wohl schon Wochen früher über die Spendenbereitschaft Ehlerdings informiert.»Fast schon nervend«, sagt Ulrich Born, habe Frau Merkel über Gehring immer wieder nachfragen lassen, was Ehlerding für ein Mensch sei, ob er seriös und »ob alles in Ordnung« sei, wenn die CDU eine so große Spende annehme.[19]

Die frühzeitige Einweihung Merkels passt zu einer Information aus dem Kreis der Mitglieder des damaligen CDU-Vorstands. Es sei Kohl gewesen, der Hans Terlinden nach der Entscheidung über die Eisenbahnerwohnungen auf Ehlerdings Spur gesetzt habe. Erst dadurch seien die Aktivitäten von Born und Gehring ausgelöst worden. Ob Kohl auch Merkel über die Spendenbereitschaft Ehlerdings unterrichtet hat, ist nicht bekannt. Es würde Sinn machen. Jedenfalls besteht eine Auffälligkeit in den unterschiedlichen Ausführungen von Karl Ehlerding. Er hatte ausgerechnet Gehring, Merkels Generalsekretär in Mecklenburg-Vorpommern, in einem Interview in der *Welt am Sonntag* als Vertreter der Bundes-CDU eingeordnet.[20] Vor dem Ausschuss schwächte er die Bedeutung jedoch ab: Das Interview habe er »aus der damals noch nicht aufgearbeiteten Erinnerung gegeben«.[21] War es wirklich nur ein Irrtum?

Angela Merkel äußerte sich vor dem Untersuchungsausschuss etwas nebulös:»Mir war klar, dass Ehlerding sowohl dem Landesverband ... als auch der Bundespartei eine Spende zukommen lassen möchte ... Ich habe dann noch einmal am Rande einer Sitzung des

Bundesvorstandes ... Herrn Terlinden sicherheitshalber gefragt, ob die Bundespartei diese Spende auch annehmen wird, weil das für mich ein Check war: Kann man das machen, sollte man das tun?«[22]

Sie sei »selbstverständlich davon ausgegangen, dass der Parteivorsitzende davon Kenntnis hat, so wie ich als Landesvorsitzende davon Kenntnis hatte. Ich wollte wissen, ob die Bundespartei diese Spende annimmt. Für mich war klar, dass der Parteivorsitzende von der Spende weiß.«[23]

Es ist eine merkwürdige Aussage, die Angela Merkel vor dem Ausschuss macht, denn sie kennt Terlindens Rolle bei der Beschaffung des Ehlerding-Geldes. Weshalb hätte ausgerechnet der Mann, der das Geld haben will, davon abraten sollen?

Weshalb fragt Angela Merkel nicht Kohl, an dessen Kabinettstisch sie sitzt? Weshalb nicht Brigitte Baumeister, die damals amtierende Schatzmeisterin? Ihr als Landesvorsitzende kann nicht unbekannt gewesen sein, dass nach der Satzung der Partei die Annahme einer Spende, zumal einer sensationellen Millionenspende, Sache der Schatzmeisterei ist.

Terlinden beruhigt Merkel: Die Bundespartei werde das Geld annehmen. Das genügt ihr.[24]

31. August 1998: Karl Ehlerding besucht Terlinden in Bonn. Es geht wieder um die Anzeigenkampagne, die der Hamburger Immobilienmilliardär finanzieren soll. Terlinden versichert, Kohl bemühe sich selbst um Unterschriften von Prominenten. Die Kosten für die Anzeigen beziffert Terlinden auf 4,7 Millionen Mark.[25]

7. September 1998: Treffen Karl Ehlerdings mit Born, Gehring und Terlinden in Hamburg. Dabei sei endgültig die Entscheidung getroffen worden, eine Anzeigenkampagne der Bundes-CDU mit fünf Millionen Mark zu unterstützen und Merkels Landesverband 900 000 Mark zukommen zu lassen, sagen die Ehlerdings. Die Hälfte der fünf Millionen hätten die Hamburger Immobilienunternehmer an diesem Tag allerdings als Darlehen angekündigt, schreibt Born in seinem Brief an Kohl. Karl Ehlerding habe gesagt, dass von seinen Freunden wegen der Pflicht, die Namen der Spender zu veröffentlichen, keine Spende komme.

Vor dem Untersuchungsausschuss widerspricht Ehlerding Borns Darstellung. Es sei gerade der Zweck des Darlehens gewesen, in die

Vorlage für die Freunde zu gehen. Man habe gespürt, dass doch noch die Bereitschaft bestehe, über eine Spende nachzudenken. Somit habe noch die Chance bestanden, dass aus dem Freundeskreis zumindest ein Teil des Darlehens durch Spenden abgelöst werde. Erst nach Kohls Wahlniederlage seien die potenziellen Mitspender abgesprungen. Außerdem, so Karl Ehlerding, hätte die CDU das Darlehen zurückzahlen sollen, falls sie »plötzlich zu unerwarteten Geldern« gekommen wäre.²⁶

An anderer Stelle seiner Vernehmung sagt Karl Ehlerding jedoch, er sei mit seiner Frau fest entschlossen gewesen, das Darlehen nicht zurückzuverlangen, sondern 1999 in eine Spende umzuwandeln. Das hätten die Eheleute Terlinden an diesem 7. September auch ausdrücklich gesagt.²⁷ Irrung und Wirrung total.

Erhellend ist das Aussagechaos insofern, als es verständlich macht, wie weit die Wahrheit weggeschoben wird. Mehr noch: Die teils widersprüchlichen, aber hartnäckig vertretenen Versionen zeigen, dass es hier um den zentralen Punkt im Fall Ehlerding geht. Die Abgeordneten spüren, dass sie das Darlehen knacken müssen, um den Fall Ehlerding lösen und das illegale Spendensplitting nachweisen zu können. Das Problem ist die Motivsuche: Stammte die Darlehensidee von den Ehlerdings oder von der CDU? Die Ausschussmehrheit legte sich auf die Ehlerdings fest. Durch die – wie im Folgenden zu lesen sein wird – teils widersprüchlichen und teils falschen Aussagen lässt sich der Ausschuss aufgrund seines Vorurteils so stark beeindrucken, dass er neben seinem ursprünglichen Verdacht vom Darlehen als »Scheingeschäft« auch die Version gelten lässt, die Ehlerdings hätten sich durch den Kreditvertrag die Unterstützung der CDU auch nach der Bundestagswahl sichern wollen, wie immer die dann auch ausgegangen wäre. Keine zielführende Ermittlungsperspektive ...

9. September 1998: Karl Ehlerding stellt einen Scheck über 900 000 Mark auf den Namen des Generalsekretärs der CDU Mecklenburg-Vorpommern, Hubert Gehring, aus. Den Scheck schickt Karl Ehlerding an seinen Bekannten Ulrich Born in Schwerin. Am selben Tag, sagt Ehlerding vor dem Ausschuss, hätten er und seine Frau weitere Schecks über insgesamt fünf Millionen Mark für die CDU auf den Namen Terlinden ausgestellt und abgeschickt. Die CDU be-

kommt Geld, aber es gibt keinen Darlehensvertrag. Es gibt somit auch keine festgeschriebene Darlehenshöhe. Nichts. Der Ausschuss registriert das, zieht aber keine Konsequenzen daraus, obwohl es sich um einen deutlichen Hinweis darauf handelt, dass sich jedenfalls die Ehlerdings nicht den Kopf über ein Darlehen zerbrechen.

Einige Tage später, sagt Karl Ehlerding, habe Terlinden angerufen und erklärt, er werde die Schecks nicht einlösen, weil sie nicht auf die Partei, sondern auf ihn persönlich ausgestellt seien. Leite er sie an die Partei weiter, werde Schenkungssteuer fällig. Karl Ehlerding findet diese Erklärung »verwunderlich«, weil es das Problem bei dem auf Gehring ausgestellten Scheck nicht gegeben hat. Aber er bietet Terlinden an, die Schecks zurückzunehmen und durch neue zu ersetzen.

Terlindens Darstellung trifft nicht zu: Hätte er die Schecks zugunsten der CDU auf einem regulären Parteikonto gutschreiben lassen, wäre bei ihm keine Steuer fällig geworden. Er gilt in diesem Fall steuertechnisch lediglich als Bote, der den Willen des Spenders erfüllt. Für Terlindens Anruf gibt es einen speziellen Grund, wie sich bald herausstellen wird.

15. September 1998: Folgt man Ulrich Borns Darstellung vor dem Ausschuss, dann findet er den eine Woche zuvor in Hamburg abgeschickten Scheck für Merkels Landesverband erst an diesem Tag in seinem Posteingang und leitet ihn unverzüglich an die CDU-Landesgeschäftsstelle weiter. Obwohl das Geld für den Wahlkampf dringend benötigt wird, verzögert sich die Einlösung des Schecks. Noch ist die Aktion zwischen Kohls Finanzmissionaren und den Ehlerdings nicht abgeschlossen. Einer wartet auf den anderen.

23. September 1998: Es ist so weit! Der Ehlerding-Scheck wird dem Konto des CDU-Landesverbandes Mecklenburg-Vorpommern gutgeschrieben.

Am Nachmittag desselben Tags treffen Terlinden und sein Schwarzkontofachmann Horst Weyrauch die Großspender Ehlerding in deren Hamburger Büro zum Austausch der Schecks. Damit ist die Partei um fünf Millionen Mark reicher.[28]

An diesem ominösen 23. September, es sind nur noch vier Tage bis zur Bundestagswahl, ist auch Helmut Kohl in Hamburg. Abends wird im Luxushotel »Vier Jahreszeiten« ein sogenanntes Sponsorenessen ausgerichtet, bei dem der Kanzler die großzügigen Ehlerdings trifft und sich bedankt. Da sind Terlinden und Weyrauch mit ihrer fetten Beute schon auf dem Rückweg. Die Schecks werden zur Gutschrift auf einem Schwarzgeldkonto der CDU (Nummer: 24980–12) bei der Hauck-Bank in Frankfurt eingereicht. Es handelt sich um zwei Scheckpaare zu 950000 und 1,48 Millionen sowie um 1,32 und 1,25 Millionen Mark. Die jeweils kleineren Beträge hat Ingrid Ehlerding abgezeichnet.

Bei der Scheckübergabe unterschreiben die Ehlerdings ein Papier. Es handelt sich um den ominösen Vertrag, in dem gut die Hälfte der fünf Millionen, genau 2,57 Millionen Mark, als Darlehen deklariert wird. In der Vereinbarung heißt es, der Kredit werde der CDU »zinslos ... auf unbestimmte Zeit gewährt« und sei »zum Nennwert zurückzuzahlen«. Neben den Ehlerdings haben Terlinden und der Bundesgeschäftsführer der CDU, Christian Dürig, unterschrieben.[29] Jetzt ist die Operation perfekt. Das Darlehen ist geboren. Bei der früheren Scheckanlieferung waren die Ehlerdings zu schnell.

Für die CDU aber haben sich die Verhältnisse durch den Vertrag dramatisch verändert. Von diesem 23. September 1998 an haben die Ehlerdings die Partei in der Hand. Wegen der fehlenden Fristsetzung könnten sie jederzeit ihr Geld zurückfordern. Von einer Zweckbestimmung, wie etwa der Finanzierung einer Anzeigenkampagne für Kohl, findet sich in dem Vertrag nichts. Es ist auch nichts darüber vermerkt, wie mit dem Zinsvorteil umzugehen sei. Die von der CDU eingesparten Zinsen hätten im Gegenzug nach den Vorschriften zur Einkommensteuer als weitere Spende der Ehlerdings ausgewiesen werden müssen. Um solche Feinheiten kümmern sich Terlinden und Weyrauch nicht. Offensichtlich machen sie sich keine Sorgen, weil sie sich der Gutmütigkeit der Ehlerdings sicher sein können.

27. September 1998: Kohl verliert die Wahl und kündigt seinen Rücktritt als CDU-Chef an.

30. September/1. Oktober 1998: Kohls Schwarzgeldtreuhänder Horst Weyrauch macht die der CDU gehörenden Ehlerding-Millionen mobil. Aufgeteilt in drei Tranchen, lässt er sie auf ein Konto der Bundesgeschäftsstelle bei der Deutschen Bank in Bonn (Kontonummer: 24350100) transferieren. Insgesamt 2,43 Millionen weist Weyrauch als »Spende« und »Schenkung« aus. Die restlichen 2,57 Millionen hat er auf dem Überweisungsträger mit der Erklärung »Verwendungs-

zweck: Bekannt – zu verbuchen als Darlehen« versehen. In der Bundesgeschäftsstelle liegt auch der Darlehensvertrag mit Ehlerding. Von all dem will Weyrauch heute nichts mehr wissen:»Die Sache ist abgeschlossen. Nicht ein Wörtchen dazu«, sagt er uns.»Ich bereite mich auf das Jenseits vor.«

Das viele Geld braucht einen akzeptablen Platz im Diesseits. Es muss möglichst geräuschlos im Rechenwerk der Partei verschwinden.

13. Oktober 1998: Der CDU-Landesverband Mecklenburg-Vorpommern stellt eine Quittung über 900 000 Mark für Karl Ehlerding aus.

7. November 1998: Parteitag der CDU mit Neuwahlen. Wolfgang Schäuble, Angela Merkel und Matthias Wissmann übernehmen das Kommando als neues Spitzenteam. Wissmanns Vorgängerin, Brigitte Baumeister, verabschiedet sich von den Delegierten mit einem eigenen Rechenschaftsbericht. Von Ehlerdings Spende und Darlehen findet sich darin kein Wort. Sie kennt den Vorgang nicht.

Führt die Angst Regie?

Die CDU ist nach Kohls Abgang orientierungslos und finanziell ausgeblutet. Schäuble, Merkel und Wissmann haben alle Hände voll zu tun, nach dem fehlgeschlagenen Wahlkampf Ordnung in die Parteifinanzen zu bringen. Wie prekär die Lage ist, macht ein Wort Schäubles beim Parteitag deutlich:»So können Angela Merkel und ich die Partei nicht führen, weil wir nicht Helmut Kohl sind, weil die Zeiten anders sind und weil kein Geld mehr da ist.«

November und Dezember seien die Monate, in denen von der Schatzmeisterei überprüft werde, von welchen bekannten Spendern noch kein Geld eingegangen sei, sagt uns Brigitte Baumeister. Der Haushalt der Bundesgeschäftsstelle wird aufgestellt. Der Schatzmeister führe mit dem Generalsekretär und dem Parteivorsitzenden Gespräche über den Kassenstand, über die Frage, wo noch Geld beschafft werden könne und wer bei wem noch wegen Spenden nachfasse: So sei es in ihrer Amtszeit gelaufen. Auch unter der neuen Führung geht es um die alten Fragen: Wer hat diesmal wie viel gezahlt? Gibt es Differenzen zu früheren Spenden? Ist eine persönliche Kontaktpflege notwendig? Eine Kontaktpflege etwa, wie sie Angela Merkel im Fall Ehlerding mit ihrem Dank per Telefon praktiziert hat.

Welchen Grund hätte es bei diesen Verhältnissen geben können, die spektakuläre Zahlung der Ehlerdings nicht zum Gesprächsgegenstand zwischen Merkel, Wissmann und Schäuble zu machen? Falls man den verantwortlichen CDU-Spitzen folgt, herrscht unter ihnen aber Funkstille in Sachen Ehlerding. Hat dabei die Angst Regie geführt? Die Angst, Spuren zu hinterlassen, die auf eine Verwicklung in den Fall oder seine dubiose Bereinigung hätten hindeuten können? Fragen, die auch schon den Ausschuss beschäftigten, die aber ohne Antwort bleiben.

Da es dem Jahresende 1998 zugeht, sind im Finanzbereich der CDU viele Routinearbeiten zu erledigen: In der Bundesgeschäftsstelle und der Schatzmeisterei läuft in diesen Tagen die Vorbereitung zur Erstellung des Rechenschaftsberichts der Partei für das abgelaufene Jahr an. Die Belege werden zusammengetragen. Die Bundesgeschäftsstelle erstellt ihr eigenes Rechenwerk, das dann in den Rechenschaftsbericht der Partei aufgenommen wird. Der Parteivorsitzende, der Schatzmeister und die Generalsekretärin beschäftigen sich mit den intern ausgearbeiteten Aufstellungen über die Einnahmen, Ausgaben und Verbindlichkeiten.

Die Vorbereitung des Rechenschaftsberichts zieht sich bis ins Frühjahr oder gar den Frühsommer des folgenden Jahres hin, bis auch die Belege von allen Landesverbänden vorliegen. Dann beginnt ein immer gleiches Ritual: Die Dokumentensammlung wird überprüft, der Rechenschaftsbericht der gesamten Parteiorganisation aufgestellt, vom Vorstand beschlossen, vom Schatzmeister unterschrieben und vom Wirtschaftsprüfer testiert. Das Dokument geht dann zur Prüfung und Veröffentlichung an den Bundestagspräsidenten, den obersten Kontrolleur der Parteifinanzen. Gegen Ende des jeweiligen Folgejahres muss ihm der Bericht vorliegen, für 1998 ist das dann der Spätherbst 1999.

21. Mai 1999: Hans Terlinden besucht wieder Karl Ehlerding in Hamburg, angeblich um abzuklären, ob ein ehemaliger Sicherheitsbeamter Kohls bei ihm arbeiten könne. Über die Spende sei nicht gesprochen worden, sagt der Großspender im Untersuchungsausschuss. August 1999: Wirtschaftsprüfer Hendrik Hollweg arbeitet am Rechenschaftsbericht für 1998 im CDU-Hauptquartier. Er kommt von der Wirtschaftsprüfungsgesellschaft Prof. Dr. Erwin Pougin GmbH, die wenig später von der international tätigen Firma Ernst & Young übernommen wird. Pougin, mit Kohl gut bekannt, prüft die Parteifinanzen der CDU seit vielen Jahren. Ein besonderes Vertrauensverhältnis besteht zu Terlinden und zu Weyrauch, dessen Kanzlei ebenfalls zu Pougins Kundschaft zählt. Von schwarzen Kassen hat Hendrik Hollweg nie etwas gehört, wie er im Untersuchungsausschuss angibt. Er habe Weyrauch für einen »großartigen Fachmann« gehalten. Ein Fachmann ist Weyrauch ohne Zweifel – bis das System Kohl, an dem er mitgestrickt hat, auffliegt.

Hollweg macht in jenen Augusttagen eine neue Erfahrung. Mitarbeiter der Schatzmeisterei führen ihn auf die Spur von Ehlerdings Superspende: »Geht dem mal nach.« Terlinden ist davon nicht begeistert. Für ihn ist der Name Ehlerding tabu. Er weist Hollweg an, ihn nicht einmal in dienstlichen Gesprächen zu erwähnen. Damit setzt er sich aber nicht durch. Es gibt schon zu viele Mitwisser.

9. September 1999: In einer internen Aufstellung der CDU-Bundesgeschäftsstelle tauchen zwei »Sonderspenden« von zusammen 2,43 Millionen Mark auf. Anonym. Es ist der Betrag aus der Ehlerding-Zahlung, der im Rechenschaftsbericht für 1998 erscheinen soll. Handschriftlich ist auf der Liste vermerkt: »Ehlerding? Ja. Wurde auf Anweisung von Hr. Terlinden ohne Name/Anschrift erfasst.«[30]

Welchen Vorteil sich Terlinden von seiner Geheimniskrämerei jetzt noch verspricht, ist kaum zu verstehen. Denn ganz geheim ist der Fall im Konrad-Adenauer-Haus nie gewesen. Dort, wo inzwischen die Millionen gelandet sind und der Darlehensvertrag mit Ehlerding liegt, in der Bundesgeschäftsstelle, hat Terlinden in Sachen Ehlerding eine Mitwisserin, die er bei der Geldtransfusion sogar beraten hat: die neue Generalsekretärin Angela Merkel. Oder hat die sich zur absoluten Verschwiegenheit mit ihm verschworen? Nach der damals gültigen CDU-Satzung steht sie als Generalsekretärin in besonderer

Verantwortung für die Finanzen der Partei. Und sensibilisiert ist sie ja nach ihren eigenen Worten schon allein wegen des hohen Betrags für ihren eigenen Landesverband:»Kann man das machen, sollte man das tun?«Angela Merkel hat bei ihrer Kenntnis sogar die Pflicht, sich um die sorgfältige Dokumentation der Ehlerding-Spende zu kümmern, wie es der Ausschuss für das verantwortliche Personal einer Partei festhält.

Hendrik Hollweg spricht Matthias Wissmann auf die Ehlerdings an. Jetzt erst, behauptet der Exverkehrsminister, habe er von deren Spende erfahren. Das ist schwer nachzuvollziehen. Da soll einer glauben, dass die CDU auf einem Millionenschatz sitzt und der Schatzmeister, der händeringend nach Geld für die ausgeblutete Partei sucht, ahnungslos ist – während die riesige Spende innerhalb seines kleinen Mitarbeiterstabs schon für Büroklatsch gesorgt hat. Der ehemalige Verkehrsminister, der sich stets in jedes kleine Detail der Ausschreibungsmodalitäten der Eisenbahnerwohnungen eingemischt hat, will bis zu der Unterredung mit Wirtschaftsprüfer Hollweg nicht einmal gewusst haben, dass die WCM eine Ehlerding-Firma sei. Wonach hat sich der Verkehrsminister Wissmann eigentlich erkundigt, als er seine»deutsche Lösung« gegen»die Japaner« zusammen mit Kohl durchdrückt?

Er habe Druck gemacht, die Spende zu veröffentlichen, sagt Wissmann bei seiner Vernehmung durch den Ausschuss.»Mit einer solchen Härte« habe er reagiert, dass kein Widerspruch mehr erlaubt gewesen sei. Weshalb plötzlich so heftig? Von Hollweg ist nicht bekannt, dass er dem Schatzmeister widersprochen hätte. Und Terlinden ist nicht mehr Herr des Verfahrens.

Weitere Dienstbesprechungen zwischen Hollweg, Terlinden und Wissmann folgen. Dabei geht es auch um Spendenquittungen. Die Ehlerdings besitzen im September 1999 – ein Jahr nach ihrer Zahlung an die Bundes-CDU – nicht einmal einen Beleg für 1998, dessen Ausstellung vorgeschrieben ist. Sie haben zwar mal eine Quittung bekommen, aber die schickt Karl Ehlerding an den Absender Terlinden zurück, weil die Aufteilung des Geldes unter den Eheleuten nicht korrekt ist. Das Papier ist verschwunden. Wer es unterschrieben hat, ist unbekannt. Für reguläre Spendenquittungen ist die Schatzmeisterei zuständig.

Jürgen Schornack wird hinzugezogen. Er war Büroleiter bei Brigitte Baumeister und arbeitet unter Wissmann weiter. Schornack empfiehlt eine Rückdatierung des Spendenbelegs über 2,43 Millionen für 1998. In den folgenden Tagen unterschreibt er eine entsprechende Bescheinigung. Was aber soll aus dem Darlehen werden? Für ihn sei es kein Problem mehr gewesen, die Umwandlung des Darlehens in eine Spende zu genehmigen, sagt Schatzmeister Wissmann vor dem Ausschuss. Kurios, denn damit stellt er die Verhältnisse auf den Kopf: Es ist Sache der Ehlerdings, die laut Vertrag den Kredit gewährt haben, diese Genehmigung zu erteilen. Es geht um ihr Geld. Wissmanns Sprache ist verräterisch. Weiß er doch schon länger, dass es bei dem Darlehen um etwas ganz anderes gegangen ist, dass es sich von vornherein um eine Spende gehandelt hat und durch den Kreditvertrag nur ein Scheingeschäft besiegelt worden ist? Der Untersuchungsausschuss ist dieser Frage nicht auf den Grund gegangen.

28. September 1999: In einer Aktennotiz hält Hollweg fest: »Für uns ist im Ergebnis nicht nachweisbar, ob zwischen der Spende und der Vergabe (der Eisenbahnerwohnungen) ein Zusammenhang besteht. Allein die Vermutung der außergewöhnlich hohen Spende und der Vergabe an ein Unternehmen, dessen Hauptaktionäre die Ehlerdings sind, reicht nicht aus.« Dass allerdings »die Gefahr zumindest von Spekulationen in der Öffentlichkeit« besteht, es handle sich um »eine unzulässige Spende«, sehen auch Terlinden und Wissmann, notiert der Wirtschaftsprüfer weiter.[31]

8. Oktober 1999: Franz Josef Hans aus dem Büro Weyrauch bereitet einen Termin mit Ehlerding in Hamburg für den 9. November vor. Teilnehmen soll auch Terlinden. In einer Notiz dazu heißt es:

»Hr. Hans bitte

– Termin vorbereiten

– Vorgespräch mit HT (Terlinden/d. Verf.)? in HH zum »Einüben«?[32]

3. November 1999: Ein weiterer handschriftlicher Vermerk zur Vorbereitung des Gesprächs in Hamburg:

»Mandant CDU – Bearbeiter FH (Hans/d. Verf.) – Datum: 3.11.99 offenes Gespräch mit H. Ehlerding

- ohne Variante
- Vermächtnis – dem Gesprächsverlauf überlassen
- Rechenschaftsbericht liegt H. E. (Ehlerding/d. Verf.) vor.«

9. November 1999: Weyrauch und Terlinden besuchen Ehlerding. Über den Inhalt des Gesprächs und die Bedeutung der Notizen zu dessen Vorbereitung verweigern die beiden vor dem Untersuchungsausschuss die Aussage. Der Hinweis auf ein »Vermächtnis« erinnert an die illegalen Praktiken der Hessen-CDU mit ihrem Schatzmeister, dem Weyrauch-Spezi Prinz zu Sayn-Wittgenstein-Berleburg. Offenbar hatten die Herrschaften vor, etwas zu drehen. Ehlerding sagt vor dem Untersuchungsausschuss, es sei um ein ganz neues Thema gegangen, um die Finanzierung der neuen CDU-Zentrale in Berlin. Das ist offensichtlich eine Schutzbehauptung, denn an diesem Tag rücken die beiden CDU-Emissäre mit den Erlassverträgen[33] zum Darlehen über insgesamt 2,57 Millionen Mark an, die von Ingrid und Karl Ehlerding unterschrieben werden. Das Darlehen wird so in eine Spende umgewandelt, die unter dem Datum des 24. November 1999 von Jürgen Schornack quittiert wird.

Ende November 1999: Die Ehlerdings erhalten die Quittungen für die Spende über 2,43 Millionen Mark unter dem Datum des 16. Oktober 1998 und für das zur Spende gewandelte Darlehen über 2,57 Millionen Mark unter dem Datum des 24. November 1999. Das genaue Eingangsdatum der Papiere konnte der Ausschuss nicht klären.

15. Dezember 1999: Die Grünen lassen den Fall Ehlerding hochgehen. In den Medien wird über Korruption spekuliert, während in der CDU-Zentrale offenbar Panik ausbricht. Ehlerding bekommt an diesem Tag aus der Schatzmeisterei zwei Quittungen gefaxt, so als ob er noch keine bekommen hätte. Im Gegensatz zu den Exemplaren, die er bereits besitzt, tragen die neuen keinen Stempel der Bundes-CDU.

Schornack, der, wie er uns auf Vorhalt sagt, von der Faxaktion seines Hauses nichts weiß, ruft noch am selben Tag Karl Ehlerding an und bittet ihn, die Quittung vom 16. Oktober 1998 zurückzuschicken. Das Datum sei falsch und müsse korrigiert werden. Ehlerding ist der Winkelzüge der CDU überdrüssig und lehnt ab.

16. Dezember 1999: Konstituierende Sitzung des Parteispenden-Untersuchungsausschusses.

Jürgen Schornack setzt sich am selben Tag in den Zug und fährt von Bonn nach Hamburg. In Ehlerdings Büro lässt er sich die Quittung vorlegen, streicht den »16.10.1998«, setzt »24.09.1999« darüber und seine Paraphe daneben. Karl Ehlerding ist nicht dabei. Er versteht nicht, was das soll. Schornack schon. Durch die Änderung sollte der Eindruck vermieden werden, dass die Schatzmeisterei bereits 1998 von der Spende gewusst habe, klärt Schornack den Untersuchungsausschuss später auf. Durch das Datum war ein unerwünschter Bezug geschaffen worden. Gefährlich, nachdem der Fall Ehlerding nun in der Öffentlichkeit ist und ein Scherbengericht droht. Schornack stand offenbar unter Druck, als er nach Hamburg fuhr, um die Sache in Ordnung zu bringen. »Voller Wut« habe er sich auf den Weg gemacht, erzählt er uns. Die Aktion war mehr als peinlich. Schornack, der selbst noch drei Monate zuvor die Rückdatierung der Spendenquittung in das Jahr 1998 empfohlen hat, verlegt nun die Ausstellung der Bescheinigung ins Jahr 1999.

Weshalb er ausgerechnet den 24. September als Datum wählt, kann der Ausschuss nicht aufklären. Die Änderung passt aber zu Wissmanns Behauptung, er habe erst im September 1999 von Ehlerdings Zahlung erfahren. Was wirklich hinter der seltsamen Aktion mit der rückdatierten Quittung und der Änderung des Datums in Ehlerdings Büro steckt und weshalb Schornack wütend ist, wird sich in einem ganz anderen, skandalösen Zusammenhang erschließen. Bei Schornack ging es darum, seine eigene Haut zu retten.

Am Abend des 16. Dezember 1999 tritt der Exkanzler in der ZDF-Sendung »Was nun, Herr Kohl?« auf. Er bekennt sich zum Ehrenwort, die Namen seiner Spender nicht preiszugeben, und behauptet, mit der Ehlerding-Spende habe er »nichts zu tun gehabt« und erst im Dezember 1999 davon erfahren. Das ist gelogen, wie sich wenig später vor dem Untersuchungsausschuss herausstellt. Kohl muss das Treffen mit den Ehlerdings beim Sponsorenessen am 23. September 1998 in Hamburg zugeben. Mit deren Zahlung habe aber seine Entscheidung für das WCM-Konsortium nichts zu tun gehabt, sagt er. Seine Regierung sei nicht käuflich gewesen. Von den Geschäften der Ehlerdings, »in der Dimension dessen, was sie tun – auch außerhalb«, habe er nichts gewusst. Was soll das heißen? Allein schon die Ausdrucksweise weckt Zweifel. Durch seine falschen Auskünfte machte

Kohl alles nur noch schlimmer, heizte die Verdächtigungen an und belastete damit gleichzeitig auch die Spender, mit deren Geld er sich die Macht erhalten wollte.

22. Dezember 1999: Merkel fordert in einem Beitrag für die *Frankfurter Allgemeine Zeitung* die CDU auf, sich von Kohl zu distanzieren und selbstständig laufen zu lernen. Kohl, der noch Ehrenvorsitzender ist, habe der Partei Schaden zugefügt.

10. Januar 2000: Wolfgang Schäuble bekennt, am 22. September 1994 von dem Rüstungslobbyisten Karlheinz Schreiber 100 000 Mark im Briefumschlag angenommen zu haben, was er bei einer Erklärung im Bundestag im Dezember 1999 verschwiegen hat.

16. Februar 2000: Schäuble bekennt sich zu seinem Fehltritt und legt sein Amt als CDU-Vorsitzender nieder.

15. März 2001: Angela Merkel, die seit April 2000 CDU-Vorsitzende ist, erklärt im Parteispenden-Untersuchungsausschuss die interne Aufklärung der Spenden- und Schwarzgeldaffäre ihrer Partei für beendet. Der Ausschuss kommentiert dieses Verhalten als »obstruktiv«.

Kohls »Mädchen« Angela Merkel war Teil des Systems, hat von allem profitiert und alle überlebt. Und dabei hat sie ihrem Ziehvater noch einen schweren Tritt versetzt. Ihr Machtinstinkt übertrifft den von Kohl bei Weitem. Sie versteht das interne Machtspiel bis heute so gut, dass ihr die Partei fast ohne Murren auf dem Weg nach unten Jahr um Jahr unbeirrt folgt. Angela Merkel ist auf relativ niedrigem Niveau gestartet und hat es geschafft, dass unter ihrer Führung von einer Wahl zur anderen, ob im Bund oder in den Ländern, das Stimmenpotenzial der CDU weiter erodiert. Aber sie regiert noch – und wie! Ihr Vehikel zum Machterhalt heißt Profillosigkeit als Voraussetzung für parlamentarische Gestaltungsmehrheiten. Das ist neu in der Bundesrepublik. Wohin die Reise geht, weiß keiner.

Tricksen, tarnen, täuschen

Der Kanzler der Einheit hinterließ bei den Befragungen durch den Ausschuss – auch im Fall Ehlerding – einen verheerenden Eindruck. Kohl, der den Verkauf der Eisenbahnerwohnungen betreiben ließ und den Ausschlag bei der Entscheidung zugunsten der Ehlerding-Gruppe gegeben hatte, ließ sich nur widerwillig etwas zur Sache entlocken. Die Lüge beim ZDF-Auftritt lastete auf ihm. Seine weitere Behauptung, ihm sei unbekannt gewesen, dass die von den Ehlerdings beherrschte WCM zu den Bietern beim Verkauf der Eisenbahnerwohnungen gehört habe, wollten ihm die Parlamentarier nicht abnehmen.

Auch frühere Mitarbeiter des Konrad-Adenauer-Hauses, mit denen wir während unserer Recherchen sprachen, tauchen Kohls Version ins Zwielicht. Vor den Veranstaltungen mit Sponsoren, sagten sie uns, habe Kohl die Einladungslisten anfordern lassen und sich genau informiert, mit welchen Leuten er zusammentreffe – was für einen Kanzler und Parteivorsitzenden allein schon aus Rücksicht auf die eigene Reputation auch als selbstverständlich erscheint. Für die Zahlungen und die persönlichen Verhältnisse von Großspendern habe der CDU-Chef stets ein ausgeprägtes Interesse gezeigt. Schatzmeisterin Brigitte Baumeister etwa habe mehrmals im Jahr mit den Spenderlisten bei Kohl antreten und Auskunft über Schwankungen in der Zahlungsbereitschaft geben müssen.

Die Vorbehalte im Ausschuss gegenüber Kohls Einlassung wurden durch das Ergebnis einer Untersuchung der Aktenbestände im Bundeskanzleramt verstärkt. Burkhard Hirsch, Jurist und ehemaliger FDP-Bundestagsabgeordneter, war von der Regierung Schröder Anfang 2000 beauftragt worden zu überprüfen, ob unter Kohl Akten über den Verkauf der Eisenbahnerwohnungen vernichtet und Daten gelöscht worden seien. Im Ausschussbericht liest sich das Ergebnis der Nachforschungen im Fall Ehlerding so: »Laut Darlegungen von Dr. Hirsch ... existieren für den Zeitraum zwischen dem 20. Juni 1996 und dem 29. Mai 1998 überhaupt keine Schriftstücke, für den Zeitraum 29. Mai bis 8. Oktober 1998 lediglich vier Schriftstücke unzusammenhängender Art in den Akten des Bundeskanzleramtes. Dr. Hirsch bezeichnete die im Bundeskanzleramt noch vorhandenen

Akten zum Bundeseisenbahnervermögen insgesamt als unvollständig, unbefriedigend und chaotisch. Sie ließen keinen geordneten Verwaltungsvorgang erkennen. Gleichzeitig muss es aber, wie die Ermittlungen von Dr. Hirsch im Rahmen von Befragungen von Mitarbeitern des Bundeskanzleramtes ergeben haben, an die sechs Leitungsvorlagen gegeben haben, die jedoch nicht mehr auffindbar sind. Angesichts der Existenz dieser heute nicht mehr auffindbaren Leitungsvorlagen besteht der Verdacht, dass Dr. Kohl – ggf. über den damaligen Kanzleramtsminister Bohl – im Vorfeld der Vergabeentscheidung vom 8. Juni 1998 über Einzelheiten des Privatisierungsverfahrens, insbesondere über die Identität der Bieter und mithin über die Tatsache, dass die Familie Ehlerding als Anteilseigner hinter der WCM AG stand, informiert worden ist.«

Durch das Verschwinden von Akten im Kanzleramt und im Verkehrsministerium, durch die zweifelhaften Aktivitäten Kohls und Wissmanns beim Durchboxen der »deutschen Lösung« im Rahmen des Verkaufs der Eisenbahnerwohnungen, durch die Verabredung Merkels mit Kohls Schwarzgeldagenten Terlinden über die Annahme des Ehlerding-Geldes und durch die vielen widersprüchlichen Darstellungen zu Anbahnung und Ablauf der Spendenaktion sah der Untersuchungsausschuss den Verdacht erhärtet, dass die Ehlerding-Spende eine faule Sache sei. Zu dieser Überzeugung trug auch das Schweigen der beiden Geldboten Terlinden und Weyrauch bei.

Die Abgeordneten im Ausschuss hatten Mosaiksteine gesammelt, die aber kein komplettes Bild ergaben:

- die außergewöhnliche Höhe der Zahlung von 5,9 Millionen
- die Vereinbarung des Geldtransfers im zeitlichen Zusammenhang mit dem Zuschlag beim Verkauf der Eisenbahnerwohnungen
- das Darlehen, mit dem sich die CDU in die Hand der Ehlerdings gegeben hatte
- die um mehr als ein Jahr verzögerte Zustellung der beiden Spendenquittungen der Bundes-CDU über fünf Millionen Mark an die Ehlerdings
- die Änderung des Ausstellungsdatums auf einer der Quittungen und

- die Einzahlung der fünf Millionen auf das Schwarzgeldkonto für die anonymen Spenden

Dass die Schecks der Ehlerdings auf einem Konto bei der Frankfurter Hauck-Bank, dem sogenannten »Machterhaltungskonto«, eingelöst worden waren, auf dem nach den Ermittlungen des Untersuchungsausschusses seit 1994 das von Kohl persönlich beschaffte und nicht deklarierte Geld eingezahlt wurde, nährte die Überzeugung der Abgeordneten, dass »nie beabsichtigt« war, die Millionen vorschriftsgemäß zu veröffentlichen. Weshalb tauchte die Zahlung dennoch im Rechenwerk der Partei auf?

Die Abgeordneten machten »äußere Zwänge« dafür verantwortlich. Etwa die Ermittlungen im Schmiergeldkomplex des Rüstungslobbyisten Karlheinz Schreiber, der dem früheren CDU-Schatzmeister Walther Leisler Kiep und dessen Begleiter Horst Weyrauch eine Million Mark bar im Koffer überreicht hatte. Durch den von der Staatsanwaltschaft Augsburg erwirkten Haftbefehl gegen Kiep vom 4. November 1999 sei klar gewesen, dass die Aufdeckung des Systems der Schwarzgeldkonten der Partei unmittelbar bevorstehe. Wenige Tage später, am 9. November, habe das Amtsgericht Augsburg die Durchsuchungen der Kanzlei Weyrauch und der Hauck-Bank angeordnet, die am 11. November vollzogen wurden. Dadurch sei eine Veröffentlichung der Ehlerding-Spende nicht mehr aufzuhalten gewesen.

Ehlerdings Geld war für die Finanzexperten der CDU zu einer großen Belastung geworden. Lange bevor die Staatsanwälte auftauchten, hatten sie bereits den Versuch gewagt, einen Teil der fünf Millionen in das Rechenwerk der Partei zu schleusen. Nachdem Weyrauch am 30. September/1. Oktober 1998 die fünf Millionen der Ehlerdings an die Bundesgeschäftsstelle der CDU überwiesen hatte, wollten sie 2,43 Millionen im Rechenschaftsbericht für 1998 unterbringen – anonym, getarnt als »Sonderspende«. Aber beim Wirtschaftsprüfer Hendrik Hollweg scheiterte dieser Vorstoß. Er benötigte Spendernamen, eine andere Wahl gab es da nicht mehr.

Doch selbst bei einer erfolgreichen Operation mit einer anonymen »Sonderspende« – für den Umgang mit dem Darlehen über 2,57 Millionen Mark wäre damit noch nichts gewonnen gewesen.

Als die Ehlerdings im Frühjahr 2001 im Parteispenden-Untersuchungsausschuss vernommen wurden, herrschte Nervosität bei den CDU-Mitgliedern des Ausschusses. In jenen Tagen sorgte sich mancher der verängstigten Unions-Parlamentarier, dass es um Sein oder Nichtsein gehen könnte. Und damit auch für das Führungspersonal und die vielen anderen um die politische und womöglich wirtschaftliche Existenz. Ein Satz der Ehlerdings hätte genügt, um die CDU zu ruinieren. Etwa die Aussage, dass die Idee zu dem Darlehen nicht von ihnen stammte, sondern von den CDU-Emissären, die ihr Geld haben wollten. Damit hätten sie viel Druck von sich nehmen können. Aber es kam anders. Sie nahmen viele Verbiegungen in Kauf, um die Partei zu schützen.

In stundenlangen harten Befragungen versuchte der Ausschuss, das Rätsel Ehlerding zu lösen. Es habe zwei getrennte Spenden für Kohls CDU gegeben, eine über 2,43 im Jahr 1998 und eine über 2,57 Millionen Mark für das Jahr 1999, behauptete das Ehepaar Ehlerding. Daran ändere auch die Tatsache nichts, dass die gesamte Summe von fünf Millionen in einer einzigen Transaktion geflossen sei. Die 2,57 Millionen, die zunächst als Darlehen gewährt worden seien, hätten nicht dazu gedient, die fünf Millionen zu splitten. Der Darlehensvertrag sei nicht fingiert, sondern echt. Anfangs hätten Freunde beim Spenden für die CDU mitmachen wollen, sagten die Ehlerdings. »Nach dem 1. März 1998« hätten sie mit vier Familien – Aktionäre der WCM bis auf eine – »in heißen Diskussionen« festgestellt, dass die Chancen für die CDU, nach der Bundestagswahl im Herbst weiterregieren zu können, äußerst gering seien. Daher seien sie auf die Idee gekommen, der Partei zu helfen.

Die Diskussionen über die Beteiligung der potenziellen Mitspender habe sich dann aber zu lange hingezogen, sodass sie selbst durch das Darlehen für ihre Freunde in die Vorlage gegangen seien.

Je länger sich die Befragungen durch den Untersuchungsausschuss hinzogen, desto verworrener wurden die Auskünfte. Wie passte zu einem echten Darlehen die Behauptung der Ehlerdings, Terlinden sei noch vor Abschluss des Kreditvertrags mitgeteilt worden, das Geld müsse nicht zurückgezahlt werden. Welche tatsächliche Bedeutung hatte da noch die Darstellung der Ehlerdings, das Darlehen sei von Anfang an nur als psychologisches Druckmittel eingesetzt worden, um die Freunde zum Mitspenden anzuspornen? Wie sollte man Karl Ehlerding verstehen, als er sagte, die CDU hätte das Darlehen zurückzahlen sollen, falls sie mal zu Geld gekommen wäre, aber mit der Umwandlung des Darlehens in eine Spende seien er und seine Frau einverstanden gewesen?

Da passte nichts zusammen. Als die Eheleute dem Ausschuss dann die Namen ihrer potenziellen Unterstützer zu ihrer eigenen Entlastung nennen sollten, weigerten sie sich unter Berufung auf den Paragrafen 55 Strafprozessordnung. Danach braucht ein Zeuge nicht auszusagen, falls er sich selbst einer Straftat oder Ordnungswidrigkeit beschuldigen würde. Zur Glaubwürdigkeit der Ehlerdings trug das nicht bei.

Und deren Glaubwürdigkeit reduzierte sich im gleichen Maß weiter, wie sich die Widersprüche häuften. Als Ingrid Ehlerding aussagte, dass es schon im August 1998, also Wochen vor der Unterschrift unter den Darlehensvertrag, keine Mitspender mehr gegeben habe, wurde sie von ihrem Ehemann zurückgepfiffen: Das sei ein Irrtum.

Das Tohuwabohu um Spende und/oder Darlehen wurde schließlich noch von Wissmann um eine Variante bereichert: Ende September 1998 sei die Kasse der CDU völlig leer gewesen, sodass die Eheleute Ehlerding zusätzlich zu der Spende noch ein Darlehen gewährt hätten. Das habe ihm Terlinden erzählt. Diese Version fällt völlig aus dem Rahmen, den die Ehlerdings abgesteckt hatten.

Im Dickicht der widersprüchlichen Aussagen blieb der Ausschuss hängen. Was war gelogen, was wahr? War etwa alles erlogen? Es gab viel Verdächtiges, aber noch immer keine Beweise.

Das lag auch daran, dass die Abgeordneten bei ihren Ermittlungen weiter ihre Fesseln trugen. Sie hatten nur die Ehlerdings im Blick, die sich die CDU gekauft hätten, damit ihre Firma WCM an die Eisenbahnerwohnungen komme. Der Frage, ob nicht die Initiative zur Spende und zum vermuteten »Scheingeschäft« mit dem Darlehen von der finanziell schwindsüchtigen CDU ausgegangen war, die den Wohnungsdeal dafür zum Anlass genommen haben könnte, gingen sie nicht nach. Wie konnten sie ausschließen, dass die Partei das schwebende Geschäft mit den Eisenbahnerwohnungen zum Anlass genommen hatte, um sich an den Kassen der Ehlerdings zu bedienen?

Hinweise, die allerdings von den Abgeordneten vernachlässigt wurden, gab es. Nur eine kurze Rückblende: Die klare Äußerung Ehlerdings in der *Welt am Sonntag* vom 19. Dezember 1999, dass ihn ein Bekannter aus Mecklenburg-Vorpommern, gemeint war Ulrich Born, um eine Spende gebeten habe, und die dazu passende Darstellung Borns in seinem Brief an Kohl vom 20. Januar 2000, wonach die Initiative zur Spende von ihm ausging. Im Gespräch mit uns sagte Ehlerding sogar, dass Born »auf mich einredete«, der CDU zu spenden. Born hatte den Brief nicht zur Veröffentlichung geschrieben. Es gab keinen Druck, die Motivlage falsch darzustellen.

Aus diesem Blickwinkel lässt sich vieles zwanglos erklären. Gerade auch die teils wirren, teils widersprüchlichen Darstellungen der Ehlerdings, die den Überblick verloren hatten bei ihren Versuchen, der CDU, in der sie politisch ihre Heimat haben, nicht zu schaden. Glatt, kühl und professionell im Lügen war ihr Auftritt nicht. Was die Ehlerdings boten, hätte schon aus kriminalistischer Sicht ein Signal sein müssen zu fragen, ob nicht die Regie für den gesamten Fall von Anfang an bei der Partei lag. Hans Terlinden und Horst Weyrauch waren Profis für krumme Touren im Finanzsystem der CDU. Wenn es ein Motiv gab, etwas zu verschleiern, dann vor allem aus Sicht der Partei. Die Ehlerdings sind keine traditionellen Parteispender, haben weder vor der Affäre noch danach der CDU oder einer anderen der im Bundestag vertretenen Parteien Geld gegeben. Es war ihre einzige Parteispende. Sie hatten es nicht nötig, Freunde zu werben, damit die ihnen den größten Teil der Millionenzahlung ersetzt hätten und für die sie mittels eines Darlehens hätten in die Vorlage gehen müssen. Die Zahlung an die CDU betrug gerade mal ein Promille ihres damaligen Vermögens und etwa ein Zehntel ihres Kontostandes bei der Bank.

Intensiver hätte sich der Ausschuss mit der Frage auseinandersetzen müssen, weshalb Karl Ehlerding im Widerspruch zu seinen Ausführungen im Interview mit der *Welt am Sonntag* bei seiner Vernehmung behauptete, er sei auf Born zugegangen und habe eine Spende angeboten. Dasselbe gilt für Born, der laut Ausschussbericht den Ermittlern vom Bundestag nun in krassem Gegensatz zur Darstellung in seinem Brief an Kohl sagte, Ehlerding sei auf ihn zugekommen. Offenbar wurden die Verhältnisse so eingepasst, wie man es gerade für opportun hielt. Mal stand alles auf den Füßen, mal auf dem Kopf.

Borns Brief an Kohl hatten in Kopie neben den Ehlerdings auch Merkel, ihr Generalsekretär Gehring und Terlinden erhalten. Von der danach erfolgten Umpolung in der Darstellung des Vorgangs hatten die Ehlerdings keinen Vorteil, aber die CDU. Der mögliche Geruch, Geld für eine Entscheidung verlangt zu haben, konnte so beseitigt werden.

Hatte Born mit seinem Schreiben Alarm ausgelöst? Nachdem der CDU-Politiker aus Schwerin seinen Brief und die Kopien verschickt hatte, war es noch zu mehreren Kontakten unter Akteuren gekommen, die mit der Anbahnung und Abwicklung der Spende beschäftigt waren. Merkels Generalsekretär Gehring sei auf ihn zugekommen und habe um Geld für seinen CDU-Landesverband gebeten, sagte Karl Ehlerding dem Ausschuss. Das habe er aber abgelehnt. Born selbst hatte sich, wie der Ausschuss in seinem Abschlussbericht schreibt, mit Ehlerding sogar noch unmittelbar vor dessen Aussage im Bundestag unterhalten. Um den Spendenfall ging es bei den diversen Kontakten angeblich überhaupt nicht. Falls man den Betroffenen glaubt. Aber wem konnte, wem sollte man glauben?

Die Gratwanderung zwischen Wahrheit und Unwahrheit war noch nicht zu Ende. Hart am Rande des Abgrunds marschiert es sich nicht sehr bequem. Das bekam Karl Ehlerding bald erneut zu spüren. Auf die Frage des Untersuchungsausschusses, weshalb er sich für seine Zahlung an Ulrich Born gewendet habe, antwortete er, andere CDU-Leute habe er nicht gekannt, zur CDU habe er »null Kontakt« gehabt. Wenig später musste er zugeben, dass er außer Born den CDU-Abgeordneten und späteren finanzpolitischen Sprecher der Unions-Bundestagsfraktion, Otto Bernhardt aus Rendsburg, kannte.

Und nicht nur den, sondern auch Günther Krause, der mit Wolfgang Schäuble den Vertrag zur deutschen Wiedervereinigung ausgehandelt hatte und im ersten gesamtdeutschen Kabinett Kohls als Verkehrsminister saß. Krause, einst Vorsitzender der CDU in Mecklenburg-Vorpommern, jedoch durch mehrere Affären aus der politischen Bahn geworfen und wegen Betrugs zu einer Bewährungsstrafe verurteilt, hatte das politische Fortkommen Angela Merkels entscheidend gefördert, ihr zum Start im Jahr 1990 einen Wahlkreis für den

Bundestag verschafft. Ehlerding war mit Mecklenburg-Vorpommern aber auch geschäftlich verbunden. Er hatte dort Tochterfirmen seiner WCM angesiedelt, was zum Beispiel Merkels Generalsekretär Hubert Gehring bekannt war.

Die Glaubwürdigkeit der Ehlerdings und Borns war nach ihrem Auftritt vor dem Ausschuss stark ramponiert. Obwohl sich die Ausschussmehrheit durch die eklatanten Widersprüche und Unwahrheiten in ihrem Korruptionsverdacht bestärkt fühlte, waren die fragwürdigen Behauptungen der Zeugen nicht komplett widerlegt. Auch wenn es Gründe genug gab, den Aussagen zu misstrauen – es war nicht gelungen, den Darlehensvertrag zu knacken, zu beweisen, dass er fingiert war, um die fünf Millionen gesetzwidrig zu splitten.

Wie erleichtert die CDU-Mitglieder im Ausschuss nach dem Auftritt der Spender waren, erlebte Ingrid Ehlerding, als sie den Saal verließ. Im Vorbeigehen raunte ihr ein Unionsmann zu: »Bravo, gut gemacht.« Sie habe sich dabei aber »gar nicht gut gefühlt«, sagte sie uns. Und Monate später, als sich Helmut Kohl am Telefon für ihren Auftritt bedankte, kam auch keine Freude bei ihr auf. Etwa zehn Minuten habe der Exkanzler mit ihr gesprochen und ihr ein Treffen in Berlin angeboten, falls sie mal an die Spree komme.

Kohl – aber auch seine Erben – wussten jetzt, dass die Ehlerdings seit ihrem Auftritt vor dem Ausschuss für die CDU mehr wert waren als 5,9 Millionen, und die Ehlerdings wussten es auch. Sie hatten Kohl einen Gefallen getan, die CDU und ihr neues Spitzenpersonal gerettet. Ingrid Ehlerding war es aber nicht mehr danach, dem Exkanzler noch einmal die Hand zu schütteln. Die Eheleute waren auf Distanz gegangen, verärgert darüber, dass sie in die Öffentlichkeit gezerrt worden waren und ihr Ruf gelitten hatte. Die Enttäuschung über ihre früheren CDU-Freunde, für die sie so viel getan hatten, war groß. »Die hätten uns doch schützen müssen«, sagte uns Ingrid Ehlerding.

Auch im Untersuchungsausschuss war die Enttäuschung groß. Der Bundestagspräsident und oberste Wächter über die Parteifinanzen, Wolfgang Thierse, hatte die Ermittler ausgebremst. Zwei Gutachten lieferte er ihnen zum Thema Ehlerding. Das Ergebnis war für die Mehrheit der Parlamentarier niederschmetternd: Der Bundestagspräsident hatte den Darlehensvertrag in Höhe von 2,57 Millionen

Mark als echt akzeptiert. Ein illegales Spendensplitting liege somit nicht vor.

Und die restlichen 2,43 Millionen für die Bundes-CDU und die 900 000 Mark für Merkels Landesverband seien auch nicht zu beanstanden, sagten Thierses Experten. Erst nach der Entscheidung der Bundesregierung zugunsten des WCM-Konsortiums sei gezahlt worden. Somit liege kein Gesetzesverstoß der CDU wegen Vorteilsnahme vor. Vorteilsnahme wäre es nach dem Gesetz zur Parteienfinanzierung nur dann gewesen, wenn die Entscheidung zugunsten des Spenders nach der Geldzahlung gefällt worden wäre. Und an einer »Einfluss-Spende« oder »Dankeschön-Spende« der Ehlerdings war nach Thierses Hausexpertise auch nichts dran, die CDU nicht käuflich gewesen.

Dass es noch keinen Vertragsabschluss über den Verkauf der Eisenbahnerwohnungen gab und Wissmann die Verbriefung des Geschäfts auf die Zeit nach der Wahl aufgeschoben hatte, war zum Ärger der Ausschussmehrheit übergangen worden. In ihrer Kritik an Thierses Votum hielten die Abgeordneten in ihrem Schlussbericht ihre Version von einer »Einfluss-Spende« aufrecht. Die Millionen seien geflossen »in Erwartung eines bestimmten wirtschaftlichen Vorteils« und in Erwartung der weiteren Unterstützung durch die CDU. Die Abgeordneten äußerten auch die »naheliegende Vermutung«, dass sich Helmut Kohl, Angela Merkel und Matthias Wissmann dessen »bewusst« gewesen seien. Die CDU und ihr verantwortliches Personal hatten zwar keinen kompletten Persilschein erhalten, als 2002 die Akten geschlossen wurden, aber die Exkulpierung durch den Bundestagspräsidenten war ausreichend, um ohne Strafe davonzukommen.

Zurück blieb die Gewissheit, dass der Fall nicht geklärt, die CDU zu billig weggekommen war. Widerspüche und Lügen wurden in Aktenbergen begraben, von denen keiner mehr etwas wissen wollte. Der Darlehensvertrag hatte sein Geheimnis nicht preisgegeben. Die Sitzungsperiode des Bundestags ging zu Ende, ein neuer Wahlkampf begann. Im Herbst 2002 gewann Schröder wieder und regierte weiter.

Und – Ironie des Schicksals: Nach einer neuen Ausschreibung der Eisenbahnerwohnungen unter seiner Regierung kam die Annington doch noch zum Zug. 60 Prozent des Eisenbahnerwohnungsbestands

gingen an sie, und Ehlerdings WCM, die sich an einem neugebilde-
ten Konsortium beteiligt hatte, bekam auch etwas ab, eine kleine
Tranche, gerade mal vier Prozent.

Kommissar Zufall oder Quittungen und kein Ende

»Ich habe noch etwas für Sie«, sagte A. D., den wir wegen einer Recher-
che im Schmiergeldfall Karlheinz Schreiber besuchen.
»Aber bevor ich Ihnen das zeige, müssen Sie mir absolute Ver-
traulichkeit zusichern.«
Das lässt sich machen.
»Sie erinnern sich vielleicht noch an die Geschichte mit den Ehlerdings. Da weiß bis heute keiner, was passiert ist«, fuhr A. D. fort.
Der Mann, der jahrelang für die CDU-Bundespartei gearbeitet
hatte, griff in einen Stapel Papiere, blätterte ein wenig und legte dann
zwei Kopien auf den Tisch, die an die Eheleute Ehlerding adressiert
sind.
»Diese Exemplare«, sagte A. D., »hat der Untersuchungsausschuss
nicht gesehen.«
Es handelte sich um zwei Spendenbescheinigungen, die auf den
ersten Blick im Schriftbild den Exemplaren glichen, die dem Untersuchungsausschuss vorlagen.
Die ausgewiesenen Summen waren auf allen Papieren identisch.
Unterschrieben hatte in sämtlichen Fällen Jürgen Schornack von der
Bundesschatzmeisterei. Auf einer der von A. D. präsentierten Quittungen waren am linken Rand mehrere Daten notiert worden. Das
mit der Maschine geschriebene Ausstellungsdatum dieses Papiers
war handschriftlich abgeändert worden. Auch auf einem der dem
Ausschuss bekannten Papiere hatte es eine nachträgliche Korrektur
des Ausfertigungsdatums gegeben, allerdings handelte es sich dabei
um eine andere Version.
Ein Vergleich aller uns bekannten Spendenbescheinigungen
brachte folgendes Ergebnis: Für die von den Ehlerdings in einem Zug

gezahlten fünf Millionen Mark an die CDU existierten nicht weniger als vier verschiedene Quittungskollektionen aus der Bastelstube der CDU. Und keines der Papiere wurde an dem Tag ausgefertigt, der darauf angegeben ist.

Kollektion Nummer eins: Bescheinigung über 2,43 Millionen Mark mit dem Ausstellungsdatum »16.10.1998«, handschriftlich von Jürgen Schornack auf den »24.09.1999« abgeändert. Abgestempelt mit »CDU-Bundespartei«.

Bescheinigung über 2,57 Millionen Mark mit dem Ausstellungsdatum »24.11.1999« und dem Stempel der »CDU-Bundespartei«.

Diese beiden Exemplare gelangten von den Ehlerdings an den Untersuchungsausschuss. Sie waren nach Darstellung der Eheleute Ende November 1999 bei ihnen eingetroffen.

Kollektion Nummer zwei: Bescheinigung über 2,43 Millionen Mark mit dem Ausstellungsdatum »16.10.1998«, abgestempelt mit »CDU-Bundespartei«, ohne Korrektur des Ausstellungsdatums.

Quittung über 2,57 Millionen mit Stempel der »CDU-Bundespartei« und dem Datum des »24.11.1999«.

Beide Papiere wurden dem Untersuchungsausschuss von der CDU zur Verfügung gestellt.

Kollektion Nummer drei: Die Daten der Bescheinigungen sind identisch mit Kollektion zwei. Allerdings fehlen die Stempel und im Schriftbild gibt es eine Abweichung – Streichungen im vorgedruckten Text sind leicht nach oben verschoben.

Diese bislang unbekannten Exemplare wurden uns von den Ehlerdings zur Verfügung gestellt. Sie wurden ihnen am 15. Dezember 1999 von der CDU-Schatzmeisterei zugefaxt. Die Faxkennung ist noch vorhanden. Karl Ehlerding sagte, er wisse nicht, weshalb ihm die Bescheinigungen übermittelt worden seien.

Kollektion Nummer vier: Der Beleg über die Spendensumme von 2,43 Millionen Mark trägt wie die »Schwesterexemplare« aus den anderen Kollektionen das mit der Maschine geschriebene Ausstellungsdatum »16.10.1998«, das diesmal handschriftlich auf den

»24.09.1998« abgeändert ist. Der Stempel der Bundespartei fehlt. In unterschiedlichen Handschriften sind auf der Bescheinigung weitere Daten notiert:»23.9.98« (Übergabe der Spenden-Schecks in Hamburg an Terlinden) und»9.11.99« (der Tag, an dem der Darlehensvertrag zwischen den Ehlerdings und der CDU über 2,57 Millionen Mark durch eine Auflösungsvereinbarung offiziell in eine Spende umgewandelt wurde).

Die andere Quittung über 2,57 Millionen Mark mit dem Ausstellungsdatum»24.11.1999« ist identisch mit dem Faxexemplar, das die Ehlerdings am 15. Dezember 1999 bekamen. Diese beiden Ausfertigungen stammen aus den Akten von A. D.

Sie sind ein untrügliches Indiz dafür, dass im CDU-Hauptquartier viel mehr gebastelt wurde, um diverse Quittungspapiere, Kopien oder Imitate als Spielmaterial im Fall Ehlerding zu produzieren, als bislang bekannt war. Die handschriftlich eingefügten Daten auf dem Dokument vom»16.10.1998/24.09.1998« markieren Fixpunkte eines ausgefeilten internen Handlungsmusters im Umgang mit Ehlerdings Millionen.

Eine gegenüber den Feststellungen des Untersuchungsausschusses grundlegend neue Erkenntnislage ergab sich allein daraus aber noch nicht. Die Existenz dieser vielen unterschiedlichen, wie in Fließbandarbeit produzierten Papiere zeigt aber nun deutlicher als die vor mehr als zehn Jahren aufgetauchten Fakten, dass der Fall Ehlerding für die CDU ein heißeres Eisen darstellte, als damals bekannt war.

Das Beste kam noch: Die Originale zu seinen Kopien, sagte A. D., seien»im Herbst 1998 in der Schatzmeisterei ausgestellt« und in einer »besonderen Arbeitsmappe« aufbewahrt worden.»Herbst 1998«, präzisierte er auf Nachfrage,»da waren Schäuble, Merkel und Wissmann schon im Amt.« Wäre das dem Untersuchungsausschuss bekannt gewesen, hätte die Affäre Ehlerding, da braucht man nicht viel zu spekulieren, einen anderen Ausgang genommen.

Der Trick mit dem Darlehen

Falls der Mann die Wahrheit gesagt hatte, war die Spendenbescheinigung vom 24. November 1999 über 2,57 Millionen Mark – das Darlehen – ein Jahr im Voraus fabriziert worden. Ein tolles Stück, denn formal bestand der Darlehensvertrag noch, und die Ehlerdings hatten kein Datum genannt, an dem er aufgelöst werden sollte. Aber darauf kam es schon nicht mehr an. Die Ehlerdings als Darlehensgeber spielten gar keine Rolle mehr. Eine Spendenquittung für ein Darlehen – wie ist das möglich? Die CDU macht's möglich. In der Schatzmeisterei war man sich somit von vornherein sicher, dass das Geld nicht zurückgezahlt werden musste. Bei den 2,57 Millionen handelte es sich also für die CDU nicht um ein wirkliches Darlehen, sondern um eine Spende, die in einen Darlehensvertrag gekleidet worden war. Dazu passte zumindest die Aussage der Ehlerdings vor dem Untersuchungsausschuss, sie hätten Terlinden ausdrücklich gesagt, dass das Geld nicht zurückgefordert, sondern 1999 in eine Spende umgewandelt werde. Die weitere Erklärung, die CDU hätte das Darlehen zurückzahlen sollen, falls sie unverhofft noch zu Geld gekommen wäre, ist bei der Partei so nicht angekommen und war eher als Schutzbehauptung zu verstehen.

Die vorweg gefertigte Spendenquittung zeigt, dass in der Schatzmeisterei der CDU die am 23. September 1998 per Scheck von den Ehlerdings zugeflossenen fünf Millionen Mark als endgültige Einnahme betrachtet wurden und somit im Rechenschaftsbericht der Partei für das Jahr 1998 hätten ausgewiesen werden müssen. Der Darlehensvertrag war unter diesem Vorzeichen nur das Vehikel, um die auf einen Schlag gezahlten fünf Millionen optisch zu entschärfen, ihnen den von der Partei gefürchteten Geruch der Korruption zu nehmen und auf zwei Rechenschaftsberichte aufzusplitten. Die Eingeweihten in der CDU hätten die Sektkorken knallen lassen können, als Karl Ehlerding – ganz in ihrem Sinn – bei seiner Befragung erklärte, das Darlehen sei gewählt worden, um Freunde zum Mitspenden zu animieren. Eine Realsatire. Die in dem Vertrag benutzten Formulierungen »unbefristete Laufzeit« oder »eine Tilgung im Ganzen oder in Teilbeträgen ist jederzeit möglich«, waren das Papier nicht wert, auf dem sie standen. So gesehen passt der Verdacht des Ausschusses, es habe sich um ein »Scheingeschäft« gehandelt, zu der im Voraus gefertigten Quittung. Diese Art von Finanzierung hat auch in dem oft dunklen Spendenwesen der Parteien Seltenheitswert.

Wenn man sich auf schiefer Bahn bewegt, ist es unerlässlich, jeden Schritt bis zum Ziel sorgfältig zu planen, um nicht abzurutschen. Schon im Herbst 1998, bei der Ausfertigung der vorweg gefertigten Quittung, war offenbar auf den Tag genau geplant worden, wann der Vertrag formal aufgelöst, das Darlehen, das immer Spende war, auch offiziell Spende sein durfte: am 9. November 1999. An diesem Tag – für Kohl und seinen damaligen Stern aus dem Osten, Angela Merkel, sogar ein symbolisch aufgeladenes Datum: der zehnte Jahrestag des Mauerfalls – tauchten Weyrauch und Terlinden in Hamburg auf, um das Werk zu vollenden. Genau nach Drehbuch, wie es auf einem der Papiere von A. D. ein Jahr zuvor eingetragen worden war.

Die zu der gesplitteten Spende passende Bescheinigung bekamen die Ehlerdings erst in die Hand, als die verzinkte Geldtransfusion für die Verbuchung bei der CDU in Form gebracht worden war. Misstrauen, Unsicherheit darüber, ob der Plan aufgehen würde? Wohl schon.

Der raffinierte Schachzug mit dem Darlehen, der Trick, die auf einen Schlag gezahlten fünf Millionen in zwei Tranchen zu 2,43 und 2,57 Millionen Mark zu zerlegen, hatte noch weitere Vorteile für die Partei: Er sicherte der CDU die benötigte zeitliche Flexibilität bei der formalen Umwandlung des Darlehens in eine Spende. Auf Zeitgewinn musste es den Finanzgenies der Partei ankommen, um die 2,57 Millionen möglichst aus der Gefahrenzone einer korruptionsverdächtigen Nähe zum Geschäft mit den Eisenbahnerwohnungen herauszuhalten. Setzte man den Betrag, worauf die vorfabrizierte Quittung hinweist, in den Rechenschaftsbericht für 1999 ein, dann verstrichen seit der Zahlung zwei Jahre, bis der Vorgang an die Öffentlichkeit kam. Der Rechenschaftsbericht für 1999 war erst Ende 2000 vorzulegen. Der Darlehensvertrag bot grundsätzlich einen dicken Pluspunkt – mehr Sicherheit: Die Millionen konnten so als Darlehen anonym kassiert werden. Falls der Darlehensgeber nichts unternahm, war die Partei frei zu entscheiden, wann sie das Geld dem offiziellen Rechenwerk als Spende zuführen wollte. Nach den damals geltenden Gesetzesvorschriften musste ein Kredit von Privatpersonen weder gesondert noch mit Namen im Rechenschaftsbericht einer Partei ausgewiesen werden. Alles verschwabberte im großen Suppentopf mit dem Etikett »sonstige Verbindlichkeiten«. Ganz wohl fühlten sich die Geldexperten der CDU bei dem Geschäft mit den Ehlerdings offenbar nicht. Das zeigt ein Blick ins Innenleben des Konrad-Adenauer-Hauses. Wirtschaftsprüfer Hendrik Hollweg befasste sich gerade mit der ersten Tranche der Ehlerding-Zahlung, mit den 2,43 Millionen Mark, die im Rechenschaftsbericht 1998 untergebracht werden sollten, als bei einer dienstlichen Besprechung mit Hans Terlinden und Matthias Wissmann die Frage hochkam, ob ein Zusammenhang hergestellt werden könne zwischen dem Zuschlag an das WCM-Konsortium beim Verkauf der Eisenbahnerwohnungen und der Ehlerding-Spende. Ob es sich womöglich um eine »Einfluss-Spende« handle, um Korruption. In einem Vermerk vom 28. September 1999 fasste Hollweg das Ergebnis zusammen: »Diese Gefahr zumindest von Spekulationen in der Öffentlichkeit sehen auch Herr Terlinden und Herr Wissmann. Uns wurde jedoch von beiden Herren bestätigt, dass zwischen der Spende bzw. der Spendenhöhe und dem Verkauf der Eisenbahnerwohnungen kein Zusammenhang besteht ...«[34] Angst vor der Entdeckung war da schon zu spüren. Wenn schon eine Spende von 2,43 Millionen im Rechenschaftsbericht selbst von hartgesottenen CDU-Insidern als möglicherweise anstößig eingeschätzt wurde, was hätten dann erst fünf Millionen ausgelöst?

Wie gefährlich die Lage für die CDU war, belegt eine Gegenüberstellung der Spenden, die der Bundes-CDU von natürlichen Personen im Jahr 1998 zuflossen: Ohne die Zahlung der Ehlerdings waren das gerade mal 3,87 Millionen. Die fünf Millionen des Hamburger Ehepaars überstiegen jedes Maß. Das allein zeigt schon, wie dringend der Darlehensvertrag zum Splitten der Spende benötigt wurde. Die Not war so groß, dass die CDU-Akteure nicht einmal davor zurückschreckten, die Partei durch die Vereinbarung den Ehlerdings auszuliefern. Die konnten den Kredit laut Vertrag jederzeit fällig stellen und damit die Partei unter Druck setzen.

*

Die von A. D. präsentierten Quittungen haben eine Spur gelegt. Doch wer von den damals Beteiligten würde die neuen Informationen bestätigen, zugeben, den Untersuchungsausschuss hinters Licht geführt, die Aufklärung dadurch vereitelt zu haben? Ulrich Born verschanzte sich hinter seinen früheren Versionen. Hans Terlinden und Horst Weyrauch lehnten ein Gespräch mit uns ab, schwiegen weiter wie damals vor dem Untersuchungsausschuss. Auch Wissmann flüchtete sich ins Schweigen.

Und die Ehlerdings? Würden sie bei ihrer Darstellung bleiben, dass es sich um ein echtes Darlehen gehandelt habe? Würden sie dabei bleiben, dass es dazu gedient habe, für Freunde in Vorlage zu gehen, die ans Spenden dachten, aber sich noch nicht hatten dazu entschließen können und erst nach der von Kohl verlorenen Wahl endgültig abgesprungen seien?

Die Ehlerdings kippen ihre Aussage

Wir baten die Ehlerdings um ein Gespräch. Leicht fiel ihnen die Zustimmung nicht. Sie waren sich darüber im Klaren, dass all das, worüber inzwischen notdürftig Gras gewachsen war, wieder hochkommen würde. Als wir ihnen unsere Informationen vortrugen und die von A. D. vorgelegten Quittungsbescheinigungen aus der Bastelwerkstatt des Konrad-Adenauer-Hauses zeigten, waren sie überrascht und erklärten sich bereit, zur Aufhellung der Hintergründe beizutragen.

»Es ist ja gut, dass die Wahrheit mal ans Licht kommt«, sagte Ingrid Ehlerding.

Die Wahrheit der Ehlerdings ist einfach und nur wenige Sätze lang: »Terlinden verlangte das Splitten der Spende auf die Jahre 1998 und 1999. So kam es zum Darlehensvertrag.«

Das bestätigte auch Ehlerdings Steuerberater, mit dem Terlinden und Weyrauch über den Vertrag gesprochen hatten.

Er habe die beiden an seinen Steuerberater verwiesen, weil ihm alles zu kompliziert gewesen sei, was sie wollten, sagte uns Karl Ehlerding. Von Anfang an sei den CDU-Vertretern aber klargemacht worden, dass die Partei die gezahlten Millionen behalten könne. Was Ehlerding sagt, bedeutet nichts anderes, als dass auf Druck der CDU-Emissäre das Darlehen kreiert und die Spende gesplittet wurde. Danach sind die Rechenschaftsberichte der CDU für 1998 und 1999 falsch. Die fünf Millionen hätten im Rechenschaftsbericht 1998 ausgewiesen werden müssen, weil sie in diesem Jahr der Partei endgültig zugeflossen waren.

Die Auskunft der Ehlerdings wird durch den Inhalt der Vereinbarung gestützt: In einem Darlehensvertrag ist unter normalen Umständen eine Sicherheitsleistung für den Kredit eingetragen. Diese Festlegung fehlt hier. Darum hätten sie sich auch nicht gekümmert, weil für sie das gesamte Geld immer schon eine Spende gewesen sei, sagten uns die Ehlerdings. Dazu fügt sich zwanglos, dass der Vertragstext auch nicht von den Darlehensgebern formuliert worden ist, sondern in der Kanzlei Weyrauch entstanden war. So leicht wie mit den Ehlerdings hätte es die CDU nicht mit jedem anderen gehabt. Sie waren in gewisser Weise sogar naiv, das wurde ausgenutzt. Dass sie danach nicht mehr an eine Partei gespendet haben, ist ihnen nicht zu verdenken.

Ein Vertrag, den es nicht geben durfte

Was in der Außenwirkung hilfreich war, sich zum Frisieren der Rechenschaftsberichte und als Grundlage für die Ausstellung falscher Spendenquittungen bewährt hatte, erwies sich für die Bundesgeschäftsstelle der CDU und die Schatzmeisterei im internen Geschäftsgang als schwere Hypothek. Intern durfte es den Darlehensvertrag gar nicht geben – wenn es nach den Regularien der Partei gegangen wäre. Dieser Vertrag war unter Bruch der CDU-Satzung zustande gekommen. Das hatte Folgen, die nur durch ein präzise abgestimmtes Zusammenspiel zwischen der Bundesgeschäftsstelle und der Schatzmeisterei beherrschbar waren, wie sich noch zeigen wird.

Der Vertrag, der die Unterschriften von Terlinden und Bundesgeschäftsführer Christian Dürig trägt, verstieß gegen Paragraf 46
der CDU-Satzung. Danach war für den Abschluss eines Darlehens-
vertrags mit einer Privatperson ein Vorstandsbeschluss verbindlich
vorgeschrieben.»Der Bundesschatzmeister ist berechtigt, zur Finanzierung der planmäßigen Ausgaben Kassenkredite aufzunehmen;
diese sind spätestens bis zum Ende des Rechnungsjahres, in dem sie
aufgenommen worden sind, zurückzuzahlen. Andere Kredite bedür-
fen der Zustimmung des Bundesvorstandes«, heißt es dort.»Kassenkredite« sind Bankverbindlichkeiten aus dem laufenden Zahlungs-
geschäft. Das Darlehen der Ehlerdings war einer dieser»anderen
Kredite«.

Darlehen von Privatpersonen unterliegen bei der CDU einer
strengen Kontrolle. Brigitte Baumeister, die bei Abschluss der Dar-
lehensvereinbarung noch als Schatzmeisterin amtierte, erklärt uns:
»Ich hätte den Parteivorsitzenden und den Bundesvorstand darüber
informieren und um Genehmigung ersuchen müssen. Es bestünde
sonst die Gefahr, dass die Partei vom Geldgeber abhängig würde.« In
ihrer sechsjährigen Amtszeit habe es nie einen Privatkredit gegeben.

Brigitte Baumeister erfuhr allerdings weder etwas vom Eingang
der Fünf-Millionen-Zahlung Ehlerdings, noch hatte sie einen Darlehensvertrag zu sehen bekommen. Und einen Vorstandsbeschluss,
an dem sie hätte mitwirken müssen, gab es auch nicht. Weder Dürig
noch Terlinden waren befugt, einen millionenschweren Darlehensvertrag zulasten der Partei ohne Genehmigung des Vorstands zu
unterschreiben. Aber das Geschäft mit den Ehlerdings sollte ja auch
nicht auf der Vorstandsebene landen. Schwarz gebunkertes Geld un-
terliegt normalerweise nicht dem Votum des Parteivorstands.

Christian Dürig gibt sich heute ahnungslos:»Als mir der Vertrag von Terlinden zur Unterschrift vorgelegt wurde, habe ich das
als normalen Geschäftsvorgang betrachtet«, sagte er uns. Dann habe
er nichts mehr damit zu tun gehabt. Von der durch die Satzung vor-
geschriebenen Prozedur habe er»nichts gewusst«, redet sich der ehemalige höchste Angestellte der CDU raus.

Von Dürig trennte sich die Bundesgeschäftsstelle im Dezember
1998, sieben Wochen nachdem Schäuble und Merkel Einzug gehalten hatten. An seine Stelle trat Willi Hausmann, ein treuer Wegge-

fährte Merkels und Schäubles. Merkel hatte Hausmann schon 1990 bei den Verhandlungen über den deutschen Einigungsvertrag kennengelernt, der von ihrem Förderer Günther Krause mit Schäuble, damals Bundesinnenminister, ausgehandelt wurde. Bei Schäuble arbeitete der Jurist Hausmann in der Abteilung für innenpolitische Grundsatzfragen. Merkel machte ihn zu ihrem Staatssekretär, als sie im ersten Kabinett Kohl nach der Wiedervereinigung Ministerin für Frauen und Jugend geworden war. Seit 2007 gehört er dem Verwaltungsrat des ZDF an.

Willi Hausmann war in der Bundesgeschäftsstelle der Partei damit beauftragt, die interne Aufklärung des Parteispendenskandals zu betreiben. Er befragte die entscheidenden Leute des CDU-Finanzsumpfs. Auch Horst Weyrauch und Hans Terlinden. Auf ihn stützte sich Merkel bei der Aufarbeitung der Affäre. Darauf, dass da alles unter kundiger Betreuung lief, war Verlass. Hausmann unterschrieb zusammen mit Terlinden die Auflösungsverträge für das satzungswidrige Ehlerding-Darlehen. War auch Christian Dürig schon vor der Türe, Terlinden, Kohls Schwarzgeldeinnehmer, hatte unter Hausmann noch ein Jahr bei den internen Versuchen mitarbeiten dürfen, den dubiosen Fall Ehlerding unter Kontrolle zu halten. Und da gab es viel Arbeit.

Um das Risiko bei der Regulierung des Falles möglichst gering zu halten, war umfassende Vorsorge notwendig. Es ging um das Kunststück, das Darlehen, das für das Splitten der Spende unerlässlich war, gerade so lange bestehen zu lassen, dass es in der Außenwirkung für die Manipulation der Rechenschaftsberichte reichte. Intern galt es, den Parteivorstand nicht mit der Sache zu behelligen. Die Einbeziehung eines so heterogenen Gremiums, wie es ein Parteivorstand ist, in einen so brisanten Fall, der schon hinter dem Rücken der damaligen Schatzmeisterin Brigitte Baumeister inszeniert worden war, hätte unabsehbare Folgen gehabt, die auf die neue, seit dem 7. November 1998 amtierende CDU-Führungscrew mit Wolfgang Schäuble (Bundesvorsitzender), Angela Merkel (Generalsekretärin) und Matthias Wissmann (Schatzmeister) zugekommen wären. Unmittelbar nach Kohls Rücktritt hätte sich die Partei keine neue Führungskrise leisten können. Ohne über die Entscheidung Wissmanns und Kohls zugunsten des Ehlerding-Konsortiums beim Geschäft mit den Eisenbahnerwohnungen zu diskutieren, ohne die Einbeziehung Merkels in die Anbahnung der Spende offenzulegen und das Parken der Millionen auf einem dem Parteivorstand unbekannten Schwarzgeldkonto aufzudecken, wäre das wohl nicht durchgegangen. Und was dann? Da war es naheliegend zu versuchen, Zeit zu gewinnen und sich dann möglichst unauffällig aus der Affäre zu mogeln.

So begann eine unglaubliche Vertuschungsaktion, die mit falschen Rechenschaftsberichten für 1998 und 1999 endete. Der Rechenschaftsbericht für 1998 war erst im Herbst 1999 und der für 1999 erst Ende 2000 beim Bundestagspräsidenten vorzulegen. Bis dahin konnte auch das Darlehen veschwinden. Wer würde dann noch Fragen stellen?

Mindestens genauso wichtig, wie Zeit zu gewinnen, war es aber auch sicherzustellen, dass es keine nachvollziehbaren Spuren gab, über die eine Verbindung der neuen Parteiführung zum Fall Ehlerding hergestellt werden konnte. Das war nicht ganz einfach bei dem Wissen Angela Merkels von den Spenden und Wissmanns Aktivitäten beim Wohnungsgeschäft.

Entscheidend war zunächst, dass das nicht genehmigte, satzungswidrige Darlehen über 2,57 Millionen für den Dienstgebrauch eine Legitimität, eine Scheinlegitimität bekam. Dafür bot sich die hausgemachte Umwandlung in eine Spende mittels vorfabrizierter Quittung an. Für Spenden war kein Vorstandsbeschluss notwendig. Auch nicht nachträglich.

Aber auch die 2,43 Millionen, die 1998 in den Rechenschaftsbericht geschleust werden sollten, machten Schwierigkeiten. Wer sollte die Quittung unterschreiben und welches Ausstellungsdatum gewählt werden? Beides entschied darüber, wem die Ehlerding-Affäre in die Schuhe geschoben würde, falls etwas schiefging. Es lag an der Bundesgeschäftsstelle, in den letzten Wochen des Jahres 1998 für die passenden Fakten zu sorgen. Auf dem Konto Nr. 24 350 100 bei der Deutschen Bank in Bonn, das der Bundesgeschäftsstelle gehörte, lagerten seit Anfang Oktober die Ehlerding-Millionen. Dorthin hatte sie Weyrauch geschickt. Wenn es regulär zugegangen wäre, hätte er das Geld an die Schatzmeisterei überweisen müssen.

Ganz ohne die ging es aber nicht. Für die Ausstellung der Spendenbescheinigungen in beiden Fällen musste sie ins Boot geholt werden. In der Schatzmeisterei aber saß jetzt der in den Wohnungs-deal verstrickte Matthias Wissmann. Seine Unterschrift auf einer Spendenquittung? Unmöglich. Andernfalls hätte die CDU gleich eine Zeitungsanzeige schalten können: »Unser Kompetenzteam für Korruption.« Aufregende Tage im Konrad-Adenauer-Haus.

Bei der riesigen Spendensumme, die zu quittieren war, hätte man unter normalen Umständen erwarten dürfen, dass der Schatzmeister seinen Namen unter die Bescheinigungen setzen würde. Aber was war damals normal bei der CDU?

Die Sache blieb an Jürgen Schornack hängen. Schornack hatte vor dem Untersuchungsausschuss – wie auch Wissmann – behauptet, erst durch Wirtschaftsprüfer Hollweg im September 1999 von Eh-lerdings Millionenzuwendung an seine Partei erfahren zu haben. Da-nach habe er die Quittungen für Ehlerding unterschrieben.

Wie konnte dann aber seine Unterschrift auf den beiden Ehler-ding-Quittungen stehen, über deren Kopien der ehemalige CDU-Mit-arbeiter A. D. schon ein Jahr früher, im Herbst 1998, verfügte?

Wir legten Schornack die Kopien der beiden Spendenbescheini-gungen vor und eröffneten ihm, dass wir über verlässliche Informa-tionen verfügen, wonach die Papiere im Herbst 1998 unterschrieben worden seien. Er musterte sie aufmerksam und sagte: »Das ist meine Unterschrift. Die Dinger sind echt, die habe ich 1998 unterschrie-ben.« Mit den handschriftlich eingetragenen Daten wie »23.9.98« oder »9.11.99« habe er aber nichts zu tun. »Die sehe ich zum ersten Mal«.

Jürgen Schornack war von Brigitte Baumeister in die Schatz-meisterei geholt und zu ihrem Bürochef gemacht worden. Auf die-sem Posten saß er bis zum CDU-Bundesparteitag am 7. November 1998. Dann kam Wissmann und installierte seinen Intimus Veit Steinle, der ihm im Verkehrsministerium als Pressesprecher gedient und seine Entscheidung zum Verkauf der Eisenbahnerwohnungen verkündet hatte. Schornack arbeitete in der veränderten Hierarchie-struktur weiter und tat, was ihm befohlen wurde. Er hatte nicht mehr die Freiheit bei der Arbeit, die ihm früher so gut gefiel. Meistens sei es Steinle gewesen, der Wissmanns Wünsche an ihn weitergegeben habe, sagte er auf unsere Frage.

Die Arbeitsmappe mit den falschen Quittungen

Es war Ende November/Anfang Dezember 1998 – auf den Tag genau lässt sich das nicht mehr rekonstruieren –, als es passierte. Schornack bekam zwei komplett ausgefüllte Spendenquittungen auf den Tisch: die eine über 2,43 Millionen Mark mit dem Datum »16.10.1998« und die andere über 2,57 Millionen Mark mit dem Datum »24.11.1999«. Summen, die er noch nie auf einer Spendenbescheinigung gesehen hatte.

Der Mann, der bislang die Befugnis hatte, Bescheinigungen bis zu einer Höhe von lediglich 5000 Mark abzuzeichnen, sollte plötzlich fünf Millionen quittieren.

Schornack hatte Fragen: Wo war das Geld gelandet? In der Schatzmeisterei jedenfalls nicht. Warum war eine der Quittungen um ein paar Wochen zurückdatiert in die Zeit, als Brigitte Baumeister noch Schatzmeisterin war, und warum sollte die andere jetzt schon unterschrieben werden, obwohl sie laut Ausstellungsdatum erst ein Jahr später, im November 1999, benötigt wurde? Warum unterschrieb Schatzmeister Wissmann nicht? Großspenden, so kannte es Schornack, wurden vom Schatzmeister persönlich quittiert. Und die Spender bekamen ein besonderes Dankesschreiben. Warum war es diesmal anders? Antworten habe er keine bekommen, sagte er.

Er hatte keine Ahnung, wer die Ehlerdings waren und wie tief der neue Schatzmeister als Verkehrsminister unter Kohl in den Wohnungsdeal mit Ehlerdings WCM verstrickt war. Und er wusste auch nicht, dass Angela Merkel, die jetzt als Generalsekretärin zusammen mit Wolfgang Schäuble in der Bundesgeschäftsstelle die Kommandos vorgab, schon lange in die Zahlung der Eheleute Ehlerding an die Bundes-CDU eingeweiht war und nach Absprache mit Terlinden für ihren eigenen Landesverband bei Karl Ehlerding die Hand aufhalten ließ.

Auf unsere Frage, wo die Bescheinigungen ausgefüllt worden seien, bevor er seine Unterschrift darunter setzte, antwortete Schornack:»Am Schriftbild habe ich erkannt, dass die Quittungen nicht aus der Schatzmeisterei stammten, sondern auf einer Maschine der Bundesgeschäftsstelle geschrieben worden waren.«

Wer ihm die Papiere mit der Anweisung »Unterschreib mal!« auf den Tisch gelegt hat, wisse er nach mehr als zehn Jahren nicht mehr ganz sicher.

Die Dokumente, die Schornack unterschrieben hatte, blieben in der Schatzmeisterei: »Die gingen nicht raus«, sagte er auf unsere Nachfrage. Sie wurden in einer Arbeitsmappe abgelegt. Den Grund kannte er noch nicht. Der wurde ihm erst viel später klar. Vor allem hatte ihn damals keiner darüber informiert, dass die Quittung über 2,57 Millionen Mark einen Darlehensvertrag abdeckte. Es war nur von einer Spende die Rede.

»Für ein Darlehen«, erklärte er, »hätte niemals eine Spendenquittung ausgestellt werden dürfen.«

»Im Nachhinein«, merkte er sibyllinisch an, »kann ich nur feststellen, dass mir in diesem Fall nicht alle Hintergründe mitgeteilt worden sind.«

Mit Schornacks Unterschriften war ein großer Teil der Operation abgeschlossen. Für das Darlehen über 2,57 Millionen gab es nun die auf den 24. November 1999 vorausdatierte Spendenquittung. Damit war der Fall intern im Griff. Dass die Quittung falsch war, interessierte keinen. Und mithilfe des Ausstellungsdatums »16.10.1998« auf der Bescheinigung über 2,43 Millionen wurde die Spur in die Zeit gelegt, als Brigitte Baumeister Chefin der Schatzmeisterei war. Dazu gehört schon eine gewisse kriminelle Energie. Brigitte Baumeister hatte vom Eingang der Millionenspende keine Ahnung, und in ihrer Amtszeit wurde dafür auch keine Bescheinigung ausgestellt.

Jürgen Schornack wurde erst ein knappes Jahr nach seiner Unterschriftenaktion, im September 1999, wieder mit dem Spendenfall konfrontiert. Wirtschaftsprüfer Hollweg monierte, dass Ehlerding noch nicht die vorschriftsmäßige Quittung für 1998 erhalten hatte. In einer Dienstbesprechung, notierte Hollweg, habe Schornack zu diesem Thema erklärt, es sei »richtiger«, eine Rückdatierung der Spendenbescheinigung vorzunehmen. Dass längst eine Quittung in der Schatzmeisterei lag, wusste Hollweg nicht, aber Schornack nur zu gut.

Den Vorschlag zur Rückdatierung habe er zu seiner eigenen Absicherung gemacht, sagte Schornack auf Nachfrage. Er wusste nicht, was inzwischen mit den Papieren passiert war, die er ein Jahr zuvor unterschrieben hatte. Womöglich wäre bei später festgestellten Unstimmigkeiten die Sache auch an ihm hängen geblieben. Um eine Erklärung zum weiteren Verfahren nach Hollwegs Monitum gebeten, antwortete Schornack, er habe aufs Neue unterschrieben. Misstrauisch wie er war, habe er aber darauf bestanden, dass die neue Quittungsvorlage für die 2,43 Millionen im Jahr 1998 mit der alten identisch sei. Wenig später habe er auch nach der gleichen Prozedur die Bescheinigung für das nun in eine Spende umgewandelte Darlehen nochmals unterschreiben müssen. Das sollte keine Schwierigkeiten bereiten, denn passende Bastelexemplare der Quittungen waren offenbar noch in ausreichender Zahl vorhanden – entweder in der Bundesgeschäftsstelle oder in der Schatzmeisterei.

Nachdem die Grünen Ehlerdings Zahlung im Dezember 1999 publik gemacht hatten, zog die Gefahr einer Auseinandersetzung mit Brigitte Baumeister herauf, der im Groll aus dem Amt geschiedenen Schatzmeisterin. Die Ehlerdings hätten nur ihre Spendenquittung mit dem Datum des »16.10.1998« vorzeigen müssen. Ein womöglich sogar öffentlicher Streit mit Frau Baumeister hätte mit einem Scherbenhaufen für die neue CDU-Führung enden können. Da musste Schornack wieder ran. Er fuhr nach Hamburg, um die schon glimmende Lunte auszutreten, bevor das Pulverfass in die Luft fliegen konnte, und änderte handschriftlich das Datum der Spendenbescheinigung auf den »24.09.1999«. Damit war allen geholfen. Dass er, der mit dem ganzen Fall nichts zu tun hatte, aber für andere immer wieder die Kohlen aus dem Feuer holen musste, in Rage war, ist nur allzu gut zu verstehen.

Notiz am Rande: Die in der CDU-Schatzmeisterei abgelegte Quittungskopie blieb unkorrigiert und behielt ihr Datum aus Baumeisters Amtszeit.

Merkel, Schäuble und Wissmann: Freunde aus Not

Jürgen Schornack hatte unter der schweren Last seines Wissens um die wahren Verhältnisse, aber aus Loyalität durch seine Aussage vor dem Untersuchungsausschuss seinen Chef Matthias Wissmann gestützt und damit auch die neue Parteiführung unter Wolfgang Schäuble vor einer Katastrophe bewahrt. Gedankt hat es ihm niemand. Hinausgemobbt, verließ er 2003 die Schatzmeisterei.

Wissmann trat zusammen mit Schäuble, der in der Spendenaffäre um Karlheinz Schreiber das Parlament hinters Licht geführt hatte, im Jahr 2000 nach knapp zweijähriger Amtszeit ab. Als er bei der Befragung durch den Untersuchungsausschuss in die Enge getrieben wurde, warf er den Stein auf andere: Ein »Donnerwetter« habe er veranstaltet, als er von den Zusammenhängen zwischen Ehlerding, der Spende und der WCM gehört habe.

»Das ist ja ein schöner Laden; ich erfahre ein Dreivierteljahr, nachdem ich Schatzmeister werde, von einer so großen Einzelspende«, habe Wissmann Merkel und Schäuble vorgehalten.

Und er behauptete, falls die beiden ihn im September 1998 darüber informiert hätten, was sie wussten, hätte er das Amt des Schatzmeisters nicht angenommen. Wirklich nicht? Warum hat er dann nicht dafür gesorgt, dass Ehlerdings Geld zurückgezahlt wurde, nachdem er nun selbst wusste, wie es war?

Zu einem Zerwürfnis innerhalb des Trios führte Wissmanns Auftritt nicht. Irgendwie brauchte er ja auch ein Seil, um sich festhalten zu können. Schon um zu verhindern, dass mit seinem möglichen Sturz auch die anderen mitgerissen worden wären. Die Seilschaft, die immer auch eine Schicksalsgemeinschaft ist, hielt. Sie hat sich als Überlebensversicherung bewährt. Die drei standen zusammen, mussten wohl zusammenstehen, und so haben sie es weit gebracht: Angela Merkel übernahm die Führung, wurde Kanzlerin und rehabilitierte Wolfgang Schäuble, machte den Politiker, der wegen seiner Spendenlüge für den Parteivorsitz nicht mehr gut genug war, zu dem für Recht, Ordnung und Verfassung zuständigen Innenminister, dann sogar zum Finanzminister. Und Wissmann wurde im Lande der Mobilitätskanzlerin Präsident beim Verband der Automobilindustrie. Lobbyist Wissmann, der – wie unwidersprochen in Zeitungen zu lesen ist – jederzeit übers Handy das Ohr der Kanzlerin erreichen kann. Er hat ihr auch 2009 die Abwrackprämie für Altautos angedient, wovon weniger die Umwelt als vielmehr Wissmanns Klientel profitiert hat. Auf lange und schön gepflegten Straßen lässt sich auch politisch gut fahren.

Der Parteispenden-Untersuchungsausschuss ging mit Merkel hart ins Gericht. Die neue CDU-Vorsitzende hatte nach dem Urteil der Abgeordneten keine Anstrengung unternommen, den Augiasstall ihrer Partei auszumisten. Zur Unzeit habe sie die Aufklärung für beendet erklärt, die Vertuscher und Verschweiger davonkommen lassen: »Kein Vereins- oder Firmenvorstand hätte sich das Zurückhalten ... wichtiger Auskünfte von den eigenen früheren Angestellten oder Treuhändern bieten lassen und klaglos hingenommen.« Und weiter: Schon wegen der Höhe der Zahlung der Eheleute Ehlerding »waren die Verantwortlichen, die seitens der CDU Kenntnis von diesen Spenden hatten, verpflichtet, sich anhand sämtlicher ihnen zur Verfügung stehenden Informationen über die mit den Spenden verbundenen Intentionen der Eheleute Ehlerding zu vergewissern«, moniert der Ausschuss.[35]

Die Intentionen der Ehlerdings? Der Fall liegt anders. Eher wäre da die Gewissenserforschung der Angela Merkel, ihrer beiden Geldboten und ihres Vorgängers im Kanzleramt, Helmut Kohl, angebracht.

Angela Merkel hat stattdessen auf Kohls Fundamenten ein neues Haus gebaut, sich wohnlich eingerichtet und neu dekoriert. Die Steine, die der Ausschuss auf sie warf, prallten an den starken Wänden ab. Es wäre jetzt an der Zeit, sie wieder aufzuheben.

In einem neuen Untersuchungsausschuss sollte die Erblast eines der spektakulärsten Fälle des CDU-Spendenskandals, Ehlerdings Millionen, endlich aufgearbeitet werden, damit sich die Selfmade-Elefanten nicht länger im dichten Gebüsch ihrer Lügen verstecken können.

7. ABSICHTEN UND ABHÄNGIGKEITEN

Am empfindlichsten trifft das illegale Finanzgebaren ihrer Parteioberen am Ende die Partei selbst und damit ihre Mitglieder. Bei nachgewiesenen Verstößen gegen das Parteiengesetz ist es Aufgabe des Bundestagspräsidenten, illegale Spenden einzuziehen und obendrein ein Strafgeld bis zur doppelten Höhe der Spendensumme zu verhängen. Handelt es sich um schwere Gesetzesbrüche mit hohen Beträgen, können zusätzlich auch die aus der Staatskasse den Parteien gezahlten Hilfsgelder zurückgefordert werden. So kosteten die nicht deklarierten »anonymen« Spenden Helmut Kohls die CDU am Ende 6,5 Millionen Mark, die der Exkanzler seiner Partei ersetzte – nach einer neuen Sammelaktion, diesmal legal. Die rund 21 Millionen Mark aus den Schwarzgeldkassen der hessischen CDU schlugen für die Partei schließlich mit 41 Millionen Mark Strafzahlungen zu Buche, die Bundestagspräsident Wolfgang Thierse im Februar 2000 verhängte.

Die eine Million Mark, die Walther Leisler Kiep und Horst Weyrauch von Karlheinz Schreiber entgegennahmen, sowie die 100 000, die Schreiber Schäuble zukommen ließ, summierten sich nebst einigen kleineren Spenden zu einer Strafzahlung von 3,44 Millionen Mark, die im Dezember 2000 angeordnet wurde. Auch eine Spende der Bundestagsfraktion der Union an die Partei in Höhe von 600 000 Mark wurde im Rechenschaftsbericht nicht als Spende, sondern als sonstige Einnahme ausgewiesen und führte zu einer weiteren Strafzahlung von 1,2 Millionen Mark. Merkwürdig, dass keine Partei einen wegen Untreue verurteilten Spendensammler auf Schadensersatz verklagt. Jedes Unternehmen versucht, sich das verlorene Geld von einem ungetreuen Manager zurückzuholen. Offenbar bringen die schwarzen Geldkanäle den Parteien immer noch mehr ein, als dass diese bereit wären, durch die abschreckende Wirkung von Schadensersatzklagen für ihre Austrocknung zu sorgen.

Die Millionen des Hoteliers und Mövenpick-Eigentümers August von Finck an FDP und CSU sowie die Sponsoringaffäre der nordrhein-westfälischen CDU (»Rent a Ministerpräsident«) haben 2010 wieder eine breite Diskussion über die Parteienfinanzierung angefacht. Dabei wurde vor allem von den Grünen und der Linken eine grundsätzliche Reform der Parteienfinanzierung angemahnt und hier insbesondere über ein Verbot oder eine Deckelung von Spenden juristischer Personen (Unternehmen, Verbände, Vereine) und des Sponsorings insgesamt nachgedacht. Wenig verwunderlich ist es, dass CDU/CSU, SPD und FDP aus historischen wie praktischen Gründen einer grundlegenden Änderung des existierenden Systems aber eher skeptisch gegenüberstehen. Keiner dieser Parteien ist daran gelegen, an einer der Grundsäulen ihrer Finanzierung zu rütteln.

Bei einer Anhörung im Innenausschuss des Bundestages im Juni 2010 gaben sieben Sachverständige ihre Gutachten zu den von den Grünen und der Linken eingebrachten Anträgen zur Änderung der Parteienfinanzierung ab.[1] Auch hier zeigte sich kein einheitliches Bild. Skepsis wurde geäußert gegenüber einem Verbot von Spenden juristischer Personen, wie es beispielsweise in Frankreich gilt, oder auch gegenüber der Einführung von Obergrenzen, da dies zu einer Verletzung des Gebots der Chancengleichheit führen könne.

Der Düsseldorfer Professor Martin Morlock verwies in seinem Gutachten darauf, dass »die private Finanzierung von Parteien grundsätzlich erlaubt, als eine Form bürgerschaftlichen Engagements aus bestimmten Gründen sogar erwünscht ist«. Für Morlock ist sie gerade ein Mittel, die Parteien in einer gewissen Abhängigkeit von der Gesellschaft zu halten und zu verhindern, dass sie losgelöst von deren Interessen und Auffassungen agieren. Darum sei auch umgekehrt eine vollständige staatliche Finanzierung der Parteien verfassungsrechtlich verboten. Dass sich eine Partei in Abhängigkeit zu ihren Geldgebern begibt, ist nicht unbedingt die größte Gefahr für ihn.

Der ehemalige Bundesverfassungsrichter Hans H. Klein spitzt es in seiner Stellungnahme zu: »Das Grundgesetz verbietet es nicht, dass sich eine Partei in die Abhängigkeit gesellschaftlicher Organisationen (oder Einzelpersonen) begibt. Eine Gewerkschaftspartei wäre so wenig verfassungswidrig wie eine Wirtschaftspartei. Die Verfassung verpflichtet allerdings dazu, solche Abhängigkeiten offenzulegen, soweit sie durch finanzielle Zuwendungen begründet sind … Sie setzt mithin auf die Urteilsfähigkeit der Wahlberechtigten und der öffentlichen Meinung. In diesem Vertrauen wird die Verfassung immer wieder bestätigt. Klientelpolitik, zumal wenn sie im zeitlichen Zusammenhang mit finanziellen Zuwendungen betrieben wird, wird vom Wähler regelmäßig bestraft. Das gilt schon im Verdachtsfall.«

Hier liegt aber das Problem. Alle Experten setzen auf die Rechenschaftspflicht, das Gebot zur Transparenz und Veröffentlichung sowie auf die Tatsache, dass Einfluss-Spenden an politische Parteien auch heute schon gesetzlich verboten sind. Es ist aber in vielen Fällen gerade die Absicht der Parteien und ihrer großzügigen Sponsoren, diese Transparenz zu unterlaufen.

Nur eine transparente Politik hat aber das Vertrauen der Wähler verdient. Dazu gehört unabdingbar die lückenlose und wahrheitsgemäße Information der Bürger über die Gründe für politische Entscheidungen und über die Zahlmeister, die Elefantenmacher, die hinter den Kulissen Regie führen wollen. Dazu gehört auch eine unabhängige Kontrolle der Parteienfinanzierung. Diese Kontrolle sollte dem politisch-parlamentarischen Geschäft und damit dem Bundestagspräsidenten entzogen werden. Dann würde so ein peinlicher Fall vermieden, wie er in jüngster Vergangenheit passiert ist: als der Bundestagspräsident Lammert, CDU, gegen seine eigene Partei in Nordrhein-Westfalen wie auch gegen den CDU-Wahlkämpfer Lammert hätte ermitteln müssen. Es ist an der Zeit, einem unabhängigen Gremium – zum Beispiel dem Bundesrechnungshof – die Prüfung der Parteifinanzen zu übertragen. So könnte der Druck hin zu mehr Ehrlichkeit verstärkt und ein Zeichen gesetzt werden, dass es die politische Klasse mit der Transparenz tatsächlich ernst meint. Wunder sind jedoch auch so nicht zu erwarten. Nachzudenken wäre auch darüber, die strafrechtlichen Sanktionen bei Verstößen gegen das Parteiengesetz zu verschärfen. Sobald die Gesetzgeber selbst gegen die von ihnen beschlossenen Gesetze verstoßen, wird nicht nur das Vertrauen der Bürger in die ordentliche Funktionsfähigkeit des Staates, sondern auch das Rechtsbewusstsein schwer beschädigt.

7. Absichten und Abhängigkeiten

ANHANG

ANMERKUNGEN

1. Angela Merkel, die Gratulantin der Mächtigen

1 Zitate: *Frankfurter Allgemeine Zeitung*, 6.5.2010
2 Bundestagsdrucksache 14/9300, 13.6.2002, Beschlussempfehlung und Bericht Parteispenden-Ausschuss, S. 1071
3 *Der Spiegel*, 5.2.2004
4 *Die Zeit*, 22.1.2004
5 *Financial Times Deutschland*, 26.8.2009
6 http://www.welt.de/politik/deutschland/article4389801/Kritik-an-Merkel-Empfang-fuer-Bankchef-Ackermann.html
7 http://www.handelsblatt.com/politik/deutschland/das-kanzleramt-ist-keine-event-agentur;2 448 693
8 http://www.spiegel.de/politik/deutschland/0,1518,645 065,00.html
9 Zitiert nach der »Begrüßungsrede des Vorsitzenden der Hanns-Seidel-Stiftung, Herrn Staatssekretär a. D. Alfred Bayer, anlässlich der Verleihung des Franz-Josef-Strauß-Preises an Bundespräsident a. D. Professor Dr. Roman Herzog am 29. März 2003 im Kaisersaal der Münchner Residenz«: http://www.hss.de/fileadmin/migration/downloads/rede_bayer_fjs_preis_2003_01.pdf
10 http://www.focus.de/politik/deutschland/einladung-der-kanzlerin-ein-dinner-fuer-joe_aid_429 676.html
11 Ausgabe vom 28.8.2009
12 http://www.stern.de/wirtschaft/news/ackermann-im-hre-untersuchungsausschuss-es-war-eine-minute-vor-zwoelf-707 489.html
13 http://www.faz.net/s/RubD16E1F55D21 144C4AE3F9DDF52B6E1D 9/Doc˜EA6E17EBE605E4166B587A03DCDE7BC8F˜ATpl˜Ecommon˜Scontent.html
14 David Rothkopf 2008, S. 486
15 Focus-Online, 30.11.2009

16 http://archives.arte.tv/de/archive_92738.html
17 Fischer 2004, S. 72 f.
18 So Gall 2006, S. 391; Grunenberg 2007, S. 19
19 Gall 2006, S. 317
20 Zitiert nach ebd., S. 323 f.
21 Ebd., S. 158
22 Schwarz 1986, S. 652
23 Ebd., S. 651
24 Ebd.
25 »Richtig Denken«, wirtschaftswoche.de, 29.11.2009, http://www.wiwo.
de/unternehmen-maerkte/richtig-denken-415334/4/
26 Kohl 2005, S. 24
27 *Der Spiegel* Nr. 6/1985, S. 27
28 http://www.welt.de/wirtschaft/article5369009/Herrhausen-wollte-als-
Bankier-die-Welt-veraendern.html
29 Kohl 2005, S. 922 f.
30 Ebd., S. 755 f.
31 »Richtig Denken«, wirtschaftswoche.de, 29.11.2009, http://www.wiwo.
de/unternehmen-maerkte/richtig-denken-415334/4/
32 Ebd.
33 *Der Spiegel* Nr. 6/1985, S. 27
34 »Mr. Klartext drückt sich vor dem Ruhestand«, *Süddeutsche Zeitung*,
12.3.2010.
35 »Mr. Peanuts geht«, *Frankfurter Allgemeine Sonntagszeitung*, 1.4.2007
36 »Auch für mich überraschend«, *Der Spiegel* Nr. 17/2000
37 »Mit spitzen Fingern«, *Der Spiegel*, 16.10.2000
38 AP, 21.6.2010; http://www.sueddeutsche.de/politik/verdeckte-par-
teienfinanzierung-nrw-cdu-in-erklaerungsnot-1938151

2. Banken und die Großindustrie als Shareholder des Parteienstaats

1 Grunenberg 2007, S. 34
2 Ebd., S. 20 f.
3 Ebd., S. 18
4 Winkler 2000, S. 376
5 Landfried 1994, S. 154
6 Leyendecker u. a. 2000, S. 59
7 Zitate ebd.
8 Zitiert nach: Bundestagsdrucksache 14/9300, 13.6.2002, Beschlussempfehlung und Bericht Parteispenden-Untersuchungsausschuss, S. 116

9   Leyendecker u. a. 2000, S. 53
10 Zahlen nach ebd.
11 Winkler 2000, S. 376; Bundestagsdrucksache 14/9300, 13.6.2002,
    Beschlussempfehlung und Bericht Parteispenden-Untersuchungsaus-
    schuss, S. 116
12 Ebd.
13 Ebd.
14 Leyendecker u. a. 2000, S. 54 f.
15 Zitiert nach Leyendecker u. a. 2000, S. 57 f.
16 Bundestagsdrucksache 14/9300, 13.6.2002, Beschlussempfehlung
    und Bericht Parteispenden-Untersuchungsausschuss, S. 117; Winkler
    2000, S. 377
17 Winkler 2000, S. 377
18 Bundestagsdrucksache 14/9300, 13.6.2002, Beschlussempfehlung und
    Bericht Parteispenden-Untersuchungsausschuss, S. 117
19 Winkler 2000, S. 378
20 Bundestagsdrucksache 14/9300, 13.6.2002, Beschlussempfehlung
    und Bericht Parteispenden-Untersuchungsausschuss, S. 117; Winkler
    2000, S. 377
21 Winkler 2000, S. 378
22 Bundestagsdrucksache 14/9300, 13.6.2002, Beschlussempfehlung und
    Bericht Parteispenden-Untersuchungsausschuss, S. 117
23 Frei u. a. 2009, S. 436 f.
24 Ebd., S. 720
25 Zitiert nach ebd., S. 434 f.
26 Zitiert nach Grunenberg 2007, S. 153
27 Zitiert nach Frei u. a. 2009, S. 736
28 Frei u. a. 2009, S. 738
29 Grunenberg 2007, S. 24
30 Frei u. a. 2009, S. 661
31 Zitiert nach ebd.
32 Ebd.
33 »Das Geld, die Macht und FJS, *Der Spiegel* Nr. 30 und 31/1996
34 Zitiert nach ebd., S. 54
35 Zum »System Strauß« auch: Leyendecker u. a. 2000, S. 267–279
36 Zitiert nach ebd., S. 58
37 Zitiert nach Frei u. a. 2009, S. 740
38 Zitate ebd. und *Der Spiegel* Nr. 30/1996, S. 58
39 Zitate ebd., S. 55
40 Leyendecker u. a. 2000, S. 269
41 *Der Spiegel* Nr. 30/1996, S. 55

42 Ebd., und Leyendecker u. a. 2000, S. 268 f.

43 Zitiert nach *Der Spiegel* Nr. 30/1996, S. 56

44 Frei u. a. 2009, S. 741

45 *Der Spiegel* Nr. 30/1996, S. 57

46 Frei u. a. 2009, S. 741

47 Leyendecker u. a. 2000, S. 274

48 Zitiert nach ebd., S. 275

49 Zitiert nach *Der Spiegel* Nr. 30/1969, S. 59

50 Zitiert nach ebd., S. 60

51 Ebd., S. 53

52 Dazu jetzt Wilhelm Schlötterer: *Macht und Missbrauch. Franz Josef Strauß und seine Nachfolger. Aufzeichnungen eines Ministerialbeamten*, Köln 2009, hier S. 36 ff.

53 Ebd., S. 42

54 Ebd.

55 Ebd., S. 369; Leyendecker u. a. 2000, S. 278

56 Hierzu der zweite Teil der *Spiegel*-Serie »Das Geld, die Macht und FJS«, *Der Spiegel* Nr. 31/1996

57 Ebd.

58 Zitiert nach Frei u. a. 2009, S. 669

59 Zitiert nach Priemel 2009, S. 1–31, hier S. 13

60 Ebd.; und Frei u. a. 2009, S. 670 ff.

61 Bundestagsdrucksache 10/5079, 21.1.1986, S. 21; Brauchitsch 1999, S. 136; zu dem Vorgang auch Priemel 2009, S. 14 f.; Frei u. a. 2009, S. 676 f.

62 Brauchitsch 1999, S. 130

63 Ebd., S. 139

64 Zitiert nach Frei u. a. 2009, S. 678

65 Priemel 2009, S. 15 f. mit Anmerkung 64

66 Priemel 2009, S. 20; zur gesamten Flick-Affäre siehe auch den Abschlussbericht des Untersuchungsausschusses des Deutschen Bundestags, Bundestagsdrucksache 10/5079, 21.1.1986; Kilz/Preuss 1983; Schily 1986; Leyendecker 1988; Landfried 1994; Leyendecker u. a. 2000; die aktuellen Veröffentlichungen von Priemel 2009 und Frei u. a. 2009

67 Frei u. a. 2009, S. 685

68 Bundestagsdrucksache 10/5079, 21.1.1986, S. 3

69 Ebd., S. 35; Kilz/Preuss 1983, S. 128

70 Bundestagsdrucksache 10/5079, 21.1.1986, S. 33

71 Zitate nach ebd., S. 132; auch Landfried 1994, S. 195, Schily 1986, S. 131

72 Landfried 1994, S. 195 f.

73 Zitiert nach ebd., S. 196

74 Ebd., S. 193

75 Kilz/Preuss 1983, S. 131

76 Zitate nach Landfried 1994, S. 193

77 Ebd., S. 194

78 Bundestagsdrucksache 10/5079, 21.1.1986, S. 40

79 Ebd.

80 Ebd.; Landfried 1994, S. 195

81 Bundestagsdrucksache 14/9300, 13.6.2002, S. 118; mit abweichenden Zahlen: Kilz/Preuss 1983, S. 91–101; Landfried 1994, S. 188

82 Kilz/Preuss 1983, S. 106

83 Frei u. a. 2009, S. 687

84 Bundestagsdrucksache 10/5079, 21.1.1986, S. 4

85 Landgericht Bonn, 27 F 7/83, Urteil vom 16.2.1987, S. 427 f., hier zitiert nach Landfried 1994, S. 151 f.

86 Ebd., S. 151

87 Ebd.

88 Zitiert nach ebd., S. 199

89 Bundestagsdrucksache 10/5079, 21.1.1986, S. 45

90 Anlage 1 zur Bundestagsdrucksache 10/5079, 12.3.1986, Abweichender Bericht des Abgeordneten Schily, S. 52

91 »Kapitalismus, Kohl und Kaviar«, *Spiegel*-Gespräch mit Eberhard von Brauchitsch«, *Der Spiegel* Sonderausgabe 1947–1997, 1.1.1997, S. 207

92 Ebd.

93 Zitiert nach Brauchitsch 1999, S. 232 f.

94 Ebd., S. 233

95 Noack/Bickerich 2010, S. 173

96 Zusammenfassung bei Winkler 2000, S. 410 f.

97 Leyendecker u. a. 2000, S. 123

98 Ebd., S.124

99 Vergleiche die Zusammenfassung der Rolle Kohls im Flick-Untersuchungsausschuss im Bericht des zweiten Parteispenden-Untersuchungsausschusses: Bundestagsdrucksache 14/9300, 13.6.2002, S. 120 ff.

100 Leyendecker u. a. 2000, S. 127 ff.

101 Bundestagsdrucksache 14/9300, 13.6.2002, S. 120

102 Zitiert nach Leyendecker u. a. 2000, S. 130

103 Ebd., S. 131

104 Bundestagsdrucksache 14/9300, 13.6.2002, S.120

105 Ebd., S. 121

106 Ebd., S. 122

107 Ebd., S. 122

108 Ebd., S. 122 f.

109 Kohl 2005, S. 297–308

110 Ebd., S. 107

111 Noack/Bickerich 2010, S. 33

112 Kohl 2004, S. 11

113 Noack/Bickerich 2010, S. 32

114 Kohl 2004, S. 112

115 Leyendecker u. a. 2000, S. 115

116 »Millionen im Ausland«, *Der Spiegel* Nr. 15/1976, S. 104; zu Hanns Martin Schleyer und seiner Verbindung zu Ries grundlegend: Hachmeister 2007, S. 108

117 Zitate aus einem Nachruf des Korpsmitglieds Gerhard Moll auf Fritz Ries, zitiert nach Hachmeister 2007, S. 108

118 Archiv für die Geschichte der Soziologie in Österreich/Uni Graz: http://agso.uni-graz.at/marienthal/bibliothek/biografien/07_04_Ries_Fritz_Biografie.htm, mit Verweis auf das Buch von Engelmann, das 2003 im Göttinger Steidl-Verlag neu aufgelegt wurde; zur besonderen Beziehung Kohls und anderer Spitzenpolitiker zu Fritz Ries bei Engelmann 2003, S. 195–202

119 Ebd.; siehe auch: »Die stummen Zeugen lagen in einer Kapelle bei Auschwitz«, *Frankfurter Rundschau*, 21.5.1975; »Nach Lodz«, *Der Spiegel* Nr. 3/1975, S. 44 f.; »Millionen im Ausland«, *Der Spiegel* Nr. 15/1976, S. 99–104

120 Hachmeister 2007, S. 375

121 Ebd., S. 113 f. und S. 401 zum antijüdischen Engagement Tauberts

122 »Die stummen Zeugen lagen in einer Kapelle bei Auschwitz«, *Frankfurter Rundschau*, 21.5.1975

123 Leyendecker u. a. 2000, S. 115

124 Ebd. und Hachmeister 2007, S. 378

125 »Die stummen Zeugen lagen in einer Kapelle bei Auschwitz«, *Frankfurter Rundschau*, 21.5.1975

126 »Millionen im Ausland«, *Der Spiegel* Nr. 15/1976, S. 104

127 Ebd.

128 Hachmeister 2007, S. 271 f., Zitat S. 272; mit anderen Zeitangaben: Brauchitsch 1999, S. 192 f.

129 Brauchitsch 1999, S. 195

130 Zitiert nach Hachmeister 2007, S. 291

131 Nock/Bickerich 2010, S. 43

132 Brauchitsch 1999, S. 196

133 Hachmeister 2007, S. 296

134 Zitiert nach ebd.

135 Brauchitsch 1999, S. 196; Hachmeister 2007, S. 297

136 Brauchitsch 1999, S. 234 f.

3. Das System Kohl – Die Geschichte eines Ehrenworts

1 Kalender liegt den Autoren vor

2 Bankunterlagen liegen den Autoren vor

3 Bundestagsdrucksache 14/9300, S. 299

4 Ebd., S. 300

5 Ebd., S. 266

6 *Arte*-Film: »Aus Liebe zu Deutschland – Eine Spendenaffäre«, 2003

7 Bundestagsdrucksache 14/9300, S. 404

8 Ebd., S. 749

9 Ebd., S. 759

10 *Arte*-Film: »Aus Liebe zu Deutschland – Eine Spendenaffäre«, 2003

11 Ebd.

12 Bundestagsdrucksache 14/9300, S. 754

13 Dieses und das folgende Zitat ebd., S. 753

14 *Frankfurter Rundschau* vom 24. Januar 2010

15 *Focus* vom 7. Mai 2010

16 Bundestagsdrucksache 14/9300, S. 386

17 Walther Leisler Kiep 1999

18 Ebd.

19 Bundestagsdrucksache 14/9300, S. 268 f.

20 Ebd., S. 431 f.

21 Ebd., S. 427

22 Ebd., S. 435

23 Ebd., S. 436

24 Ebd., S. 443 ff.

25 *Arte*-Film: *Aus Liebe zu Deutschland – Eine Spendenaffäre*

26 Bundestagsdrucksache 14/9300, S 270

27 Ebd., S. 436

28 Ebd., S. 269 f.

29 Ebd., S. 295

30 *Die Welt* vom 2. Februar 2000

31 Ebd.

32 Bundestagsdrucksache 14/9300, S. 287

33 Ebd., S. 769

34 Vermerk liegt den Autoren vor

35 Ebd.
36 Ebd.
37 Bundestagsdrucksache 14/9300, S. 287
38 Ebd., S. 774
39 Ebd., S. 288
40 Ebd., S. 417
41 Ebd., S. 410 f.
42 Ebd., S. 417
43 Ebd., S. 775
44 *Süddeutsche Zeitung* vom 4. März 2010
45 Bundestagsdrucksache 14/9300, S. 778
46 Ebd., S. 164
47 *Der Spiegel* Nr. 6/2000
48 Bundestagsdrucksache 14/9300, S. 170
49 Ebd., S. 165
50 *Die Welt*, 3. September 2001
51 Ebd.
52 Bundestagsdrucksache 14/9300, S. 167
53 Ebd.
54 Ebd., S. 168
55 Ebd., S. 173
56 Ebd., S. 174
57 Ebd., S. 168
58 Ebd.
59 Baumeister 2004, S. 173
60 Leyendecker u. a. 2000, S. 202 f.
61 Bundestagsdrucksache 14/9300, S. 165; Baumeister 2004, S. 173
62 Ebd.
63 Baumeister 2004, S. 174
64 Ebd., S. 175
65 Bundestagsdrucksache 14/9300, S. 176 f.
66 Ebd., S. 166
67 Bundestagsdrucksache 14/9300, S. 169 f.
68 Baumeister 2004, S. 181
69 Ebd., S. 180 f.
70 Ebd., S. 179 f.
71 Bundestagsdrucksache 14/9300, S. 177
72 Ebd.
73 Baumeister 2004, S. 182
74 Ebd., S. 177
75 Bundestagsdrucksache 14/9300, S. 170

76 Ebd., S. 166
77 Ebd., S. 183
78 Ebd.
79 Ebd., S. 388

4. Die Unterwanderung der Politik

1   Anwesend bei der Verhandlung Rudolf Lambrecht
2   Aussageprotokoll Karlheinz Schreiber, S. 32
3   Ebd., S. 88
4   Anwesend bei der Verhandlung Rudolf Lambrecht
5   Vortrag der Anwälte Schreibers im Prozess vor dem Augsburger Landgericht
6   Gespräch Rudolf Lambrecht mit Karlheinz Schreiber
7   Ebd.
8   Ebd.
9   Hans Jochen Vogel war von 1960 bis 1972 Oberbürgermeister von
    München.
10 Gespräch R. L. mit Karlheinz Schreiber
11 Ebd.
12 Ebd.
13 Siehe auch David Yallop: *Im Namen Gottes*, Reinbek 2005
14 Bundestagsdrucksache 14/9300, S. 556
15 Plädoyer der Staatsanwaltschaft vor dem Landgericht Augsburg am
    3. Mai 2010
16 Vgl. Film: *Aus Liebe zu Deutschland* von 2003
17 Bundestagsdrucksache 14/93 000, S.654
18 *Spiegel Online* 15.12.1999
19 Bundestagsdrucksache 14/9300, S.653
20 *Der Spiegel* Nr. 16/2005
21 Liegt den Autoren vor
22 Mitteilung des Vereins, 15. Juli 2009
23 Bundestagsdrucksache 14/9300, S. 1071
24 *Die Welt*, 3. Dezember 1999
25 Anwesend bei der Verhandlung Rudolf Lambrecht
26 Aussage in Anwesenheit von Rudolf Lambrecht
27 Im Gespräch mit Rudolf Lambrecht
28 SZ vom 17. Januar 1987
29 Zitiert nach Leyendecker u. a. 2000, S. 295
30 *Wallstreet Journal*, zitiert nach *Der Spiegel* Nr. 38/1981

31 Schreiben liegt den Autoren vor
32 Aktenzeichen Oberlandesgericht München 13 U 2770/90
33 Brief liegt den Autoren vor
34 Alle Zitate aus den Steuer- und Gerichtsakten
35 Vernehmungsprotokoll vom 11.5.1995, liegt den Autoren vor
36 Gespräch mit den Autoren

5. Immer in Versuchung: die FDP – eine Partei für alle Fälle

1 Herbert 2001, S. 444 f.
2 Winkler 2000, S. 168
3 Herbert 2001, S. 253 und 308 mit Bezug auf Dokument bei Klarsfeld,
  Serge: Vichy-Auschwitz. Die Zusammenarbeit der deutschen und französischen Behörde bei der »Endlösung der Judenfrage« in Frankreich,
  Nördlingen 1989, S. 365 f.
4 Aufzeichnung Zeitschels für Achenbach, 1.3.1941, in: CDJC, C-614,
  zitiert nach Lambauer 2005, S. 241–273, hier S. 254
5 Herbert 2001, S. 317, mit Verweis auf Klarsfeld 1977, Dok. Nr. 35 und
  IfZ, Dok. Eichmann Nr. 444 (Besprechung zwischen Botschaft Paris
  und BdS)
6 Meyer 2005, S. 32
7 Lateinisch: sehr eilig, eiligst
8 Klarsfeld 1977, S. 506, Dok. LXXVII-92
9 Hachmeister 1998, S. 247
10 Herbert 2001, S. 453
11 Meyer 2005, S. 365, Anmerkung 55
12 *Die Zeit*; 4.6.1953, zitiert nach Herbert 2001, S. 453
13 Ebd.
14 Ebd., S. 447
15 Gutscher 1984, S. 149
16 Zitiert nach ebd.
17 Zitiert nach Herbert 2001, S. 453; siehe auch *Der Spiegel*, 11.5.1950, S. 5
18 Zitiert nach Gutscher 1984, S. 149 f.
19 Herbert 2001, S. 453
20 Achenbach an Dehler 6.9.1951, AdL; Herbert 2001, S. 450
21 Ebd.
22 Winkler 2000, S. 168
23 ADAP, 1953, Dok. 31, 21.1.1953, Rosen an Auswärtiges Amt,
   S. 93–96, mit Anmerkungen und Erklärung Eden vor Unterhaus am
   20.1.1953

24 Zitiert nach Herbert 2001, S. 463; auch im vertraulichen Untersuchungsbericht der FDP-Abgeordneten Fritz Neumayer, Thomas Dehler, Alfred Onnen vom 5.6.1959 (»Onnen-Bericht«), S. 2., BA NL 80/267

25 Herbert 2001, S. 464

26 Gutscher 1984, S. 153

27 Ebd., S. 154

28 Schwarz 1991, S. 78.; Schröder 2004, München 2004, S. 84 f.

29 Schwarz-Weiß-Rot waren u. a. die Nationalfarben während der Nazizeit

30 Zitiert nach ebd.

31 Untersuchungsbericht der Abgeordneten Neumayer, Dehler, Onnen vom 5.6.1959 (»Onnen-Bericht«), S. 8., BA NL 80/267

32 Ebd., S. 17

33 Gutscher 1984, S. 158; Herbert 2001, S. 470 f.

34 Ebd., S. 637, Anmerkung 225

35 So neben Herbert 2001 auch Frei 1996 und Brunner 2007

36 Vm. Für Blücher, 11.3.1953, BA NL 80/267, zitiert nach Herbert 2001, S. 632, Anm. 145

37 Brunner 2007, S. 201 f.

38 Herbert 2001, S. 475

39 Schwarz 1991, S. 254

40 Baring 1982, S. 33 f.

41 Schröder 2004, S. 84 f.

42 Der Name war abgeleitet von der Jungtürken-Bewegung im osmanischen Reich, die seit dem Ende des 19. Jahrhunderts – zunächst aus der Illegalität heraus – für liberale Reformen und eine politische und wirtschaftliche Modernisierung der Türkei eingetreten war.

43 Heuss, Tagebuchbriefe 1955/1963. Eine Auswahl aus Briefen an Toni Stolper, Tübingen 1970, hier: 7.2.1956, S. 143; Schwarz 1991, S. 260

44 Schwarz 1991, S. 260 ff.

45 Zitiert nach Herbert 2001, S. 490

46 Zitiert nach ebd., S. 639, Anmerkung 29

47 Ebd., S. 490

48 Schwarz 1991, S. 436

49 Wolfrum 2007, S. 225

50 Baring 1982, S. 52 f.

51 Gassert, Philipp: *Kurt Georg Kiesinger 1904–1988. Kanzler zwischen den Zeiten*, Stuttgart 2006, S. 725.

52 Gassert 2006, S. 725, mit Bezug auf Erich Mende: *Von Wende zu Wende, 1962–1982*, München 1986

53 Goergen 2004, S. 136

54 Urteil gegen Lambsdorff, S. 114

55 Ebd., S. 137
56 Dieses und die folgenden Zitate: Aufzeichnung Johanna Rech, im Besitz der Autoren
57 *Stern* Nr. 41, 6.10.1994
58 Zitate *Stern* Nr. 41, 6.10.1994
59 *Bild-Zeitung*, 10.11.1984
60 Goergen 2004, S. 158
61 Zitiert nach *Die Zeit*, 16.11.1984
62 Dieses und die folgenden Zitate: Aufzeichnungen Johanna Rech, im Besitz der Autoren
63 Goergen 2004, S. 164
64 Liegt den Autoren vor
65 Vermerk Kempf, im Besitz der Autoren, auch die folgenden Zitate
66 Alle Zitate FDP-Flyer
67 Liegt den Autoren vor
68 Schreiben im Besitz der Autoren
69 Im Besitz der Autoren
70 Liegt den Autoren vor
71 Nummer 32/1984
72 Foto von der Feier im Besitz der Autoren
73 Goergen 2004, S. 140 f.
74 Ebd., S. 139
75 Ebd.
76 Liegt den Autoren vor
77 Brief Geerdts im Besitz der Autoren.
78 Liegt den Autoren vor
79 Brief Gerlachs im Besitz der Autoren
80 Dto.
81 Möllemann 2003
82 Möllemann 2003, S. 111
83 Ebd.
84 Goergen 2004, S. 140

6. Kohls Millionencoup: Die Ehlerdings brechen ihr Schweigen

1 Bundestagsdrucksache 14/9300, S. 820
2 Ebd., S. 811 f.
3 Ebd., S. 662
4 Ebd., S. 663
5 Ebd.

6 Ebd., S. 664
7 Ebd., S. 679
8 Ebd., S. 667
9 Brief liegt bei den Ausschussdokumenten
10 Bundestagsdrucksache 14/9300, S. 669 und 817
11 Ebd., S. 669
12 Ebd., S. 671
13 Ebd., S. 283 f.
14 Ebd., S. 688
15 Ebd., S. 689
16 Ebd.
17 Ebd.
18 Ebd.
19 Ebd.
20 *Welt am Sonntag* vom 19.12.1999
21 Bundestagsdrucksache 14/9300, S. 691
22 Ebd., S. 689
23 Ebd., S. 690
24 Ebd.
25 Ebd., S. 693
26 Ebd., S. 423 und 694
27 Ebd., S. 694
28 Ebd., S. 695
29 Darlehensvertrag befindet sich im Dokumentenanhang des Ausschussberichts
30 Ebd.
31 Notiz Hollwegs in der Dokumentensammlung des Ausschusses
32 Diese und folgende Unterlagen in der Dokumentensammlung des Ausschusses
33 Vertrag, durch den der Gläubiger dem Schuldner die Schuld erlässt
34 Vermerk liegt in der Dokumentensammlung des Ausschusses
35 Bundestagsdrucksache 14/9300, S. 822

7. Absichten und Abhängigkeiten

1 Alle sieben Gutachten der Sachverständigen als PDF-Dateien unter:
   http://www.bundestag.de/bundestag/ausschuesse17/a04/Anhoerungen/Anhoerung01/Stellungnahmen_SV/index.html; die folgenden
   Zitate ebd.

Dokumente

53113 Bonn · Konrad-Adenauer-Haus · Telefon (02 28) 5 44-0 · Telefax (02 28) 5 44-2 18

DER BUNDESSCHATZMEISTER

- Der Leiter des Büros -

persönlich
Herrn
Karlheinz Schreiber
Geschäftsführender Gesellschafter
Bayerische Bitumenchemie GmbH
Raiffelsenstraße 27

86916 Kaufering

Bonn, den 6. Oktober 1994

Sehr geehrter Herr Schreiber,

im Auftrag von Frau Baumeister möchte ich Ihnen mitteilen, daß sie am Dienstag, den **11. Oktober 1994**, um **10.44 Uhr** mit dem ICE in Augsburg eintreffen wird.

Ihre **Abfahrt** ist für **14.14 Uhr** mit dem ICE 592 ab Augsburg HBf vorgesehen, da sie um 16.00 Uhr ihren nächsten Termin in Böblingen hat.

Mit freundlichen Grüßen

Jürgen Schornack

Commerzbank Bonn (BLZ 380 400 07) 110444.7 · Deutsche Bank Bonn (BLZ 380 700 59) 024 35 01 · Dresdner Bank Bonn (BLZ 370 800 40) 2 209 160
Postgirokonto Köln 1096 59-508

1. Brief von Jürgen Schornack an Karlheinz Schreiber, in dem Schreiber die Ankunftszeit von Brigitte Baumeister mitgeteilt wird (siehe S. 133).

Dokument 65

KARLHEINZ SCHREIBER

8690 KAUFERING · RAIFFEISENSTRASSE 27 · TELEFON (0 81 91) 78 94 .

Herrn
Dr. Wolfgang Schäuble
Bundeshaus

Bonn

Durch Boten

Kopie für Zwecke des
1. Untersuchungsausschusses
des 14. Deutschen Bundestages
zu behandeln wie
VS-VERTRAULICH

10. Oktober 1994
Schr / ka

Sehr geehrter Herr Dr. Schäuble,

als Anlage überreiche ich Ihnen, wie versprochen,
den Bildband "100 häßliche Männer". Ich hoffe,
Sie haben Freude daran.

Bei dieser Gelegenheit möchte ich nicht versäumen
Ihnen zu sagen, wie sehr meiner Frau und mir der
Abend im Hotel Königshof am 21. 9. dieses Jahres
mit Frau Baumeister und Ihnen gefallen hat.

Ich gebe der Hoffnung Ausdruck, daß der 16. Oktober
für uns die erhoffte Zustimmung der Wähler bringt,
die Sie weiterhin in die Lage versetzt, für unser
Land tätig zu sein. Es wäre für uns nicht nur eine
Freude sondern auch eine große Beruhigung, die Geschicke unseres Landes weiterhin in den Händen von
Männern wie Ihnen zu wissen. Sie dürfen auf mich
zählen.

Meine Frau und ich freuen uns schon jetzt auf ein
Wiedersehen mit Ihnen und sind

mit herzlichen Grüßen

2. Brief Schreibers an Schäuble, den Schreiber zusammen mit den 100 000
Mark an Schäuble geschickt hat (siehe S. 131).

Dokument 66

KARLHEINZ SCHREIBER

88918 KAUFERING · RAIFFEISENSTRASSE 27 · TELEFON (0 81 91) 78 84 · TELEFAX (0 81 91) 78 88

Frau
Brigitte Baumeister, MdB
Bundesschatzmeister der CDU
Konrad-Adenauer-Haus

53113 Bonn

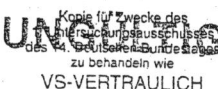

Kopie für Zwecke des
Untersuchungsausschusses
des 14. Deutschen Bundestages
zu behandeln wie
VS-VERTRAULICH

10. Oktober 1994
Schr / ka

Sehr geehrte Frau Baumeister,

ich bitte Sie mir nachzusehen, wenn ich erst jetzt dazu
komme, Ihnen nochmals sehr herzlich für die Einladung
zu einem Abendessen mit Herrn Dr. Schäuble am 21.
September zu danken.

Das Zusammentreffen mit Ihnen und Herrn Dr. Schäuble
hat meiner Frau und mir sehr gefallen, umso mehr als
wir eine Bestätigung für vieles fanden, was Sie uns
zuvor über Herrn Dr. Schäuble erzählt hatten. Es ist
unschwer zu verstehen, warum Sie ihm in so besonderer,
freundschaftlicher Weise zugetan sind.

Wie Sie wissen, hatte ich Herrn Dr. Schäuble den Bildband "100 häßliche Männer" versprochen. Um sicher zu
sein, daß er denselben auf direktem Wege erhält, bitte
ich Sie, ihm im Namen von meiner Frau und mir den Bildband zu überreichen. Dafür herzlichen Dank.

Wir hoffen, Sie bald wiederzusehen und sind

in freundschaftlicher Verbundenheit

3. Begleitschreiben von Schreiber an Brigitte Baumeister vom 10. Oktober
1994 (siehe S. 131).

Der Bayerische Ministerpräsident

BMPr.

Royal Highness
un Prince Fahd bin Abdul Azis
..ngdom of Saudi Arabia
Royal Palace
Riyadh, Saudi Arabia

Your Royal Highness

Since our very pleasant meeting during your last visit
to Munich, the oil supply situation of the independent
Bavarian oil group, AVIA Mineralöl AG München, has become
extremely critical. For this reason I would be most grateful
if Your Royal Highness would support the petition presented
by AVIA Mineralöl AG München for up to 1oo.ooo barrels per
day of Saudi Crude oil, which is vitally needed for our
Bavarian energy economy.

My Minister of Economy and Transport, Mr. Jaumann, has
previously written to Your Oil Minister H.E.Shaikh Yamani,
requesting this oil and I have taken the liberty of
attaching a copy of this request for the information of
Your Royal Highness.

I thank you for your esteemed consideration of this
critical Bavarian need; and as always, I am prepared
to assist Your Royal Highness in any way in which I
am capable.

Respectfully yours

Franz Josef Strauß
Minister President of Bavaria

4. Brief Franz Josef Strauß' an den damaligen saudischen Kronprinzen
Fahd (siehe S. 194).

ANLAGE 25

Eheleute
Ingrid und Karl Ehlerding
Hegereiterweg 6

22459 Hamburg

24. 03. 1999

~~16.10.1998~~

(Datum)

S P E N D E N B E S C H E I N I G U N G Nr. 60/ 76349

Die Christlich Demokratische Union Deutschlands (CDU),

CDU-Bundespartei, 53113 Bonn
(Organisationsstufe)

bedankt sich für eine Spende von

Eheleute
Ingrid und Karl Ehlerding
Hegereiterweg 6
22459 Hamburg

~~aff~~ im Jahr 1998   *in Höhe von* --2.430.000,00--   DM

in Worten -Zwei-vier-drei-null-null-null-null------- *Deutsche Mark*

~~(bei Sachspenden zusätzlich genaue Bezeichnung des Gegenstandes:~~
Scheck-Nr. 1639609   950.000,00 DM (Ingrid Ehlerding)
Scheck-Nr. 8859751 1.480.000,00 DM (Karl Ehlerding)   )

*und bescheinigt, daß sie diese ausschließlich für ihre verfassungsmäßigen, gesetz-
lichen und satzungsmäßigen Zwecke verwenden wird.*

Diese Bestätigung enthält nicht bereits einzeln erteilte Spendenbescheinigungen.

CDU-Bundespartei
Konrad-Adenauer-Haus
Fin...

(Unterschrift(en))

Jürgen Schornack
Bundesschatzmeisterei

---

5. CDU-Spendenbescheinigung für die Ehlerdings, die dem Untersuchungsausschuss vorlag (siehe S. 279).

_1.215._

Eheleute
Ingrid und Karl Ehlerding
Hegereiterweg 6

22459 Hamburg   24. 08

_16.10_.1998

(Datum)

SPENDENBESCHEINIGUNG Nr. 60/ 76349

Die Christlich Demokratische Union Deutschlands (CDU),

CDU-Bundespartei, 53113 Bonn
_____
(Organisationsstufe)

bedankt sich für eine Spende von

Eheleute
Ingrid und Karl Ehlerding
Hegereiterweg 6
22459 Hamburg

am im Jahr 1998   _in Höhe von_ --2.430.000,00--   DM

in Worten -Zwei-vier-drei-null-null-null-null------- _Deutsche Mark_

(bei Sachspenden zusätzlich genaue Bezeichnung des Gegenstandes:
Scheck-Nr. 1639609   950.000,00 DM (Ingrid Ehlerding)
Scheck-Nr. 8859751 1.480.000,00 DM (Karl Ehlerding)   _)_

_und bescheinigt, daß sie diese ausschließlich für ihre verfassungsmäßigen, gesetz-
lichen und satzungsmäßigen Zwecke verwenden wird._

Diese Bestätigung enthält nicht bereits einzeln erteilte Spendenbescheinigungen.

9 11 98

_____
(Unterschriften)

Jürgen Schornack
Bundesschatzmeisterei

_Zur Erfüllung unserer Verpflichtungen nach dem Parteiengesetz ist es erforderlich, die Daten aller Zuwen-
dungsgeber elektronisch zu speichern und zu verarbeiten (§§ 28, 33 BDSG, § 24 PartG)._

---

6. CDU-Spendenbescheinigung für die Ehlerdings, die dem Untersuchungsausschuss nicht vorlag und die wie die beiden folgenden Bescheinigungen
zeigt, wie im Konrad-Adenauer-Haus an den Quittungen »gearbeitet« wurde
(siehe S. 305).

Eheleute
Ingrid und Karl Ehlerding
Hegereiterweg 6

22459 Hamburg

16.10.1998

(Datum)

SPENDENBESCHEINIGUNG Nr. 60/ 76349

Die Christlich Demokratische Union Deutschlands (CDU),

CDU-Bundespartei, 53113 Bonn

(Organisationsstufe)

bedankt sich für eine Spende von

Eheleute
Ingrid und Karl Ehlerding
Hegereiterweg 6
22459 Hamburg

am im Jahr 1998   in Höhe von --2.430.000,00--   DM

in Worten -Zwei-vier-drei-null-null-null-null------- Deutsche Mark

(bei Sachspenden zusätzlich genaue Bezeichnung des Gegenstandes:
Scheck-Nr. 1639609   950.000,00 DM (Ingrid Ehlerding)
Scheck-Nr. 8859751   1.480.000,00 DM (Karl Ehlerding)   )

und bescheinigt, daß sie diese ausschließlich für ihre verfassungsmäßigen, gesetzlichen und satzungsmäßigen Zwecke verwenden wird.

Diese Bestätigung enthält nicht bereits einzeln erteilte Spendenbescheinigungen.

(Unterschrift(en))

Jürgen Schornack
Bundesschatzmeisterei

Zur Erfüllung unserer Verpflichtungen nach dem Parteiengesetz ist es erforderlich, die Daten aller Zuwen-
dungsgeber elektronisch zu speichern und zu verarbeiten (§§ 28, 33 BDSG, § 24 PartG).

7. CDU-Spendenbescheinigung, die den Ehlerdings erst im Dezember
1999 zugefaxt wurde und dem Untersuchungsausschuss nicht vorlag (siehe
S. 283).

Eheleute
Ingrid + Karl Ehlerding
Hegereiterweg 6

22459 Hamburg

24.11.1999
(Datum)

SPENDENBESCHEINIGUNG Nr. 60/ 78106

Die Christlich Demokratische Union Deutschlands (CDU),

CDU-Bundespartei, 53113 Bonn
(Organisationsstufe)

bedankt sich für eine Spende von

Eheleute
Ingrid + Karl Ehlerding
Hegereiterweg 6
22459 Hamburg

am 09.11.1999   in Höhe von --2.570.000,00--   DM

in Worten --Zwei-fünf-sieben-null-null-null-null--- Deutsche Mark

(bei Sachspenden zusätzlich genaue Bezeichnung des Gegenstandes:
Scheck-Nr. 1639608   1.320.000,00 DM (Ingrid Ehlerding)
Scheck-Nr. 8859752   1.250.000,00 DM (Karl Ehlerding)   )

und bescheinigt, daß sie diese ausschließlich für ihre verfassungsmäßigen, gesetzlichen und satzungsmäßigen Zwecke verwenden wird.

Diese Bestätigung enthält nicht bereits einzeln erteilte Spendenbescheinigungen.

_____
Unterschrift(en)

Jürgen Schornack
Bundesschatzmeisterei

Zur Erfüllung unserer Verpflichtungen nach dem Parteiengesetz ist es erforderlich, die Daten aller Zuwen-
dungsgeber elektronisch zu speichern und zu verarbeiten (§§ 28, 33 BDSG, § 24 PartG)

[...]

8. Auch diese CDU-Spendenbescheinigung erhielten die Ehlerdings erst
im Dezember 1999 per Fax. Sie lag dem Untersuchungsausschuss nicht vor
(siehe S. 283).

LITERATUR

Arnim, Hans Herbert von: *Die Deutschlandakte. Was Politiker und Wirtschaftsbosse unserem Land antun,* [2]München 2008

Baring, Arnulf: *Machtwechsel. Die Ära Brandt-Scheel,* Stuttgart 1982

Baumeister, Brigitte: *Welchen Preis hat die Macht? Eine Frau zwischen Kohl und Schäuble. Die Ex-Schatzmeisterin und die schwarzen Kassen der CDU,* München 2004

Brauchitsch, Eberhard von: *Der Preis des Schweigens. Erfahrungen eines Unternehmers,* Berlin 1999

Brochhagen, Ulrich: *Nach Nürnberg. Vergangenheitsbewältigung und Westintegration in der Ära Adenauer,* ungekürzte Taschenbuchausgabe, Berlin 1999

Brunner, Bernhard: *Der Frankreich-Komplex. Die nationalsozialistischen Verbrechen in Frankreich und die Justiz der Bundesrepublik Deutschland,* Taschenbuchausgabe Frankfurt am Main, 2007

Engelmann, Bernt: *Großes Bundesverdienstkreuz. Tatsachenroman,* Neuauflage Göttingen 1998

Fischer, Thomas: »Der Herr im Dom des Kapitals«, *SPIEGEL SPECIAL* 4/2004

Frei, Norbert, Ralf Ahrend, Jörg Osterloh, Tim Schanetzky: *Flick. Der Konzern, die Familie, die Macht,* München 2009

Frei, Norbert: *Vergangenheitspolitik. Die Anfänge der Bundesrepublik und die NS-Vergangenheit,* München 1996

Gall, Lothar: *Der Bankier. Hermann Josef Abs. Eine Biographie,* [3]München 2006

Gassert, Philipp: *Kurt Georg Kiesinger 1904–1988. Kanzler zwischen den Zeiten,* Stuttgart 2006

Goergen, Fritz: *Skandal FDP. Selbstdarsteller und Geschäftemacher zerstören eine politische Idee,* Köln 2004

Goetz, John, Conny Neumann, Oliver Schröm: *Allein gegen Kohl, Kiep & Co. Die Geschichte einer unerwünschten Ermittlung,* Berlin 2000

Grunenberg, Nina: *Die Wundertäter. Netzwerke der deutschen Wirtschaft 1942–1966*, TB München 2007

Gutscher, Jörg Michael: *Die Entwicklung der FDP von ihren Anfängen bis 1961*. Überarbeitete und erweiterte Neuausgabe, Königstein 1984

Hachmeister, Lutz: *Der Gegnerforscher. Die Karriere des SS-Führers Franz Alfred Six*, München 1998

Hachmeister, Lutz: *Schleyer. Eine deutsche Geschichte*, durchgesehene Taschenbuchausgabe, München 2007

Herbert, Ulrich: *Best. Biographische Studien über Radikalismus, Weltanschauung und Vernunft 1903–1989*, Bonn 2001

Kiep, Walther Leisler: *Was bleibt ist große Zuversicht*, Berlin/Wien 1999

Kilz, Hans Werner, Joachim Preuss: *Flick. Die gekaufte Republik*, Reinbek 1983

Klarsfeld, Serge (Hg.): *Die Endlösung der Judenfrage in Frankreich. Deutsche Dokumente 1941–1944*, Paris 1977

Klarsfeld, Serge: *Vichy-Auschwitz. Die Endlösung der Judenfrage in Frankreich*, Darmstadt 2007

Kleine-Brockhoff, Thomas, Bruno Schirra: *Das System Leuna. Wie Politiker gekauft werden, warum die Politik wegschaut*, Reinbek 2001

Koch, Peter-Ferdinand: *Die Geldgeschäfte der SS. Wie deutsche Banken den schwarzen Terror finanzierten*, Reinbek 2002

Koerfer, Daniel: *Kampf ums Kanzleramt. Erhard und Adenauer*, neueingerichtete Ausgabe, Berlin 1998

Kohl, Helmut: *Erinnerungen 1930–1982*, München 2004

Kohl, Helmut: *Erinnerungen 1982–1990*, München 2005

Lambauer, Barbara: »Opportunistischer Antisemitismus. Der deutsche Botschafter Otto Abetz und die Judenverfolgung in Frankreich (1940–1942)«, in: *Vierteljahrshefte für Zeitgeschichte* 53, 2/2005, S. 241–273

Landfried, Christine: *Parteifinanzen und politische Macht. Eine vergleichende Studie zur Bundesrepublik Deutschland, zu Italien und den USA*, Baden-Baden 1994[2]

Leyendecker, Hans (Hg.): *Das Lambsdorff-Urteil*, Göttingen 1988

Leyendecker, Hans, Richard Rickelmann, Georg Bönisch: *Mafia im Staat*, Göttingen 1992

Leyendecker, Hans, Heribert Prantl, Michael Stiller: *Helmut Kohl, die Macht und das Geld*, Göttingen 2000

Mende, Erich: *Von Wende zu Wende 1962–1982*, München/Berlin 1986

Merseburger, Peter: *Rudolf Augstein. Biographie*, München 2007

Meyer, Ahlrich: *Täter im Verhör. Die »Endlösung der Judenfrage« in Frankreich 1940–1944*, Darmstadt 2005

Möllemann, Jürgen W.: *Klartext für Deutschland*, München 2003

Noack, Hans-Joachim, Wolfram Bickerich: *Helmut Kohl. Die Biographie*, Berlin 2010

Oltmanns, Reimar: *Möllemänner oder Die opportunistischen Liberalen*, Frankfurt am Main 1988

Priemel, Kim Christian: »Industrieunternehmen, Strukturwandel und Rezession. Die Krise des Flick-Konzerns in den siebziger Jahren«, in: *Vierteljahrshefte für Zeitgeschichte*, Nr. 1/2009, S 1–31

Roth, Jürgen, Rainer Nübel, Rainer Fromm: *Anklage unerwünscht. Korruption und Willkür in der deutschen Justiz*, Frankfurt 2007

Roth, Jürgen: *Der Deutschland-Clan. Das skrupellose Netzwerk aus Politikern, Top-Managern und Justiz*, aktualisierte Taschenbuchausgabe, München 2007

Rothkopf, David: *Die Super-Klasse: Die Welt der internationalen Machtelite*, München 2008

Schily, Otto: *Politik in bar. Flick und die Verfassung unserer Republik*, München 1986

Schlötterer, Wilhelm: *Macht und Missbrauch. Franz Josef Strauß und seine Nachfolger. Aufzeichnungen eines Ministerialbeamten*, Köln 2009

Schöps, Joachim: *Die SPIEGEL-Affäre des Franz Josef Strauß*, Reinbek 1983

Schröder, Dieter: *Augstein*, München 2004

Schröm, Oliver, Andrea Röpke: *Stille Hilfe für braune Kameraden. Das geheime Netzwerk der Alt- und Neonazis*, Berlin 2006

Schwarz, Hans-Peter: *Adenauer. Der Aufstieg: 1876–1952*, Stuttgart 1986

Schwarz, Hans-Peter: *Adenauer. Der Staatsmann: 1952–1967*, Stuttgart 1991

Wagner, Joachim: *Tatort Finanzministerium. Die staatlichen Helfer beim Spendenbetrug*, Hamburg, Reinbek 1986

Wildt, Michael: *Generation des Unbedingten. Das Führungskorps des Reichssicherheitshauptamtes*, Hamburg 2002

Winkler, Heinrich August: *Der lange Weg nach Westen*, Bd. II, *Deutsche Geschichte vom »Dritten Reich« bis zur Wiedervereinigung*, München 2000

Wolfrum: Edgar: *Die geglückte Demokratie. Geschichte der Bundesrepublik Deutschland von ihren Anfängen bis zur Gegenwart*, Stuttgart 2007

PERSONENREGISTER

Mende, Erich 223, 225 f.
Merkel, Angela 7, 9, 13–30,
 39, 111, 118 f., 126, 130, 139,
 141, 148, 152, 154, 182, 276–284,
 291–296, 298, 300 ff., 307, 314 ff.,
 319, 321, 325 ff., 329, 332 f.
Mertins, Gerhard 231, 241
Merz, Friedrich 27, 182
Michel, Elmar 217
Middelhauve, Friedrich 206 ff.,
 210, 212–215, 218
Mitscherlich, Matthias 267
Möllemann, Jürgen 14 f., 181 f.,
 229, 239–250, 252 ff., 257, 259,
 261–274
Mommsen, Ernst Wolf 58
Morlock, Martin 335
Mottabakani, Youssuf 190
Müller, Lothar 66 ff.
Mulroney, Brian 166 f.
Münch, Werner 170

Närger, Heribald 126
Nau, Alfred 53, 79 f., 83, 86
Naumann, Dr. Werner 211–214,
 216, 220
Neumayer, Fritz 212 ff., 220
Noack, Hans-Joachim 93
Nuri, Ibrahim 188 ff., 192 f.

Oberg, Carl-Albrecht 209
Onnen, Alfred 212 ff., 220
Opel, Manfred 185
Opitz, Rudi 240
Ost, Friedhelm 291
Ott, Klaus 161
Otte, Max 28
Öttinger, Günter 23
Özdemir, Cem 186

Patterson, Friedrich Karl 230

Paulssen, Hans Constantin 47
Pelossi, Georgio 127
Peres, Shimon 229, 255, 269
Pfahls, Ludwig-Holger 127, 166,
 175–178, 194, 253, 276
Pferdmenges, Robert 33, 45, 47,
 50, 56
Pieper, Cornelia 243 f.
Pierer, Heinrich von 123 ff.
Pilati-Borggreve, Kristina Grä-
 fin 129
Piller, Renate 201
Pohle, Wolfgang 58–66, 68–72
Pompidou, Georges 174
Ponto, Jürgen 78
Pougin, Erwin 302
Preuss, Joachim 78
Preußner, Arnim-Hellmut 289 f.
Prinz Sultan 191, 253
Prinz zu Sayn-Wittgenstein-Berle-
 burg, Casimir 11, 114–117,
 305
Pückler, Hermann Graf 195 f.
Putin, Wladimir 14, 264

Rabin, Itzhak 229, 246, 255
Rahn, Rudolf 218, 221
Rau, Johannes 229
Rech, Johanna Gertrud 230–236,
 240 f.
Repnik, Hans-Peter 147
Reuter, Edzard 35, 38
Rexrodt, Günter 152
Ribbentrop, Joachim von 195,
 205, 217
Riedl, Erich 166, 182
Riemer, Horst-Ludwig 81
Ries, Dora 97
Ries, Fritz 94–100
Ries, Ingrid 99
Rohkamm, Eckhard 186